“十三五”国家重点出版物出版规划项目
现代机械工程系列精品教材
见习机械设计工程师资格考试培训教材

机电企业管理导论

第 2 版

中国机械工程学会机械设计分会　组编
张世昌　邵宏宇　编著
朱梦周　主审

机 械 工 业 出 版 社

本书为“十三五”国家重点出版物出版规划项目。

本书从机械工程师实际工作需要出发，并结合我国机电企业管理现状及发展趋势，对现代机电企业管理的基本理论与方法展开论述。全书共分7章，主要内容包括机电企业管理概述，机电企业的经营管理、技术管理、生产管理、质量管理、设备和物资管理及财务管理。书中每章附有练习题，扫描二维码可查看练习题参考答案。

本书为见习机械设计工程师资格考试培训教材，也可作为普通高等院校工科学生“企业管理课程”的教材，并可供机电企业管理人员和工程技术人员参考使用。

本书配有电子课件，向本书授课教师免费提供，需要者可登录机工教育服务网（www.cmpedu.com）下载。

图书在版编目（CIP）数据

机电企业管理导论/张世昌，邵宏宇编著．—2版．—北京：机械工业出版社，2016.10（2025.6重印）

“十三五”国家重点出版物出版规划项目　现代机械工程系列精品教材　见习机械设计工程师资格考试培训教材

ISBN 978-7-111-55058-7

Ⅰ.①机…　Ⅱ.①张…　②邵…　Ⅲ.①机电企业-工业企业管理-资格考试-自学参考资料　Ⅳ.①F407.4

中国版本图书馆CIP数据核字（2016）第240072号

机械工业出版社（北京市百万庄大街22号　邮政编码100037）

策划编辑：蔡开颖　责任编辑：蔡开颖　段晓雅　朱琳琳

责任校对：刘　岚　封面设计：张　静

责任印制：单爱军

保定市中画美凯印刷有限公司印刷

2025年6月第2版第14次印刷

184mm×260mm·15.25印张·354千字

标准书号：ISBN 978-7-111-55058-7

定价：43.00元

电话服务	网络服务
客服电话：010-88361066	机　工　官　网：www.cmpbook.com
010-88379833	机　工　官　博：weibo.com/cmp1952
010-68326294	金　书　网：www.golden-book.com
封底无防伪标均为盗版	机工教育服务网：www.cmpedu.com

前 言

《中国制造 2025》明确指出：制造业是国民经济的主体，是立国之本、兴国之器、强国之基。机电企业作为制造业的重要组成部分，是实现中国制造 2025 和复兴中华民族的主力军。现代具有国际竞争力的机电企业，都是资本密集型和知识密集型相结合的企业，是信息技术与制造技术高度融合的企业。作为一名机械工程师，无疑应具有更开阔的视野和更广博的知识，包括企业管理的基本理论与方法，并在实际工作中能自觉地以系统的观点将技术工作与企业管理有机地统一起来，以更好地实现企业目标。这便是本书编写的宗旨。

本书在 2010 版《机电企业管理导论》的基础上修订而成，其主要内容依据中国机械工程学会《见习机械设计工程师资格认证实施细则》的规定与要求。为保持教材的延续性，全书基本结构框架未做大的改变，仅对具体内容做了必要的调整和更新。

1）适应国民经济和科学技术最新发展，对部分内容和数据做了更新和补充，对部分陈旧内容和数据做了删减。

2）为便于自学和对重点问题的理解，增加了案例和算例，相应地精简了部分叙述性文字，从而保持总篇幅基本不变。

3）对部分章节做了调整，使内容衔接更加紧密。

4）考虑到有些大专院校相关专业已选用本书作为“企业管理”课程教材，适当加强了管理学基础知识的内容。

5）更加注重实用性，精简了一些较抽象的概念，而代之以便于实际操作的具体内容与方法。

6）为便于学生自主学习和复习，本书每章附有练习题，扫描二维码可直接查看练习题参考答案。

本书为见习机械设计工程师资格考试培训教材，也可作为普通高等院校工科学生学习企业管理课程的教材，并可供机电企业管理人员和工程技术人员参考使用。

本书由天津大学张世昌、邵宏宇共同编写，其中张世昌编写第 1、2、4、5 章，邵宏宇编写第 3、6、7 章。本书由朱梦周教授任主审。

由于编者水平有限，书中难免有不妥之处，恳请读者批评指正。

编　者

目 录

第1章

机电企业管理概论

1.1 机电企业概述

1.1.1 企业及其特征

企业是指从事生产、流通和服务等经济活动，为满足社会需要和获取盈利，实行独立核算，进行自主经营、自负盈亏，具有法人资格的经济组织。

从以上的定义中可知企业的共性特征：

（1）企业的职业特征　企业是从事商品或劳务生产和经营的基本经济组织。企业的这一特征，表明企业的性质、功能及在社会经济活动中扮演的角色，是它区别于政府机关、事业单位、社会团体、群众组织等非经济组织的本质特征。

（2）企业的行为特征　企业是自主经营、自负盈亏的经济实体，在国家法律、政策允许的范围内，企业的生产经营活动不受其他主体的干预。

（3）企业的人格特征　企业是具有法人资格的经济实体，依法独立享有民事权利和承担民事义务。法人企业的独立自主性，在法律上表现为财产独立、核算独立、经营自主，并以自己独立的财产享有民事权利和承担民事责任。

（4）企业的目标特征　在竞争中满足社会需要和获取盈利，追求顾客价值和企业价值的最大化是企业的战略目标。企业的目标特征，表现在它所生产的产品和提供的服务要有竞争力，要在市场上接受顾客的评判和挑选，要得到社会的承认。市场竞争的结果是优胜劣汰，企业通过自己有竞争力的产品或服务在市场经济中求生存，求发展。

1.1.2 企业的分类

企业的类型可以按照不同的标准和原则进行划分。

1. 按企业生产要素结构特征划分

（1）劳动密集型企业　劳动密集型企业是指在产品生产和提供服务的过程中，密集使用劳动力要素的企业。一般可用劳动资本比的高低来衡量。对于单位资本占用劳动力较多或单位劳动占用资本较少的企业可定义为劳动密集型企业。

（2）资本密集型企业 资本密集型企业是指资本占企业成本比重相对较高的企业。如冶金企业、石油化工企业、机械制造企业等。其特点是技术装备多、投资大、资金周转较慢、投资效果较长时间才能显现，企业所提供的产品或服务成本中物化劳动消耗比重大，而活化劳动消耗比重较小。

（3）知识技术密集型企业 知识技术密集型企业是建立在现代科学技术基础上，集中大量专业人才，生产高、尖、精产品，或提供高端服务的企业。知识技术密集型企业的特点是：技术设备先进，专业人员比重大，一般员工素质较高，能迅速将先进技术转化为现实生产力。

2. 按企业财产构成的不同划分

（1）独资企业 独资企业又称自然人企业，由资产者个人出资兴办，又由其自己经营管理。其特点是具有家族性、世袭性和传统性。独资企业在经营上不受制约，经营方式灵活，易于保守商业秘密；但独资企业不具备法人地位，企业本身不是民事主体，企业主对企业债务承担无限责任。

（2）合伙企业 合伙企业指由两个或两个以上的出资人共同出资兴办，联合经营的企业，一般由合伙人采用书面协议的方式确立各方的权利和义务。合伙企业与独资企业同样不具备法律地位，为自然人企业，合伙企业的出资人对企业债务承担无限责任。合伙企业与独资企业相比有其明显优势：扩大了资本来源和信用范围，经营风险多元承担。由于是多元主体的集合，使决策能力大大提高，增强了企业的市场竞争力。

（3）公司制企业 公司制企业是指按法定出资者人数出资组成的，以营利为目的，具有法人资格的经济实体。公司制企业是现代企业的主要形式，合法性（合法成立、合法经营）、营利性和独立性是其基本特征。

公司制企业优点：

1）融资规模扩大，有利于规模化经营。

2）有限责任，降低了投资者的风险。

3）经营权与所有权分离，建立了相互制衡的组织制度，有利于规范化和科学化经营。

4）独立的法人地位摆脱了自然人的束缚，不再因股东或管理人员的变动等因素影响企业的生存与发展。

公司制企业的主要形式有两种：有限责任公司和股份有限公司，两者异同比较见表1-1。

3. 按企业所在经济部门划分

（1）农业企业 农业企业又称第一产业。此处农业是一个广义的概念，包括从事种植、饲养、采集、林木、放牧、渔猎等生产经营的企业。

（2）工业企业 工业企业又称第二产业。指主要依靠和运用物理、化学、生物等技术，对自然资源、农副产品、各类中间产品进行采掘和加工，使其转变为生产资料或生活资料的企业。

表 1-1　有限责任公司和股份有限公司比较

比较	有限责任公司	股份有限公司
不同点	1）资本不划分为等额股份 2）出资可以是货币，也可以是技术、土地、厂房、设备等；股东的股权证明是出资证明书，出资证明书不能转让、流通 3）股东人数限制为 2～50 人 4）注册资本最低为 10～50 万元 5）设立程序简单 6）适用于中小企业	1）资本划分为等额股份 2）发行股票筹资，资本必须是货币；股东的股权证明是股票，股票可以转让、流通 3）股东人数有下限，无上限 4）注册资本最低为 500 万元，上市公司不低于 3000 万元 5）设立程序较复杂 6）适用于大中企业
相同点	1）依法设立企业法人 2）股东均对公司负有责任 3）公司以全部资产对债务承担责任 4）公司组织机构为股东大会——董事会——总经理	

（3）服务企业　服务企业又称第三产业。此处服务也是一个广义的概念，包括商业企业、销售企业、交通运输企业、金融企业、餐饮企业、旅游企业、娱乐服务企业、通信服务企业、卫生服务企业、教育服务企业等。

如图 1-1 所示为我国国民经济行业分类框架。

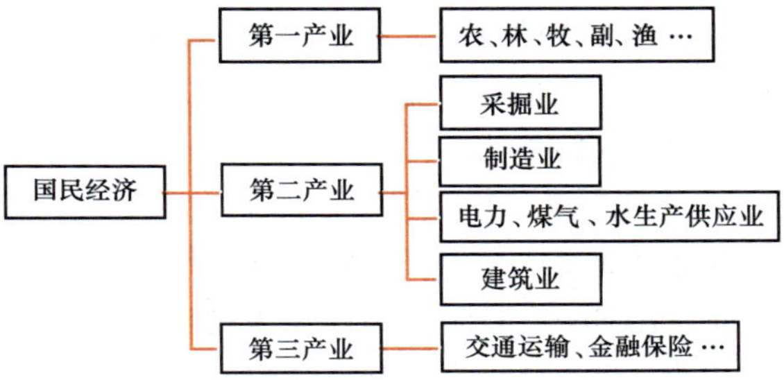

图 1-1　我国国民经济行业分类框架

4. 按企业其他特征分类

除上述分类之外，企业按投资者的地区不同可分为：内资企业、外资企业和合资企业；按所有制结构可分为：全民所有制企业、集体所有制企业和私营企业；按企业规模可分为：特大型企业、大型企业、中型企业、小型企业和微型企业等。

1.1.3　机电企业及其特征

1. 现代工业企业及其特征

现代工业企业是应用现代生产技术，从事工业生产经营活动的相对独立的经济实体，是自主经营、自负盈亏的商品生产者和经营者。

现代工业企业具有以下特征：

（1）广泛应用现代化科学技术和机器设备体系进行生产　现代工业企业拥有现代技术装备，广泛地采用机器和机器体系进行生产，生产的效率与质量主要取决于生产技术的完善程度以及人们运用这些生产技术的能力。

最近几十年中，电子技术和其他现代科学技术运用于生产，特别是微电子技术和信息技术的应用，出现了工业生产领域中技术革命的新浪潮。自动化技术从传统的刚性自动化发展到柔性自动化，进一步发展到综合自动化。自动化技术不仅应用于制造过程，而且扩展到设计过程和管理过程。掌握和应用先进技术已成为工业企业赢得竞争的重要因素。

（2）企业内部有精细的劳动分工和严密的协作　现代工业企业的生产过程包括一系列相互衔接、紧密联系的部门和环节。每个生产部门和环节又进一步划分为许多生产阶段和工序，分别使用着不同的机器设备，需要配备不同工种的生产工人、各种专业的工程技术人员和经营管理人员，每一种产品都是企业成百上千人共同劳动的成果。

（3）企业生产过程具有高度的比例性、连续性和适应性　现代工业企业的生产过程中各个环节之间的联系，主要表现为各种机器之间的联系。它们之间在生产能力上要相互协调，保持合理的比例性；在时间配合上要保持高度的连续性。为了适应市场需求的快速变化，企业生产过程还要求有高度的适应性，即快速变换产品的生产能力。

（4）企业具有广泛而密切的外部联系　社会化的大生产不仅要求企业内部分工协作，而且促进了工业企业之间的专业化分工，分工越细，它们之间的联系也就越加广泛和密切。生产社会化的发展还使工业企业同农业、交通运输业、商业以及国民经济其他部门发生各种各样的联系。

当今，企业的社会化大生产，其活动范围已超出了企业、地区、国界。生产工序的细化，专业化协作的发展，经济全球化的趋势，世界大市场的形成，使得企业之间的依赖性不断增强，并促成许多企业采用多种方式相互联合，结成企业集团，实现优势互补，增强竞争力和抗风险能力。

2. 机电企业及其在国民经济中的地位

机电企业是机械电子工业企业的简称，它是制造业的重要组成部分，也是制造业的核心部分。在 GB/T 4754 – 2011《国民经济行业分类》中，机电企业至少涵盖了 7 个大类、57 个中类、202 个小类，其产品包括金属制品、机床工具、通用设备、专用设备、交通工具、军事装备、电力设备、通信设备、电子器件、仪器仪表、家用电器等。

机电企业除直接生产一部分消费产品（如轿车、家用电器等）外，主要功能是为国民经济各个行业提供生产所需的装备，因而可以说机械电子工业是国民经济的基础。纵观世界发达国家，无一例外的均具有强大的机械电子工业。当今机械电子工业不仅是科学发现和技术发明转换为现实规模生产力的关键环节，并已成为为人类提供生活所需物质财富和精神财富的重要基础。良好的人居环境，充分的能源供给，便捷的交通和通信设施，丰富多彩的印刷出版、广播影视和网络媒体，优良的医疗保健手段，可靠的国家和社区安全以及抵抗自然灾害的能力等，均需要机械电子工业的支持。图 1-2 所示为当今机电企业的社会功能。

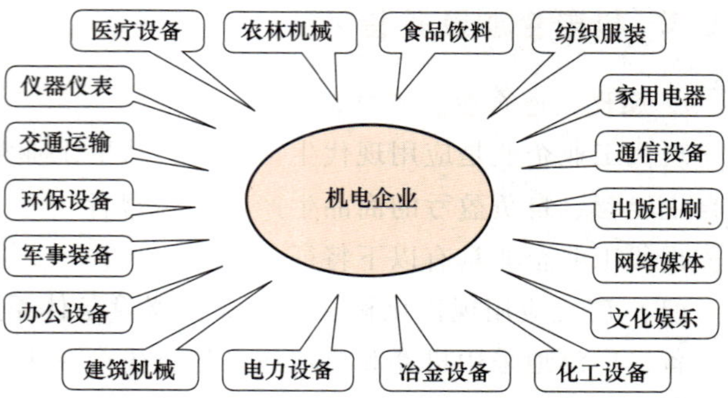

图 1-2　机电企业的社会功能

3. 现代机电企业的特点

现代机电企业除具有一般现代工业企业的共性特征外，还具有如下特点：

（1）机电企业是离散型生产企业　机电企业属于离散型生产企业，生产过程及生产管理工作复杂，主要表现在以下几个方面：

1）离散型生产的产品本身复杂。离散型生产的产品可以离散为若干个独立的零部件，零件经过加工和装配组成部件，再经过装配形成产品。零部件的形状、尺寸、结构、性能及相互之间的配合关系均有严格的要求。

2）离散型产品的生产过程复杂。离散型生产中零件的加工、部件和产品的装配过程也可以离散为若干个独立的工序，各工序常常需要使用专门的设备和工艺来完成。各工序彼此之间往往存在很大差异，且又必须很好地衔接和配合，才能形成合格的产品。

3）离散型生产计划复杂。离散型产品结构复杂和生产过程复杂决定了离散型生产的计划工作复杂，这不仅由于影响计划的因素众多，而且能力需求要根据每个产品混合建立，且在实施过程中存在很多变数，难以预测。

4）离散型生产过程控制困难。由于离散型产品加工周期长，工作流经常处于不平衡状态，原材料、半成品、产成品、废品频繁出入库，生产数据多，且数据的收集、维护和检索工作量大，致使离散型生产过程控制难度加大。

（2）现代机电企业属于资本密集型和技术密集型企业　机电产品的设计与制造技术含量较高，离不开具有专业知识的工程师群体和先进的设备与工具。特别是在经济全球化的今天，机电企业为了求得生存和发展，必须要有先进的、符合市场需要的产品，而这些产品来源于先进的设计理念、合理的制造工艺、高效的生产装备和严密的生产过程控制，这就要求企业必须具有雄厚的资本和高素质的人力资源。可以说，当今具有竞争力的机电企业都是资本密集型和技术密集型相结合的企业。

（3）现代机电企业必须向产业链的高端扩展　当今企业竞争已由产品竞争、服务竞争、品牌竞争发展到更高层次的产业链竞争。所谓产业链，是指各个产业部门之间基于一定的技术经济关联，并依据特定的逻辑关系和时空布局关系客观形成的链条式关联关系形态。其本质是用于描述一个具有某种内在联系的企业群结构，它是一个相对宏观的概念，存在两维属性：结构属性和价值属性。一个完整的产业链包括产品设计、原料采购、生产制造、仓储运输、订单处理、批发经营以及终端零售在内的所有大物流环节。

我国机电企业本身基础比较薄弱，加上长期受计划经济的影响，企业管理功能有限，管理水平不高。改革开放后，虽然有了较大的发展，但多数企业仍局限于产业链的低端环节，即生产制造，仅部分企业有一定的产品设计能力。其结果是企业缺乏国际竞争力，虽然许多机电产品也能进入国际市场，但由于缺乏完全的自主品牌和不掌握完整的产业链条，生产利润的大部分被跨国公司掠走，并在很大程度上形成了受制于人的局面。

为了提升机电企业的国际竞争力，为了实现我国从“制造大国”向“制造强国”的转变，我国机电企业必须整合多种资源，联合上下游企业，构建围绕产品的生产、设计、研发、销售、物流配送、信息化管理、渠道建设等要素在内的完整产业链，并努力实现产业链价值的最大化。

《中国制造2025》为我国制造业的发展制定了明确的目标和正确的行动纲领，坚持“创新驱动、质量为先、绿色发展、结构优化、人才为本”的基本方针，坚持“市场主导、政府引导，立足当前、着眼长远，整体推进、重点突破，自主发展、开放合作”的基本原则，通过“三步走”实现制造强国的战略目标：第一步，到2025年迈入制造强国行列；第二步，到2035年我国制造业整体达到世界制造强国阵营中等水平；第三步，到新中国成立一百年时，我制造业大国地位更加巩固，综合实力进入世界制造强国前列。机电企业无疑是实现这一宏伟目标的主力军。

1.2 企业管理理论及其发展

随着科学技术的不断进步和社会生产力的不断发展，人们从生产经营管理实践中逐步创造、总结和概括管理经验，进而抽象、升华为管理理论，以此来指导人们的社会生产实践，从而创造出更高的生产力，推动社会继续向前进步。管理理论的发展大致经历了古典管理理论、行为科学理论和现代管理理论三个阶段。

1.2.1 经验管理阶段

经验管理阶段又称传统经验管理阶段，从 18 世纪 80 年代西方资本主义制度兴起，到 20 世纪初资本主义自由竞争阶段结束，经历了 100 多年。该阶段的显著标志是近代大工业逐渐取代了手工作坊，工业企业开始发展，但规模不大，生产力水平低下。在此阶段，企业管理的主要特点是资本所有者凭个人经验指挥生产，没有操作规程和严格的规章制度，管理简单粗放，属于小生产管理方式。

经验管理阶段的突出贡献者是亚当·斯密（Adam Smith），他是英国古典经济学的杰出代表和理论体系的建立者，1776 年他出版了著名的《国民财富的性质和原因的研究》一书，书中系统地论述了“经济人”观点和“劳动分工”的理论。

他认为“劳动分工”能够提高劳动生产率，原因如下：

1）劳动者的技巧因专业分工而逐步提高。

2）减少因工作变换而损失的时间。

3）机器的发明使一个人能做多个人的工作。

“经济人”观点是他的另一大贡献，他认为经济现象是由具有利己主义的人们的活动产生的，人们在经济行为中，追求的完全是私人利益。他的这一观点，是资本主义生产关系的反映，对资本主义企业管理的实践和理论都具有重要影响。

1.2.2 古典管理理论

随着生产的发展，科学技术的进步，自由竞争的资本主义逐步为垄断资本主义所取代，企业规模不断扩大，生产技术越趋复杂，劳资矛盾日益加深，市场竞争压力有增无减。所有这些都要求管理者具有较高的企业管理水平，要求将积累起来的管理经验加以总结、概括、提高，使其系统化、标准化，由此产生了最初的管理理论，被称为古典管理理论，其代表是泰勒的科学管理理论、法约尔的经营管理理论和韦伯的行政组织理论。

1. 泰勒及其科学管理理论

科学管理理论的创始人是美国的泰勒（Frederick Winslow Taylor），他被后人尊称为“科学管理之父”。他的合作伙伴还有吉尔布雷斯（Frank Bunker Gilbreth）、甘特（Henry Laurence Gantt）、福特（Henry Ford）等人，他们也都为科学管理理论做出了贡献。

泰勒在管理方面的主要著作有《计件工资制》(1895)、《车间管理》(1903)、《科学管理原理》(1911) 等。泰勒科学管理的主要观点如下:

1) 科学管理的根本目的是提高效率。

2) 用科学的管理方法代替旧的经验管理是达到最高工作效率的重要手段。

3) 管理人员和工人双方在精神和思想上的彻底变革是实施科学管理的核心问题。

根据上述观点,泰勒提出了相应的管理制度,后被称为泰勒制。其要点如下:

1) 制定工作定额。

2) 实施标准化管理。

3) 科学地挑选和培训工人。

4) 实施刺激性的差别计件工资制度。

5) 使计划与执行相分离。

泰勒对企业管理理论的最大贡献是他主张一切管理问题都应当而且可以用科学的方法去研究解决,实行各方面工作的标准化,使个人的经验上升为理论,这就开创了科学管理阶段。概括地说,科学管理的特点是将积累的管理经验加以系统化和标准化,并运用科学方法和手段来研究和解决企业内部生产管理的问题。但是他把人错误地看成是单纯追求金钱的经济人,仅重视技术因素,而不重视人的社会因素,这使得科学管理理论具有很大的局限性。

2. 法约尔及其经营管理理论

法国著名的管理学家亨利·法约尔(Henry Fayol)的管理研究以整体大企业的经营过程为对象,他认为有关管理的理论和做法不仅适用于企业,也适用于其他组织。法约尔提出的经营管理理论成为所谓管理过程学派的理论基础,对后来的管理理论研究具有深远的影响,后人赞誉他为“经营管理之父”。

法约尔在管理方面的主要著作有《工业管理和一般管理》《管理的一般原则》等,他对企业管理理论发展的主要贡献如下:

(1) 区分经营与管理的范畴　法约尔认为经营和管理是两个不同的概念,经营是指导或引导一个组织趋向目标的过程,它可分为技术、商业、财务、管理、会计和安全六种活动,其中管理活动由计划、组织、指挥、协调和控制五项职能构成(见图 1-3)。

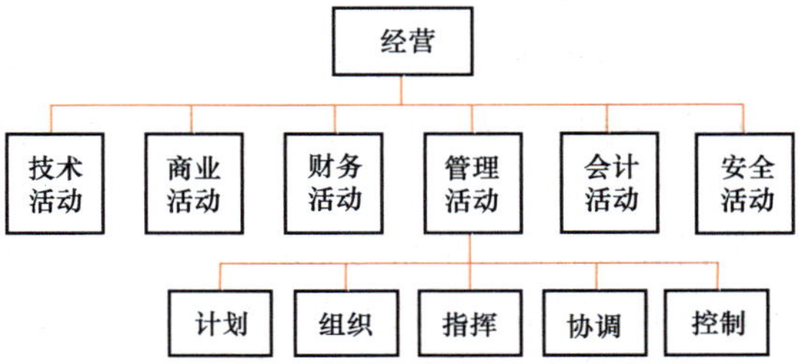

图 1-3　经营活动与管理活动关系

(2) 创办管理教育　法约尔倡导并创办管理教育,他认为人的管理能力可以通过教育来获得。

(3) 总结出 14 条管理原则

1) 劳动分工。法约尔赞成亚当·斯密提出的“劳动分工”原则,他认为专业化的分工可以提高员工的工作效率。

2) 权利与责任。管理者必须有命令下级的权利,责任应当是权利的孪生物,凡是行使职权的地方,就应当建立责任。

3）纪律。严明的纪律是任何组织都不可缺少的要素，员工们必须遵守组织的纪律规则。

4）统一指挥。每位员工应当只接受来自一位上级的命令，这是永久性的原则。如果破坏这一原则，就会出现混乱。在任何情况下，都不应有适应双重指挥的社会组织。

5）统一领导。具有同一目标的组织活动，应当只在一位领导人和一项实施计划的指导下进行。

6）个体利益服从整体利益。任何员工个人或员工群体的利益，都不应当置于组织的整体利益之上。

7）人员报酬。任何员工的付出都应当获得报酬，组织付酬的目的是使员工更有价值观念，并能激发他们的劳动热情。

8）集中。集中是指下级参与决策的程度，管理应强调集中的原则，管理层的任务是确定在各种情况下的集中程度。

9）等级制度。信息应当按等级序列传递，但是若遵循等级序列会导致信息传递的延迟，则应允许横向交流，条件是所有的当事人同意和通知各自的上级。这就是著名的法约尔“跳板原则”。

10）秩序。任何组织都应该强调秩序，没有秩序，工作就会杂乱无章。因此，组织中的人和物料应当在适当的时候处在合适的位置上。

11）公平。公平是组织处理人际关系的道德准则，管理者应当和蔼、公平地对待下级。

12）人员的稳定。员工的高流动率对组织发展是不利的，管理层应当提供有规则的人事计划，并且保证有合适的人选接替职务的空缺。

13）首创精神。允许员工发起和实施他们自己提出的计划将会调动他们极大的工作热情，因此管理层应当鼓励员工的首创精神。

14）团体精神。法约尔强调团结对实现组织目标的重要性，他认为全体人员的和谐团结是组织活动和发展的巨大力量。

法约尔提出的14条管理原则被认为是管理理论发展史上的一座里程碑，其中影响较大的有统一指挥、统一领导、等级制度（跳板原则）。

3. 韦伯及其行政组织理论

德国著名的社会学家马克斯·韦伯（Max Weber）在管理理论上的研究主要集中在组织理论方面，突出贡献是提出了所谓的“理想的行政组织理论”，因而被称为“组织理论之父”。他的主要论著有《经济和社会》《社会组织和经济组织理论》等。

韦伯行政组织理论的主要观点如下：

韦伯把社会所接受的权力分为三类：第一类是由社会公认的法律规定的或者掌握有职权的那些人下命令的法律权力（合法权力）；第二类是由历史沿袭下来的惯例、习俗而规定的传统权力，它以古老传统的不可侵犯性和按传统执行权力的人的地位的正统性为基础；第三类是以对某人的特殊和超凡的神圣、英雄主义或模范品质的崇拜为基础的超凡权力。

韦伯认为，理想的行政性组织应当以合理合法的权力为基础，而不是以个人或世袭地位为基础。合理合法的权力是一种按职位等级合理分配，经规章制度明确规定并有能力胜任其职的人，依靠合法手段而行使的权力，统称为职权。以这种权力作为基础，韦伯设计出了具有以下特征的组织系统。

1）组织中的人员应有固定和正式的职责并依法行使职权。

2）组织的结构是一层层控制的体系，在组织内按照地位的高低，规定成员之间命令与服从的关系。

3）工作成员之间的关系应该是对事不对人的关系。

4）每一职位根据其资格限制（资历或学历），按自由契约原则，经公开考试合格予以使用，务求人尽其才。

5）对成员进行合理分工并明确每人的工作范围及权责，可以通过技术培训来提高工作效率。

6）按职位支付薪金，并建立奖惩与升迁制度，使成员安心工作，培养其事业心。

韦伯认为凡具有上述6项特征的组织，可使组织表现出高度的理性化，其成员的工作行为也能达到预期的效果，组织目标也能顺利的达成。韦伯对理想的组织模式的描绘，为行政组织指明了一条制度化的组织准则，这是他在管理思想上的最大贡献。

1.2.3 行为科学理论

行为科学理论的产生是西方管理思想进入第二个发展阶段的标志。它将人类学、社会学和心理学、经济学等知识综合起来，着重研究人们在工作中的行为以及这些行为产生的原因，以协调组织内部的人际关系，达到提高工作效率的目的。它推翻了古典科学管理理论“经济人”假说的研究前提，将管理的重点转向管理中最积极、最活跃的因素——人。

学术界将行为科学理论划分为两大发展阶段，第一阶段以梅奥的人际关系理论为代表，第二阶段重点是研究动机和激励理论、领导效能理论。

1. 霍桑试验——人际关系理论

乔治·埃尔顿·梅奥（George Elton Mayo）是澳大利亚籍的美国行为科学家，他曾率领专家组进驻美国芝加哥郊外的霍桑工厂进行了长达八年的实验研究，其中包括实验室研究、访谈研究和观察研究。他的代表作《工业文明的人类问题》和《工业文明的社会问题》，记载了霍桑试验的过程和结论，并进一步阐述了人际关系理论的主要观点。

1）企业员工是“社会人”，而不是“经济人”。

2）员工的工作态度和士气是影响工作效率的关键因素。

3）企业中存在着“非正式组织”，它们对于工人的行为影响很大。

4）企业应采用新型领导方法，采取有效措施来提高员工士气，促使每位成员都能与管理层真诚持久地合作。

人际关系理论是“行为科学”管理学派的早期思想，它只强调要重视人的行为，而行为科学还要求进一步研究人的行为规律，找出产生不同行为的影响因素，探讨如何控制人的行为，以达成组织的预定目标。

2. 组织行为学

梅奥等人创建了人际关系理论之后，许多人都开始从这个角度研究管理问题，20世纪60年代，建立了“组织行为学”。从组织行为学研究对象所涉及的范围看，可以分为三个层次：个体行为、团体行为和组织行为。研究个体行为又可以分为两个角度：一是关于需要、动机与激励的理论；二是关于人的特性的理论。研究团体行为的问题分为三个层次：团体动力学、团体信息交流以及团体和成员间的关系。组织行为理论，主要是从领导理论及组织变革与发展的角度进行研究。

1.2.4 现代管理理论

第二次世界大战后，特别是进入20世纪60年代以后，西方管理理论出现了许多新的学派，择其主要介绍如下：

1. 管理科学学派

现代管理阶段中的一个重要学派是管理科学学派，管理科学从第二次世界大战中产生，战后被广泛用于生产管理领域。这一理论源于科学管理，是对泰勒理论的新发展。它把科学技术的最新成果应用于管理领域，强调应用定量和数学工具来解决管理问题，形成了许多新的管理思想与管理技术，使管理工作的科学性达到新的高度。其主要特点是：

1）企业生产经营活动的总体目标是以最少的消耗求得最大的经济效益。

2）企业管理问题可以通过数学公式、符号和模型的演算，把生产要素合理地组织起来，得出最优方案，从而达到量化管理的标准。

3）依靠计算机辅助企业各项管理活动，使企业管理工作达到规范化、程序化和标准化，大大提高管理工作的效率与质量。

4）强调把先进的科学理论和管理方法应用于现代管理的实践。如系统论、信息论、控制论、耗散结构理论、协同论、突变论等新老“三论”以及运筹学、概率论等数学方法和数学模型应用于企业管理的各个方面，以解决实际管理问题。

2. 系统管理理论学派

系统管理理论学派的代表人物是理查德·约翰逊（Richard Johnson）、弗里蒙特·卡斯特（Fremont E. Kast）、詹姆斯·罗森茨韦克（James E. Rosenzweig）等人，1963年他们三人合写的《系统理论和管理》，全面论述了系统管理理论。系统管理理论学派认为，组织是一个开放的系统，它由许多子系统组成，系统的运行效果是通过各个子系统相互作用的效果决定的。系统通过和周围环境的交互作用，并通过内部和外部的信息反馈，不断进行自我调节，以适应自身发展的需要。该学派在20世纪60年代达到它的鼎盛时代，以后又发展出两个分支学派，一个是合作社会系统学派，另一个是社会技术系统学派。

3. 决策理论学派

决策理论学派以统计学和行为学作为理论基础。第二次世界大战后，许多从事管理研究的专家力图寻求一种新的科学决策方法，以便对多方案管理问题进行准确、合理、迅速的选择。决策理论学派主要代表人物是美国梅隆大学的赫伯特·西蒙（Herbert Alexander Simon）教授。由于他在决策理论研究中做出了重要贡献，1978年获得了诺贝尔经济学奖。决策理论学派的主要观点是：

1）管理就是决策，在决策过程中要充分考虑人的经验和智能。

2）管理活动的全部过程都是决策的过程。确定目标、制订计划、选择方案等是经营目标及计划决策；机构设计、生产单位组织、权责分配等是组织决策；计划执行情况检查、在制品控制及控制手段的选择等是控制决策。决策贯穿于整个管理过程的始终。

3）在管理决策中所要解决的问题往往很复杂，影响因素很多，有些因素的影响程度又很难用公式进行描述，这就需要借助于专家咨询系统，依靠专家丰富的知识和经验来帮助完成决策过程。

4. 权变理论学派

权变一词译自英文 Contingency，通常指偶然事件或偶然性。权变理论的主导思想是权宜应变，因此该理论又被称为“情景管理理论”。权变管理理论的核心是在现实中不存在一成不变普遍适用的理想化管理理论和方法，管理应随机应变，即采用什么样的管理理论、方法及技术应取决于组织的环境。权变理论认为，组织成员的行为是复杂的，而环境的复杂性又给有效管理带来困难，意外情况越来越多，以前各种管理理论所适应的范围就会十分有限，没有任何一种理论和方法适用于所有情况。因此，管理方式或方法也应随情况的不同而改变。

5. 战略管理学派

进入 20 世纪 70 年代以后，国际环境剧变，尤其是石油危机对国际环境产生了重要的影响，这时的管理理论转向以研究战略管理为主，着重研究企业组织与环境的关系。

迈克尔·波特（Michael E. Porter）所著《竞争战略》是战略管理理论的代表作，他强调通过对产生演进的说明和对各种基本产业环境的分析，得出不同的战略决策。迈克尔·波特的竞争战略要点如下：

（1）五种力量模型　波特认为，决定企业获利能力的首要因素是产业吸引力。企业在拟定竞争战略时，必须要深入了解决定产业吸引力的竞争法则。竞争法则可以用五种竞争力来具体分析，这五种竞争力包括：新加入者的威胁、客户的议价能力、替代品或服务的威胁、供货商的议价能力及既有竞争者。这五种竞争力能够决定产业的获利能力，它会影响产品的价格、成本与必要的投资，也决定了产业结构。企业如果想要拥有长期的获利能力，就必须先了解所处的产业结构，并构建对企业有利的产业结构。

（2）三种一般性战略　每个企业都会有许多优点和缺点，任何的优点或缺点都会对相对成本优势和相对差异化产生作用，将这两种基本的竞争优势与企业相应的活动相结合，就可以得出让企业获得较好竞争位置的三种一般性战略。

1）总成本领先战略。这种战略的主导思想是以低成本取得行业中的领先地位。按照这一基本方针，要求坚决建立起大规模的高效生产设施，利用经验曲线全力以赴降低成本，尽量压缩各项管理费用及研发、服务、推销、广告等方面的费用。尽管质量、服务以及其他方面不容忽视，但贯穿于整个战略之中的是单位产品成本低于竞争对手。成本领先的优势有利于建立起行业壁垒，有利于企业采取灵活的定价策略，将竞争对手排挤出市场。为了成功地实施成本领先战略，所选择的市场必须对某类产品有稳定、持久和大量的需求，产品的设计要便于制造和生产，要广泛地推行标准化、通用化和系列化。

2）差异化战略。所谓差异化战略是使企业在行业中别具一格，具有独特性，并且利用有意识形成的差异化建立竞争优势，以形成对“入侵者”的行业壁垒，并利用差异化带来的较高的边际利润补偿因追求差异化而增加的成本。实现差异化战略可以有许多方式，如设计名牌形象、保持技术和性能特点、顾客服务、商业网络及其他方面的独特性等。最理想的状况是公司在几个方面都具有差异化的特点，但这一战略与提高市场份额的目标不可兼顾。在建立公司差异化战略的过程中总是伴随着很高的成本代价，有时即便全行业范围的顾客都了解公司的独特优点，也并不是所有顾客都会愿意或有能力支付公司要求的高价位。

3）专一化战略。这类战略是主攻某个特殊的细分市场或某一种特殊的产品。这一战略依据的前提是：企业业务的专一化能够以更高的效率、更好的效果为某一狭窄的战略对象服务，从而在某一方面或某一点上超过那些有较宽业务范围的竞争对手。公司通过满足特殊对象的需要实现差异化，或者在为这一对象服务时实现低成本，或者两者兼得，这样的公司可以使其盈利的潜力超过行业的平均水平。

（3）价值链　价值链是一套分析优势来源的基本工具，它可以将企业的各种活动以价值传递的方式分解开来，借以了解企业的成本特征以及现有与潜在的差异化来源。企业的各种活动既是独立的，也是互相联系的。企业应该根据竞争优势的来源，并通过了解组织结构与价值链、价值链内部的联系以及企业与供应商或营销渠道间的关系，制定一套有效的协调形式。根据价值链需要设计组织结构，有助于形成企业创造并保持竞争优势的能力。公司的价值链，进一步可与上游的供应商和下游的买主的价值链相连，构成一个产业价值链。

（4）钻石体系　波特将他的研究延伸到国家竞争力上，并提出了“钻石体系”（又称菱形理论）的分析架构。他认为加强本国企业创造竞争优势速度的因素包括下列几方面：

1）生产要素。生产要素包括初级生产要素（天然资源、气候、地理位置、非技术工人、资金等）和高级生产要素（现代通信、信息、交通等基础设施，受过高等教育的人力、研究机构等），一般生产要素和专业生产要素（高级专业人才，专业研究机构，专用的软、硬件设施等）。一个国家必须发展高级生产要素和专业生产要素，才能获得持久和稳定的竞争优势。

2）需求状况。需求状况是指本国市场对该项产业所提供的产品或服务的需求数量和成熟度。波特指出，本地客户的素质非常重要，特别是内行、挑剔的客户，会激发出该国企业的竞争优势。如日本消费者在汽车消费上的挑剔是全球出名的，欧洲严格的环保要求也使许多欧洲公司的汽车环保性能、节能性能全球一流。

3）企业的战略、结构和竞争对手。企业的组织方式、管理方式、竞争方式都取决于所在地的环境与历史。若是一个企业所在地鼓励创新，有政策与规划刺激企业向提高技术、提升能力与增加固定资产投资的方向努力，企业就会有竞争力。此外，若当地有很强的竞争对手，也会刺激企业不断地提升与改进。

4）相关产业和支持产业的表现。一个产业想要在全球领先，就必须有世界一流的供货商，并且从相关产业的企业竞争中获益，这些制造商及供货商形成了一个能促进创新的产业“族群”。例如，意大利具有领先世界的金银首饰业，重要原因之一是意大利的珠宝生产机械制造业占领了全球珠宝生产机械60%的市场，而且意大利回收贵重金属的技术也领先全球。

波特认为，这四个要素具有双向作用，形成钻石体系，如图1-4所示。钻石体系是一个动态的体系，它内部的每个因素都会影响其他因素的表现，同时政府政策、文化因素与领导魅力等都会对各项因素产生很大的影响，如果掌握这些影响因素，将能重塑国家的竞争优势。

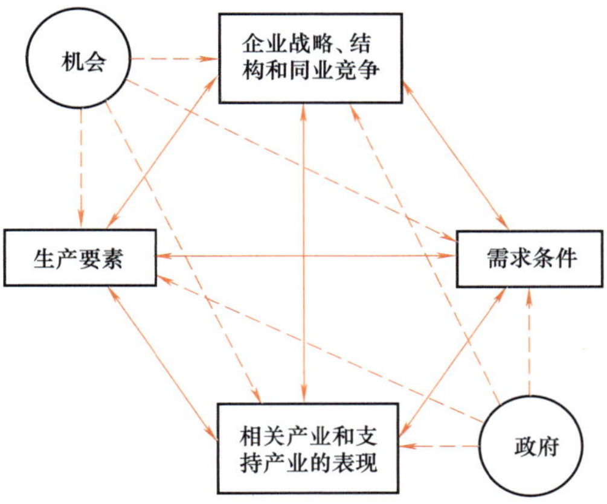

图 1-4　钻石体系

（5）产业集群　产业集群是指在特定区域中，具有竞争与合作关系，且在地理位置上集中，有交互关联性的企业、专业化供应商、服务供应商、金融机构、相关产业的厂商及其他机构等组成的群体。不同产业集群的纵深程度和复杂性相异。许多产业集群还包括由于延伸而涉及的销售渠道、顾客、辅助产品制造商、专业化基础设施供应商、政府及其他提供专业化培训、信息、研究开发、标准制定等的机构以及同业协会和其他相关的民间团体等。因此，产业集群超越了一般的产业范围，形成特定地理范围内多个产业相互融合、众多类型机构相互联结的共生体，构成这一具有区域特色的竞争优势。产业集群发展状况已经成为考察一个经济体，或其中某个区域和地区经济发展水平的重要指标。

6. 彼得·圣吉的第五项修炼

20 世纪 80 年代末以来，信息化和经济全球化浪潮迅速席卷全球，顾客的个性化、消费的多元化决定了企业必须适应不断变化的消费者需求，在全球市场上赢得顾客的信任，才有生存和发展的可能。在这一时期，管理理论研究主要针对学习型组织而展开。彼得·圣吉（Peter M. Senge）所著的《第五项修炼：学习型组织的艺术与实践》便是代表性的著作。他明确指出企业唯一持久的竞争优势源于比竞争对手学得更快和更好的能力，学习型组织正是人们从工作中获得生命意义、实现共同愿景和获取竞争优势的组织蓝图。

1.2.5　未来管理理论的发展趋势

跨入 21 世纪，全人类（不仅发达国家）都将先后进入知识经济时代。全球经济革命、技术革命和金融革命，必将导致一场极其深刻的管理革命。目前，还无法全面系统地揭示管理变革的趋势，这里只侧重探讨如下几个问题：

1. 知识管理

知识管理是一个全新的概念。随着知识经济的产生，当知识成为最重要的资源，成为获取效益的主要手段时，必然要求每一个企业正确估量自己有哪些知识资产、拥有多少知识资产。知识管理重点研究对专利、技术专长、经营诀窍、贸易秘密、信息、品牌以及蕴藏于员工头脑中的知识、才能、智慧等的利用情况，研究如何有效地开发利用知识资产去创造财富以及通过智力资本的投资，保证知识资产的不断增值等。

2. 文化管理

文化是在特定的社会环境中，人们办事的行为方式。跨国文化管理随着国际贸易和跨国公司的发展而兴起。研究在跨文化条件下如何克服异质文化的冲突，进行卓有成效的管理，目的是在不同形态的文化氛围中，设计出切实可行的组织结构和管理机制，最合理地配置企业资源，最大限度地挖掘和利用企业人力资源的潜力和价值，从而最大化地提高企业的综合效益。

3. 敏捷性管理

管理的敏捷性主要是指企业的快速反应能力和适应能力。敏捷性管理要求打破常规，改革管理工作流程，大大提高管理效率，以敏锐的观察力密切关注未来变化的新趋势、新动向、新问题，并以超前的意识果敢决策，以适应未来。同时，还必须建立机动灵活富有弹性的生产体系，变大批量、单一型生产为由市场驱动的灵活生产，以适应市场多样化的需求。

4. 管理创新

过去管理制度和管理模式的设计常常以规范人的行为，使人不犯错误为出发点，从而产生了过多的管制和约束。这种过细和严格的规则，可能会窒息那些最初很难识别的新生事物的嫩芽，导致企业僵化。知识经济是不断创新的经济，是不断产生新思想、新理念、新产品、新技术、新知识的经济，因而知识经济时代的企业，都应是创新型、个性化、活力化的企业，不断推陈出新并使企业独具特色。同时，还应为发挥员工的创造才能创造良好的机制，鼓励冒险，鼓励大胆探索，积极创新。

5. 人本管理

人本管理首先是把人作为经济活动的主体，作为真正的人，使他们受到应有的尊重；其次是把员工个人的价值与企业价值融为一体，为每一名员工的才能、智慧、个性的全面发展和实现自身价值创造良好的环境；再次是顺应人性，尊重人格，激发员工的主动精神，使员工不是被动的，而是主动自觉地完成自己应当做的工作，并作为企业的一员，积极为企业发展贡献自己的智慧。

6. 企业变革

企业变革是指对企业和企业经营过程进行根本性的重新设计，以达到品质、服务、绩效等方面的显著改革，即以新的思维方式，对管理进行全方位的重新思考和设计。企业变革的实质是为了适应新时代的要求，提高企业的适应力、竞争力和绩效，而对企业管理所进行的系统化的改革。每一个企业，都应从客观形势和实际条件出发，认真思考自身所面临的问题，探索对企业管理所进行根本性变革的途径。

1.3 机电企业管理职能

1.3.1 管理及其属性

管理活动作为人类最重要的一项活动，普遍地存在于现实社会生活之中。凡是有人类的地方就有组织（组织可以理解为由两个或两个以上的个人为了实现共同的目标组合而成的有机整体），有组织就有管理活动。所谓管理就是在特定环境下，对组织所拥有的资源进行有效的计划、组织、领导和控制，以实现组织目标的过程。

从上面的定义可以看出，管理既有同生产力、社会化大生产相联系的自然属性，又有同生产关系、社会制度相联系的社会属性（见图1-5）。

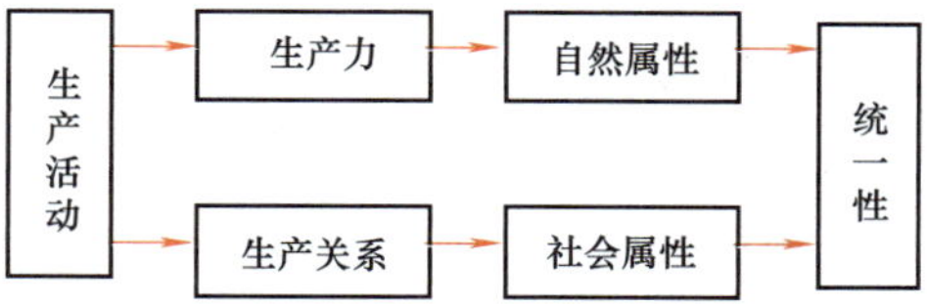

图1-5 管理的双重属性

（1）管理的自然属性 管理的自然属性体现在两个方面：

1）管理之所以必要，是由劳动的社会化决定的，它是共同劳动得以顺利进行的必要条件。

2）管理在社会劳动过程中具有特殊的作用，只有通过管理才能把实现劳动过程所必需的各种要素组合起来，使各种要素发挥各自的作用，使社会劳动获得最佳效果。

（2）管理的社会属性 管理的社会属性体现为管理活动只能在一定的社会历史条件下和一定的社会关系中进行，而且管理具有维护和巩固生产关系、实现特定生产目的的功能。管理的社会属性与生产关系、社会制度紧密相连。

管理的自然属性和社会属性是紧密联系、相互制约的。一方面，管理的自然属性不可能独立存在，它总是存在于一定的社会制度和生产关系之中。同时，管理的社会属性也不可能脱离管理的自然属性而存在，否则，管理的社会属性就没有具体的内容。另一方面，管理的自然属性要求具有一定社会属性的组织形式和生产关系与其适应，而管理的社会属性必然对管理的方法和技术产生影响。

1.3.2 机电企业管理的范畴

机电企业管理是对机电企业的生产经营活动进行组织、计划、指挥、调节与控制等一系列活动的总称。机电企业管理的基本目标是提高企业生产活动的经济效益，即以尽可能少的物化劳动和活化劳动消耗，尽量少的资源占用，生产出尽可能多的符合社会需要的机电产品。为了实现企业管理的目标，企业管理的范畴主要涉及生产经营管理、人事行政管理、企业文化建设等方面的具体工作。

1. 生产经营管理

生产经营管理是指企业从市场调查和预测开始，到经营决策、产品设计、制造、销售和技术服务等生产经营全过程的管理。它是机电企业管理的主要组成部分，具体范围包括：生产管理、技术管理、质量管理、劳动管理、设备管理、物资管理、销售管理、财务管理等，如图1-6所示。

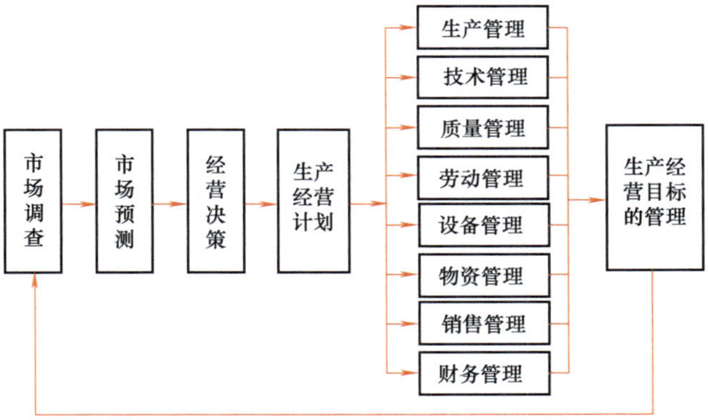

图1-6 机电企业生产经营管理范围

2. 人事行政管理

企业的人事行政管理主要包括：员工的录用和考核、干部的选拔配备、员工的人事档案、员工的技术业务培训、企业保卫及安全工作、员工的集体福利事业管理等。

3. 企业文化建设

企业文化是指在企业中长期形成的共同思想、作风、价值观念和行为准则，是一种具有企业个性的信念和行为方式，它是在民族传统文化和现代意识的影响下形成的具有企业特点的群体意识，并由这个群体意识所产生的行为规范，是社会文化系统中的一个有机的重要组成部分。在市场经济条件下，企业文化将决定一个企业的兴衰和在市场竞争中的胜败。企业文化建设的任务是以全体员工为工作对象，通过宣传、教育、培训和文化娱乐、交心联谊等方式，最大限度地统一员工意志，规范员工行为，凝聚员工力量，提升员工的素质，为企业总目标服务。

企业文化作为观念形态是现代管理理论与文化理论的综合，一般具有整体性、稳定性、开放性、可塑性和独特性等特征。其中独特性是企业文化的最本质特征。每个企业都有自己独特的文化，反映企业自己的特点，以作为与其他企业相区别的标志。不同企业文化的独特性主要表现在时代性、地域性、民族性和行业性的区别上，每个企业只能根据本企业的具体情况，因时制宜、因地制宜、因人制宜地创造适合自己需要的、具有自己特色的文化。近年发展起来的以塑造富有个性的企业形象为目标的企业形象设计（Corporate Identity，CI）理论，可以说是企业文化的进一步发展。

1.3.3 机电企业管理的职能

如前所述，机电企业管理是对机电企业的资源进行计划、组织、领导和控制，以实现其目标的过程。机电企业管理的基本职能主要包括计划、组织、领导和控制。

1. 计划职能

所谓计划，是指设定目标并确定为达成这些目标所必需的具体规划。计划就是预先决定要做些什么、为何要做、何时何地去做和由谁去做。计划职能是企业所有管理职能中最基本的一项职能。

（1）制订计划的步骤　制定计划一般应遵循以下步骤。

1）预测机会。对未来可能出现的变化和机会进行初步的分析和判断，根据自己的优势和劣势明确利用机会的能力，列举不确定性因素，分析其发生的可能性和影响程度。

2）制定目标。为企业及其下属的每个工作单位确定计划工作的目标，规定预期的结果，明确工作的重点和任务要求。各个分目标必须反映总目标的要求，通过相互协调和支持，形成一个完整的目标系统。

3）确定计划工作的前提条件。计划工作的前提条件就是实施计划时的内、外部环境条件，由于环境变化的复杂性，前提条件主要限于那些对计划实施影响最大的条件。

4）拟定备选方案。实现既定目标往往存在多个可供选择的方案，如果只有一种行动方案，这一方案很可能是错误的。如果备选方案太多，要集中精力分析最有希望的少数方案。

5）评选备选方案。按照计划的前提条件和目标来权衡各种因素，比较各个方案的利弊，对各个方案进行评价。如果发现有两个可取的方案时，必须决定首先采取哪个方案，且将另一个方案同时进行细化和完善，一并作为候选方案。

6）制订辅助计划。辅助计划是总计划的分计划，总计划要靠辅助计划来保证，辅助计划是总计划的基础。

7）通过预算使计划数量化。计划工作的最后一步是将计划转化为预算，使之数量化。预算实质上是资源分配计划，可以成为综合平衡各类计划的一种工具，也可以成为衡量计划完成进度的重要标准。

（2）计划的类型　计划的种类很多，通常根据计划的形式、职能、广度、时间跨度和明确性对计划进行分类，见表 1-2。

表 1-2　计划的类型

分类标志	类　型
形式	使命、目标、战略、政策、规则、程序、规划和预算等
职能	销售计划、生产计划、财务计划、新产品开发计划、人事计划等
广度	战略性计划、战术性计划
时间跨度	短期计划、中期计划、长期计划
明确性	具体计划和指导性计划

（3）计划工作基本原理　计划工作是一项指导性、科学性、预见性很强的管理活动，也是一项复杂而又困难的任务。为了充分发挥计划工作的职能，必须遵从以下基本原理。

1）限定因素原理。限定因素是指妨碍目标实现的因素，即在其他因素不变的情况下，抓住这些因素，就能实现目标。限定因素原理是指在计划工作中，越是能够了解和找到对达到目标起限制性和决定性作用的因素，就越能准确地、客观地选择可行方案。

2）许诺原理。许诺原理可以表述为：任何一项计划都是对完成各项工作所做出的许诺。因而许诺越大，实现许诺的时间就越长，实现许诺的可能性就越小。这一原理涉及计划的期限问题，即合理的工作计划要确定一个未来的时期，而这个时期的长短取决于实现决策中许诺的任务所必需的时间。

3）灵活性原理。计划必须具有灵活性，即当出现意外情况时，能够及时做出调整而不必花太大的代价。灵活性原理可以表述为：计划中体现的灵活性越大，由未来意外事件引起损失的危险性就越小。必须指出，灵活性原理只是要求企业在制定计划时要留有余地，而执行计划一般不应有灵活性。

4）改变航道原理。所谓改变航道原理，是指计划实施过程中，在保持计划总目标不变的前提下，实现目标的进程可因情况的变化而变化，使计划的执行过程具有应变力。因此，在计划实施过程中，必须进行定期检查和调整。这就如同航海家一样，必须经常核对航线，一旦遇到不利情况就可绕道而行。

2. 组织职能

组织有两层含义：其一，组织是一个实体（名词），指以人为中心的各种资源的集合体。其二，组织是一种行为（动词），是为了实现其经营目标，把构成企业生产经营活动的基本因素、生产经营的主要环节，以有秩序、有效率的方式组合起来的工作。

（1）组织职能的内容　组织职能的内容一般包括以下四个方面：

1）根据组织目标设计和建立一套组织机构和职位系统。

2）确定职权关系，从而把组织上下左右联系起来。

3）与管理的其他职能相结合，以保证所设计和建立的组织结构有效运转。

4）根据组织内外部要素的变化，适时地调整组织结构。

（2）组织工作遵循的原则

1）统一指挥与权力制衡原则。统一指挥指一个下属人员只应接受一个领导人的命令，以避免不同人员对同一问题所下达的命令发生冲突。权力制衡指无论哪一级领导人，其权力运用必须受到监督，一旦发现某个机构或者职务有严重损害组织的行为，可以通过合法程序，制止其权力的运用。

2）例外原则。企业的高级管理者把例行的一般事务授权给下级管理人员处理，而自己只保留对例外事项的决策权，如重大的企业战略问题和重要的人员更替问题等。这样，既能保证稳定性的正常管理工作，又能应付特殊性的例外管理工作。

3）责权关系原则。责权关系是组织构成要素的核心内容，组织是各种责权关系的体现。在组织管理过程中，明确各部门、各职位与整体组织之间的责权关系，使每个组织成员都明确自己应该干什么，有哪些方面的权力，归属谁直接领导，这是保持组织的稳定性和增进组织运行效果的前提条件。同时还需注意责权利的统一，权力是责任的基础，责任是权力的约束，利益的大小决定了管理者是否愿意担负责任以及接受权力的程度。

4）目标任务原则。组织的部门结构、人员职责和工作职位都是为了实现企业战略任务和经营目标而设置的，当企业目标任务发生重大变化时，组织机构必须做相应的调整和变革。

5）管理幅度原则。设计组织结构时，应该根据不同管理者的具体情况，结合工作的性质以及被管理者的素质特征来确定适当的管理幅度。既要做到能够保证统一指挥，又要便于组织内信息的沟通。

（3）组织结构设计的程序　组织结构设计是一项复杂的系统工程，因而必须服从科学的程序。

1）确定组织目标。组织目标是进行组织设计的基本出发点，没有明确的目标，组织就失去了存在的意义。因此组织设计的第一步就是要在综合分析组织外部环境和内部条件的基础上，合理确定组织的总目标及各种具体的派生目标。

2）确定业务内容。根据组织目标的要求，确定为实现组织目标所必须进行的业务项目，并按其性质适当分类，明确各类业务的范围，进行业务流程的总体设计。

3）确定组织结构。根据组织规模、生产技术特点、地域分布、市场环境和员工素质等要素，参考同类其他组织设计的经验，确定管理组织形式和职能部门，形成层次化、部门化的组织结构。

4）配备人员并规定职责权限。根据各部门所分管的业务工作性质和对业务人员素质的要求，挑选和配备称职的人员，并根据业务工作的实际需要，明确其职务、职称和职责权限。

5）建立组织管理系统。这是组织设计的最后一步，通过明确各部门之间的相互关系及它们之间在信息沟通和相互协调方面的原则和方法，把各组织实体组合成一个能够有效地实现组织目标的管理系统。

3. 领导职能

领导职能是指领导者运用组织赋予的权力，组织、指挥、协调和监督下属人员，完成领导任务的职责和功能。它包括决策、选人用人、指挥协调、激励和思想教育工作等。

在领导职能中，最重要的是企业管理者要善于运用激励理论，在树立企业目标时充分考虑职工的需要，把企业利益和个人利益结合起来，激发职工在实现自身价值的同时，努力为实现企业目标做出贡献。这里有必要对几种重要的激励理论进行简要介绍。

（1）需要层次理论（Need-hierarchy theory） 最著名的激励理论是马斯洛（Abraham H. Maslow）在1943年出版的《人的动机理论》一书中提出的需要层次理论，他把人的需要由低到高归纳为五个层次。

1）生理需要。个体对维持生存的衣、食、住、行等基本生活条件的需求。

2）安全需要。个体对人身安全、就业保障、工作和生活的环境安全、经济保障等的需求。

3）社会归属需要。个体对友谊、爱情和归属等方面的需求。

4）尊重需要。希望自己保持自尊和自重，并获得别人的尊敬和赞赏等的需求。

5）自我实现需要。使自己的潜能得以发挥，尽可能地去实现自己的人生愿望的需求。

马斯洛把这五种需要分为高低两级：较低级的需要是生理和安全需要。较高级的需要是社会归属需要、尊重需要和自我实现需要。高级需要是从内部使人得到满足，低级需要是从外部使人得到满足。当一种需要得到满足后，另一种更高层次的需要就会占据主导地位。

该理论简单明了、易于理解、具有内在的逻辑性，对管理实践具有重要的指导作用。

（2）激励-保健（双因素）理论（Motivator-Hygiene Theory） 该理论由美国心理学家赫茨伯格（Frederick Herzberg）于1959年提出，这一理论的研究重点是组织中个人与工作的关系，他认为个人对工作的态度在很大程度上决定着任务的成功与失败。赫茨伯格指出，影响人们行为的因素有两类：保健因素是那些和人们的不满情绪有关的因素，而激励因素和工作内容有关，如图1-7所示。

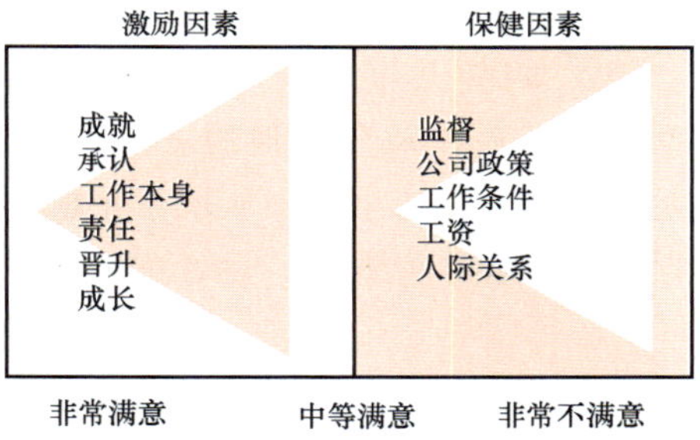

图1-7 激励-保健理论

该理论对管理实践的指导意义：

1）把传统的满意-不满意（认为满意的对立面是不满意）的观点进行了拆解：满意的对立面是没有满意，而不是不满意；同样，不满意的对立面是没有不满意，而不是满意。

2）管理者要调动和维持员工的积极性，首先要注意保健因素，以防止不满情绪的产生。消除工作中的不满意因素只能安抚员工，而不能激励员工。

（3）公平理论（Equity Theory） 美国心理学家亚当斯（John Stacey Adams）在1965年提出，员工首先思考自己收入与付出的比率，然后将自己的收入/付出比率与相关人的收入/付出比率进行比较。这里的付出指一个人对组织所做的贡献，包括努力、时间、才能、额外的投入和良好的品格等。收入指在工作中所得到的，包括工资、福利、满意度、安全感、工作分配、奖励或惩罚等。被比较的人可能是同学、同事、老板或行业平均薪酬水平。

该理论揭示出，员工不是在真空中工作的，他们总是在进行比较，比较的结果对于他们在工作中的努力程度很有影响。如果员工感到自己的比率与他人相同，则为公平状态，公平使得人们对自己的获得感到满意；否则产生不公平感，这种不公平感将引起人们的不满情绪，就会产生一种去纠正它，使两者关系恢复平衡的企图。

公平理论的不足之处在于，员工本身对公平的判断是极其主观的，这对管理者施加了较大的压力。因为人们总是倾向于过高估计自己的付出，过低估计自己的收入，而对他人的估计则刚好相反。

（4）成就需要理论（Achievement Motivation Theory）戴维·麦克利兰（David C McClelland）在1955年就对马斯洛的需要层次论的普遍性提出了质疑，经过20多年的研究归纳出成就需要理论，他认为个体在工作情境中有三种主要的动机或需要：

1）对成就的需要。

2）对权力的需要。

3）对社会归属的需要。

麦克利兰认为具有强烈成就需要的人往往谨慎地设定挑战性的目标，喜欢通过自己的努力获得成功，而且希望尽快得到工作绩效的反馈。因此，高成就需要者喜欢能独立负责、可以获得信息反馈和中度冒险的工作环境。在这种环境下，他们可以被高度激励。不少证据表明，高成就需要者在企业中颇有建树。但是在规模较大的组织中的优秀管理者，并不一定就是一个高成就需要者。

（5）期望理论（Expectancy Theory） 该理论由美国心理学家弗鲁姆（Victor H. Vroom）于1964年在他的著作《工作与激励》一书中提出。他认为一种激励因素作用的大小受到个人从组织中所取得报酬的价值判断以及对取得该报酬可能性的预期双重因素的影响，前者称为效价，后者称为期望概率，可用下式表示：

$$激励力 = 效价 \times 期望概率$$

式中 激励力——个体所受激励的程度；

效价——个体对某一成果的偏好程度；

期望概率——采取某一行动会导致预期成果的概率。

该理论表明当人们预期某一行为能给个体带来既定的结果，且这种结果对个体具有吸引力时，个体才会采取这一特定行为。因此，管理者一方面要提高激励对员工的吸引力，另一方面要帮助员工提高期望概率。

（6）当代激励理论的综合 前面介绍了若干激励理论，孤立看待各个理论的做法并不可取，事实上许多理论观点都是相互补充的，只有将各种理论融会贯通，才会加深对如何激励个体的理解。图1-8所示的模型将期望理论、成就需要理论、公平理论等当代激励理论整合

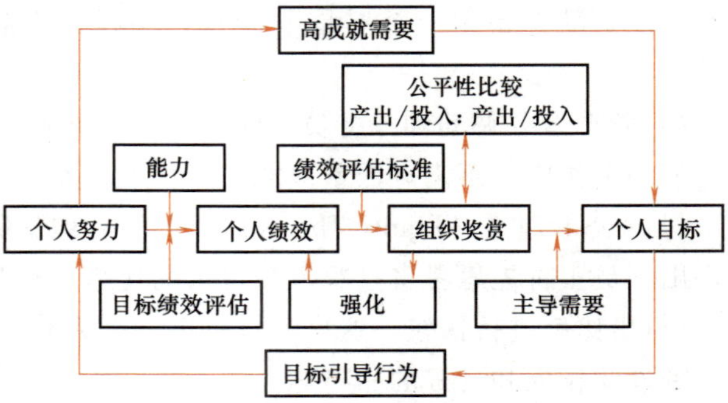

图1-8 当代激励理论的综合

起来，对管理实践具有重要的指导作用。

在激励理论的指导下，管理者需要选择有效的激励方法，提高员工接受和执行目标的自觉程度，激发下属实现组织目标的热情，最终达到提高员工行为效率的目的。

主要的行之有效的激励方法可以归纳为如下几种：

1）个体需求激励。在维护组织利益的前提下，尽可能满足组织成员的个体需求。

2）目标管理激励。目标管理的核心是目标加自我控制，员工围绕企业的总目标，制定和落实个人目标和完成措施，从而可以大大加强他们实现组织目标的责任感和积极性，满足实现自身价值的需求。

3）分配制度激励。分配制度直接影响着员工的工作积极性，所以在企业的分配中一定要坚持效率与公平原则，即个人所得要与个人业绩紧密联系，分配要公平合理。

4）工作设计激励。常用的工作轮换、工作扩大化、工作丰富化等几种工作设计方法之所以能够更好地激励员工，是因为其具有技能多样化、工作整体性和自主性等特点。

5）员工持股激励。员工持股主要是对员工起到凝聚作用，从而激发员工的工作积极性，提高企业经营效益。据国外有关统计，员工持股的企业比员工不持股的企业生产力提高约1/3。

4. 控制职能

控制是管理工作过程中一项不可缺少的职能，是对企业的计划、组织、领导等管理活动及其效果进行衡量和校正，以确保企业的目标以及为此而拟定的计划得以实现。

（1）控制的基本过程　控制工作作为企业管理工作中一个相对独立的环节，基本过程由四个阶段的活动组成，如图1-9所示。

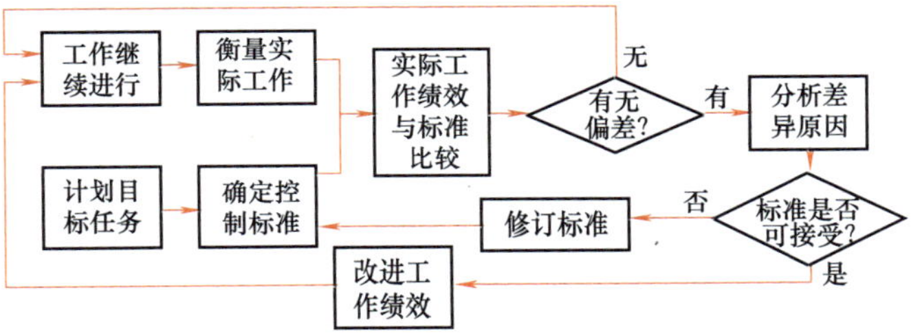

图1-9　控制工作过程

1）确定控制标准。控制标准的制定是控制能否有效实施的关键，控制标准通常以效率、质量、服务、响应速度和创新等竞争优势因素作为评估目标来制定。

2）衡量实际成效。控制过程的第二阶段是将实际工作绩效与控制标准进行比较，并做出客观的评价，从中发现两者的偏差，为进一步采取有效的控制措施提供全面准确的信息。

3）鉴别并分析偏差。在衡量实际绩效后，若没有偏差发生，或偏差在规定的“容限”之内，则该控制过程只需前两个阶段即可完成。但是如果有偏差，且超出范围，就要鉴定出偏差的大小和方向，寻找出现偏差的原因。常见的原因有：①操作原因，指计划执行者自身的原因造成偏差；②环境原因，指由于外部环境发生重大变化造成偏差；③计划不合理原因，指计划制定时不切合实际，制定的标准基于错误的假设和预测而难于达到。

4）采取纠正措施。控制的最终目标是通过采取一定的管理行动纠正偏差，使工作的实际情况与计划相一致。纠正偏差的方法也不外乎两种：改进工作绩效或修订原标准。

（2）控制的类型　在管理控制中，通常根据实施控制活动的时间进程把控制分成三种类型：预先控制（又称前馈控制）、同步控制（又称过程控制）和反馈控制，见表1-3。

表1-3　管理控制的三种基本类型

名称	含　义	核心问题
预先控制	在问题发生前做出预测，防止问题在生产或经营过程中出现	防止组织所使用的资源在质和量上产生偏差
同步控制	在企业生产或经营的过程中，对活动中的人和事进行指导和监督，以便管理者在问题出现时及时采取纠正措施	防止与纠正执行计划行动与计划标准的偏差
反馈控制	以系统输出的变化信息作为输入信息，其目的是防止已经发生或即将出现的偏差继续发展或今后再度发生	分析评价计划执行的最终结果与计划目标的偏差

（3）管理信息控制系统　传统的管理控制以人工为主，管理者常常需要通过深入现场亲自监督、检查、指导来控制下属人员的活动，发现不符合标准的偏差时，立即采取纠正措施。当今生产系统越来越复杂，生产过程自动化程度越来越高，在这种情况下，仅仅靠人工方法已很难实现对生产或经营过程的有效控制，而必须建立起计算机辅助管理信息控制系统。图1-10所示为管理信息控制系统的结构框架。

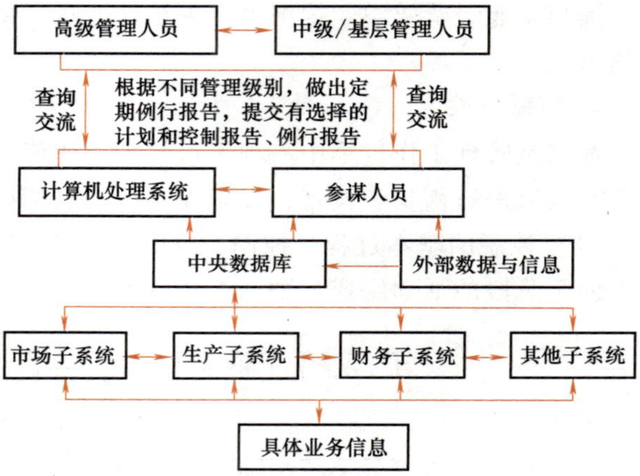

图1-10　管理信息控制系统的结构框架

1.4　机电企业的组织机构

1.4.1　企业组织机构设置原则

企业管理机构的建立，应当有利于企业生产活动的集中统一指挥，有利于工作效率的提高和管理费用的降低，机构要精简，要有利于发扬民主，调动员工的积极性。为此，在设置管理机构时，应考虑以下原则：

（1）任务和目标原则　企业的组织机构的设置，应根据任务的大小，从有利于企业经营目标的实现和提高机构的效率入手，使其完善和合理化。企业的组织机构应该是精干的，注意因事设职，因职设人，各级机构人员的工作应该是满负荷的。

（2）统一领导、分级管理原则　机电企业的管理层次，一般分为厂部—车间—班组三级。大型企业分为总厂（公司）—分厂—车间—班组四级。涉及企业全局性的管理权限，应集中在厂部（公司），以保证统一领导、统一指挥。各级管理组织都要按照厂部（公司）的统一部署，从事各项管理工作，保证企业的生产经营活动正常进行，并在厂部（公司）的统一领导下，实行分级管理，即各级管理组织应在规定的职权范围内，处理有关的工作业务，保证企业任务完成。

企业管理层次的多少，管理幅度的大小，应视企业的类型和各级管理人员的业务水平和能力的大小，管理活动的复杂程度，上下级之间联系的频繁程度等而定。

（3）分工与协作原则　组织机构设置应力求做到分工合理、协作有序，对每个部门和每个职工的工作内容、工作范围、相互关系、协作方法等，都应有明确的规定。

（4）职、责、权、利相对应的原则　设置组织机构时，要做到职务实在、责任明确、权力恰当、利益合理。责权不明确容易产生官僚主义、无政府状态，组织系统则易出现各种摩擦。在安排各机构人员时，要按照以能授职，尽可能做到能力和职务的统一，使人尽其才，同时权利和责任要适当。

（5）稳定与适应结合原则　企业的组织体制和结构，首先要有一定的稳定性，以利于生产经营活动的有序进行和提高效率。同时，企业的组织机构又必须有一定的适应性，克服僵化状态，随着外部环境和内部条件的变化而实时进行调整。

（6）执行与监督机构分设原则　这一原则要求，企业中的执行性机构同监督性机构（如财务与审计、生产与质量监督）应当分开设置，不应合并成一个机构，避免出现自己监督自己的情况。

根据上述原则，企业一般设置董事会、公司办公室、人力资源部、财务部、生产部、质量部、营销部、供应部等机构。

1.4.2　机电企业管理机构的组织形式

机电企业管理机构的组织形式，随着企业生产、技术和经济的发展而不断演变。各个企业的规模不同，组织形式也不一样。主要有以下几种：

1. 直线职能制组织

直线职能制组织又称为直线参谋制组织，这种组织形式是直线制和职能制相结合形成的。其特点是：它把企业的管理人员分为两类，一类是直接指挥人员，他们拥有对下级进行指挥和命令的权力，并对该组织的工作全部负责。另一类是职能管理人员，他们是直接指挥人员的参谋，只能对下级机构进行业务指导，而不能直接进行指挥和命令。直线职能制的组织形式如图1-11所示。

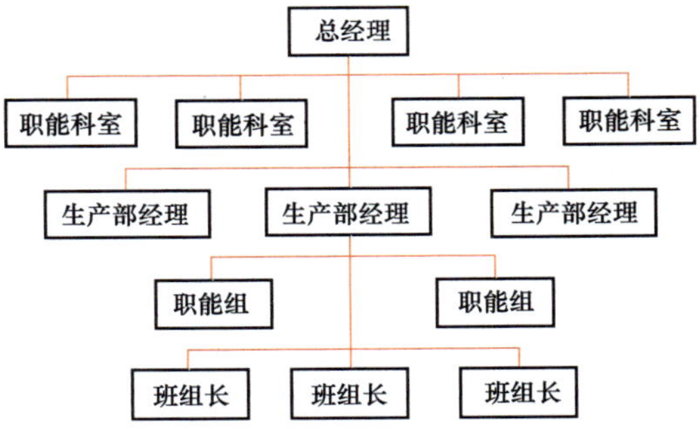

图1-11　企业直线职能制组织形式

这种组织形式的优点是：它一方面保持了直线制实行垂直领导、统一指挥的长处，另一方面又保持了职能制使职能管理专业化的长处，同时，它既摈弃了直线制管理粗放的缺点，又避免了职能制多头领导的弊端。我国目前多数机电企业均采用这种组织形式。

直线职能制的缺点是：过多地强调了纵向管理，不太注意横向沟通、协调，易造成决策的延误，影响管理效率。职能参谋部门和直线部门之间容易产生矛盾，难于从组织内部培养熟悉全面情况的管理人才。整个组织信息传递的路线较长，环境适应性较差。

2. 矩阵制组织

矩阵制组织也称“规划-目标”结构组织，是一种较新的组织结构形式，它既保留了职能型组织的形式，又成立了按项目划分的横向领导系统，把按职能划分的部门和按项目划分的部门结合起来组成一个矩阵，如图 1-12 所示。矩阵型组织以项目小组为核心，项目小组具有相对独立性，直接与用户打交道。每个项目小组由一名项目经理全权负责，项目经理接受总经理的直接领导，并对总经理负责。市场、财务、计划、质检等职能部门，在总经理领导下，为各项目小组提供服务，或直接参加到项目小组中一起工作。

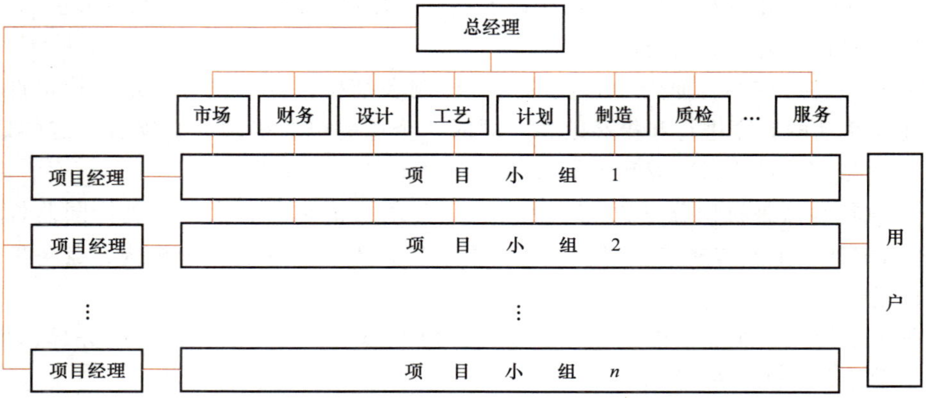

图 1-12　企业矩阵制组织形式

矩阵制组织的优点在于：打破了单向领导，加强了各职能部门的横向联系和配合，有利于信息沟通和共同决策，把完成任务所需的各种专业知识和经验集中在一起，提高了管理组织的机动性、灵活性和适应性，提高了工作的效率；实行集权与分权的结合，把不同的专业人员组织在一起，有利于发挥专业人员的潜力，有利于提高技术水平和管理水平，也有利于各种人才的培养。

矩阵制组织的缺点是：实行纵向、横向的双重领导，组织较复杂，对项目负责人的要求较高；组织成员不是固定的，易产生临时的观念，对工作有一定的影响。

这种组织形式适用于：生产经营复杂多变的企业，特别适宜于创新性和开发性的项目。

3. 事业部制组织

事业部制组织又称为部门化制组织，它是按产品或地域成立专门化的生产经营部门，即事业部。其主要特点在于“集中决策，分散经营”，即在集权领导下实行分权管理，每个事业部都是独立核算单位，在经营管理上拥有很大的自主权，总部只保留预算、人事任免和重大问题的决策等权力，并运用利润等指标对事业部进行控制。其组织形式如图 1-13所示。

事业部制组织的优点在于：有利于企业高层领导摆脱日常事务性工作，集中精力搞好战略决策、长远规划和人才的开发；事业部相对独立，自负盈亏，有利于事业部之间的竞争，增强企业的活力；有利于发挥事业部的主观能动性，增强经营管理的能力。这种组织具有稳定性和适应性较强的双重优点。

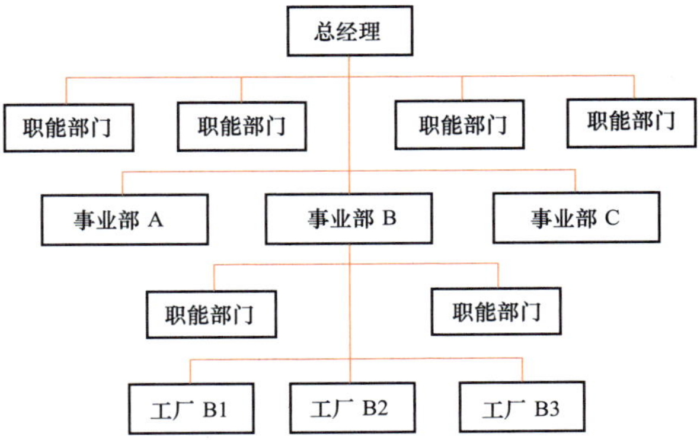

图 1-13　企业事业部制组织形式

事业部制组织的缺点是：总部和事业部机构有一定重叠，提高了管理成本，降低了工作效率；事业部之间横向联系差，协调配合难，容易产生本位主义；各事业部往往只考虑自己的利益，而忽视企业整体利益，导致短期行为等。

事业部制组织一般适用于规模较大、产品种类较多、各种产品之间工作差别较大、技术比较复杂和市场广阔多变的企业。

企业采用什么样的组织形式，对于管理的绩效有着决定性的影响。管理者要根据管理的实际情况，对组织结构做出科学的设计，在实现管理目标的前提下，通过对组织结构的设计，处理好集权与分权、直线权力与参谋权力、分散经营与协调控制等各种关系，使这些关系的协调获得组织结构的保证。

1.4.3　企业再造

1. 传统组织机构的弊端

传统组织机构以“管”人为中心，各种各样的企业制度都是管理者为了“管”人而设计的。知识经济时代的到来，使传统的企业制度很难适应新的形势需要。知识的生产不同于具体的产品生产，知识员工的工作性质与传统的生产工人也有本质的区别。知识工作者的工作常常是无法被视察、被操控的，他们的行事无常规可循。企业如果仍采用旧的管理模式，很难收到好的效果。

工业经济时代，直接从事生产的工人占劳动力的 80% 甚至更多；知识经济时代，这个比例被颠倒过来，多数员工是从事知识传播和知识生产的知识工作者。过去，管理的重点是生产，而在知识经济条件下，管理的重点是研究与开发，是各种各样新知识的传播、新技能的培训，知识管理将处于主导位置。因此，知识企业的组织创新十分必要。

2. 企业组织再造的含义

企业再造（Re-engineering）也称为“公司再造”“再造工程”。它是 20 世纪 90 年代在美国出现的关于企业经营管理方式的一种新的理论和方法。按照该理论的创始人迈克尔·哈默（Michael Hammer）与詹姆斯·钱皮（James A. Champy）的定义，企业再造是“针对企业业务流程的基本问题进行反思，并对它进行彻底的重新设计，以便在成本、质量、服务和速度等当前衡量企业业绩的重要尺度上取得显著的进展”。为了能够适应新的世界竞争环境，企业必须摈弃已成惯例的运营模式和工作方法，以工作流程（Business Process）为中心，重新设计企业的经营、管理及运行方式。

企业再造理论的产生有深刻的背景。20 世纪六七十年代以来，信息技术革命使企业的经营环境和运行方式发生了很大的变化，而西方国家经济的长期低增长又使得市场竞争日益激烈，企业面临着严峻挑战。有些管理专家用 3C 理论阐述了这种全新的挑战。

1）顾客（Customer）。买卖双方关系中的主导权转到了顾客一方。竞争使顾客对商品有了更大的选择余地；随着生活水平的不断提高，顾客对各种产品和服务也有了更高的要求。

2）竞争（Competition）。技术进步使竞争的方式和手段发生了根本性的变化。越来越多的跨国公司超越国界，在逐渐走向一体化的全球市场上展开各种形式的竞争。

3）变化（Change）。市场需求日益多变，产品寿命周期的单位已由“年”趋于“月”。在大量生产条件下发展起来的企业经营管理模式，已无法适应快速变化的市场。

在上述背景下，结合美国企业为挑战日本、欧洲的威胁而展开的实际探索，1993 年哈默和钱皮出版了《再造企业》一书，书中认为：“20 年来，没有一个管理思潮能将美国的竞争力倒转过来，如目标管理、多样化、Z 理论、零基础预算、价值分析、分权、质量圈、追求卓越、结构重整、文件管理、走动管理、矩阵管理、内部创新及一分钟决策等”。哈默与钱皮提出应在新的企业运行空间条件下，改造原来的工作流程，以使企业更适应未来的发展空间。这一全新的思想震动了管理学界，一时间“企业再造”“流程再造”成为大家谈论的话题，哈默和钱皮的著作也以极快的速度被大量翻译、传播。

3. 企业再造的主要程序

企业“再造”就是重新设计和安排企业的整个生产、服务和经营过程，使之合理化。企业再造一般可以按以下程序进行。

（1）对原有流程进行全面的功能和效率分析，发现其存在问题　根据企业现行的作业程序，绘制细致、明了的作业流程图。一般来说，原来的作业程序与过去的市场需求、技术条件相适应，并由一定的组织结构、作业规范作为其保证。当市场需求、技术条件发生变化，使得现有的作业程序难以适应时，作业效率或组织结构的效能就会降低。因此，必须从以下几个方面分析现行作业流程的问题：

1）功能障碍。随着技术的发展，出现大量技术上具有不可分性的团队工作，个人可完成的工作额度就会发生变化，导致原有的作业流程或者支离破碎增加管理成本，或者核算单位太大造成权责利脱节，最终造成组织结构设计不合理，形成企业发展瓶颈。

2）重要性。不同的作业流程环节对企业的影响是不同的。随着市场的发展，顾客对产品、服务需求的变化，作业流程中的关键环节以及各环节的重要性也在变化。

3）可行性。根据市场、技术变化的特点及企业的现实情况，分清问题的轻重缓急，找出流程再造的切入点。

为了对上述问题的认识更具有针对性，必须深入现场，具体观测，分析现存作业流程的功能、制约因素以及存在的关键问题。

（2）设计新的流程改进方案，并进行评估　为了设计更加科学、合理的作业流程，必须群策群力。在设计新的流程改进方案时，可以考虑：

1）将现在的数项业务或工作整合，合并为一。

2）工作流程的各个步骤按其自然顺序进行。

3）给予职工参与决策的权力。

4）为同一种工作流程设置若干种进行的方式。

5）工作应当超越组织的界限，在最适当的场所进行。

6）尽量减少检查、控制、调整等管理工作。

7）设置项目负责人。

对于提出的多个流程改进方案，还要从成本、效益、技术条件和风险程度等方面进行评估，选取可行性强的方案。

（3）制订企业再造方案　制订与流程改进方案相配套的组织结构、人力资源配置和业务规范等方面的改进规划，形成系统的企业再造方案。企业业务流程的实施，是以相应组织结构、人力资源配置方式、业务规范、沟通渠道，甚至企业文化作为保证的。所以，只有以流程改进为核心形成系统的企业再造方案，才能达到预期的目的。

（4）组织实施与持续改善　实施企业再造方案，必然会触及原有的利益格局。因此，必须精心组织，谨慎推进。既要态度坚定，克服阻力，又要积极宣传，形成共识，以保证企业再造的顺利进行。

企业再造方案的实施并不意味着企业再造的终结。在社会发展日益加快的时代，企业总是不断面临新的挑战，这就需要对企业再造方案不断地进行改进，以适应新的形势需要。

尽管企业再造受到高度重视，并已在许多企业成功实施，取得了很好的效果。但企业再造是一件伤筋动骨的事情，存在很大风险，也有不少失败的教训。企业在实施再造之前，必须做好充分的准备，并且要审慎行事。

4. 企业再造的成功案例

国际商用机器（International Business Machines，IBM）信用公司经营的业务是在 IBM 公司出售计算机、软件和提供服务时，向客户提供融资。其早期的工作流程如下：

1）现场销售员向公司汇报情况：带着要求融资的申请书到康涅狄格州的公司会议室参加会议，同其他十几个人坐在一起。听取汇报的人将有关提供融资的请求记录在一张纸上。

2）工作人员将记录送到信用部。该部的一名专门人员将纸上的信息输入计算机，并审核融资申请人的信用可靠程度。审核的结果由该专门人员写在一张纸上，然后把它交给经营部。

3）经营部负责根据客户的请求，对标准的贷款合同做些修改，并在有关申请的文件上加上特定的条款。

4）该融资申请书转到核价员。核价员将有关的数据输入计算机相应表格，确定应由客户承担的适当的利率。

5）核价员将利率连同其他的材料，一起转到一个办事组，最终确定融资事宜。

上述整个工作流程有时要长达 2 个星期，平均也要花 7 天的时间，如此长的时间往往迫使客户寻找别的融资来源，甚至客户会因此取消原已谈好的交易。

IBM 信用公司决心改进上述工作流程，两名高管进行了实地考察。他们拿了一份申请融资的材料，亲自去全部五个环节走一遍，到每一个办公室后，要求有关工作人员无论在做什么工作，暂时把它放在一边，按照正常手续先处理这份申请材料。结果发现完成处理这份申请材料的实际工作所花时间总共为 90 分钟。而以往平均 7 天时间都花在从一个部门到另一个部门的公文旅行上。如此，管理层开始注意到问题的核心——核定融资的全过程。必须加以变革的，正是流程，而不是各种操作步骤。

最终，IBM 信用公司决定使用“通才”取代信用审核员、核价员等专门人员，即由一名称作综合办事员的工作人员从开始一直到结束，办理核定申请材料的全过程，避免了申请融资材料在不同办公室之间转来转去。

原先的流程设计实际上是根据一种根深蒂固的（但不易被察觉出问题的）假定：每一份提出的申请融资的材料都有其独特之处和难处理的地方，因此，需要有 4 名不同的训练有素的专门人员来办理。但事实上，这个假定是错误的，因为大多数的融资申请简单明了，并不复杂，也不难处理。

IBM 信用公司的高管通过对专门人员的工作进行仔细调查后发现，这些专门人员的工作大多数只不过是办事员的工作而已，例如：从数据库中找出信用等级，把有关的数字填入相应表格内，从文件材料中找出有关的条款等。实际上，只要配备一台计算机，又能提供专门人员所使用的全部数据和工作方法，一名普通的工作人员就可以完全胜任上述几名专门人员的工作。

IBM 信用公司为了支持综合办事员的工作，开发了一套完整的、涵盖上述多个部门工作流程及其支撑数据的计算机软件系统。在绝大多数情况下，这套系统能向综合办事员提供他所需要的工作上的指导和各种相关资料。在极个别情况下确实遇到棘手问题时，综合办事员能得到相关专家（审核信用、核定利率等方面的专家）的帮助。即使在这种情况下，也不需要公文旅行，因为综合办事员及其求教的专家是在一起工作的。

通过对业务流程的重新设计，IBM 信用公司在业绩上取得显著效果：处理申请融资材料的时间从平均 7 天减少到 4 个小时，从事这项工作总人数也有所减少，而办事效率提高了一百倍。

IBM 信用公司提出的问题并不是“如何改进融资报价的计算方法？如何提高审核客户信用可靠程度的工作效率？”相反所提出的问题是“如何去改进核定客户信用可靠程度这项工作的流程？”IBM 信用公司在对融资审查工作流程做出根本变革的同时，还摧毁了原先的假定——专门的工作步骤要由专门的人员去完成。

练习题

1. 单项选择（在备选的 4 个答案中选择 1 个正确的）

1）机电企业属于（　　）。

① 连续型生产企业　　② 离散型生产企业

③ 间断型生产企业　　④ 混合型生产企业

2）泰勒认为科学管理的根本目的是（　　）。

① 扩大生产　　② 提高效率

③ 保证产品质量　　④ 改善劳动条件

3）迈克尔·波特将其战略管理的理论延伸到国家竞争力上后提出了（　　）。

① 钻石体系　　② 交叉体系
③ 四方体系　　④ 多边体系

4）双因素理论将那些和人们的不满情绪有关的因素称之为（　　）。

① 消极因素　　② 情感因素
③ 心理因素　　④ 保健因素

5）企业高管把例行的一般事务授权给下级管理人员处理，而自己只关注企业重大战略问题的决策，此项原则称为（　　）。

① 等级原则　　② 例外原则
③ 统一指挥原则　　④ 责权关系原则

6）我国目前多数机电企业采用的组织形式是（　　）。

① 直线制　　② 职能制
③ 直线职能制　　④ 矩阵制

2. 多项选择（在备选的4个答案中选择2～4个正确的）

1）企业的特征包括（　　）等。

① 是经济实体　　② 以盈利为目的
③ 依法成立　　④ 依据国家指令进行生产经营活动

2）企业按生产要素结构特征可分为（　　）。

① 劳动密集型企业　　② 资本密集型企业
③ 知识密集型企业　　④ 文化密集型企业

3）现代工业企业生产过程具有高度的（　　）。

① 连续性　　② 比例性
③ 虚拟性　　④ 适应性

4）机电企业管理的基本职能主要包括（　　）。

① 计划职能　　② 组织职能
③ 领导职能　　④ 控制职能

5）矩阵制组织的优点是有利于（　　）。

① 信息沟通　　② 提高效率
③ 组织稳定　　④ 人才培养

6）当前衡量企业业绩的重要尺度是（　　）等。

① 成本　　② 质量
③ 服务　　④ 规模

3. 填空

1）管理既有同生产力相联系的________属性，又有同生产关系相联系的________属性。

2）梅奥在进行霍桑试验后指出：企业员工是________人，而不是________人。

3）改变航道原理是指计划________过程中，在保持计划________不变的前提下，实现目标的进程可因情况的变化而变化。

4）马斯洛把人的需要由低到高归纳为________需要、________需要、社会归属需要、尊重需要和自我实现需要五个层次。

5）根据实施控制活动的时间进程可以把管理控制分成三种类型：预先控制、________控制和________控制。

6）事业部制组织的主要特点是集中________，分散________。

4. 判断题

1）公司制企业优点之一是经营权与所有权分离。

2）机电企业是制造业的重要组成部分。

3）决策理论学派认为管理就是决策。

4）人本管理要求把员工个人的价值与企业价值分开。

5）计划的灵活性原理是指执行计划时应有灵活性。

6）矩阵制组织特别适宜于创新性和开发性的项目。

5. 名词解释

1）有限责任公司

2）价值链

3）计划职能

4）例外原则

5）企业再造

6. 分析题

1）阐述机电企业在国民经济中的重要地位。

2）阐述你对“公平理论”的认识。

[参考答案]

第2章

机电企业经营管理

2.1 经营决策

经营决策是指企业为达到经营目标，在对企业外部环境与内部条件分析研究的基础上，运用科学方法和手段，制订若干可行方案，从中选择一个最优方案的分析判断过程。经营决策是企业管理的核心内容，决策的正确与否，直接关系到企业的兴衰成败和生存发展。

2.1.1 经营决策的内容与分类

1. 经营决策的内容

经营决策的内容包括产品决策、价格决策、渠道决策、促销决策、目标市场决策等。

（1）产品决策　产品决策是企业根据市场预测的结果，在企业经营战略的指导下，结合企业自身的具体条件，确定在未来一段时间里以什么样的产品（产品组合）满足目标市场需要及推出该产品的过程。产品决策是机电企业经营决策的一个重要方面，其目标是生产物美价廉、适销对路的机电产品。

（2）价格决策　价格决策是指企业根据自身条件和市场条件，对产品定价方案选择、优化的过程。价格决策是企业经营决策中不可缺少的部分，价格决策的正确与否对企业经营决策的成败起着重要作用。企业的价格决策是最高级别的经营决策，也是高风险决策，必须慎之又慎。

（3）渠道决策　渠道决策是企业最重要的决策之一，包括选择适合企业不同发展阶段的合作伙伴，确定开拓市场的具体方法，规划和构建营销渠道等。在具体规划渠道的时候不但要考虑销售渠道的成本，还要用战略的眼光来看渠道，考虑竞争对手的渠道策略。

（4）促销决策　促销决策研究和确定能够引发消费者购买行为和促进销售的各种手段，其核心是向消费者有效传递信息，让消费者了解产品，引发消费者的兴趣。

（5）目标市场决策　目标市场决策要解决的根本问题是寻找能购买本企业产品的顾客。为此，要对庞大而复杂的市场进行细分；要深入比较和分析各个细分市场的特点；要对各个细分市场需求趋势进行预测；要从多个细分的市场中选择自己的目标市场。

2. 经营决策的分类

经营决策依据不同的分类标准，有多种不同的分类方法。

（1）按决策重要程度划分　按决策重要程度划分可分为战略决策、管理决策和业务决策。战略决策是解决全局性、长远性、战略性的重大问题的决策，一般由高层决策者做出。管理决策是指为实现企业战略决策目标，在人力、物力、财力和组织等方面做出的决策。管理决策属于中层决策。业务决策是指在企业日常管理业务中，为实现某一局部目标所做出的决策。业务决策属于基层决策。

（2）按重复程度划分　按重复程度划分可分为程序性决策和非程序性决策。程序性决策是指对企业生产经营中重复出现的问题进行决策，如制定生产纲领，安排进度计划等。此类决策通常可以根据已有的信息建立数学模型，设定决策目标和约束条件，进行优化决策。非程序性决策是指对不经常发生的问题进行决策，如企业新产品开发、技术改造等。非程序性决策所依据的信息通常不完全，变量与变量之间的关系以及约束条件具有一定模糊性，使得此类决策难以建立相应的数学模型和使用计算机求解，在很大程度上需要依赖个人的主观判断。

（3）按决策条件确定程度划分　按决策条件确定程度划分可分为确定型决策、不确定型决策和风险型决策。确定型决策指在外部条件确定的情况下进行的决策。不确定型决策指在完全不清楚外部条件将如何发生的情况下进行的决策。风险型决策指在对决策的外部条件发生概率有一定了解的前提下进行的决策。

2.1.2　经营决策的原则与程序

1. 经营决策的原则

（1）自主原则　任何决策都是决策者的自主行为，经营决策也不例外。这里的决策者并非仅指某一个人，对于企业的经营决策而言，决策者通常是指一个决策层或一个团队。

（2）系统原则　经营决策的系统原则主要体现在以下两个方面：

1）以企业的经营目标为总目标，企业各项决策均应服从经营决策。

2）企业各项决策相互支持又相互制约，在进行某个单项决策时，必须考虑对其他决策的影响。

（3）效益原则　经济效益是企业经营决策的原动力，也是判断决策成功与否的标准。由于企业经营决策的经济效益具有综合性和时滞性，在评价经营决策效益时，要处理好单项效益与整体效益、近期效益与长远效益、企业效益与社会效益之间的关系。

2. 经营决策的程序

（1）确定决策目标　经营决策首先要找出企业实际经营活动与经营战略目标之间的差距及导致这种差距的原因，进而确定经营决策的目标。

（2）拟定决策方案　多个备选方案是构成经营决策的基本条件。根据确定的决策目标，收集有关资料，进行调查研究，尽可能提出多种不同方案，并指出各种方案的优缺点。

（3）决策方案论证　建立完善的决策模型或程序，对各种备选方案的假设条件、可能后果进行分析和比较，从中选择一个最佳方案。

(4) 方案实施与跟踪 方案实施要有严密的计划和组织保证，并要跟踪方案的实施过程，发现问题及时采取补救措施。

2.1.3 经营决策的SWOT模型

SWOT模型（又称SWOT分析）是一种综合考虑企业内部条件和外部环境各种因素，进行系统评价，选择最佳经营战略的方法。这里，S（Strength）指企业内部优势，W（Weakness）指企业内部劣势，O（Opportunity）指企业外部环境机会，T（Threat）指企业外部环境威胁。

企业内部优势和劣势是相对于竞争对手而言的，通常表现在资金、技术、设备、职工素质、产品、市场、管理水平等方面，并有单项和综合之分。为了评估企业综合优势和劣势，可选取一些重要指标，采用加权评分方法加以确定。企业外部机会指周边环境对企业的有利因素，如政府支持、市场需求旺盛、高新技术应用等。企业外部威胁指周边环境对企业的不利因素，如新竞争对手出现、市场疲软、技术老化等。SWOT分析依据企业目标，列出对企业经营活动及发展有重大影响的内部和外部因素，并根据一定的标准对各因素进行评价，从而判断企业的优势和劣势，机会和威胁。在此基础上，选择所要实施的战略，如图2-1所示。

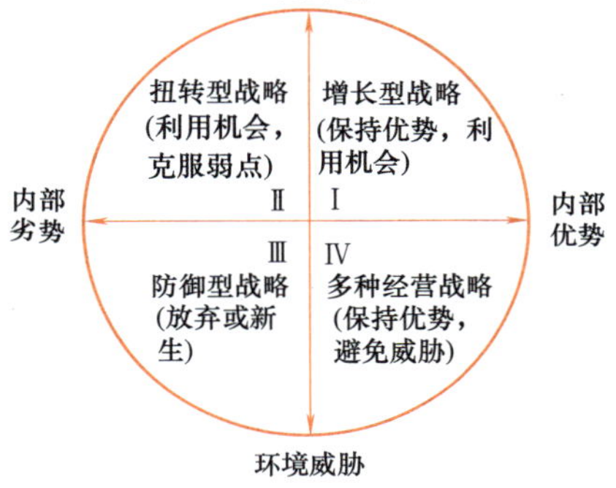

图2-1 SWOT分析

区域Ⅰ表示企业面临众多的机会，同时又具有利用这些机会的内部优势。此种情况下，企业应选择增长型战略，如多角化经营、新产品开发、市场渗透与扩展、合资、兼并收购等。区域Ⅱ表示企业面临许多机会，但却受到企业内部劣势的制约。此时，企业可采取克服自身劣势以充分利用机会的扭转型战略，如紧缩防线，集中突破，部分转向，联合经营等。区域Ⅲ表示企业面临着越来越险恶的环境威胁，同时又没有什么优势，处于相对较弱的地位。这时企业宜采取防御型战略，压缩生产规模或实施合资经营，以积蓄力量等待时机。必要时，还可果断采取放弃或转向战略。区域Ⅳ表示企业具有一定内部优势，但却面临不利的环境威胁。此时，企业宜于采用利用优势克服或避开环境威胁的战略，如利用优势多角化经营，开发新产品和新市场等。

2.1.4 经营决策方法

1. 确定型决策

确定型决策又称标准决策或结构化决策。这种决策，目标和约束条件明确，通常能用数学模型表示和求解。目前已有一些较成熟的确定型决策方法，如线性规划、盈亏平衡分析、经营批量法等。下面仅对盈亏平衡分析法进行说明，线性规划问题将在第4章中介绍。

盈亏平衡分析基于边际分析理论：企业的生产总成本可分为与产量无关的固定成本和与产量同步增长的变动成本两部分，只要销售单价大于单位变动成本，就存在着“边际贡献”（单位售价与单位变动成本的差额），当总的边际贡献与固定成本相等时，恰好盈亏平衡。此时，每再增加一个单位产品，就会增加一个边际贡献的利润。

盈亏平衡分析的首要问题是找出盈亏平衡点，其计算公式为

$$Q_0 = \frac{C_N}{P - C_V} \tag{2-1}$$

式中 C_N——固定成本；

P——销售单价；

C_V——单位变动成本；

Q_0——盈亏平衡点的销售量。

图 2-2 为盈亏平衡分析的图形表示，图中横轴表示产销量，纵轴表示收入或费用，OB 为销售收入线，AD 为固定成本线，AC 为总费用线，E 为盈亏平衡点。由图 2-2 可知，当产销量低于 Q_0 时，企业亏损，当产销量大于 Q_0 时，企业才有盈利。

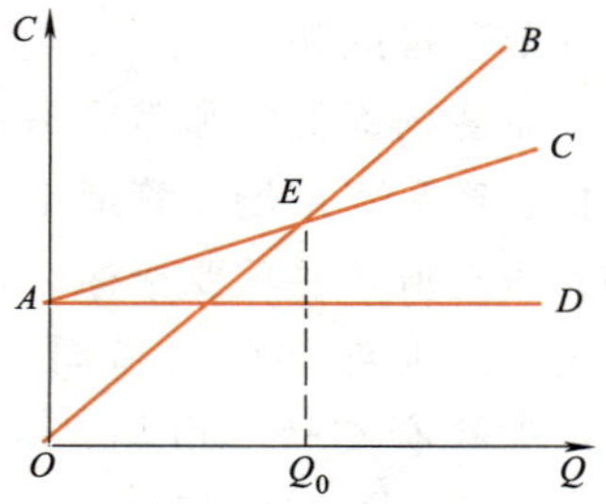

图 2-2　盈亏平衡图

盈亏平衡分析中一个重要的概念是企业经营安全率，它是反映企业经营安全程度的一个重要指标，其计算公式为

$$R_S = \frac{Q - Q_0}{Q} \times 100\% \tag{2-2}$$

式中 R_S——经营安全率；

Q——实际销售量；

Q_0——盈亏平衡点的销售量。

企业的经营安全率越大，表明企业经营状况越好；经营安全率接近于 0，说明企业经营安全状况很差，企业应及时采取措施，如降低单位变动成本，增加适销对路的产品，开拓新市场等来提高经营安全率。通常可参考表 2-1 来判断企业经营安全状况。

表 2-1　经营安全率参考数值

经营安全率	>30%	25% ~30%	15% ~25%	10% ~15%	<10%
经营安全状况	安全	较安全	一般	需警惕	危险

例 2-1　某机床厂销售某种机床，每台售价 18.8 万元，单位变动成本 14.3 万元，固定成本 750 万元，试求：1）盈亏平衡点；2）企业若要实现 150 万元利润，至少要销售多少台机床；3）盈利 150 万元时的经营安全率。

解　由式（2-1）可求出盈亏平衡点的销售量为

$$Q_0 = \frac{C_N}{P - C_V} = \frac{750}{18.8 - 14.3}\text{台} = 167\text{台}$$

设盈利 150 万元时的销售量为 Q，有

$$18.8 \times Q - (750 + 14.3 \times Q) = 150$$

$$Q = 200$$

由式（2-2）可求出盈利150万元时的经营安全率

$$R_S = \frac{Q - Q_0}{Q} \times 100\% = \frac{200 - 167}{200} \times 100\% = 16.5\%$$

2. 不确定型决策

不确定型决策又称非确定型决策、非标准决策或非结构化决策，是指决策人无法确定未来各种自然状态发生的概率的决策。不确定型决策的主要方法有：等可能性法、保守法、冒险法和最小后悔值法等。

（1）等可能性法　等可能性法也称拉普拉斯（Laplace）决策准则、中庸决策法。采用这种方法，假定自然状态中任何一种发生的概率是相同的，通过比较每个方案的损益平均值来进行方案的选择，在利润最大化目标下，选择平均利润最大的方案，在成本最小化目标下选择平均成本最小的方案。

（2）保守法　保守法也称瓦尔德（Wald）决策准则、小中取大准则、悲观决策法。决策者不知道各种自然状态中任何一种发生的概率，决策目标是避免最坏的结果，力求风险最小。运用保守法进行决策时，首先要确定每一可选方案的最小收益值，然后从这些方案最小收益值中，选出一个最大值，与该最大值相对应的方案就是决策所选择的方案。

（3）冒险法　冒险法也称乐观决策法、大中取大准则。决策者不知道各种自然状态中任何一种发生的概率，决策的目标是选最好的自然状态下确保获得最大可能的利润。冒险法的决策过程：首先，确定每一可选方案的最大利润值；然后，在这些方案的最大利润中选出一个最大值，与该最大值相对应的那个可选方案便是决策选择的方案。由于根据这种准则决策也能有最大亏损的结果，因而称其为冒险投机的准则。

（4）最小后悔值法　最小后悔值法也称萨凡奇（Savage）决策准则。决策者不知道各种自然状态中任何一种发生的概率，决策目标是确保避免较大的机会损失。所谓机会损失是由于市场上出现了高需求，而决策者采用了较保守的方案，或市场上出现了低需求，而决策者采取了投资较大的方案所造成的收益差额。运用最小后悔值法时，首先要将决策矩阵从利润矩阵转变为机会损失矩阵；然后确定每一可选方案的最大机会损失；再次，在这些方案的最大机会损失中，选出一个最小值，与该最小值对应的可选方案便是决策选择的方案。

例2-2　某家电生产企业欲扩大某种家电产品的产量，有四种方案：①新增加一条生产线，同时需扩建厂房；②用一条效率更高的生产线替代现有生产线；③对现有生产线进行局部改造；④维持现有生产线不变，增加生产班次（由两班改为三班）。预计未来5年，市场可能出现需求旺盛、需求平稳和需求萎缩三种情况，每种情况对应于4种不同方案的收益见表2-2。若市场需求三种情况出现概率难以确定，试进行决策。

表2-2　不同方案收益表　（单位：万元）

扩大生产方案	产品需求		
	需求旺盛	需求平稳	需求萎缩
方案1：增加一条生产线	120	40	-50
方案2：替换现有生产线	100	60	-15

（续）

扩大生产方案	产品需求		
	需求旺盛	需求平稳	需求萎缩
方案3:局部改造	80	50	10
方案4:增加班次	50	40	30

解 1）采用等可能性法，计算结果见表2-3，按此法决策应选取方案2。

2）采用保守法，计算结果见表2-4，按此法决策应选取方案4。

3）采用冒险法，计算结果见表2-5，按此法决策应选取方案1。

4）采用最小后悔值法，计算结果（机会损失）见表2-6，按此法决策应选取方案3。

表2-3 等可能性法决策表 （单位：万元）

扩大生产方案	产品需求			收益平均值	最大平均值（选取方案）
	需求旺盛	需求平稳	需求萎缩		
方案1:增加一条生产线	120	40	-50	36.7	
方案2:替换现有生产线	100	60	-15	48.3	48.3
方案3:局部改造	80	50	10	46.7	
方案4:增加班次	50	40	30	40	

表2-4 保守法决策表 （单位：万元）

扩大生产方案	产品需求			最小收益值	小中取大（选取方案）
	需求旺盛	需求平稳	需求萎缩		
方案1:增加一条生产线	120	40	-50	-50	
方案2:替换现有生产线	100	60	-15	-15	
方案3:局部改造	80	50	10	10	
方案4:增加班次	50	40	30	30	30

表2-5 冒险法决策表 （单位：万元）

扩大生产方案	产品需求			最大收益值	大中取大（选取方案）
	需求旺盛	需求平稳	需求萎缩		
方案1:增加一条生产线	120	40	-50	120	120
方案2:替换现有生产线	100	60	-15	100	
方案3:局部改造	80	50	10	80	
方案4:增加班次	50	40	30	50	

表2-6 最小后悔值法决策表 （单位：万元）

扩大生产方案	产品需求			最大机会损失值	最小后悔值（选取方案）
	需求旺盛	需求平稳	需求萎缩		
方案1:增加一条生产线	120-120=0	60-40=20	30-(-50)=80	80	
方案2:替换现有生产线	120-100=20	60-60=0	30-(-15)=45	45	
方案3:局部改造	120-80=40	60-50=10	30-10=20	40	40
方案4:增加班次	120-50=70	60-40=20	30-30=0	70	

3. 风险型决策

风险型决策是指在对各种自然状态的发生概率有较准确估计的情况下所进行的决策，其决策依据是不同方案期望收益的大小。在风险型决策过程中，决策者无论采用哪一个方案，都要承担一定的风险。

例 2-3 在例2-2中如预测需求旺盛、需求平稳和需求萎缩3种状态出现的概率分别为0.2、0.6和0.2，试确定预期收益最大方案。

解 由题意，各方案的期望收益分别为

$$E_1 = [0.2 \times 120 + 0.6 \times 40 + 0.2 \times (-50)]万元 = 38万元$$

$$E_2 = [0.2 \times 100 + 0.6 \times 60 + 0.2 \times (-15)]万元 = 53万元$$

$$E_3 = (0.2 \times 80 + 0.6 \times 50 + 0.2 \times 20)万元 = 50万元$$

$$E_4 = (0.2 \times 50 + 0.6 \times 40 + 0.2 \times 30)万元 = 40万元$$

显然，应选方案2，即用一条效率更高的生产线替代现有生产线。

风险型决策通常可采用决策树的形式表示，如例2-3用决策树表示如图2-3所示。

决策树法以决策点（用□表示）为出发点，引出若干方案枝，每条方案枝代表一个方案，方案枝的末端有一个状态点（用○表示），从状态点引出若干概率枝，每条概率枝代表一种自然状态，概率枝上标明每种自然状态的概率，概率枝的末端为收益点（用◇表示），其右端标出收益值。

决策树的形式不仅直观，且非常适合于处理多级决策问题。

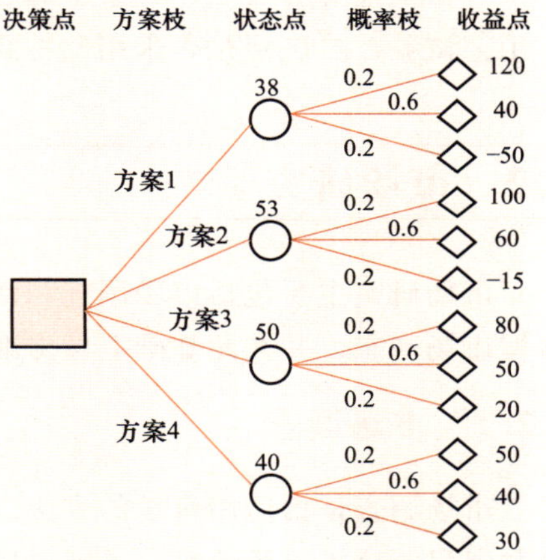

图 2-3 不同方案的决策树

例 2-4 某机电工厂拟采用一种新工艺，有两个方案：

1）先投入10万元进行工艺试验，预计试验成功概率为0.6，失败概率为0.4。若试验失败，则放弃；若试验成功，则花费80万元购买相应工艺装备，正式采用该工艺。此时，采用该工艺的成功概率为0.9，仍有0.1的失败概率，若成功可获利300万元，若失败除购置装备费用损失外，还要额外损失5万元。

2）不做工艺试验，直接花费80万元购买工艺装备，采用此工艺。此时，采用此工艺的成功和失败概率均为0.5。若成功可获利300万元，若失败除购置装备费用损失外，还要额外损失5万元。

试确定预期收益最大方案。

解 画出该问题的决策树，如图2-4所示。

方案1的收益期望值为

$$E_1 = \{[0.9 \times 300 + 0.1 \times (-5)] - 80]\} \times 0.6万元 + 0.4 \times 0万元 - 10万元 = 103.7万元$$

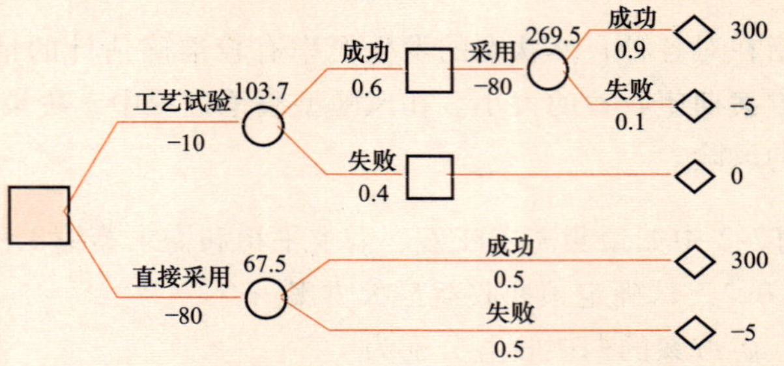

图 2-4 两种方案的多级决策树

方案 2 的收益期望值为

$$E_2 = 0.5 \times 300\text{万元} + 0.5 \times (-5)\text{万元} - 80\text{万元} = 67.5\text{万元}$$

由上述计算可见，方案 1 的收益期望值高于方案 2，故应选取方案 1，即应先进行工艺试验，再决定是否采用此种新工艺。

2.2 市场研究

市场研究主要包括市场调查和市场预测。以正确的方法进行市场调查，全面、准确地掌握市场动态，并在此基础上做出准确的市场预测，这是企业经营决策的前提。

2.2.1 市场调查

市场调查是指运用科学的方法，有目的地、系统地搜集、记录、整理有关市场营销信息和资料，分析市场情况，了解市场的现状及其发展趋势，为市场预测和营销决策提供客观、正确的资料。

1. 市场调查的内容

市场调查的内容很多，凡是影响市场变化的因素都需要了解，包括市场环境、市场基本状况、用户及用户需求、企业自身形象等。

市场环境调查包括政策环境、经济环境、社会文化环境以及科技发展动态的调查。这些大的环境直接影响产品的总需求及总需求的变化，是决定企业长远战略规划的重要依据。

市场基本状况的调查，主要包括市场规模、总体需求量、市场的动向、同行业的市场分布与占有率、市场变化趋势等。它是企业选择目标市场、确定企业生产规模和制定生产销售计划的主要依据。

对于生活消费品市场，最重要的调查对象是消费者。调查内容包括消费者群体及其特征，消费需求与购买力，以及价格、广告对消费动机的影响等。这些是影响企业产品定位与定价，以及确定产品销售渠道的重要因素。

对于生产资料市场，主要调查内容是生产资料使用者的数量、形态和购买力，它取决于总用户、对口用户数、对口用户的生产规模和销售量等。

企业自身形象调查包括：企业信誉、品牌知名度、广告效应、服务水平等。只有知己知彼，才能百战不殆。

2. 市场调查的要求与程序

（1）市场调查的要求　市场调查要有计划性、针对性、时效性、系统性和科学性。

（2）市场调查的程序　市场调查是一项十分细致而具体的工作，一般来说，企业对市场信息情况，有一个从不熟悉到熟悉，或者从部分熟悉到完全熟悉的过程。因此，市场调查工作也要有一个逐步深入与发展的过程。市场调查的程序可分为调查准备阶段、正式调查阶段和分析整理阶段，如图 2-5 所示。

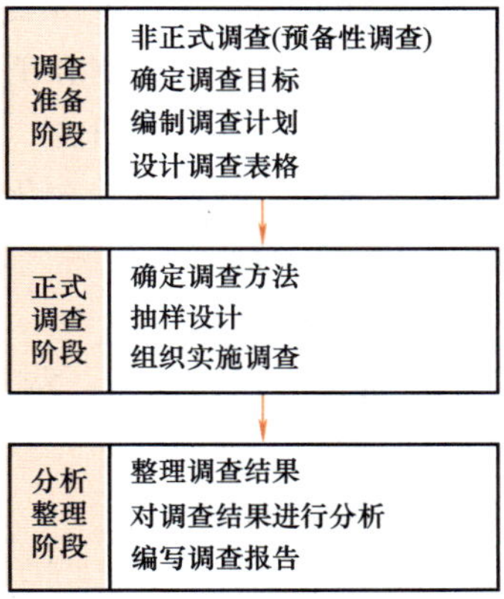

图 2-5　市场调查程序

3. 市场调查方法

市场调查方法很多，常用的有观察法、询问法、实验法、统计分析法等。

（1）观察法　观察法又有直接观察和实际痕迹测量两种方法。直接观察法是指调查者在调查现场有目的、有计划地对调查对象的行为、言辞、表情进行观察记录，以取得第一手资料。其特点是在自然条件下进行，所得材料真实可靠，但也会因为所观察对象的特殊性而使观察结果具有片面性。实际痕迹测量是通过某一事件留下的实际痕迹来观察调查，一般用于对用户的流量、广告的效果等的调查。

（2）询问法　询问法是将所要调查的事项以当面、书面或电话的方式，向被调查者提出询问，以获得所需要的资料，它是市场调查中最常见的一种方法。询问法有面谈调查、邮寄调查、电话调查、留置询问表调查、网络调查等不同形式。面谈调查能直接听取对方意见，富有灵活性，但成本较高，结果容易受调查人员技术水平的影响。邮寄调查速度快，成本较低，但回收率往往不高。电话调查速度快，成本低，但局限性较大。留置询问表调查针对性较强，由调查人员当面交给被调查人员问卷，说明方法，由其自行填写，再由调查人员定期收回。网络调查量大面广，反应迅速，且成本最低。随着互联网的快速发展，此种调查方法将越来越占有重要的位置。近来又有企业开始利用公众微信平台进行市场调查，并收到不错的效果。

（3）实验法　实验法通常用来调查某种因素对市场销售量的影响。这种方法是在一定条件下进行小规模实验（如小批量生产某种产品），然后对市场反应做出分析，研究是否值得推广。它的应用范围很广，凡是某一产品在改变品种、品质、功能、设计、价格、包装、广告、销售渠道等因素时都可以应用这种方法，调查市场的反应。

（4）统计分析法　统计分析法利用各种相关资料（如年鉴、公报、报纸、杂志、互联网等），运用统计分析方法，从中获得市场有用信息。此种方法主要用于对市场环境、市场动向、产品结构等宏观市场因素的分析。

2.2.2　市场预测

市场预测是指运用科学的方法，对影响市场供求变化的诸因素进行调查研究，分析和预见其发展趋势，掌握市场供求变化的规律，为经营决策提供可靠的依据。

1. 市场预测内容

市场预测的内容十分广泛丰富，从宏观到微观，两者相互联系、相互补充。主要包括以下内容：

（1）市场容量及变化预测　市场容量就是市场的需求总量。市场容量及其变化预测可分为生产资料市场预测和消费资料市场预测。生产资料市场容量预测是通过对国民经济发展方向、发展重点的研究，综合分析预测期内行业生产技术、产品结构的调整，预测产品的需求结构、数量及其变化趋势。消费资料市场容量预测重点有以下三个方面：

1）消费者购买力预测。消费者购买力预测包括人口数量及变化预测，消费者货币收入和支出预测等。

2）购买力投向预测。购买力投向在很大程度上取决于消费者收入水平的高低、消费结构及消费心理等因素。一般来讲，消费结构规律是收入水平越高，非生活必需品及非商品性消费支出就越大。

3）预测商品需求的变化及其发展趋势。根据消费者购买力总量和购买力的投向，预测各种商品需求的数量、花色、品种、规格、质量等。

（2）市场价格及其变化预测　企业生产中投入产品的价格和产品的销售价格直接关系到企业盈利水平。在商品价格的预测中，要充分研究劳动生产率、生产成本、利润的变化，市场供求关系的发展趋势，货币价值和货币流通量变化以及国家经济政策对商品价格的影响。

（3）生产发展及其变化趋势预测　生产发展及其变化趋势预测是指对市场中商品供给量及其变化趋势的预测，一般可以通过对同类产品的生产量、存储量、市场占有率及生产能力等因素分析得出。

此外，有时还需对科技发展及资源供应等进行预测，这些因素对产品结构调整及新市场开拓均有重要影响。

2. 市场预测程序

预测对象及预测方法不同，预测程序也不尽相同，就一般情况而言，市场预测通常包含以下几个步骤：

（1）确定目标　明确目的是开展市场预测工作的第一步。预测目的不同，预测的内容和项目、所需要的资料和所运用的方法都会有所不同。确定预测目标包括确定预测对象，拟定预测项目，制订预测工作计划，编制预算，调配力量，组织实施，以保证市场预测工作有计划、有节奏地进行。

（2）搜集资料　进行市场预测必须占有充分的资料。在市场预测计划的指导下，调查和搜集预测有关资料是进行市场预测的重要一环，也是预测的基础性工作。

（3）选择方法　根据预测的目标以及各种预测方法的适用条件和性能，选择出合适的预测方法。有时可以运用多种预测方法来预测同一目标。预测方法的选用是否恰当，将直接影响到预测的精确性和可靠性。

（4）分析修正　对调查搜集的资料进行综合分析，并通过判断、推理，使感性认识上升为理性认识，从事物的现象深入到事物的本质，从而预计市场未来的发展变化趋势。在分析评判的基础上，通常还要根据最新信息对原预测结果进行评估和修正。

（5）编写报告　预测报告应涵盖预测研究的主要活动过程，包括预测目标、预测对象及有关因素的分析结论、主要资料和数据，预测方法的选择和模型的建立，以及对预测结论的评估、分析和修正等。

3. 市场预测方法

市场预测方法很多，通常可分为定性预测和定量预测两大类。

（1）定性市场预测方法　定性预测方法也称为直观判断法，是市场预测中经常使用的方法。定性预测主要依靠预测人员所掌握的信息、经验和综合判断能力，预测市场未来的状况和发展趋势。这类预测方法简单易行，在市场预测中得到广泛的应用，特别是对那些难以获取全面资料而无法进行统计分析的问题。定性预测方法有专家会议法、德尔菲法（Delphi Method）、销售人员意见汇集法、顾客需求意向调查法等多种方法。其中，德尔菲法由于具有匿名性、反馈性、统计性、集思广益等特点，目前使用较广泛。其预测程序为：

1）拟定意见征询表。

2）选定征询对象，即专家或行家。

3）反复征询专家意见：提出要求、进行预测、修正预测、再次修改、最后预测。

4）做出预测方案。

（2）定量市场预测方法　定量预测是依据比较完备的历史资料，运用数学模型和计量方法预测未来的市场需求。定量预测基本上分为两类，一类是时间序列模式，另一类是因果关系模式。

在市场预测中，经常遇到一系列依时间变化的经济指标值，如企业某产品按年（或月）的销售量（或销售额）、市场需求量与供给量随时间的变化情况，消费者历年收入、购买力增长的统计值等，这些按时间先后排列起来的一组数据称为时间序列。依时间序列进行预测的方法称为时间序列预测方法。下面仅对时间序列方法中的一次移动平均法、一次指数平滑法和线性回归方法进行介绍。

1）一次移动平均法。这种方法首先要收集一组观测值，然后计算这组观测值的平均值，利用这一平均值作为下一期的预测值。

在移动平均值的计算中包括的过去观测值的实际个数 N，必须一开始就明确规定。每出现一个新观测值，就要从原有观测值中去掉一个最早观测值，再增加一个最新观测值，计算新的移动平均值，这一新的移动平均值就作为下一期的预测值。

当数据的随机因素较大时，宜选用较大的 N，这样有利于平滑由随机性所带来的严重偏差；反之，当数据的随机因素较小时，宜选用较小的 N，这样有利于跟踪数据的变化，并且预测值滞后的期数也少。

设时间序列为 x_1，x_2，…，x_n，一次移动平均法可表示为

$$F_{t+1}=\frac{(x_t+x_{t-1}+\cdots+x_{t-N+1})}{N}=\frac{1}{N}\sum_{i=t-N+1}^{t}x_i \tag{2-3}$$

式中　x_t——最新观测值；

F_{t+1}——下一期的预测值。

由式（2-3）可以看出，每一新预测值都是对前一移动平均预测值的修正，N 越大平滑效果越好。

例 2-5 某机械工厂生产某种型号的减速器，以往 12 个月的销售额（单位：万元）分别为 52，48，56，62，55，65，65，72，60，68，70，76，试用一次移动平均法分别取 $N=4$、6 和 8 进行预测。

解 根据式（2-3），计算结果列于表 2-7。

表 2-7 一次移动平均法预测 （单位：万元）

月份	实际观测值	4 个月移动平均值	6 个月移动平均值	8 个月移动平均值
1	52(x_1)	—	—	—
2	48(x_2)	—	—	—
3	56(x_3)	—	—	—
4	62(x_4)	—	—	—
5	55(x_5)	54.5(F_5)	—	—
6	65(x_6)	55.3(F_6)	—	—
7	65(x_7)	59.5(F_7)	56.3(F_7)	—
8	72(x_8)	61.8(F_8)	58.5(F_8)	—
9	60(x_9)	64.3(F_9)	62.5(F_9)	59.4(F_9)
10	68(x_{10})	65.5(F_{10})	63.2(F_{10})	60.4(F_{10})
11	70(x_{11})	66.3(F_{11})	64.2(F_{11})	62.9(F_{11})
12	76(x_{12})	67.5(F_{12})	66.7(F_{12})	64.6(F_{12})

2）一次指数平滑法。一次指数平滑法根据前期的实测数和预测数，以加权因子为权数，进行加权平均，来预测未来时间趋势。其计算公式为

$$F_{t+1}=\alpha x_t+(1-\alpha)F_t \tag{2-4}$$

式中 x_t——t 时刻的观测值；

F_t、F_{t+1}——t 时刻、$t+1$ 时刻的预测值；

α——加权因子（或平滑系数）。

一次指数平滑法是一种加权预测。它提供的预测值实际上是前一期的预测值加上前一期预测中产生的误差的修正值。

一次指数平滑法的初值的确定可以有不同方法：如取第一期的观测值为初值，也可取最初几期观测值的平均值为初值。

一次指数平滑法比较简单，但也有问题，问题之一是 α 值难以合理确定。通常情况下，α 值可根据时间序列变化特性来选取：若时间序列波动不大，比较平稳，则 α 应取小一些，如 0.1 ~ 0.3；若时间序列具有迅速且明显的变动倾向，则 α 应取大一些，如 0.6 ~ 0.9。实际上，α 是一个经验数据，常常需要通过反复试验来确定，评定的标准是使预测误差的均方差为最小。

例 2-6 使用例 2-5 的数据，用一次指数平滑法分别取 $\alpha=0.2$、0.5 和 0.8 进行预测。

解 根据式（2-4），计算结果列于表 2-8。

表 2-8 一次指数平滑法预测 （单位：万元）

月份	实际观测值	预测值（$\alpha=0.2$）	预测值（$\alpha=0.5$）	预测值（$\alpha=0.8$）
1	52（x_1）	—	—	—
2	48（x_2）	52（F_2）	52（F_2）	52（F_2）
3	56（x_3）	51.2（F_3）	50（F_3）	48.8（F_3）
4	62（x_4）	52.2（F_4）	53（F_4）	54.6（F_4）
5	55（x_5）	54.1（F_5）	57.5（F_5）	60.5（F_5）
6	65（x_6）	54.3（F_6）	56.3（F_6）	56.1（F_6）
7	65（x_7）	56.4（F_7）	60.6（F_7）	63.2（F_7）
8	72（x_8）	58.2（F_8）	62.8（F_8）	64.6（F_8）
9	60（x_9）	60.9（F_9）	67.4（F_9）	70.5（F_9）
10	68（x_{10}）	60.7（F_{10}）	63.7（F_{10}）	62.1（F_{10}）
11	70（x_{11}）	62.2（F_{11}）	65.9（F_{11}）	66.8（F_{11}）
12	76（x_{12}）	63.8（F_{12}）	67.9（F_{12}）	69.4（F_{12}）

如图 2-6 所示为三种不同平滑系数 α 预测结果的图形表示，由图可以清楚地显示出平滑系数 α 对预测结果变化趋势的影响。

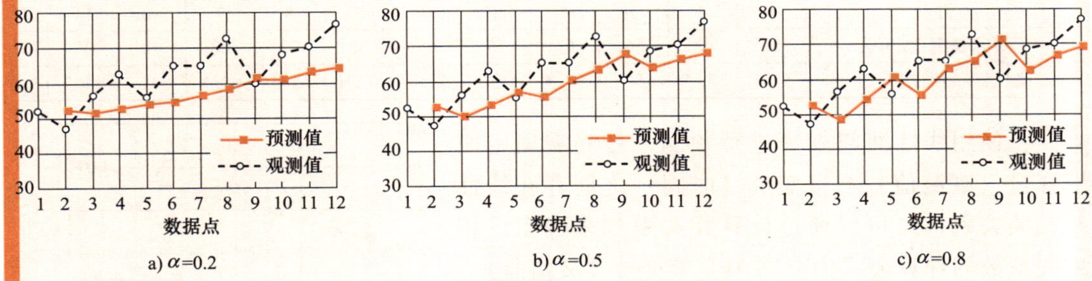

图 2-6 不同平滑系数的一次指数平滑预测

为了比较 $\alpha=0.2$、0.5 和 0.8 预测结果的优劣，分别计算其预测误差的均方差（MSE）。当 $\alpha=0.2$ 时，MSE = 71.0；当 $\alpha=0.5$ 时，MSE = 43.2；当 $\alpha=0.8$ 时，MSE = 44.5。因此，可选平滑系数 $\alpha=0.5$ 进行预测。

实际上，本例中 $\alpha=0.5$ 不一定是最优方案。为了获得更优方案，可以使用 Excel 分析工具进行数据分析，图 2-6 便是 Excel 自动计算后给出的图形。使用 Excel 分析还可以确定，当 $\alpha=0.6$ 时，预测误差的均方差最小（MSE = 42.2），即取 $\alpha=0.6$ 进行预测，期望效果会更好。

3）线性回归预测法　线性回归预测法又称直线趋势外推法，是根据事物发展的线性趋势进行预测的方法。它以时间为自变量，以观测值为因变量，若因变量与自变量线性相关，则两者之间的关系可以用线性方程表达，即可用此线性方程进行预测：

$$F=a+bt \tag{2-5}$$

式中　F——预测值；

t——预测时期；

a——趋势直线截距；

b——趋势直线斜率。

用最小二乘法可求出参数 a、b 的计算公式：

$$b=\frac{n\sum t_i x_i-\sum t_i \sum x_i}{n\sum t_i^2-(\sum t_i)^2} \quad (i=1,\ 2,\cdots,\ n) \tag{2-6}$$

$$a=\bar{x}-b\bar{t} \tag{2-7}$$

式中 x_i——第 i 期观测值；

t_i——x_i 对应的时间序号；

$\bar{x}$——x_i 的平均值；

$\bar{t}$——t_i 的平均值；

n——观测值（时间点）个数。

例 2-7 使用例 2-5 的数据，用线性回归方法进行预测。

解 根据式（2-6）和式（2-7），可求出：$a=2.052$，$b=49.076$，其预测结果列于表 2-9 中，图 2-7 所示为预测结果的图形表示。

表 2-9 线性回归预测

月份	1	2	3	4	5	6	7	8	9	10	11	12
实际观测值/万元	52	48	56	62	55	65	65	72	60	68	70	76
线性回归预测值/万元	51.1	53.2	55.2	57.3	59.3	61.4	63.4	65.5	67.5	69.6	71.7	73.7

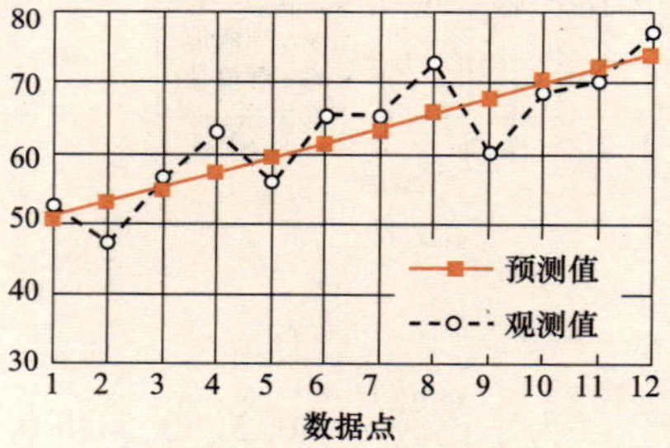

图 2-7 线性回归预测

使用线性回归方法进行预测，首先需确定因变量（观测值）与自变量（时间）之间存在线性相关关系，这可以通过计算相关系数来确定。相关系数的计算公式为（式中变量符号含义同前）

$$r=\frac{\sum_{i=1}^{n}(t_i-\bar{t})(x_i-\bar{x})}{\sqrt{\sum_{i=1}^{n}(t_i-\bar{t})^2\sum_{i=1}^{n}(x_i-\bar{x})^2}} \tag{2-8}$$

根据相关系数大小及数据个数 n，可以确定是否线性相关以及相关的显著度水平 α。本例中，使用 Excel 分析工具可以确定销售额与时间存在线性相关关系，其相关系数 $r=0.87$，远高于临界值 $r_{0.05}=0.576$（参见表 5-11），表明两者显著相关，上面的预测成立。

2.3 市场营销

市场是社会分工和商品经济发展的产物，每个企业都生存于一定的市场环境中。市场营销就是企业通过积极主动地参与市场的活动，将其产品有效地送达用户手中的经营过程。市场营销是企业整个经营活动的重要组成部分，也是现代企业赖以生存的、不可或缺的条件之一。

2.3.1　市场营销观念的演变

市场营销观念是企业从事市场营销活动的指导思想和行为准则，是一个企业经营态度和思维方式的集中体现。从历史发展看，市场营销观念大体经历了六个演进过程。

1. 生产观念

生产观念是一种最古老的经营观念，其指导思想是以生产为核心，企业生产什么产品就销售什么产品。显然这是一种重生产、轻市场的经营观念。

生产观念是在卖方市场条件下产生的。它的存在以产品供不应求、不愁无销路为条件，以大批量、少品种、低成本的生产更能适应消费需求为前提。

在 20 世纪 20 年代以前，以及第二次世界大战以后一段时间内，由于物资匮乏，需求旺盛，总体上处于卖方市场状态，所以企业普遍奉行生产观念。我国改革开放前的计划经济时期，企业也普遍奉行生产观念。

2. 产品观念

产品观念也是一种古老的经营思想。其基本指导思想是，消费者或用户总是欢迎那些质量高、性能好、有特色、价格合理的产品，企业应致力于提高产品质量，只要做到物美价廉，顾客就会找上门，无须大力推销。

产品观念本质上仍然以生产为导向，生产什么就销售什么。但与生产观念相比，产品观念多了一些竞争的色彩，考虑到了客户的需求。

3. 推销观念

推销观念认为，企业必须大力开展推销和促销活动，才能让客户购买自己的产品。

推销观念是在从卖方市场向买方市场的转折过程中产生的。当社会产品日益丰富，市场上出现某些产品供过于求时，使生产企业认识到不能只顾生产，而忽视销售。推销观念提高了销售工作在企业经营中的地位。

但推销观念仍然没有摆脱生产观念的束缚，其本质仍然是生产什么就销售什么。其目的是推销成功，而不是客户购买后是否满意。

4. 市场营销观念

市场营销观念认为，要想实现企业的目标，关键在于识别并满足目标市场客户的需求。客户需要什么产品，企业就应该生产并销售什么产品。

市场营销观念与推销观念不同，推销观念强调企业生产什么就推销什么，很少考虑客户需要，而市场营销观念正好把问题的逻辑颠倒过来，从市场需求出发，根据目标市场客户的需求组织生产和销售。

市场营销观念是在市场由卖方市场向买方市场转变的过程中逐渐形成的。在生产和科技飞速发展的今天，许多产品供大于求，市场竞争异常激烈，客户对产品的要求更加苛刻，企业改变传统的以自我为中心，进而转向以客户为中心的生产与销售模式便成为必然。

5. 社会营销观念

社会营销观念的指导思想是企业生产和销售产品，不仅要满足目标客户的需求与欲望，而且要符合社会的总体利益和长远利益。企业在做市场营销决策时，必须兼顾企业利润、客户需要和社会利益三个方面，力求使其达到统一。

单纯的市场营销观念提高了人们对需求的期望和敏感，加剧了眼前需要和长期社会福利之间的矛盾，导致产品很快就过时，使环境恶化，严重损害和浪费了资源。正是在这样的背景下，产生了社会营销观念。它标志着市场营销观念的进一步发展与完善。

6. 大市场营销观念

大市场营销是指为成功进入和占领某特定市场而综合运用经济、心理、政治、公共关系等各种手段开展的市场营销活动。所谓特定市场是指壁垒很高的封闭或保守型市场。

进入 20 世纪 80 年代后，国际市场中贸易保护主义抬头，政府干预加强，从而使市场通道受阻。企业仍运用原有市场营销组合手段难以奏效，必须运用大市场营销组合手段，即在产品、价格、渠道、促销四要素之后，再加上权力和公共关系两要素。

以上 6 种市场营销观念中，前三种可称之为传统营销观念，是一种“以生产者为导向”的经营观念；后三种观念又称为新型营销观念，其目的是从顾客的满足之中获取利润，这是一种以“客户为导向”的经营销售观念。

2.3.2 市场营销战略

市场营销战略主要涉及三个方面，即市场细分（Market Segmentation）、目标市场选择（Market Targeting）和市场定位（Market Positioning），常用 STP 表示。

1. 市场细分

市场细分是指根据市场需求的多样性和客户行为的差异性，把一个完整的市场划分为若干个相类似的顾客群体。

市场细分是企业认识和分析市场，确定营销方向，选择目标市场的有效工具。市场细分有利于企业更好地识别和满足客户需求、研究和开发潜在需求；有利于企业分析和比较市场机会，拓展新的市场领域；有利于企业合理使用资源，提高营销管理水平和营销效益；有利于企业科学地制订营销计划和营销策略，提高竞争能力和应变能力。

市场细分可以按客户的不同特点，从不同角度进行。消费品市场细分可参考表 2-10。其中大部分也适用于生产资料市场的细分，如地理环境、气候条件、交通运输、追求利益、使用者、对品牌的忠诚度等。但由于生产资料市场自身的特点，企业还应采用其他一些标准和变数来进行细分，如最终用户要求、用户规模、用户地理位置等。

表 2-10 消费品市场细分标准与变量

细分标准	细分变量
地理因素	地理位置、城镇大小、地形、地貌、气候、交通状况、人口密集度等
人口统计因素	年龄、性别、职业、收入、民族、宗教、教育、家庭人口等
心理因素	生活方式、性格、购买动机、态度等
行为因素	购买时间，购买数量，购买频率，购买习惯（品牌忠诚度），对服务、价格、渠道、广告的敏感程度等

2. 目标市场选择

企业在对不同细分市场评估后，就必须对进入哪些市场和为多少个细分市场服务做出决策。企业选择目标市场通常有五种形式，如图 2-8 所示。

（1）密集单一市场　密集单一市场方式又称市场集中化，这是一种最简单的目标市场方式，企业只生产一种产品，并选择一个细分市场集中营销。企业通过密集营销，更加了解本细分市场的需要，有利于建立特别的声誉和巩固的市场地位，并可通过生产、销售和促销的专业化分工获得较高经济效益。但密集市场营销隐含较大风险。

（2）产品专门化　企业集中生产一种产品，并向各类客户销售这种产品。企业采用这种战略，有利于形成和发展生产与技术上的优势，在某个产品方面树立起很高的声誉。但如果产品被某种新产品所取代，或客户需求发生变化，企业就会受到威胁。

（3）市场专门化　市场专门化是指企业为满足某个顾客群体的各种需要而服务。其优点是企业专门为这个顾客群体服务，生产多种产品，在一定程度上可分散经营风险，并可在顾客群中获得良好的声誉。但如果该顾客群需求发生变化，就会造成危机。

（4）选择专门化　采用此法选择若干个细分市场，其中每个细分市场在客观上都有吸引力，并且符合企业的目标和能力。这些细分市场之间很少有或者根本没有联系，但每个细分市场都有可能赢利。这种多细分市场目标可以分散企业经营风险，即使某个细分市场失去吸引力，企业仍可继续在其他细分市场获取利润。

（5）完全市场覆盖　公司生产多种产品满足多种顾客群体的需求。通常只有实力雄厚的国际性大型企业才有能力采用完全市场覆盖战略。

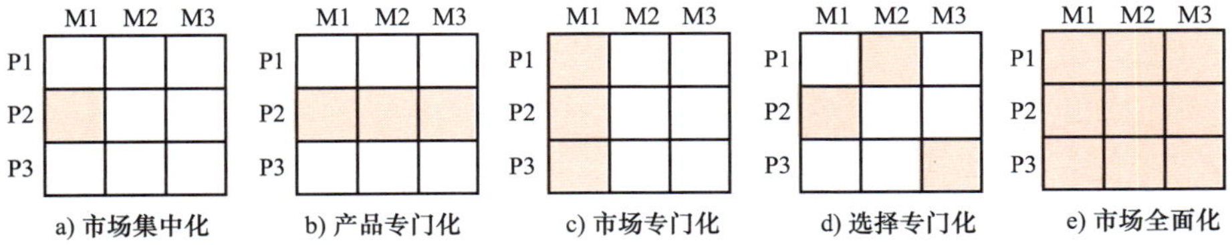

图 2-8　目标市场选择的不同形式

P—产品（Product）　M—市场（Market）

3. 市场定位

企业一旦选定了目标市场，就要在目标市场上进行产品的市场定位。市场定位是企业全面战略计划中的一个重要组成部分。

所谓市场定位，就是根据竞争者现行产品在市场上所处的位置，针对消费者或用户对该种产品某种特征或属性的重视程度，强有力地塑造出本企业产品与众不同的、给人印象鲜明的个性或形象，并把这种形象生动地传递给顾客，从而使该产品在市场上确定适当的位置。市场定位显示了一种产品或一家企业与类似的产品或企业之间的竞争关系。定位方式不同，竞争态势也不同。企业常采用的市场定位策略通常有以下三种：

（1）差异性定位策略　企业要使产品获得稳定的销路，就应该使其与众不同、创出特色，从而获得一种竞争优势。差异性主要体现在三个方面：产品实体差异化、服务差异化和形象差异化。

（2）重新定位策略　企业在下列情况下需要对目标市场重新定位：其一是产品发生变化，其二是市场需求发生变化，其三是企业需要扩展市场。

（3）依附定位策略　依附定位是企业在市场上处于非领先地位时常使用的一种定位

方法。当竞争对手已稳坐领先者交椅时，与其拼个你死我活，不如把自己产品依附于领先者，以守为攻。

2.3.3 市场营销组合策略

企业市场营销组合是指企业针对目标市场综合运用各种可能的市场营销策略，优化组合成一个系统化的整体营销策略，以实现企业的经营目标，取得最佳的经济效益。企业市场营销组合可分为四组变量：即4P——产品（Product）、价格（Price）、渠道（Place）和促销（Promotion）。

1. 产品策略

（1）产品整体概念　从市场营销观念看，产品是指人们通过购买所获得的需要和满足。产品整体概念如图2-9所示。它由三个层次构成：第一层次是产品的核心层（又称实质产品），是指产品的使用价值，即客户购买产品所追求的基本效用和利益；第二层次是产品的形式层（又称形式产品），即产品的实体与外形，如产品的构成材料、外观设计、花色、式样、品牌与包装等；第三层次是产品的延伸层（又称附加产品），即指产品实体基本效能以外的附加利益，如送货上门、信贷、保修、售后服务等。

（2）产品生命周期　某种产品的生命周期是指它从投入市场到被市场淘汰的全过程。一般来讲，从新产品投入市场开始，到从市场上消失为止，大致经过四个阶段：投入期、成长期、成熟期和衰退期，如图2-10所示。

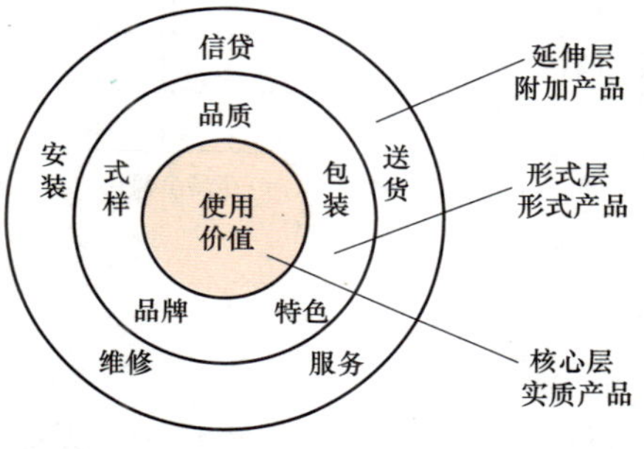

图2-9　产品的整体概念

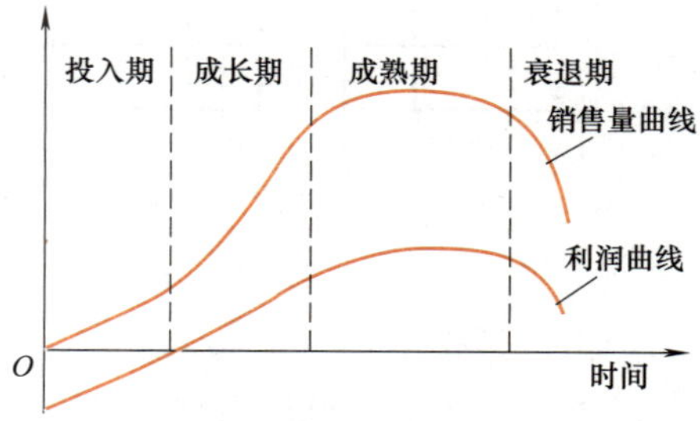

图2-10　产品生命周期曲线

在产品生命周期的不同阶段，产品的品质、售价、销售额、企业盈利和市场状况等均有不同的特征，需制定不同的市场营销策略。

1）投入期。新产品投放市场后，用户对其有一个了解、认识和接受过程。这个阶段主要特征是：产品成本高、销量少、销售渠道不畅、销售量增长缓慢。在这个阶段，企业必须以价格和促销手段为重点制定其营销策略。

2）成长期。这一阶段的主要特征是：产品逐渐被市场接受，销售量迅速增长，利润增加，并吸引大批竞争者纷纷介入，竞争开始显现。此阶段企业市场营销策略的重心应该是提高产品质量，改进服务，大力促销，扩大市场占有率。

3）成熟期。这一阶段的特征是：产品销售额较大，销售量增长趋于缓慢，生产成本降低，利润丰厚，市场竞争加剧。在这个阶段，企业应当采取进攻与防御并举的策略，着力进行产品改革、市场改革和营销组合改革，以使该阶段延续较长时间。

4）衰退期　这一阶段的主要特点是：产品销售总量急剧下降，出现积压，价格下跌，利润剧减，竞争者相继退出市场。这一阶段企业可采用集中策略、持续策略和撤退策略。

（3）产品组合　产品组合是指一个企业所能提供给顾客的全部产品大类（产品线）和产品项目的组合，即企业经营范围。

一个企业的产品组合具有一定的宽度（Width）、长度（Length）、深度（Depth）和关联性（Consistency）。宽度是指一个企业有多少产品大类（产品线）；长度是指一个企业的所有产品线中所包含的产品项目的总和；深度指产品线中每种产品所提供的花色、品种、规格的多少；关联性指一个企业的各个产品线在最终使用、生产条件、分销渠道或其他方面的相关联的程度。

企业可以从四个方面去发展自己的业务：

1）宽度。利用公司已有的声誉，增加新的产品线，拓宽产品组合。

2）长度。延伸现有产品线，使企业产品线更加充实。

3）深度。增加产品的品种规格，以响应更广泛的需求。

4）关联性。根据企业发展态势和市场环境，加强（或削弱）产品线的关联性。

2. 价格策略

价格是市场营销中最活跃的因素，在激烈的市场竞争中，定价策略是企业争夺市场的一个重要武器，是企业营销组合策略的重要组成部分。在4P中，价格是唯一产生收入的因素，其他3P只表现为成本。

（1）影响定价的因素　产品价格受多种因素的影响，主要有：

1）国家政策因素。国家有关价格方面的方针、政策是影响产品价格的宏观因素和主要因素之一。

2）商品成本与商品价值因素。价值是形成价格的基础，在实际工作中，价值通常以商品的生产成本为主要依据，企业定价必须首先使总成本费用得到补偿。

3）市场状况因素。一般来讲，价格的变动会引起需求的变动。常用需求价格弹性系数E_P来反映价格的变动对需求变动的影响程度，即

$$E_P = \frac{(Q_1 - Q_0)/Q_0}{(P_1 - P_0)/P_0} \tag{2-9}$$

式中　Q_0、Q_1——价格改变前、后的需求量；

P_0、P_1——改变前、后的价格。

E_P值一般有三种情况：当$E_P > 1$时，需求弹性大，价格稍有变动就可能带来需求量大幅度变动；当$E_P < 1$时，需求弹性小，表明价格的变动不会带来产品需求量大的变动；当$E_P = 1$时，价格变动幅度等于市场需求量的变化幅度。

4）市场上同类产品竞争因素。它对定价的影响主要表现为价格竞争对产品价格水平的约束。产品竞争的激烈程度不同，对定价的影响也不同。

（2）定价方法

1）成本导向定价法。以产品成本为定价依据，即在单位产品成本的基础上，加上预期的利润来确定价格。其特点是计算简单，操作方便，不会因需求变化频繁调整价格，并

可使买卖双方感觉公平合理。缺点是灵活性差，难以适应市场千变万化的形势。

2）需求导向定价法。根据顾客对产品价值的认识和需求程度来决定产品的价格。它综合考虑了产品成本、生命周期、市场需求、购买能力等多种因素，是一种伴随着营销观念更新而产生的定价方法，主要包括反向定价法（又称可销价格倒推法，企业通过价格预测和试销、评估，先确定消费者可以接受的零售价格，然后倒推批发价格和出厂价格）、理解价值定价法（又称觉察价值定价法，以消费者对商品价值的感受及理解程度作为定价的基本依据）、区分需求定价法（某一产品在特定条件下，可根据销售对象、销售地点、销售时间等不同而确定不同的价格）等。

3）竞争导向定价法。在参考同类产品市场价格的基础上充分考虑本企业的实力状况和竞争能力，选择有利于增强竞争力的定价方法。主要有：随行就市定价法（按领袖企业产品价格定价）、竞争价格定价法（倾销定价，即定价低于同行业竞争者的产品价格）和竞投标定价法（采用招标的办法，由竞争者投标出价竞争）等。

（3）定价策略

1）新产品定价策略。新产品定价策略主要有高价策略（又称取脂策略）、低价策略（又称渗透策略）和混合价格策略（又称满意价格策略）。企业需根据市场需求及自身情况恰当地选用。

2）折扣让价策略。折扣让价策略包括数量折扣、现金折扣、功能折扣、季节折扣、地区折扣等，其目的是鼓励更多的顾客购买本企业更多的产品。

3）心理定价策略。心理定价策略是根据顾客对产品需求的心理差异而采取的一种在产品基本价格基础上做适当变动的定价方法。主要有尾数定价、声望定价、心理性折扣定价、习惯定价等方法。

4）差别定价策略。企业按两种或两种以上有差别的价格出售产品，该策略可因顾客而异，也可因产品生命周期不同阶段而异等。

3. 销售渠道策略

（1）销售渠道和中间商　销售渠道是产品从生产者向用户转移时所经历的路径。销售渠道的起点是生产者，通过中间环节到达用户手中，中间环节即中间商，是指专门从事商品贩运或促成交易，把商品从生产者那里转售给用户的独立经营企业。一般情况下中间商信息灵通、熟悉市场、专业化和规模经营程度高，它们可给生产者提供许多便利，节约生产企业用于直接销售而占用的资金，提高营销效率和投资收益率。

按生产者市场和消费者市场分类，有生产资料和生活资料两种不同的销售渠道类型，如图 2-11 所示。图中，粗线表示主要销售渠道，虚线表示很少采用的渠道。

（2）影响产品销售渠道的因素　影响销售渠道的因素很多，主要有：

1）产品自身的因素。产品自身的因素包括产品的价值、体积、重量、通用性和专用性、时尚性、技术性及复杂性等。

2）市场的因素。市场的因素包括潜在顾客数量、市场的集中与分散程度、市场的竞争状况、消费者的购买习惯等。

3）企业本身的因素。企业本身的因素包括企业的声誉与资金、管理能力与经验、可提供的服务、企业控制销售渠道的程度等。

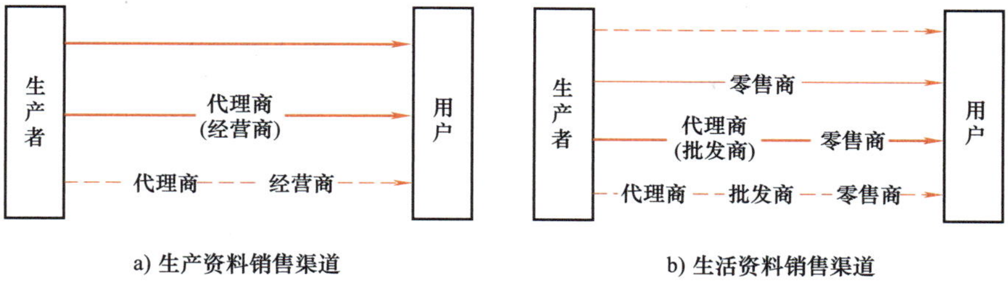

图 2-11　产品销售渠道

（3）销售渠道策略　一般有以下四种策略可供选择：

1）广泛的销售渠道策略。即企业利用各种销售渠道，广泛联系中间商推销自己的产品。适用于产品销售面广泛、竞争十分激烈的日用消费品、工业品中的小五金和辅料等类产品。对这类产品，消费者偏重方便、实惠，而不太重视品牌、商标及生产厂家。这一策略的特点是市场面的渗透力较强，但重点不突出，销售费用较大。

2）有选择的销售渠道策略。即企业根据其产品特点、自身实力、使用者对中间商的偏爱程度等方面，在一定的市场中只选择少数几个中间商销售自己的产品。适用于价值大、技术复杂、专用性强的产品的销售。对这类产品，用户比较重视品牌和生产厂家。这一策略的特点是如果中间商信誉较好，企业可保持自己产品的声誉，同时节约销售费用。

3）独家专营的销售渠道策略。企业在某一特定市场面上仅选择一家中间商独家销售本企业产品。适用于大型机械产品，较复杂的工业品，需要强大的售后服务支持的重要产品，以及用户特别重视品牌、厂家的产品。这一策略的特点是生产者与中间商联系紧密，中间商销售积极性高，销售费用较低，但销售风险大。

4）直销。企业在其所在地区或重要地区、重要市场直接销售自己的产品。企业直销主要是基于以下考虑：为了更及时、准确地把握市场动向和变化；为了和最终用户加强合作；有些产品适合于直销，如大型成套设备等价值特别大、专业技术特别强的产品。

4. 促销策略

（1）促销的概念　促销是促进销售的简称，是指企业通过各种途径、策略和方法，帮助或说服顾客购买某种产品或劳务，使顾客对卖方产生好感，从而促进顾客产生购买需求和购买行为。

（2）促销策略　促销策略可分为拉式策略和推式策略。拉式策略即通过促销手段先激起潜在购买者对产品的兴趣和需求，促使他们主动向厂家和中间商询问这种产品，并到指定地点去购买。推式策略则是指将产品沿着销售渠道垂直地向下推销。

（3）促销方式　促销方式有多种，如广告、营业推广、公共关系、售后服务、人员推销等。一般来说，采用拉式促销策略时，常采用广告和营业推广等方式，而采用推式策略时，则往往靠人员推销。

1）人员推销。在人员推销活动中，推销人员、推销对象和推销品是三个基本要素，通过推销人员与推销对象之间的接触、洽谈，将推销品推给推销对象，从而达成交易，实现既销售商品，又满足顾客需求的目的。人员推销的特点是针对性强，推销策略灵活多变，能及时观察顾客反应，便于及时了解、收集市场信息，并能针对顾客的使用情况向企业提供各种信息和建议。

2）广告推销。广告是指法定组织或个人，为了推销产品或劳务，采用付费方法，借助媒体向大众传递信息的一种宣传方式。广告由三个要素构成，即广告者、广告媒体和广告信息，三者互为条件、缺一不可。广告媒体是广告者向广告对象传递信息的载体。广告媒体种类繁多，根据其不同的物质属性可分为印刷媒体、电子媒体、流动媒体、户外媒体、展示媒体和其他媒体等几大类。其中报纸、杂志、广播、电视传统上被誉为“四大最佳媒体”。但随着互联网的快速发展和普及，网络媒体扮演着越来越重要的角色。

3）公共关系。公共关系是企业以非付款方式通过第三者在报刊、电台、电视、会议、信函等传播媒体上发表有关企业产品的消息报道。公共关系的主要活动方式有：①同有关社会团体建立联系，并提供有关咨询服务，通过它们的各种宣传报道，使公众了解企业及产品。②培训专职公关人员，及时处理公众来信、来访，并尽快解决他们提出的问题。③与政府机构，中间商，零售商和社会有影响的专家、学者等建立联系，向他们介绍企业情况，说明企业对社会的贡献。公共关系通过企业与公众之间的双向沟通、交流，可以赢得公众的了解、信赖和支持，塑造良好的企业形象，促进产品的销售。

4）营业推广。营业推广由一系列具有短期诱导性的战术性促销方式组成。常用的营业推广方式有：①以用户为对象的推广方式，如展销会、免费样品、折扣券、减价销售等，目的是鼓励现有用户大量、重复购买，争取潜在用户，吸引竞争者的顾客等。②以中间商为对象的营业推广方式，如在销售地点举办展览会、实行购买数量折扣、提供广告和陈列津贴以及合作广告等，目的是鼓励中间商大量销售，实现淡季销售目标等。③以推销人员为对象的营业推广方式，如红利提成、销售奖励等，目的是鼓励推销人员扩大销售、开拓市场。

2.4 电子商务

2.4.1 电子商务概述

1. 电子商务基本概念

电子商务（Eletronic Commerce，EC）至今没有一个统一的定义，一般可以认为电子商务是基于网络，以具有商务活动能力的各类社会实体的交易活动为主体，以电子支付与结算为手段，以客户数据库为依托，以电子商务法律、政策、技术与标准为保障的网络贸易形式。它包括货物贸易、服务贸易和知识产权贸易等内容。

2. 电子商务的特点

从不同的视角，可以归纳出电子商务不同的特点。从总体（系统工程）的角度出发，电子商务与传统的商务活动方式相比，具有以下几个特点：

（1）普遍性　电子商务作为一种新型的交易方式，将生产企业、流通企业以及消费者和政府带入了一个网络经济、数字化生存的新天地。同时，由于计算机网络的全球性使电子商务天生具有了全球市场的特点，“地球村”的商务理念正在被越来越多的人理解和采纳。

（2）方便性　在电子商务环境中，人们不再受时间和地域的限制，商家和客户能以非常简捷的方式完成过去较为繁杂的商务活动，如通过网络银行能够全天候地存取资金账户、查询信息等，同时使得企业对客户的服务质量大大提高。

（3）整体性 电子商务能够规范事务处理的工作流程，将人工操作和电子信息处理集成为一个不可分割的整体，这样不仅可以提高人员和物资的利用效率，也可以提高系统运行的严密性。

（4）安全性 在电子商务中，安全性是一个至关重要的核心问题，它要求网络能提供一种端到端的安全解决方案，如加密机制、签名机制、安全管理、存取控制、防火墙、防病毒保护等，这与传统的商务活动有着很大的不同。

（5）协调性 商务活动本身是一种协调过程，它需要客户与公司内部、生产商、批发商、零售商间的协调，在电子商务环境中，它更要求银行、配送中心、通信部门、技术服务等多个部门的通力协作，往往电子商务的全过程是一气呵成的。

3. 电子商务在机电企业中的作用

在机电企业中实施电子商务可以降低经营成本、提高工作效率、减少盲目投资、促进企业信息化。

（1）降低成本，提高效率 Internet 和 Intranet 的应用可以加快企业信息处理和决策的过程，使企业能够根据市场的需求，进行“订单式”的生产，最大限度地满足不同客户的多方面要求，降低企业经营管理成本，提高企业经济效益。电子商务还可使企业节省各种单证的制作成本，降低通信费用，减少营销人员和相应开支。

（2）减少盲目投资，加快资金周转 电子商务环境所提供的大量、及时、准确的市场信息，有利于企业领导人做出正确的投资决策，减少企业开发新产品、更新老产品的盲目性。同时，高效率的电子网络销售渠道还可以加快资金周转，缩短企业投资的回收期，有利于促进企业产品的升级换代和推动企业技术发展。

（3）促进企业信息化 电子商务的实施必然会促进企业全面信息化的发展。机电企业信息化的实质是实现企业数字化，包括设计数字化、生产过程数字化、生产装备数字化和管理数字化。有人形容未来的企业是“鼠标控制的企业”，制造企业通过 Internet 和 Intranet 将供应商、合作伙伴、客户融入制造过程中来，真正实现虚拟和协同制造，如图2-12所示。

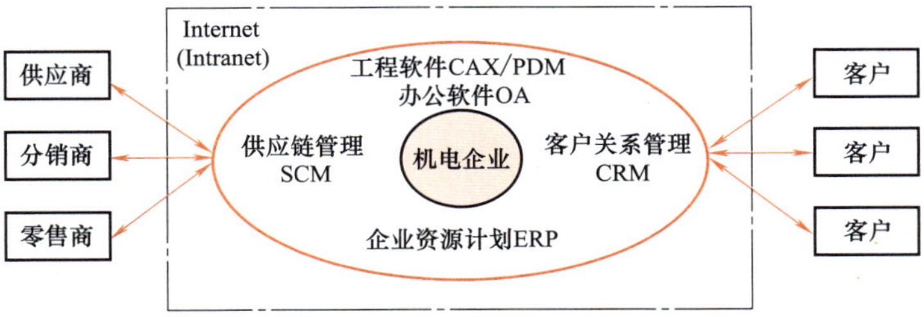

图 2-12 机电企业信息化

2.4.2 电子商务模式

电子商务涵盖的范围很广，按照交易对象划分，通常有五种模式：企业对企业的电子商务（Business to Business，B to B 或 B2B），企业对消费者的电子商务（Business to Consumer，B to C 或 B2C），企业对政府的电子商务（Business to Government，B to G 或 B2G），政府对公民的电子商务（Government to Citizen，G to C 或 G2C）以及消费者对消费者（Consumer to Consumer，C to C 或 C2C）。

1. 企业对企业的电子商务（B2B）

企业对企业的电子商务是指企业和企业之间进行电子商务活动，其中以企业通过 Internet 或 Intranet 采用 EDI（电子数据交换）方式所进行的商务活动为典型。这种模式是目前电子商务的主体，是企业面临激烈的市场竞争，改善竞争条件，建立竞争优势的有效方法。

B2B 电子商务可以在买卖双方间直接进行，也可通过在线中介（Online Intermediary）开展。中介可以是某个组织、个人或者电子系统，如图 2-13 所示。

目前，B2B 主要有以下四种模式：

（1）垂直 B2B　垂直 B2B 可以分为两个方向，即上游和下游。生产商与上游供应商之间形成供货关系，与下游经销商形成销货关系。这种模式下的 B2B 网站其实就是企业网站，或企业在网上开设的虚拟商店，企业通过网站大力宣传自己的产品，促进交易。

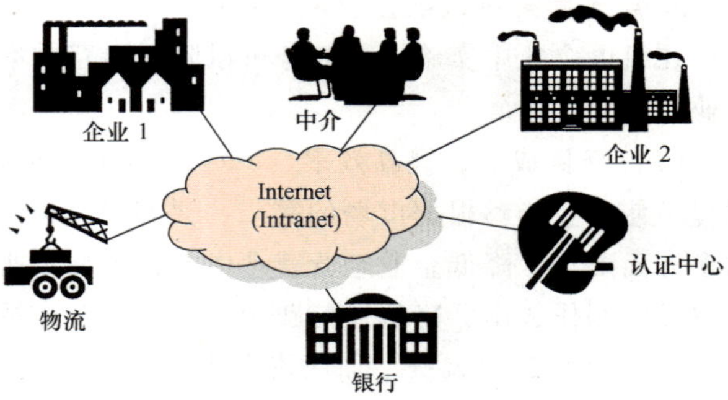

图 2-13　B2B 电子商务模式

（2）水平 B2B　将各个行业中相近的交易过程集中到一个场所，为企业的采购方和供应方提供了一个交易的平台，比如 Alibaba、中国制造网、环球资源网、ECVV 等。这类网站将销售商和采购商汇集到一起，采购商可以在其网上查到销售商的有关信息和销售商品的有关信息。

（3）自建 B2B　这是一种大型行业龙头企业搭建以自身产品供应链为核心的行业化电子商务平台，供应链上下游企业通过该平台实现资讯、沟通、交易。

（4）关联行业 B2B　这是一种相关行业为了提升电子商务交易平台信息的广泛程度和准确性，整合水平 B2B 模式和垂直 B2B 模式而建立起来的跨行业电子商务平台。

企业间电子商务一般交易过程包括：发布供求信息、咨询洽谈、签约订货、网上支付、票据签发、配送接收、服务索赔等。

2. 企业对消费者的电子商务（B2C）

企业对消费者的电子商务是指企业与消费者之间进行的电子商务活动。企业通过互联网为消费者提供一个新型的购物环境——网上商店，消费者通过网络在网上购物、网上支付。由于这种模式节省了客户和企业的时间和空间，大大提高了交易效率，特别对于工作忙碌的上班族，这种模式可以为其节省宝贵的时间。同时因为减少了商品销售的中间环节，使销售成本大幅度降低，从而使企业和消费者双方都获得利益。

目前我国 B2C 的模式主要有以下几类：

（1）综合商城　这种模式类似于现实生活中的购物商场，主要是提供商家卖东西的平台，其买方和卖方呈现多对多的关系，典型代表如天猫商城。

(2) 百货商店 这种模式类似于现实生活中的大型超市，引进各种货源进行自主经营，其卖方与买方呈现一对多的关系，典型代表如京东商城、当当网等。

(3) 垂直商店 这种商城的产品存在着更多的相似性，主要服务于某些特定的人群或者特定的需求，如红孩子、国美在线等。

(4) 复合品牌店 类似现实生活中的品牌商店，如凡客诚品（VANCL）。

另外，一些大的企业集团也有自己的 B2C 平台，如海尔商城等。

3. 企业对政府的电子商务（B2G）

企业对政府的电子商务是指企业与政府机构之间进行的电子商务活动，如电子通关、电子报税等。其中典型的例子是政府网上采购，政府通过互联网发布采购清单，公司以电子投标的方式回应。这种采购方式不仅减少了中间环节，节省了交易成本，更使政府工作增加了透明度，有利于防止腐败。

4. 政府对公民的电子商务（G2C）

政府对公民的电子商务是指政府对个人的电子商务（政务）活动，如电子身份认证、电子医疗服务、电子社会保障服务、电子政务民主管理等。这类电子商务（政务）活动目前还处于起步阶段，但有巨大需求和潜在发展空间。

5. 消费者对消费者的电子商务（C2C）

消费者对消费者的电子商务平台（如我国的淘宝网、易趣网等）通过为买卖双方提供一个双方在线交易平台，使卖方可以主动提供商品上网拍卖，而买方可以自行选择商品进行在线竞价。

2.4.3 电子商务结构框架与基础设施

电子商务的结构框架是指电子商务活动环境中所涉及的各个领域以及实现电子商务应具备的技术保证。从总体上来看，电子商务结构框架由三个层次和两大支柱构成。三个层次分别是系统支持层、信息发布与传输层、服务与应用层。两大支柱是指社会人文性的公共政策和法律规范以及自然科技性的技术标准和网络协议。

电子商务结构框架如图 2-14 所示。

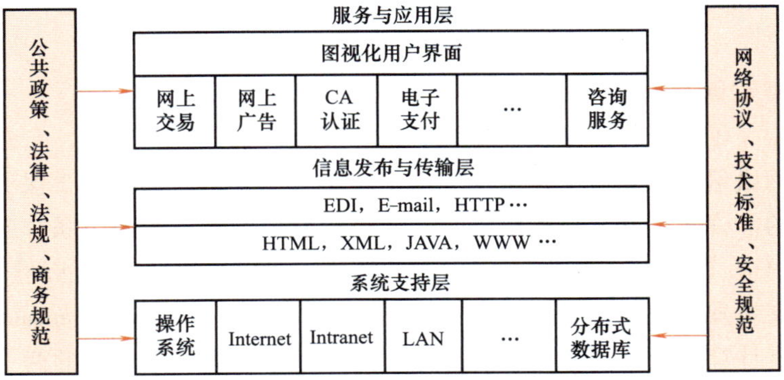

图 2-14 电子商务结构框架

1. 系统支持层

系统支持层即系统的支撑平台，包括计算机与网络硬件、操作系统、网络环境和分布式数据库等。它是信息传输与处理的硬件与软件条件，是实现电子商务的最底层的基础设施。其中，网络环境包括局域网、广域网、远程通信网、有线电视网、无线通信网和互联网等。因为电子商务的主要业务是基于 Internet 的，所以互联网是网络基础设施中最重要的部分。

2. 信息发布与传输层

信息发布与传输层主要解决如何在网络上传输信息和传输何种信息的问题。目前 Internet 上最常用的信息发布方式是在 Web 上用超文本标记语言（Hyper Text Markup Language，HTML）的形式发布网页，并将 Web 服务器中发布传输的文本、数据、声音、图像和视频等的多媒体信息发送到接收者手中。从技术角度而言，电子商务系统的整个过程就是围绕信息的发布和传输进行的。

3. 服务与应用层

服务与应用层实现标准的网上商务活动服务，如网上广告、网上销售、商品目录服务、电子支付、客户服务、CA（Certificate Authority）认证、商业信息安全传送等。其中最核心的是 CA 认证。因为电子商务是在网上进行的商务活动，参与交易的各方互不见面，所以身份的确认与安全通信变得非常重要。CA 认证中心，担当着网上“公安局”和“工商局”的角色，而它给参与交易者签发的数字证书，就类似于网上的“身份证”，用来确认电子商务活动中各自的身份，并通过加密和解密的方法实现网上安全的信息交换与安全交易。

4. 公共政策和法律规范

法律维系着商务活动的正常运作，对市场的稳定发展起到制约和规范作用。电子商务法律涉及电子商务活动的各个方面，包括基础设施的建设与管理、电子合同、电子签名、网上税收、知识产权、个人隐私、电子支付、交易安全保障、计算机证据等。

由于电子商务是建立在跨国界的信息网络之上的贸易方式，相关政策法规必须与此保持一致。但是各国国情相距甚远，电子商务的共同要求和各国具体情况间往往会发生冲突，需要国际社会协调解决。1996 年，联合国国际贸易法委员会通过了《电子商务示范法》。我国先后颁布了多项法规来推动和规范电子商务，这些法规需要在实践中不断补充和完善。

5. 技术标准和网络协议

技术标准定义了用户接口、传输协议、信息发布标准等技术细节，它是信息发布、传递的基础，是网络信息一致性的保证。就整个网络环境来说，标准对于保证兼容性和通用性是十分重要的。许多厂商、机构都意识到标准的重要性，正致力于联合起来开发统一标准，像维萨信用卡（VISA）、万事达信用卡（Master Card）的发行商已经同业界合作，制定出保障电子商务安全支付的安全电子交易协议（Secure Electronic Transaction，SET）。

网络协议是计算机网络通信的技术标准，对于处在计算机网络中的两个不同地理位置上的企业来说，要进行通信，必须按照通信双方预先共同约定好的规则进行，这些共同的约定和规程就是网络协议。目前 Internet 网络上使用的通用协议是传输控制协议/网际协议（Transmission Communications Protocol/Internet Protocol，TCP/IP）。

2.4.4 网络营销

1. 网络营销基本概念

网络营销是企业整体营销战略的一个组成部分，它是以电子信息技术和数字交互媒体为基础，以计算机网络为媒介和手段而进行的各种营销活动的总称。其核心思想在于通过合理利用 Internet 资源，实现网络营销信息的有效传递，为最终增加企业销售、提升品牌价值、提高整体竞争力提供支持。

2. 网络营销主要活动

根据企业对互联网作用的认识及应用能力，企业网上营销可以划分为五个层次，各层次的特征、实现条件与主要活动差异较大。

（1）上网宣传　这是网络营销一种最基本的应用方式，它是把 Internet 作为一种新的信息传播媒体，通过上网宣传达到宣传产品、提供信息服务、推广企业形象的目的。企业上网宣传是网络营销的起步和基础，也是目前我国大部分企业网站的基本目标。网上宣传的核心是要建设好企业自己的网站，必须要不断更新、增添有阅读价值的信息，实时有效地发挥网上信息的宣传影响作用，增强网站的生命力。此外也可以通过搜索引擎、交互链接、电子邮件、网络广告、博客、微信等方式进行宣传。

（2）网上市场调研　利用 Internet 进行市场调研是一种快捷、经济而有效的方法，这是因为：

1）网络是一个巨大的信息库，既能吸引许多组织上网发布信息，也能吸引众多网络用户浏览信息并参与讨论，这为企业获取有价值的市场信息提供了广阔的平台。

2）各种计算机软件和搜索引擎为信息检索、整理、加工和储存提供了技术保证。

3）通过留言簿、电子邮件、即时通信工具等使企业与用户之间实现直接的和深层次的沟通，为确定产品的市场对象提供有力的依据。

4）对于那些市场名气不大、网站不太引人注意的中小企业，可以借助 Internet 服务提供商（Internet Server Provider，ISP）或专业市场研究公司的网站进行调研，以获得好的调研效果。

（3）网络分销联系　企业通过互联网构筑虚拟专用网络，将分销渠道的内部网融入其中，可以及时了解分销过程的商品流程和最终销售状况，这将为企业及时调整产品结构、补充脱销商品，以至分析市场特征，实时调整市场策略等提供帮助。对于商业分销渠道而言，网络分销也开辟了及时获取畅销商品信息、处理滞销商品的巨大空间，从而加速销售周转。

（4）网上直接销售　企业在开放的公共网络上开辟虚拟商店，向最终用户推介商品和服务，并直接交易，而且可以通过网上快速反应，满足不同用户需要，实行定制化营销。网上直接销售还包括企业间的网上直接交易，它是一种高效率、低成本的市场交易方式，代表了一种新的经营模式。

网上直销的实施包括建站发布信息、查询比较并订购、发供货指令、向配送中心交货、送货、付款、结转款项等，涵盖交易前、交易中和交易后三个阶段。

（5）网上营销集成 企业依靠互联网与供应商、制造商、用户建立密切联系，并通过网络收集、传递信息，根据消费需求，充分利用网络伙伴的生产能力，实现产品设计、制造及销售服务全过程的电子化数据处理和营销活动的网络化。

网上营销集成是对互联网的综合应用，是互联网对传统商业关系的整合，它使企业真正确立了市场营销的核心地位。各种类型的企业通过网络紧密联系，相互融合，并充分发挥各自优势，形成共同进行市场竞争的伙伴关系。

3. 网络营销特点

网络营销在经营环境、范围、手段、运作形式以及供求双方的沟通等方面，有着其他营销方式所不可比拟的优势。

（1）无限的运作空间 没有时间、空间、地域、国别的限制。企业可以通过网络随时传递企业的形象、经营和产品信息，直接面对全球大市场开展营销活动；而客户通过网络可以实时快捷地查询、浏览到所需各种产品和服务信息，并将自己的响应及时发给企业。

（2）公平自由的竞争环境 Internet为企业提供了一个真正公平、自由竞争的市场环境，过去由大型企业、跨国公司所形成的垄断局面不复存在，所有企业都可以通过网上营销而进入国际市场。

（3）便捷有效的沟通渠道 客户可以主动地在网上选择所感兴趣的信息、产品或者服务，向企业提出各种意愿与要求，而企业也可以根据其反馈的需求信息，定制、改进和开发新产品。这种交互式的沟通方式是以客户为主导的、非强迫性的，它使企业与客户的沟通更直接、更迅速、更方便、更友好，也更有效。

（4）营销目标定位准确 网络营销顺应了当今社会需求个性化、多样化的发展趋势，可以更准确、更详尽地细分目标市场。同时，网上的促销效果易于统计，客户的各种需求易于收集，从而使企业能准确地确定营销目标，进而可以主动地、有针对性地开展营销活动。

（5）经营成本降低，经营效率提高 网络营销减少了许多营销环节，缩短了传统的供应链，使传统的迂回模式变为直接模式，绕开了各种中间环节，节省了大量时间、店面资金和人工成本，提高了运作效率。

（6）营销形式丰富多彩 在商务网站上除了图文并茂的产品信息外，一般还提供大量知识性、趣味性、参与性的信息，各种广告形式、促销活动、公关活动都可以在Web上实现，且具有更丰富的内涵（如动态广告、虚拟现实等），这是其他的营销方式难以做到的。

2.5 WTO与开拓国际市场

2.5.1 WTO基本原则

WTO是世界贸易组织（World Trade Organization）的简称。世界贸易组织既是调整其成员国之间贸易关系的法律框架，也是进行贸易谈判和对其法律框架进行修正的专门场所，同时又是调整和解决国际贸易争端的机构。

WTO 基本原则主要有六类：非歧视原则、自由贸易原则、公平竞争原则、透明度原则、允许例外和保障措施原则、发展中国家优惠待遇原则。

1. 非歧视原则

非歧视原则又称无差别待遇原则，它包括最惠国待遇原则和国民待遇原则。

（1）最惠国待遇原则　最惠国待遇原则是指一成员方将其在货物贸易、服务贸易和知识产权保护领域给予任何第三方的优惠待遇，应立即和无条件地给予其他成员方。

（2）国民待遇原则　国民待遇是最惠国待遇的有益补充。在实现所有世贸组织成员平等待遇的基础上，世贸组织成员的商品或服务进入另一成员国领土后，也应该享受与该国的商品或服务相同的待遇。具体指一个国家给予在其国境内的外国公民、企业和商船民事权利方面与其国内公民、企业、商船一样享有同等的待遇，即专指外国自然人、法人、商船等在民商事方面而非政治方面的待遇。

2. 自由贸易原则

自由贸易原则是指通过多边贸易谈判，实质性降低关税和减少非关税措施，扩大成员之间的货物、服务和知识产权贸易。自由贸易主要体现在以下几方面：

（1）关税减让　自由贸易原则体现在货物贸易领域，是指通过谈判削减关税，并且削减后的关税应得到约束，不得再进一步提高。根据乌拉圭回合谈判达成的协议，世界贸易组织成立后，各成员方将按照承诺逐步降低关税。

（2）消除非关税贸易壁垒　消除非关税贸易壁垒指在货物贸易中取消数量限制、配额、进口许可证，削减其他限制贸易的措施，使外国货物可以自由地进入本国开放市场。

（3）服务贸易市场准入　《服务贸易总协定》要求各成员为其他成员的服务和服务提供者提供更多的投资与经营机会，分阶段逐步开放服务贸易领域。各成员把服务领域的市场准入承诺列入其服务贸易自由化承诺表中，并加以“约束”。

3. 公平竞争原则

公平竞争原则是指成员方应避免采取扭曲市场竞争的措施，纠正不公平的贸易行为，在货物贸易、服务贸易与知识产权领域，创造和维护公开、公平、公正的市场环境。公平竞争原则包括以下 3 个要点：

1）体现在货物贸易、服务贸易和知识产权贸易领域，既涉及成员的政府行为，也涉及成员企业的行为。

2）要求成员维护货物、服务或服务提供者以及知识产权所有者或持有者在本国市场的公平竞争，不论他们来自本国还是其他任何成员国。

3）在实施贸易政策时应全国统一。

4. 透明度原则

透明度原则是指成员应公布其所制定和实施的各项贸易措施（包括法律、法规、规章、政策及司法判决和行政裁决等）及变化情况（如修改、增补或废除等），并通知世贸组织。成员所参加的与国际贸易政策有关的双边和多边国际协议也应公布。不公布的贸易政策，不得实施。各成员方应该维持并尽快建立司法的、仲裁的法庭和程序，并向所有成员方提供有关调查程序的详细资料。

5. 允许例外和保障措施原则

允许例外和保障措施原则是指在某些特殊的条件下，世贸组织成员可以不履行已承诺的义务，对进口采取一些紧急的保障措施，如提高关税、实施数量限制等。但是，允许例外和保障措施原则在适用的条件、手段和期限等方面都有严格的限制。这些条件包括：防止或缓和出口成员方的粮食及必需品的严重匮乏；缓解严重的国际收支赤字和急剧增长的贸易逆差；因承担义务而出现的严重损害或严重损害威胁；维护国家安全；维护居民和动植物的生命安全；发展中国家成员尤其是最不发达国家成员等。

如果出现了以上列举的某种情况，世贸组织成员方可以实施保障措施。但是，成员方在实施保障措施时，必须遵循规定的程序，无歧视地实施数量限制，无条件接受公开调查。并且这些保障措施是临时性的，实施保障措施的时间一般不超过 4 年，因特殊原因需延长者，也不得超过 8 年。

6. 发展中国家优惠待遇原则

发展中国家优惠待遇原则又称“非互惠待遇原则”，是世贸组织处理发达成员方与发展中成员方之间贸易关系的一项基本原则。根据这一原则，为促进发展中成员方的出口贸易和经济发展，世贸组织的各项规则允许发展中成员方在相关的贸易领域非对等地承担义务。具体体现在以下几方面。

1） 发展中国家可以承诺较低水平的贸易自由化义务。按照“乌拉圭回合”多边贸易谈判达成的协议，世界贸易组织要求发达国家的平均关税降至 4%，而发展中国家的平均关税为 13%。

2） 允许发展中国家用较长的时间履行义务或者有较长的过渡期。例如，在关税减让和取消数量限制措施方面，发达国家的过渡期为 5 ~ 6 年，而发展中国家一般为 10 年。

3） 允许发展中国家在履行义务时，有较大的灵活性。

4） 发展中国家在履行某些义务时，发达国家成员应当提供资金和技术援助。

5） 给予最不发达国家以特别优惠待遇。

2.5.2 入世对我国企业的影响

2001 年 12 月 11 日我国成为 WTO 的第 143 个正式成员。入世后我国经济获得了高速发展，10 年间 GDP 每年约以 10% 的速度增长，创造了世界经济发展史的奇迹。“入世”对我国经济发展产生的影响可从以下几方面说明：

1. 市场竞争效应

在加入 WTO 之前，我国国内不少行业相对封闭，企业生产规模较小，专业化程度较低，技术水平不高，竞争能力差。自 20 世纪 90 年代以来，我国主动降低关税水平，入世之后更是取消了进口许可证和进口配额，开放服务贸易市场，封闭的环境逐步被打破。

入世前，不少人曾担心面对跨国公司和国外产品的涌入，本国企业会受到严重冲击，甚至遭到淘汰。但正是在这种激烈的市场竞争环境中，我国企业不断迸发出革新的动力，提高劳动生产率、实现技术升级、强化销售和服务、投资于研发，不仅在国内市场站稳脚跟，而且开始迈向国际市场。

以汽车工业为例，入世以后，我国轿车和客车的关税水平分别从入世前的 70% ~

80% 和 45% ~65% 降到 25%，零部件的关税也从 22% 降到 10%。在开放的竞争环境中，我国汽车工业并没有被挤垮，相反，借助于国外的先进技术和装备，获得了快速发展，现已形成了与世界先进水平接轨的汽车及零部件制造体系，商用车及中低价位经济型乘用车形成了较高竞争力。自主品牌轿车国内市场占有率已由过去几乎为零增加到 2013 年的 27.5%。从表 2-11 可以看到，2002 ~2011 十年间，我国汽车产量增长了近 6 倍，汽车出口增长近 40 倍。

表 2-11 2002 ~2011 年我国汽车产量及出口数据

项目	2002	2003	2004	2005	2006	2007	2008	2009	2010	2011
产量/万辆	325	444	507	571	728	888	935	1379	1826	1842
出口量/万辆	2.2	4.8	13.6	17.3	17.2	34.2	61.3	68.1	56.2	84.9
出口占国产总量比重(%)	0.7	1.1	2.7	3.0	2.4	3.9	6.6	5.0	3.1	4.6

2. 生产规模效应

加入 WTO 后，进出口关税的降低带来了更加广阔的国际市场，有利于企业降低生产的边际成本，形成规模效应；同时也加速了产业的国际转移，形成了若干以区域为核心的产业集群，发挥聚集优势。

加入 WTO 带来的规模效应在电子信息产业方面表现得最为明显。2003 年，我国正式加入《信息技术协议》（简称 ITA），大部分信息技术产品的进出口关税降到零。此后，我国企业利用 WTO 的最惠国待遇和国民待遇原则，以及 ITA 的零关税准入条件，发挥自身的优势，逐步形成巨大的生产制造能力，在国际 IT 产业链上成为重要一环。2013 年我国手机产量占世界市场份额的 77%，彩色电视机为 54%。

从区域的角度来看，我国已经形成长三角地区和珠三角地区两大信息技术产品的区域产业集群。这些地区有大量的与国际产业体系紧密对接、高度外向型的生产制造企业，产品更新换代的速度很快。这些区域产业集群既是目前世界经济一体化的结果，也是未来孕育国际化企业的摇篮。

3. 学习示范效应

对于我国本土企业来说，加入 WTO 一方面将其推进了激烈的国际竞争环境，另一方面也为其提供了众多的国际化发展的范例。改革开放以来，我国是吸引外商投资、承接国际产业转移的主要受益者。活跃于我国市场的跨国公司既是本土企业的竞争对手，也是它们的学习榜样，在发展战略、经营理念、运作模式、组织管理、技术服务、人才培养等环节为本土企业提供了许多可借鉴的经验。这些经验为我国企业国际化发展起到了良好的示范和引领作用。

海尔集团的发展是学习示范效应的很好例证，这不仅表现在其创业之初引进了德国利勃海尔公司的先进技术、设备和管理经验，使其得到迅速壮大；更表现在其发展过程中始终注意汲取和整合国际资源，不断提高产品竞争力。海尔联合国外大公司、科研机构、大学，以项目牵头的形式进行研究，成立了几十个联合研究中心，合作方有东芝、飞利浦、迈兹、朗讯等，并在多个国家聘请法律顾问构成全球信息网，使企业能及时获取国际最新的科技信息、市场信息，从而极大地提高了海尔自身的应变能力。

4. 制度建设效应

WTO 规则本质上是基于市场经济基本原理的，要求企业按照供求关系和价格信号自主决策，政府尽量少地干预市场运行。因此，加入 WTO 之后，我国企业面临更加严格的产权制度、会计制度、信息披露制度、信用制度、现代公司治理结构等制度的约束。长期以来，产权不清、权责不明、政企不分、管理不科学是我国企业，特别是国有企业的弊病。加入 WTO 无疑会对推动我国企业的市场化改革和建立现代企业制度产生巨大的促进作用。

加入 WTO 以来，我国国有企业在建立现代企业制度方面取得了长足的进展，通过改革产权制度，完善公司法人治理制度，引入战略投资者，国有企业基本上完成了向股份制企业的转变，国际竞争力有了明显的提高。例如，沈阳机床（集团）股份有限公司于 20 世纪 90 年代中期，利用世行贷款和国内配套资金，以沈阳 4 家机床企业为主体，改组改制成无政府主管部门的经济实体和上市公司，并发展成为我国最大的机床制造商。2004 年，又并购原德国希斯公司、重组云南机床厂；2006 年控股昆明机床厂，形成跨地区、跨国经营的全新结构布局。2013 年沈阳机床（集团）股份有限公司在上海成立优尼斯公司，用“产品全生命周期服务”的理念，借助核心技术和金融工具为全球客户提供服务。2011 年，沈阳机床（集团）股份有限公司实现机床销售收入 27.83 亿美元，此后多年一直保持世界机床行业销售收入第一名。

对于我国来说，以上四大效应既带来了机遇，也带来了挑战，既带来了快速发展，也带来了潜在的危机。需清醒认识到，我国仍处于工业化进程中，与先进国家相比还有较大差距：制造业大而不强，自主创新能力弱，关键核心技术与高端装备对外依存度高，以企业为主体的制造业创新体系不完善；产品档次不高，缺乏世界知名品牌；资源能源利用效率低，环境污染问题较为突出；产业结构不合理，高端装备制造业和生产性服务业发展滞后；信息化水平不高，与工业化融合深度不够；产业国际化程度不高，企业全球化经营能力不足。要真正建设制造强国，必须着力解决以上问题。

2.5.3　我国企业国际化之路

1. 国际市场营销方式

在经济全球化的背景下，营销方式多样化已成为当今国际市场营销企业普遍采取的策略。按照组织生产与销售的不同方式，企业进入国际市场的方法可归纳为出口商品、直接投资、对外合作三大类。

（1）出口商品　出口商品是商品国际化的代表形式，也是国际市场营销最普遍的形式。它有间接出口和直接出口两种不同方式。

1）间接出口。间接出口是指厂商通过中间商将商品销往国外的贸易活动。这种方式多被未在国际市场上建立起自己销售网络的中小企业所采用。间接出口有三种途径：由本国出口商经销，由出口代理商代销，与出口商合作经营。

2）直接出口。直接出口是指企业将产品出售给国外市场上独立的经销商或进口商。严格地讲，采取了直接出口方式，企业才是真正开始进行国际市场营销。企业直接出口方式一般有：企业建立独立的出口经营机构，直接与外商进行联系，签订产品销售合同；在海外设置销售分部，直接在国外市场开展推销活动；设立国外商业代表，与国外销售商或代理商建立业务联系，从中寻找销路，开拓市场。

与直接出口对应的贸易方式主要有：逐笔售定、展卖、投标、易货贸易、加工贸易、补偿贸易等。其中，加工贸易和补偿贸易是近年来发展中国家进行进出口贸易时所普遍采用的形式。在资金与技术一时难以在国际市场上与发达国家抗衡的条件下，该方法便于企业抓住国际经济循环中比较优势转换的机会，发挥劳动力充裕的特长，扩大产品出口。

（2）直接投资　直接投资是资本及生产国际化的代表形式，是当今国际上广泛采用的一种扩大企业国际市场营销规模及范围的做法。直接投资的好处在于，通过在国外投资设厂可使投资者获得单纯商品贸易所不具有的所有权优势，即对被投资方自然资源、经济要素的使用权和生产工艺、技术发明等的控制权；也便于投资方对营销活动加强管理，提高产品竞争力和市场占有率。同时，采用直接投资对于扩大商品出口具有重要作用。表现为：

1）避开了关税和非关税壁垒的限制，便于产品直接进入国际市场。

2）可以节省运输和流通费用。

3）某些情况下，可以获得廉价的劳动力、资源及当地政府的政策支持。

4）能带动生产设备、零配件甚至其他商品的出口。

（3）对外合作　对外合作是实现资本、技术、生产国际化而广泛采用的形式，包括合资经营、合作经营、技术转让及特许经营等方式。

1）合资经营。合资经营是指企业在国外同当地企业共同投资兴办企业，共同经营、共负盈亏、共担风险，其收益比例按双方投资额计算。合资经营有利于发挥双方各自优势，在资金、技术、管理、资源等方面可相互弥补和借鉴，对于开发产品、降低成本、提高产品质量具有促进作用。它还可利用外国合资者的国外销售渠道推动产品出口。因此，根据企业的优势与不足，选择国外合资经营伙伴，是提高产品竞争力、进入国际市场的有效途径。

2）合作经营。合作经营又称“契约式”经营，是一种更灵活的投资方式。合作经营通常不明确双方股份，而是根据合约来规定双方的权利和义务。如由一方提供资金、设备和技术，另一方提供厂房、原料和劳务作为合作条件。双方按合同规定明确责、权、利的分摊比例。

3）技术转让。技术转让是指利用某种方式，将某项技术使用权从输出方出售给输入方的一种贸易行为。技术转让多采用许可证贸易方式，在签订许可证协议之后，输入方可在支付一定费用并承担有关义务的条件下，使用输出方的发明专利、商标、技术秘密、产品外形设计等工业产权。技术转让对于尽快填补空白、开发新产品、加快企业发展步伐，具有重要的意义。随着新技术的不断发明、采用，技术转让已成为企业开拓国际市场的重要手段。

2. 我国企业国际化之路

（1）我国企业国际化的特殊环境　我国企业国际化与其他国家企业的国际化相比，是在以下两个特殊条件下展开的：

1）作为发展中国家企业，我国企业属于后发展型国际化企业，在竞争优势、外国市场的进入方式和所有权方式等方面与先发展型跨国公司有明显不同。

2）我国经济体制仍处于由计划经济向市场经济转变的过渡期，我国企业面临着市场化和国际化的双重任务。一方面国有企业改革由经营权扩大到产权；另一方面大量外国直接投资涌入，使我国企业在自己的本土上面对国际竞争。因此，我国企业的国际化有其不同的特征和路径选择。

（2）我国企业国际化发展特征　考察我国企业国际化的发展历程，可以总结出我国企业国际化发展特征。

1）内向国际化是其外向国际化的必要基础和条件。几乎所有跨国经营经济效益比较好的中国企业都经过了内向国际化和外向国际化的两个发展阶段，内向国际化以技术设备的引进、建立合资企业和技术合作为主；外向国际化目前仍以产品出口为主，只有极少数企业已开始在海外建立生产基地。

2）海外市场经营方式及演变。改革开放 30 多年来，我国企业国际化从零开始，经历了一个渐进的“先易后难”的发展过程，主要体现在两方面：一是企业市场范围扩大的地理顺序，大都遵循“本地市场→地区市场→全国市场→海外相邻市场→全球市场”的路线。二是企业跨国经营方式的演变，一般都经过“纯国内经营→通过中间商间接出口→直接出口设立海外销售分部→海外生产”的发展过程。

3）我国企业国际化仍处于初期发展阶段。我国已成为制造大国和出口大国，近年来企业境外投资迅速增长，2014 年已突破千亿美元。尽管如此，我国企业国际化仍处于初期发展阶段，总体水平不高，集中表现在企业跨国化指数（Transnationality Index，TNI）低下。

跨国化指数由三个指标构成：国外资产对公司总资产的百分比、国外销售额对公司总销售额的百分比、国外雇员人数对公司总雇员人数的百分比。用公式表示为

$$\text{跨国化指数}=\frac{\left(\dfrac{\text{国外资产}}{\text{总资产}}+\dfrac{\text{国外销售额}}{\text{总销售额}}+\dfrac{\text{国外雇员人数}}{\text{总雇员人数}}\right)}{3}\times 100\% \tag{2-10}$$

以海外资金筹措能力为例，我国企业与发达国家跨国公司相比有很大的差距。如日本国际化企业海外资金筹措额在全部资金筹措额中所占的比例平均为 21%，欧美跨国公司大多采取“以海外融资的形式平衡海外投资”的政策，海外筹措资金超过 50% 的情形并不少见。而我国企业海外资金筹措额，极少超过 5%，多数企业基本为零。

（3）我国机电企业国际化应对策略　我国企业国际化是顺应经济全球化浪潮的必然选择，也是我国经济持续增长的需要。2015 年，我国政府适时提出“丝绸之路经济带”和“21 世纪海上丝绸之路”的战略构想，无疑会加快我国企业国际化的步伐。为适应新的形势，我国机电企业如何应对，或许从柳工的国际化之路可以得到启示。

柳工的海外营销从参加国际工程机械博览会开始，2003 年着手建立海外代理商体系，谋求海外更大发展。2008 年在印度开始建设柳工第一个海外制造工厂，2011 年成功收购波兰 HSW 公司，建立了欧洲制造基地。至 2015 年，柳工在美国、巴西、印度等地区成立了 10 家海外营销子公司，建立了 8 个零部件和服务中心，共拥有海外经销商 268 家，覆盖全球 136 个国家和地区，海外销售收入占比超过了 20%。

柳工人总结出国际化成功的要诀：

1）积极进取的精神，立意高远的战略目标和战略思路，打造“开放的国际化的柳工”。

2）大力推进科技创新，构建强大的研发体系，不断创新核心产品，打造、提升、推广柳工品牌。

3）培养、引进国际化人才，建立健全与国际接轨的运营体系。

4）精心选好海外目标市场和市场进入方式，树立长远目标，采取渐进方式，由小做大，稳固发展。

5）在国际化的过程中，文化和价值观的整合至关重要，需要“入乡随俗”。

6）与“中国信保”合作，最大限度降低出口风险，建立强大的风险防范体系。

练习题

1. 单项选择（在备选的4个答案中选择1个正确的）

1）企业面临许多机会，但却受到企业内部劣势的制约时，应采取（　　）战略。

①增长型　②防御型　③扭转型　④稳固型

2）“边际贡献”是指单位产品售价与单位产品（　　）的差额。

①固定成本　②变动成本　③总成本　④价值

3）新型营销观念以（　　）为导向。

①生产　②产品　③客户　④传媒

4）企业市场营销组合的4P策略中产生收入的因素是（　　）。

①产品　②价格　③渠道　④促销

5）随行就市定价法是按（　　）价格定价。

①市场最高　②市场最低　③市场平均　④领袖企业产品

6）展销会提供免费样品的促销方式属于（　　）。

①广告推销　②人员推销　③公共关系　④营业推广

2. 多项选择（在备选的4个答案中选择2～4个正确的）

1）经营决策的原则有（　　）等。

①自主原则　②系统原则

③效益原则　④少数服从多数原则

2）常用的市场调查方法有（　　）等。

①观察法　②询问法　③推断法　④实验法

3）传统营销观念包括（　　）。

①生产观念　②产品观念　③服务观念　④推销观念

4）企业常采用的市场定位策略有（　　）。

①差异性定位策略　②中庸定位策略

③重新定位策略　④依附定位策略

5）机电企业实施电子商务可以（　　）。

①降低经营成本 ②提高工作效率

③保证产品质量 ④促进企业信息化

6）WTO 的自由贸易原则主要体现在（ ）等几个方面。

①任何产品不受限制 ②减免关税

③消除非关税贸易壁垒 ④服务贸易市场准入

3. 填空

1）经营决策按其重要程度，可划分为战略决策、______决策和______决策。

2）SWOT 模型中的 S 指企业____________，W 指企业____________。

3）社会营销观念主张兼顾企业、______和______三方利益。

4）市场营销策略的 4P 分别是指产品、价格、______和______。

5）电子商务包括______贸易、______贸易和知识产权贸易等内容。

6）WTO 非歧视原则包括______________原则和____________原则。

4. 判断题

1）风险型决策指在完全不清楚外部条件将如何发生的情况下进行的决策。

2）市场调查的目的是为市场预测和营销决策提供客观的、正确的资料。

3）使用线性回归方法进行预测的前提是观测值与时间之间存在线性相关关系。

4）产品的生命周期经过准备期、投入期、成长期、成熟期四个阶段。

5）企业通过中间商销售产品可以提高营销效率和投资收益率。

6）WTO 透明度原则要求成员公布其所制定和实施的各项贸易措施。

5. 名词解释

1）经营决策

2）盈亏平衡点

3）市场细分

4）需求价格弹性系数

5）跨国化指数

6. 分析计算题

1）某企业生产和销售某一种汽车零件，单位售价 600 元，单位变动成本 450 元，全年固定成本 9600000 元，全年预计销售量 80000 件。试计算：

①该产品的盈亏平衡点的销售量；

②预计销售利润。

2）某电动工具厂欲推出一款新的电动工具产品，提出三种方案：

①使用现有设备，压缩老产品的产量；

②新建一个生产车间生产新产品；

③采用外协方式加工零部件，工厂只进行最后装配与调试。

若预计未来五年，该产品市场可能出现需求旺盛、需求平稳和需求萎缩三种情况，每种情况对应于三种不同方案的收益见表 2-12。若市场需求三种情况出现概率难以确定，试分别采用中庸法和保守法进行决策。

表 2-12 不同方案收益表 （单位：万元）

扩大生产方案	产品需求		
	需求旺盛	需求平稳	需求萎缩
方案 1：压缩老产品产量	280	150	120
方案 2：新建一个生产车间	600	200	-300
方案 3：外协	320	180	80

3）某机床厂参加某台大型设备投标，拟定了三种投标价格，分别为 270 万元、298 万元和 315 万元；对应的利润分别为：12 万元、30 万元和 47 万元。根据以往经验，三种投标价格对应的中标率（估计值）分别为：80%、15% 和 5%。试确定公司的最终投标方案。

4）某企业 A 产品 1～5 月份实际销售额统计资料见表 2-13。

表 2-13 1～5 月份销售额统计

月份	1	2	3	4	5
销售额/万元	35	40	42	38	45

试分别用①一次移动平均法（取 $N=3$），②一次指数平滑法（取 $\alpha=0.5$），③线性回归分析法预测 6 月份销售额。

5）阐述电子商务给中小企业带来的机遇与挑战。

[参考答案]

第3章 机电企业技术管理

3.1 企业技术战略

3.1.1 技术与技术管理

1. 技术内涵

“技术”一词来源于希腊文“techne”（工艺、技能）与“logos”（词、讲话）的组合，最初指技能、技巧。随着社会的不断发展与进步，技术的范畴也在不断变化，图3-1反映了技术范畴的古今变化。

伯格曼（Burgelman）将技术定义为可用于企业开发产品和服务，以及生产和运输的一系列理论和实践知识、技能和工具等。《辞海》对技术的解释是“泛指根据生产实践经验和自然科学原理而发展成的各种工艺、操作方法和技能，相应的生产工具和其他物资设备，以及生产的工艺过程或作业程序、方法”。总体而言，技术是一种广泛的社会现象，是科学知识的应用，是人类在认识自然和改造自然的实践中，按照科学原理及一定的经济需要和社会目的而发展起来的，用于改造自然的劳动手段、知识、经验和技巧，包括实验技术、生产技术、服务技术、管理技术等。

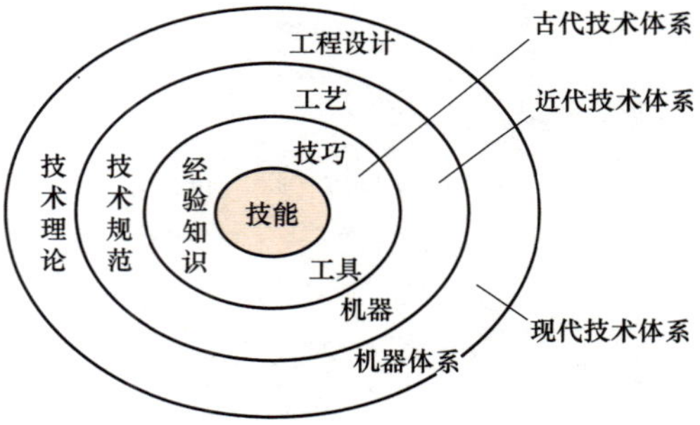

图3-1 技术的范畴

2. 技术进步

技术进步是指技术所涵盖的各种形式知识的积累、改进与提高。它既包括在生产、流通、信息交流等方面所使用工具和程序水平的提高，也包括管理水平的提高、组织与管理方法的改进、采用新的决策方法、改善资源配置方式等“软技术”方面的进步。技术进步不仅可以推动技术创新，还可以节约资源，促进经济可持续发展。

在经济学上，用全要素生产率反映各生产要素对经济增长的贡献，其中技术进步指产出增长中扣除劳动力和资本投入增加的作用之后，所有其他因素作用的总和。大量的理论和实践表明，国民经济持续快速的增长，其主要影响因素正逐渐由资本、劳动投入的高增长向包括技术进步在内的全要素生产率的提高过渡。

技术进步一般通过技术改进、技术引进以及技术创新等三种方式来实现。技术进步过程可大致分为技术供给与需求、技术创新、技术转化、技术扩散等四个过程。

技术进步对于国民经济和企业发展具有重要意义。

1）技术进步推动经济总量的不断增长。具体表现为资本和劳动投入不变的情况下经济总产出的增长，即由于技术进步的贡献导致总量的增长。

2）技术进步促进经济结构的变革。产业结构的每一次重大变化和调整，都与技术进步的发展密切相关，技术进步还促进新兴产业的形成。

3）技术进步特别是高科技通过渗透，扩散到生产诸要素中去，使生产力发生了质的飞跃。技术进步促进劳动工具自动化、智能化，提升劳动生产率；技术进步改进产品和工程设计，推出新产品，开拓市场，增加产值和利润；技术进步缩短产品设计和生产周期，提高产品质量和生产率。

3. 技术生命周期

技术生命周期是技术从萌芽、成长直至衰退的全过程，是从开创一个可供开发的新领域的重大突破到下一个主要的技术壁垒的一个周期。技术生命周期一般遵循所谓的“S 曲线”，其发展经历四个阶段：初始阶段、发展阶段、成熟阶段和衰退阶段（见图 3-2）。

当技术正经历快速变革的时候，技术发展过程中往往会出现多种技术交错前进或称技术断裂的现象。如图 3-3 所示，S_1是技术 1 的发展曲线，S_2是技术 2 的发展曲线，它拥有比 S_1更优越的绩效。具有技术 2 的竞争者虽然起步较晚，但会沿着一个全新的路径前进，并且其技术会胜过使用技术 1 的企业。致力于使用技术 1 的企业或许会决定继续使用这项技术，但其战略从长远看来是徒劳的，管理者必须做出决策及时地移动到技术 2 上。技术断裂的例子有很多，如晶体管代替真空管，个人计算机代替打字机等。

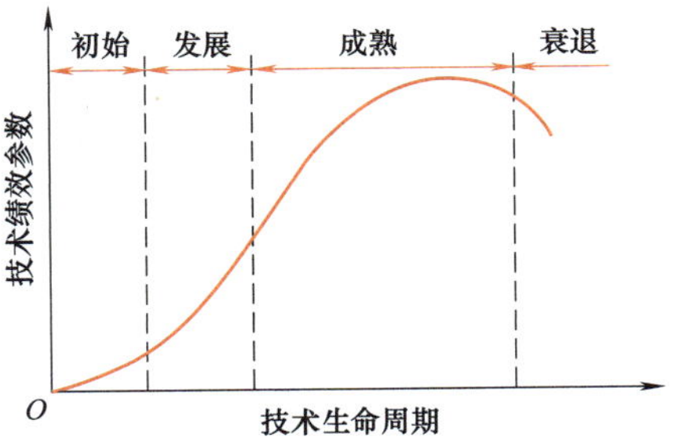

图 3-2 技术生命周期曲线

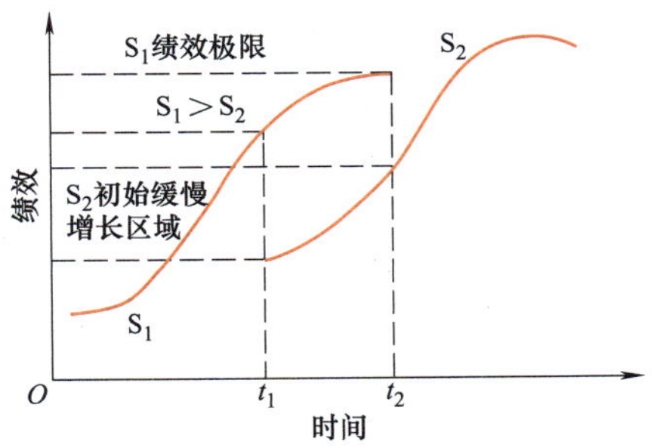

图 3-3 技术的不连续性

4. 技术管理

技术管理（Management of Technology，MOT）是依据科学技术工作规律，对企业的科学研究和全部技术活动进行的计划、协调、控制和激励等方面的管理工作。美国国家研究委员会（NRC）将技术管理定义为关于技术能力的规划、开发和实施，以此来完成组织运作与战略目标的一个跨学科的领域。

企业技术管理主要关注的内容包括技术创新、技术战略规划和实施、项目技术管理、技术预测、技术转移和扩散等，也包括财务审计、营销与经营、社会文化、组织行为学等，重点是对企业以产品研发为中心的技术进行精心策划、组织、控制，以有效地协调人力、物力和财力资源，提高企业整体竞争力。

对企业技术管理应从以下几方面理解其含义。

1）技术管理是对技术生命周期的管理，包括技术评估、选择、发展、执行、购买等活动，这些活动由公司商务人员和技术部门共同负责。

2）技术发明与创新不仅取决于技术管理，还包括实现技术潜力和环境的管理，如企业文化、组织结构、人力资源政策等。

3）技术管理是企业战略管理的一部分，必须考虑技术是否会创造竞争优势，或是形成进入某一特定行业的障碍，或是增加生产率。

4）技术管理由静态管理向动态管理转变，强调适应不断变化的环境并及时调整。

3.1.2 企业技术战略与技术能力

1. 企业技术战略

技术战略是企业为了获取竞争优势，进行与技术相关的重大决策，是企业技术选择的表现形式，决定了技术在企业中的应用水平，以及产品创新和过程创新的高度。

技术战略在短期竞争和长期竞争中都发挥着重要的作用，但它们的基本目的和选择却有很大的不同。在短期竞争中，技术战略主要通过技术开发支持企业所选择的低成本或差异化优势，或者影响产业向有利于自己的方向转化。在长期竞争中，技术战略主要通过技术开发、技术合作和技术并购使企业建立起未来竞争需要的核心技术能力。

技术战略的基本内容包括以下几个方面。

(1) 核心技术选择　关键不是影响现在产品市场竞争的技术，而是多个产品市场中极具价值潜力的技术，即可成为核心能力的技术，以及为使核心技术充分利用所需要的相关技术和互补技术。

(2) 核心技术的获取与培养　企业技术创新是通过内部研究开发和外部有效的技术源获取模式相结合来实现的。核心技术的获取模式包括自主开发、技术购买、战略联盟等多种形式。

(3) 已有核心技术的使用　企业需要考虑核心技术和最终产品之间建立一种什么样的联系，以及如何将核心技术体现到最终产品中去，形成什么样的产品创新和过程创新的平台。最大限度地利用核心技术于多种产品和工艺开发中，形成市场竞争优势。

(4) 技术跟踪和创新　密切跟踪技术的演变，当环境发生根本性变革时，应不失时机地通过资源的重构与转换来更新自己的核心能力，以创造新环境下企业的竞争优势。

(5) 技术与创新的组织和管理　技术与创新的组织和管理包括研发部门的组织结构、各部门间的联系协调、创新机制的建立、动态性与稳定性的平衡。

2. 技术战略的类型

根据进入市场的时机、技术创新特征和市场竞争的态势这三方面内容，技术战略可分为领先战略、跟随战略和模仿战略。

（1）领先战略　领先战略就是企业通过技术创新，率先开发出产品并在市场一段时期内保持领先优势，成为技术潮流的引领者。领先战略的优点是企业形象好，率先占有市场，取得较大的市场份额和较高的垄断利润；缺点是风险较大。

这种领先主要表现在应用具有突破性的技术，开发在功能上、原理上有重大革新的产品。采取领先战略的企业主要是在行业中居于优势地位的企业，对技术的吸收能力、创造能力较强，资金实力和综合实力雄厚。

（2）跟随战略　跟随战略指的是企业跟随同一产业的领先企业开展相应的技术创新活动，对领先企业的新技术和新产品加以选择、改进和提高，并在降低制造成本和拓展市场方面做出更多的努力。

跟随战略要在消化的基础上在性能、工艺、控制过程中有所创造，对企业的要求是适应能力强，在生产和销售环节有比较优势，这样才能利用开发成本低的特点，去挤占领先者的市场。跟随战略的优点是开发成本较低，市场风险较小，适合综合实力相对不是很强的企业；缺点是只能通过成本竞争，利润水平较低，且容易受到知识产权和技术专利的限制。

（3）模仿战略　模仿战略是指企业在率先创新者的示范效应和利益的诱导下，通过合法的手段引进技术，而后进行消化吸收，最终在率先者所推出的新技术或新产品的基础上进行改进的一种战略。简单地说，模仿战略就是后发者战略。

根据企业针对市场环境的态度，技术战略可分为主动战略和被动战略。

（1）主动战略　企业的主动战略是企业力求先一步适应或影响市场环境，它建立在领先的技术创新和努力开发新产品的基础上。IBM、惠普、微软等公司都是在技术创新方面付出巨大努力并获得成功的企业。主动战略要求企业努力理解客户需要，包括市场调查、与客户对话，并开发新产品满足需要。

另一种主动战略是创业。硅谷的许多高科技公司都是通过这条途径起家的。并购也是一种有效的主动战略。2001 年惠普公司对康柏公司的并购，使其成为全球最大的服务器、成像和打印、接入设备供应商。

（2）被动战略　被动战略是企业在市场环境或竞争对手变化的情况下，力求保持现有位势（Position）的一种策略。防御战略是典型的被动战略。在一个竞争性的市场上，所有的公司都会受到来自其他公司的挑战。市场上的进攻性行动既可以来自行业的新进入者，也可以来自于寻求改善现有地位的既有公司。防御战略的目的是降低被攻击的风险，减弱任何已有的竞争性行动所产生的影响，使挑战者的行动瞄准其他竞争对手。虽然防御战略通常不会提高公司的竞争优势，但是它有助于加强公司的竞争地位，捍卫公司最有价值的资源和能力不被模仿，维护公司已有的竞争优势。模仿战略和跟随战略也属于被动战略，微软公司的 Excel、IE 浏览器的成功与发展都采用的是跟随战略。

3. 技术能力

技术能力（Technological Capability）是企业技术战略管理中较新的内容，目前尚无权威的定义，世界银行认为技术能力是指组织在致力于消化、使用、适应和改变现有技术方面有效地使用技术知识的能力。魏江从技术管理过程出发，认为技术能力是指企业从外界获取先进的技术与信息，并结合内部的知识，创造出新的技术与信息，实现技术创新与扩散，同时又使技术与知识得到储备与积累的能力。也有学者认为技术能力包括技术的、管理的和组织的技能。

根据技术职能活动的类别，技术能力可划分为如下五类。

(1) 技术决策能力　技术决策能力包括日常的技术活动决策和技术战略决策能力。这种决策能力是基础性的，决定企业技术的发展方向。

(2) 技术获取/吸收能力　技术获取/吸收包括各种技术资源的外部获得和内部开发能力。技术能力可以通过并购而间接获得，更主要的是通过企业集体学习和内部开发而获得和提高。技术获取/吸收能力主要受原有的技术积累基础、技术员工的素质、企业对技术培训的投入力度、激励的程度的影响。

(3) 技术应用能力　技术应用能力是对已经获得的技术资源加以充分利用，获得最大收益的能力。它包括技术向生产转移能力、技术服务能力、技术扩散能力。其中技术扩散能力是指把成功的技术经验向其他领域或地区转移的能力，如设立分厂或连锁店等。

(4) 技术管理能力　技术管理能力是指对技术资源和技术活动的组织、整合、协调和控制能力。它既包括细节执行能力，也包括灵活应变能力，还包括各部门之间的协调组织能力。

(5) 技术创新能力　技术创新能力是技术能力的关键组成，是以产品创新能力、工艺创新能力为主体，支持技术创新战略实现的各种要素和过程的总和。它包括了创新决策能力、研究与开发（R&D）能力、生产改进能力、组织能力等。

技术能力是技术战略的重要组成部分，企业技术能力发展的阶段不同，需要与其相匹配的战略也不同。企业技术能力的发展是一个技术能力各要素的连续性积累和总体技术能力的间断性跃迁的过程。在此过程中，企业技术能力一般经历从仿制能力到创造性模仿能力，再到自主创新能力三个阶段。对于处于技术仿制阶段的企业，主要是利用外部技术资源，通过模仿、复制、低成本等方式获得企业的生存能力。对于处于技术整合阶段的企业，关注的是内部技术资源与外部技术资源的结合，利用自身已具有的一定的自主技术开发能力，通过特色化、差异化实现企业发展。对于处于自主创新阶段的企业，由于已具备技术先发优势，可以采取技术领先战略。图 3-4 显示了技术能力的发展轨迹。

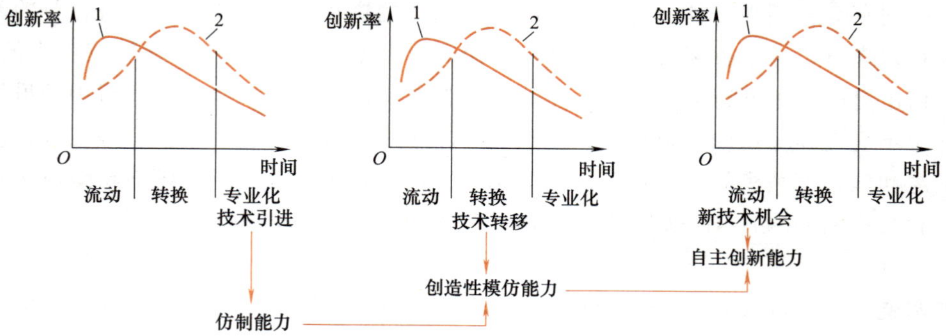

图 3-4　技术能力发展轨迹

1—产品创新　2—工艺创新

3.1.3 企业技术战略实施

1. 企业技术战略实施

企业技术战略管理的一般过程为：

（1）企业技术战略制定的外部环境和内部条件分析 通过分析，做出战略环境评价，建立战略思考，提出技术发展目标、指导思想。战略环境评价包括技术环境评价、竞争环境评价和利润空间识别。战略思考主要是对企业进行战略定位。首先要识别企业现有的技术存量，然后描述企业在现在和未来技术上的竞争地位，进而列出战略定位的技术需求。

（2）企业技术战略制定与技术路线选择 在战略制定阶段，企业要决定投入资源进行一系列的技术选择，包括技术获取方式（自主研发还是联合研究、技术外购，或者技术许可、参股目标企业等）、产品技术路线（是改进现有产品还是开发新产品）、技术营销模式等。

（3）企业技术战略的组织实施 技术战略的组织实施包括计划、组织、领导。

技术战略制定以后，必须将长期目标进行分解，以便于在实施过程中的管理，建立工作的阶段目标，建立考核评价体系。长期目标分解可以分为战略规划和战略计划两类。战略规划是中长期的一种计划，整个计划的周期较长，项目较多，比较粗略。战略计划是指时间跨度较短的方案，一般指年度新产品计划和全面预算中的技术预算部分，也是目前国内企业年度大纲的组成部分。

技术战略实施过程需要相应的技术组织予以推进。一个有10年以上历史的制造企业，都会面临一次以上的产品革命性变革，这时由于原有产品还有生命力，企业组织的惯性行为会很自觉的支持原有产品的发展，而新一代的产品往往不能很好地从组织中得到支持。因此，技术战略的实施往往伴随着企业组织的变革。

（4）企业技术战略的评价和控制 成功且有效的技术战略需要日常的监督、审慎的评估和对不同技术规划的评价。

2. 技术预测

技术预测（Technology Forecast）是指对技术的未来发展趋势、技术发明的诞生，以及技术应用领域拓展等进行预计和推测，以便企业技术战略的制定，以及企业在技术开发和创新方面进行战略部署。

通过技术预测，揭示技术纵向深入和横向转移的发展趋向，有利于从科技规律和市场需要两方面来正确选择成功的技术创新方向，制定科学的计划，合理分配资源，采取有效对策，以便在竞争中获胜。摩托罗拉公司在手机中采用个人数字助理（Personal Digital Assistant，PDA）技术，不仅影响手机市场的竞争格局，还彻底改变了电子词典、电子记事本等行业或产品的市场定位。为了正确把握机会和估计威胁，企业不仅需要预测某种正在开发的产品在技术上的可行性，还要预测这种产品是否能被市场所接受。

技术预见（Technology Foresight）与技术预测概念非常接近，它指的是一个综合考虑未来科技、经济和社会发展的趋势和需要，选择战略研究领域和新兴技术，以期产生最大的经济和社会效益的过程。技术预测是一个综合的分析和交流过程，要根据社会、经济和企业发展目标的设定，预测那些在国民经济和企业发展中必须解决的科学技术问题。而技术预见是要对未来较长时期内的科学、技术、经济和社会发展进行系统研究，其目标是在宏观上，多数在国家层面上确定具有战略性的研究领域。

一般企业技术预测的内容包括：

（1）行业技术发展趋势　例如，由于石油、天然气等不可再生资源的供应越来越有限，汽车技术发展的一个重要趋势就是要减少耗油或发展新能源汽车。

（2）相关新材料、新工艺的发展的预测　新材料和新工艺的产生，对行业主导技术会带来巨大的推动作用，特别是那些暂时阻碍产品成功的因素一旦发生变化，往往引发主导技术的革命和创新。

（3）新技术对行业未来的影响及本行业对新技术的运用范围　一项技术刚开始的使用往往和它最终的应用大相径庭，如最早的蒸汽发动机被用来从矿井里抽水，无线电的首次商业用途是海船与海船之间、海船与海岸之间互发密码信息。技术应用领域的改变是技术发展的重要临界点。

技术发展不是孤立的，它受多方面因素的影响，因此进行技术预测时，要综合考虑科技、经济、社会、政治等众多相关因素。技术预测的影响因素包括科技发展趋势、经济发展水平和趋势、产业发展及竞争态势、社会因素、政治因素和政策因素等。例如，我国改革开放后，经济的快速增长带动了通信需求的迅速膨胀，移动通信的发展出乎大多数厂商的意外。又例如，再制造技术的发展受政策、法规的影响很大。

技术预测至今已有 80 多年的历史，其方法非常多，如相关树法、矩阵法等，当前采用较多的有增长曲线法、趋势分析法和技术路线图。

（1）增长曲线法　每种技术一般都有一个寿命周期，假定未来的趋势仅是历史的延伸，如果要预测未来的情况，可以将增长曲线的数学公式同历史数据相拟合，得出同数据相吻合曲线的数学模型。一种常用的增长曲线预测法是费希尔-普赖法，这种方法常用于预测技术替代的速度。

（2）趋势分析法　这种方法包括许多经济预测模型和技术，如回归分析、指数平滑和博克斯-詹金斯模型（B-J 法或 ARMA 法）等。与增长曲线不同，趋势分析致力于研究技术进步的总趋势，它把影响技术进步的主要因素都纳入到一个趋势分析模型中来考虑。

（3）技术路线图　技术路线图（Technology Roadmap）是一个过程工具，帮助识别行业、部门、公司未来成功所需的关键技术，以及获得执行和发展这些技术所需的项目或步骤。

技术路线图使用简洁的图形、表格、文字等形式描述技术变化的步骤或技术相关环节之间的逻辑关系，理清产品和技术之间的关系。一般技术路线图的横坐标是时间，纵坐标是资源、研发项目、技术、产品和市场。

技术路线图是一种结构化的规划方法。作为一个过程，技术路线图可以综合各种利益相关者的观点，并将其统一到预期目标上来。作为一种产品，技术路线图纵向上将目标、资源及市场有机结合起来，并明确它们之间的关系和属性，预测未来。作为一种方法，技术路线图在企业层面用于标识企业在技术和市场上所处的位置，确定企业技术战略；在产业层面用于指明产业技术发展方向，诱导资源配置；在国家层面用于指导该技术领域战略规划制定、关键技术项目及相关行动的选择，它是组织社会资源和指导协调利益相关者共同行动的指南。

技术路线图起源于20世纪70年代后期，美国摩托罗拉公司和康宁公司最先开发了技术路线图的管理方法，用于支持和协调企业战略产品和技术开发活动。之后随着技术路线图应用范围的不断拓展，其概念和内涵也在不断扩大和延伸。

技术路线图一般分为行业路线图、技术开发路线图、产品开发路线图。图3-5所示为最常见的多层式产品技术路线图。

3. 企业技术组织

技术战略实施中，技术组织形式的变革对于技术战略的成功与否至关重要。企业技术组织最早的表现形式是工业实验室，之后的100多年里，除常见的职能部门（研发部或设计部）外，还有独立的技术组织（企业研发中心）、矩阵组织（参考图1－12）、并行组织、新创业部门、团队组织、虚拟组织等多种形式。

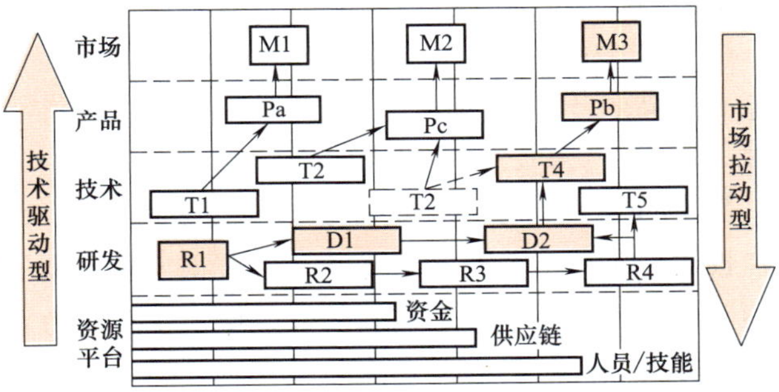

图3-5 多层式产品技术路线图

（1）并行组织 产品开发中各学科、各职能部门人员组成一个多专业开发组织协同工作，相互信任和共享信息，通过彼此间有效地通信和交流，尽早考虑产品全生命周期中的各种因素，尽早发现和解决问题，以达到各项工作协调一致。并行组织由于跨部门、跨学科，因此对组织的协调能力要求较高，并且要具备较好的信息系统基础。

（2）团队组织（Team Work） 团队是一种非正式组织，通常由5～12人构成，共享领导权，成员各自完成一部分任务，互相补充、共担责任，成员具有较强的自主性，擅长合作，根据成员和团队整体业绩计酬。在技术创新组织中，有三种团队比较常见：问题解决团队、自我管理团队、多功能团队。

问题解决团队一般每周用几个小时的时间碰头，讨论如何解决技术问题，如何提高生产率和改善工作环境，最后形成解决建议。自我管理团队承担着以前自己上司的部分责任，包括控制工作节奏、决定工作任务分配、安排工间休息等。多功能团队主要由相同技术等级、不同工作领域的员工组成，目的是激发灵感、解决技术难题和协调复杂项目。

3.2 技术创新与知识管理

3.2.1 企业技术创新

创新一般采用熊彼特（Joseph Alois Schumpeter）的定义：创新是新技术、新发明在生产中的首次应用，是建立一种新的生产要素或供应函数，是在生产体系中引进一种生产要素和生产条件的新组合。基于此，美国国家科学基金会（National Science Foundation,

NSF）将技术创新定义为：将新的或改进的产品、过程或服务引入市场。企业技术创新是指企业应用创新的知识和新技术、新工艺，采用新的生产方式和经营管理模式，提高产品质量，开发生产新的产品，提供新的服务，占据市场并实现市场价值。

1. 技术创新的特征

技术创新具有如下的主要特征。

（1）创造性　所有的技术创新都具有一定程度的创造性，或是创造出全新的功能价值，或是对原有功能、价值的增加或革新。

（2）积累性　每一轮新的技术创新均以先前的创新为基础，新的创新并不是全面否定原有产品和生产要素组合，而是在知识积累到一定程度时对旧的产品和工艺的技术突破。

（3）效益性　任何层次及规模的技术创新活动都需要一定数量的资源投入，伴随着这种投入，每一次的技术创新又总会获得比投入高的新增物质财富或比较利益，这正是技术创新的动力所在。技术创新的效益性不仅表现为企业的效益性，而且还表现为创造的社会效益和宏观的经济效益。实际上，企业持续不断的创新是促进国家经济增长和发展的基本保证。

（4）扩散性　技术创新的成功对企业的发展乃至对整个人类社会的发展和经济增长发挥重大的作用。这种促进效果正是通过技术创新的扩散作用来实现的。

（5）风险性　技术创新面临的风险包括：技术风险、市场风险、社会风险等。正是因为存在这些风险，所以企业创新过程中必须有严密的组织、控制和决策，以期把风险降至最小。

2. 技术创新的分类

（1）按创新对象分类　技术创新按创新对象可分为产品创新和工艺创新。

1）产品创新。产品创新是指在产品技术变化基础上进行的技术创新，包括在技术发生较大变化的基础上推出新产品，也包括对现有产品进行局部改进而推出改进型产品。

2）工艺创新。工艺创新又称过程创新，是指生产过程技术变革基础上的技术创新。工艺创新包括在技术较大变化基础上采用全新工艺的创新，也包括对原有工艺的改进所形成的创新。

（2）按创新程度分类　技术创新按创新程度分类，可分为渐进性创新和根本性创新。

1）渐进性创新。渐进性创新是指对现有技术进行局部性改进所产生的技术创新。在现实的经济技术活动中，大部分的创新是渐进性的。

2）根本性创新。根本性创新是指新的科学发现所导致的基本技术发明或技术上的重大突破。它常常伴随着一系列渐进性的产品创新和工艺创新，并在一段时间内引起产业结构的变化。

3. 技术创新过程

企业技术创新过程涉及创新构思产生、研究开发、技术管理与组织、工程设计与制造、用户参与及市场营销等一系列活动。

技术创新可以是由科学发现和技术发明推动的，企业研究开发的成果在寻求应用过程中推动创新的完成，市场是创新成果的被动接受者，如图 3-6a 所示。技术创新也可以是由市场需求和生产需要激发的，市场的开拓与扩展及节省相对昂贵的原材料和其他消耗成为创新的最主要动力，如图 3-6b 所示。技术创新还可以是技术和市场共同作用引发的，创新与市场需求和技术进展之间存在交互作用的关系。

4. 技术创新模式

企业的技术创新模式是企业能否顺利推进技术创新，赢得创新利益的先决条件，目前将其分为三种基本模式：自主创新模式、模仿创新模式和合作创新模式（见表 3-1）。

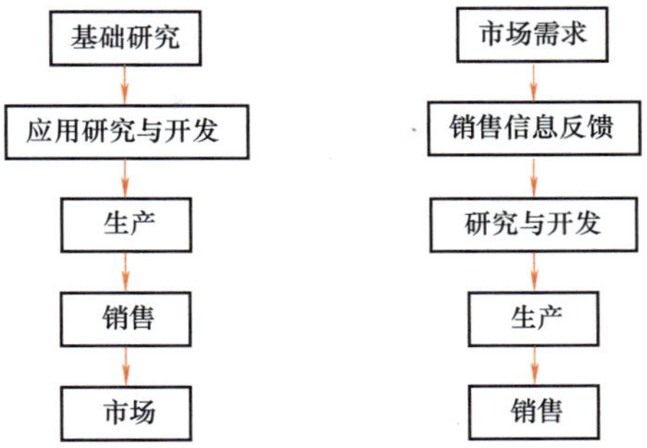

a) 技术推动创新过程　　b) 市场拉动创新过程

图 3-6　两种企业技术创新过程

表 3-1　技术创新模式对比

创新模式	自主创新	模仿创新	合作创新
优点	1）企业能够掌握和控制核心技术，获得竞争优势 2）扩散性强 3）容易获得垄断地位和超额利润	1）投资小，周期短，风险小 2）市场适应性强	1）优化利用资源组合 2）成本与风险分摊 3）缩短创新周期
缺点	1）投资大，周期长，风险大 2）创新成果易受侵犯	1）技术被动 2）易受市场和法规制约	核心技术共享，难以获得垄断地位和超额利润

（1）自主创新模式　自主创新是指企业依靠自身的努力和探索产生技术突破，并在此基础上依靠自身的能力推动创新的后续工作，实现技术的商品化，最终获得商业利润的创新活动。自主创新模式具有以下特点：技术突破的内生性，技术与市场方面的率先性，知识和能力支持的内在性。

（2）模仿创新模式　模仿创新是企业模仿率先创新者，吸取其经验，在此基础上进行改进完善的一种创新形式。模仿创新的基本特点是：模仿跟随性，研发的针对性，资源投入的中间聚积性。

（3）合作创新模式　合作创新是指企业间或企业、科研院所、高校之间的联合创新行为，通常以合作伙伴的共同利益为基础，资源共享、优势互补、风险共担，一般集中在高新技术领域。

3.2.2　知识管理

1. 知识与知识创造

20 世纪 90 年代初，管理大师彼得·德鲁克（Peter Ferdinand Drucker）在《后资本主义社会》中指出，知识社会是一个以知识为核心的社会，智力资本已经成为企业最重要的资源，受过良好教育的人成为社会的主流，“世界上没有贫穷的国家，只有无知的国家”“知识的生产率将日益成为一个国家、一个行业、一家公司竞争的决定因素”。1998 年，世界银行题为《知识促进发展》的年度报告，标志着以知识为基础的发展战略的全面形成。

亚里士多德曾把人类的知识分为三大类：纯粹理性、实践理性和技艺。经合组织（OECD）在1996年的年度报告中，将知识分为四类。

1）知道是什么的知识（Know-What），指关于事实方面的知识。

2）知道为什么的知识（Know-Why），指事物客观原理和规律性方面的知识。

3）知道怎样做的知识（Know-How），指满足人们某种需要的技艺、技巧和能力方面的知识。

4）知道是谁的知识（Know-Who），指谁知道某种事物或事实、谁知道如何做某事的知识。

日本学者野中郁次郎（Ikujiro Nonaka）认为，知识分为显性知识和隐性知识，隐性知识是高度个人化的知识，它深深地植根于行为本身，植根于个体所处环境的约束，如某种工艺或专长、某种专门的技术或产品市场、工作小组或团队的业务活动。企业保持竞争优势的关键就是技术创新，技术创新过程本身是一个知识的转化过程，尤其是隐性知识在其中具有重要的作用。

一般的知识创造可分为社会化（Socialization）、外在化（Externalization）、组合化（Combination）、内在化（Internalization）四个部分，其转换模式（SECI模型）如图3-7所示。

1）社会化。通过个体交流共享隐性知识的过程，使隐性知识共有，并创造出“社会化”。具体步骤包括察觉现实、感知并领会他物与环境、隐性知识转化。

2）外在化。通过对话、反省，使用符号语言表达，个体可以在一定程度上将隐性知识转化为概念或原型等显性知识，并使之成为人类的公共产品。外在化是知识创造的关键，因为知识的发展过程正是隐性知识不断向显性知识转化和新的显性知识不断生成的过程。

3）组合化。组合化是把概念综合成知识系统的过程。它是一个通过各种媒体产生的语言或数字符号，将各种显性概念组合化和系统化的过程。

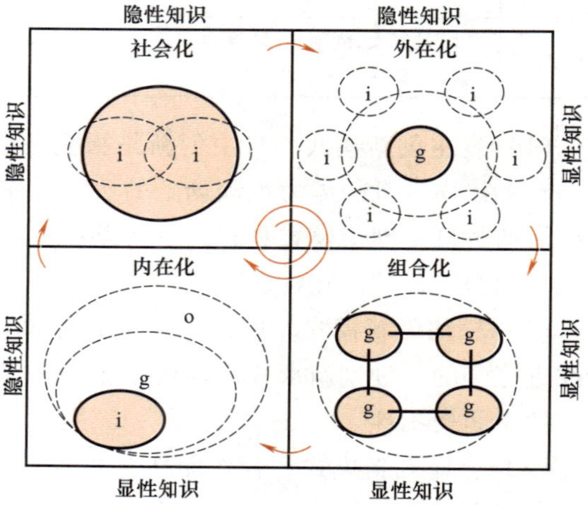

图3-7 知识创造转换模式

i—个人 g—群体 o—组织

4）内在化。通过个体的实践活动，经外在化的显性知识在个人及组织范围内向隐性知识的转化，即在显性知识的实践中学习并获得新的隐性知识。

2. 知识管理

知识管理是企业处于不断变化的环境中时，针对组织的适应性、组织的生存和竞争能力等重要方面的一种迎合性措施。对知识管理的概念可以从狭义与广义的角度来理解。所谓狭义的“知识管理”，主要是对知识本身的管理，包括对知识的创造、获取、加工、存储、传播和应用的管理。而广义的“知识管理”不仅包括对知识进行管理，而且还包括对与知识有关的各种资源和无形资产的管理，涉及知识组织、知识设施、知识资产、知识活动、知识人员的全方位和全过程的管理。

知识管理主要包括以下几个方面的内容：

1）知识获取的管理。知识的获取主要是指从组织内部和外部获取知识，包括生产领域的知识和经营领域的知识，经过整理、加工和分类，形成适用于组织的知识。

2）知识储存的管理。为了保留企业从内外部获取的各种知识，知识管理者需要将所搜集的资料经过整理分类后，通过一些方法，如建立知识仓库、知识地图等，将所获取的知识进行编码化处理。

3）知识共享的管理。知识共享的目的就是要满足企业内员工对知识的最大需求，通过采取适当的制度安排、管理机制或系统，将企业所获取的知识提供给成员分享使用。

4）知识传播的管理。企业知识的传播可分为企业内部和外部的传播，知识的传播目的是提高知识的应用效益，企业作为一种知识性组织，与外部存在着知识上的互动关系。企业中储存的最佳知识与经验，可以通过知识传播的方式实现和提升它的价值。同时，在知识传播的过程中，往往还伴随着知识的创新。

知识管理对于企业技术创新具有十分重要的作用，主要体现在以下几个方面：

1）知识管理形成了创新知识的有效获取与共享机制，加快了企业技术创新速度。

2）知识管理对技术创新成果起到了保护作用。例如，通过知识产权制度、专利战略、知识管理体系、激励和监控制度等来保护现有的知识，使企业保持持续的竞争力。

3）知识管理降低了企业的技术创新风险。通过知识的传播与搜集，通过企业与客户的沟通，企业可以从市场得到更多的信息，从而减少技术创新方案中的风险；在技术创新的产品商业化阶段，企业必须充分掌握相关客户资源，才能有效地销售产品，同时也可通过知识管理建立积极的信息反馈机制，及时调整创新方案。

3.2.3 学习型组织

要在企业中全面实现知识管理，需要构建学习型组织（Learning Organization）。学习型组织是美国学者彼得·圣吉（Peter M. Senge）在《第五项修炼》一书中提出的，是通过不断学习来改革组织本身的组织，其主旨是面临变化剧烈的外在环境，组织应力求精简、扁平化、弹性响应、终生学习、不断自我组织再造，以维持竞争力。

在学习型组织中，每个人都要参与识别和解决问题，使组织能够进行不断的尝试，改善和提高它的能力。学习型组织的基本价值在于解决问题，与之相对的传统组织设计的着眼点是效率。在学习型组织内，雇员参加问题的识别，这意味着要懂得顾客的需要。雇员还要解决问题，这意味着要以一种独特的方式将一切综合起来考虑以满足顾客的需要。组织因此通过确定新的需要并满足这些需要来提高其价值。它常常是通过新的观念和信息而不是物质的产品来实现价值的提高。

学习型组织包括五项要素。

1）建立共同愿景。共同愿景源自个人愿景，它是经过各成员相互沟通而形成的组织成员都真心追求的愿景，它为组织的学习提供了焦点和能量。愿景可以凝聚公司上下的意志力，透过组织共识，大家努力的方向一致，个人也乐于奉献，为组织目标奋斗。

2）团队学习。组织由很多目标一致的团队构成。团队学习指每一团队中各成员通过深度会谈与讨论，透过集体思考和分析，找出个人弱点，强化团队向心力，以实现团队智商远大于成员智商之和的效果。

3）改变心智模式。心智模式是人们的思想方法、思维习惯、思维风格和心理素质的反映。一个人的心智模式与其个人成长经历、所受教育、生活环境等因素有关，因此并非每个人的心智模式都完美，如固执己见、本位主义等。只有通过团队学习，以及标杆学习，才能改变心智模式，有所创新。

4）自我超越。组织中的每一成员都要看清现状与自己的愿景间的距离，从而产生出“创造性张力”，个人有意愿投入工作，进而能动地改变现状而达到愿景。随着愿景的不断提升，组织成员实现自我超越。

5）系统思考。应通过信息搜集，掌握事件的全貌，以避免见树不见林，培养综观全局的思考能力，看清楚问题的本质，有助于清楚了解因果关系。

学习型组织的本质特征是不断学习和自主管理。“不断学习”主要有四层含义：一是强调组织中的成员均应养成终身学习的习惯。二是强调全员学习，即企业组织的决策层、管理层、操作层都要全心投入学习。三是强调全过程学习，即学习必须贯彻于组织系统运行的整个过程之中。学习型企业不应该把学习与工作分割开，应强调边学习边准备、边学习边计划、边学习边推行。四是强调团体学习，即不但重视个人学习和个人智力的开发，更强调组织成员的合作学习和群体智力（组织智力）的开发。学习型组织通过保持学习的能力，及时铲除发展道路上的障碍，不断突破组织成长的极限，从而保持持续发展的态势。

3.2.4 技术创新成果管理

1. 技术创新成果与知识产权保护

企业在技术开发过程中取得的技术创新成果通常包括新产品、新工艺、新材料、新工具、新的施工工艺等，表现形式有标准、规范、专利、软件、论文、商业秘密等。

技术创新成果具有非排他性和公共性，即企业对技术创新成果的使用并不妨碍其他组织对其使用，技术创新成果可能同时被多人或不止一个组织所利用。由此造成技术盗用、模仿等“免费搭车”现象屡屡发生，因此有必要对技术创新成果采取制度性保护，以激励企业的技术创新行为。知识产权保护制度就是一种维护企业技术创新成果的有效手段。

知识产权（Intellectual Property）是指人们就其智力劳动成果所依法享有的专有权利，通常是国家赋予创造者对其智力成果在一定时期内享有的专有权或独占权。知识产权一般包括版权、专利权、商标权、工业品外观设计权、商业秘密等。

知识产权具有专有性、地域性和时间性特征。知识产权的专有性指知识财产为权利人所独占，并受相关法律严格保护，对同一项知识产品，不允许两个或两个以上同一属性的知识产权并存。知识产权的地域性指知识财产的专有权利只在授权国家或地区范围内发生效力。知识产权的时间性指知识产权只在法律规定的期限内受到保护，法定期限届满后，即进入公有领域，成为整个社会的共同财富。

知识产权保护对促进企业技术创新的作用主要体现在以下几个方面。

1）知识产权保护是企业技术创新成果形成市场优势的主要保障。技术创新成果产生后，本身并不能形成市场优势，需要进一步商品化、产业化。依赖知识产权保护，可以禁止、限制竞争对手涉足相关产品和技术市场，从而实现垄断市场的目的。

2）知识产权保护为企业创造良好的技术创新法律环境。在知识产权保护下，企业不至于因技术创新成果公开被他人盗用和模仿，有利于形成公平竞争的市场秩序和良好的技术创新环境。

3）知识产权保护并帮助企业合理配置技术创新资源。知识产权的检索和评估公开化，可以帮助企业正确决策，节约技术创新投入，缩短研究开发周期，从而避免低水平重复劳动，有利于开拓创新思维。

2. 企业知识产权管理

企业知识产权管理是企业对知识产权开发、保护、运营的综合管理，通过对知识产权的系统化的谋划活动，实现知识产权的动态管理、法制管理、市场管理和国际化管理，提高企业运营知识产权的水平，强化企业对知识产权的保护，提高市场竞争力。

企业知识产权管理分为内部管理和外部管理。内部管理指企业以知识产权管理机构为龙头，以健全知识产权管理制度为依托，在企业战略目标的指引下围绕知识产权所进行的计划、组织、指挥、协调、控制活动。外部管理则是内部管理的延伸，是企业为适应外部竞争和市场环境进行的协调其与其他企业、事业单位、政府部门等主体的知识产权关系而进行的联系、沟通、合作等形式活动。

企业知识产权管理的内容包括知识产权的获取管理、维权管理、应用管理、日常管理、国际经营管理五部分。知识产权的获取管理包括知识产权的自主创新管理、各类知识产权的获取（申请、购买、交换等）。知识产权的维权管理是针对已获得的知识产权进行的维持、放弃、保护和侵权救济等管理活动。知识产权的应用管理是运用企业拥有的知识产权，将之转化为现实生产力的管理活动，包括知识产权的市场管理、转让管理、许可管理、特许经营管理、质押管理等。知识产权的日常管理包括知识产权的人力资源管理、信息管理、信息检索、保密管理、档案管理、资产管理等。知识产权的国际化经营管理主要涉及知识产权的国际组织、国际公约、国际竞争管理等。

企业知识产权管理模式即企业知识产权内部组织结构，一般分为以下三种。

（1）集中管理模式　企业知识产权按照企业统一的知识产权政策和制度运行，知识产权的申请、实施、转让、许可、出资、质押等事务均由企业知识产权管理总部统筹负责。如 IBM 公司设有知识产权管理总部，下设专利部和法务部。

（2）分散管理模式　企业知识产权由企业知识产权管理总部总体规划、管理，企业内部机构也设立知识产权管理部门，负责知识产权的创造、实施等活动。如东芝公司的知识产权管理部门由知识产权本部和 4 个研究所、11 个事业本部及各研究所、各事业部下属专利科、组共同构成。

（3）类别管理模式　类别管理模式是根据企业产品、技术类别分门别类地管理知识产权。如佳能公司的知识产权法务部分为技术类法务部和产品类法务部。技术类法务部设有 7 个技术分类专利管理部门，产品类法务部则分为法务策划、法务管理、专利业务、专利信息 4 个部门。

3. 专利管理

在工业企业中，知识产权最主要的代表是专利，技术创新成果管理的核心是专利管理。

专利（Patent）在不同条件下，具有三种不同含义。一是指专利证书，即说明被授权专利的发明是什么、专利人是谁的保护性文件；二是指专利证书授予专利权人对发明的权利，即专利权；三是指专利权保护的对象，即发明。我国《专利法》所称的专利包括发明、实用新型和外观设计三种智力成果。

企业专利管理是围绕企业专利的申请、授权、保护、利用等方面进行的工作，主要包括企业专利规章制度建立、专利产权管理、专利信息管理、专利运用等。

（1）企业专利规章制度建设　企业专利规章制度主要包括企业专利管理的职责与权利、专利申请与审批制度、职务发明奖励制度、专利实施基金管理制度、专利信息管理制度等。

（2）专利产权管理　企业专利申请的一般流程是：①由产品项目经理在新产品开发初期填写潜在的专利核查书；②参与开发项目产品的发明人、构想人填写发明构想披露书，以机密文件形式传送到企业专利或知识产权管理部门评估；③由专利律师会同公司技术人员共同探讨具有市场价值的能够获得专利的技术方案；④评估专利申请，通常由包括生产、研发、销售和财务部门人员共同组成的委员会审查，以决定是否立即申请专利、作为商业秘密保密或向社会公开；⑤做出专利申请的决策以及决定向哪些国家申请；⑥审视专利维权方案，不断更新专利储备。

获得专利后，企业应依法及时缴纳年费，以维持其有效性。对拟在法定期限届满前放弃或终止的专利，要予以论证确认并建立管理档案。

当专利被侵权，或与他方产生专利侵权纠纷时，应做好调查取证工作，向主管专利管理的部门报告，或向人民法院起诉。

（3）专利信息管理　专利在申请、保护、运用过程中，必然会产生很多信息，如专利的技术内容、权利要求范围、专利效力、专利保护期限、专利许可情况等。专利信息是对这些具体信息的高度概括，泛指人们从事一切专利活动所产生的相关信息的总和。一般来说，专利信息包括技术信息、法律信息和经济信息三类。

专利信息主要以文献信息的形式存在，即专利文献，按性质和加工层次可分为一次专利文献、二次专利文献和专利分类资料。一次专利文献指各国专利局或国际性专利组织出版的各种专利说明书；二次专利文献指各国专利局或国际性专利组织出版的专利公报、文摘和索引；专利分类资料是按发明技术主题对专利文献进行分类以便检索的工具。

专利信息检索的对象有文献型和非文献型，随着网络技术的普及和广泛应用，专利信息数据库发展迅速，网络专利信息正成为主要的检索对象。

我国国内的网上专利信息资源，主要是国家知识产权局（http：//www.sipo.gov.cn），此外我国知识产权网（http：//www.cnipr.com）、我国专利信息网（http：//www.patent.com.cn）、SooPAT专利搜索（http：//www.soopat.com）等均提供了检索我国专利信息的数据库入口，这些数据库各有特点，用户可以有选择地使用。

国外专利信息资源包括国家或地区专利机构免费提供的专利信息数据库及一些商业机

构开发的付费专利信息数据库，如 Patentics 数据库（http：//www. patentics. com/indexcn. htm）、欧洲专利局（http：//worldwide. espacenet. com）、美国专利商标局（http：//patft. uspto. gov）、Derwent 专利数据库（www. derwent. com）等，商业付费数据库往往提供强大的专利分析功能，如时间序列分析、多维分析、同族专利分析、专利地图等。

（4）专利运用　专利运用是行使专利的方式，包括专利的许可、转让、出资、信托、拍卖、质押等。

专利许可是专利权人依法通过与他人签订合同的方式，允许后者依据约定条件，在约定期限和地域范围内，实施专利的行为。被许可人应向专利权人支付专利使用费，无权允许合同规定以外的任何单位和个人实施该专利。专利许可合同中常规定一些限制性行为，如使用期间和地域限制等，这可使专利权人充分、有效地利用知识资产，促进合理竞争，鼓励被许可人进一步投资。但也应注意许可合同的限制性行为可能构成滥用知识产权，特别是在行使知识产权时违反《反垄断法》，构成排除、限制竞争的滥用行为方面。

专利转让指直接发生专利主体变更的法律行为。专利转让后，转让人丧失该专利，受让人取得相应权利。受让人有权使用该专利，有权再向第三人转让，有权许可第三人使用。专利转让有两种形式：合同转让和法定转让。合同转让是指在自愿原则前提下，转让人和受让人签订书面转让合同，并依法办理专利转让手续。法定转让是指因为出现法律事实，如继承、遗赠、破产等所产生的专利主体变更。

4. 技术转移

（1）技术转移的概念　技术转移是科学和技术通过人类的活动而被传播的过程，是技术商业化和应用的体现。技术转移尚无统一的定义，一般可认为是一个组织的知识被另一个组织获取的过程。技术转移包括地域上的转移和技术所属领域的转移。研究显示，技术转移成本占项目总成本的 20% ~60%，技术转移成本随着技术距离或技术专业化的差异、公司传统和技能水平等差异而不同。当各国技术能力的水平或企业间的技能水平存在着很大差异时，技术转移成本就会更大。

（2）技术转移方式及作用　技术转移按照转移方式大致可分为 3 类。

1）无偿转移。无偿转移指各国企业或个人之间通过互相访问、参观考察、国际技术产品展览、技术座谈、科技文献或情报交流等方式无偿地获得各自所需的技术。

2）有偿转让。有偿转让又称技术贸易，这是技术转让的一种商业形式，即把技术作为一项或数项商品，按交易方式或条件转让给对方。

3）许可证贸易。这是一种技术许可方在一定条件下允许被许可方使用其技术的交易。

技术转移是企业整体技术进步和创新的基础。对于技术拥有方来说，技术转移可以直接获取经济效益，拓展更大的市场，强化本企业的技术研发特长。当然，有时因为技术换代，或者开发的技术与公司总体战略不符，或者技术缺乏配套资源，也会不得已进行技术转移。对于技术需求方，技术转移可以获得无力自主开发的技术，节约研发时间和费用，降低研发风险，缩小技术差距和增强自身技术实力。总之，技术转移具有经济合理性和创新推动性，直接受经济利益驱动和技术市场调节，可促进国家和企业技术水平的提高和技术能力的提升，促进社会、经济发展。

（3）技术转移活动 技术的转移活动可理解为三种知识的移动，即显性知识的移动、隐性知识的移动和信息的流动。在技术转移过程中，能否提高核心技术能力取决于技术成果的消化吸收、创新程度，取决于技术成果中隐性知识的内化能力。

技术转移中隐性知识的转化可分为三个步骤（见图 3-8）：首先是对技术成果中的隐性知识进行挖掘获取，这种挖掘获取是根据研发过程所需要的背景知识来进行的。其次是将获取的隐性知识显性化或直接转化为生产部门员工的隐性知识。最后将已经显化的知识通过员工的学习、实践进一步内化并融合为组织员工的隐性知识。

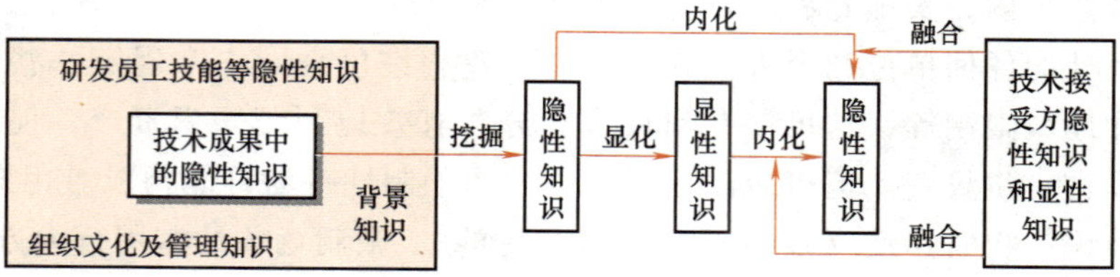

图 3-8 隐性知识的转化流程

5. 技术扩散

（1）技术扩散的概念 技术扩散可简单定义为技术通过一定渠道在潜在使用者之间的传播采用过程。一般是指给新使用者带来预期经济效益的技术新应用。

技术扩散与技术转移密不可分，但是技术扩散又不完全等同于技术转移。传统意义上的技术转移主要是指一种有目的的主观性经济行为，技术供方把生产、管理、销售的技术及相关权利（如专利权、商标权、版权等），通过不同方式，如贸易、合作、援助、技术服务、学术交流等方式转让给对方加以利用。技术扩散既包括有意识的技术转移，也包括无意识的技术传播，即溢出效应。技术外溢，通常是指技术领先者对同行业企业及其他企业的技术进步产生的积极影响。由于技术产品具有公共产品的某种属性，如消费的非排他性和非竞争性，因此通过技术的非自愿扩散，可促进当地技术和生产力水平的提高，这是经济外在性的一种表现。

技术扩散是技术创新取得社会效益的源泉，因为一项新技术的经济效益主要来自于它的扩散，新技术只有被大规模地进行扩散，在社会上得到大规模的应用，整个社会才能取得更大的经济效益。新技术的出现会在社会上形成巨大的社会效应，那些还没有采用新技术的企业会纷纷模仿，以期获得超额利润，从而整个社会的经济技术水平得到提高。

（2）技术扩散模式 技术扩散模式很多，根据技术创新扩散的方向和方式不同可将技术创新扩散模式分为：企业内部扩散、企业间交易式扩散、企业间合作式扩散和国与国之间扩散。

1）企业内部扩散模式。企业内部扩散指技术创新成果在企业内部进行扩散。这些企业往往是大型的企业集团或跨国公司，它们有许多分厂、分公司或子公司，具有资本、规模、人才优势，企业可以充分利用资源优势进行技术创新，向企业内部转移技术创新成果。这种扩散模式往往以产权为纽带，可以消除技术交易障碍，再加上技术信息有公共产品的特征，各分公司或子公司可以通过“搭便车”而获得技术创新成果带来的收益，扩大技术创新的价值。

2）企业间交易式扩散模式。企业间交易式扩散指技术创新成果通过市场机制以交易的形式进行扩散。创新企业为了降低技术开发风险，迅速获得创新利润，常常在市场上出售技术创新成果。从经济学的角度分析，如果企业将技术转化为产品带来的收益小于出售技术创新成果带来的收益，企业就会出售技术创新成果；反之，就采取内部扩散。

3）企业间合作式扩散模式。企业间合作式扩散是指通过企业间建立合作关系进行技术创新扩散。合作技术创新扩散往往是通过企业间的合作契约进行扩散，相对企业内部扩散模式在一个组织框架内进行，合作扩散空间更广泛，但与企业交易式扩散模式通过市场机制进行比较，合作扩散又受合作契约的制约。

4）国与国之间扩散模式。一般情况下，国与国之间扩散可以分为四种情况：①企业中研发机构的国际化转移；②国际上企业间的技术项目合作；③国际技术贸易；④合资企业或对外直接投资。

（3）技术扩散效应　技术扩散效应是指技术扩散的作用及其引起的效果。技术扩散对企业发展会产生五种效应，即管理变革效应、技术进步效应、市场竞合效应、生产规模效应和价值增值效应。

管理变革效应是指技术扩散对企业经营管理产生的改革、改造等重大影响。技术进步效应是指技术扩散对技术体系的协调和改进。技术扩散对整个产业结构和经济发展的影响是以技术体系中主导技术之间以及主导技术与其他技术之间的相互联系为内在机制而发生的。市场竞合效应是指技术扩散导致企业建立在竞争中合作、在合作中竞争的市场关系。生产规模效应是指技术扩散导致企业生产能力扩大，实现规模经济。价值增值效应是指技术扩散对企业价值增值能力的提高。一项技术创新只有扩散到尽可能大的范围才能实现其最大的社会经济效益，企业才可能从技术扩散中获得最大的收益。

3.3　企业技术过程管理

技术战略、技术能力、技术创新是技术管理的宏观层面，技术管理的微观层面主要是技术的过程管理和项目管理。

3.3.1　技术评估与技术选择

1. 技术评估概述

（1）技术评估的内容　技术评估（Technology Assessment）是指对技术的性能、水平和经济效益及技术对环境、生态乃至整个社会、经济、政治、文化和心理等可能产生的广泛影响，进行全面、系统的分析、评价，以确定技术发展的可行性，为企业技术开发的管理提供决策依据的活动。技术评估不仅着眼于技术性能和经济效益的有利影响，同时还站在社会的角度，对其不利影响进行分析和评测，特别是注重非容忍性影响。

技术评估的主要内容有：

1）技术的先进性，技术趋势对企业的意义。

2）技术路线的可行性、连续性。

3）外界环境对技术的影响。

4）技术或项目的经济效应和社会效应，包括经济的短期效果、长期效果，对就业、环境保护、资源利用的影响。

5）风险性及风险与收益的关系。

（2）技术评估的分类　依据技术评估的主要内容，从纵向划分，技术评估有企业级、国家级和全球性问题评估。按照评估的工作对象可将技术评估分为项目评估、特定技术评估和问题评估三种类型。

1）项目评估。项目评估是对某一在地理、技术上都有明确限定的专门项目的评估。例如，某机电企业研制一种新产品，采用一项新工艺等。

2）特定技术评估。针对一项创新技术进行的评估，如对 CIMS（计算机集成制造系统）的评估。与项目评估相比，特定技术评估不针对某一具体的使用者和使用条件，技术应用不受地理方面的限制，所评估的技术可以是已成熟技术，也可以是新技术，可以是单项技术，也可以是一个技术群。

3）问题评估。问题评估是针对某一领域中一个待解决的技术问题以及各种备选解决方案进行的评估，如对未来 20 年可能面临的能源短缺问题的对策研究。

（3）技术评估程序　技术评估是一个动态的、多次反复的过程，应采取一定合理的程序，图 3-9 所示为常见的技术评估过程。企业通过技术评估，可以识别和控制技术创新存在的风险，从而采用合理的措施和资源调配，获得预期的最大收益。

2. 技术评估方法

技术评估的方法很多，根据技术对象的不同，可以选择相应的方法进行评价。比较常用的方法有技术经济的盈亏平衡点法，定性的优缺点列举法，综合评价法和近年来较常用的层次分析法、数据包络分析法（Data Envelopment Analysis，DEA）等。

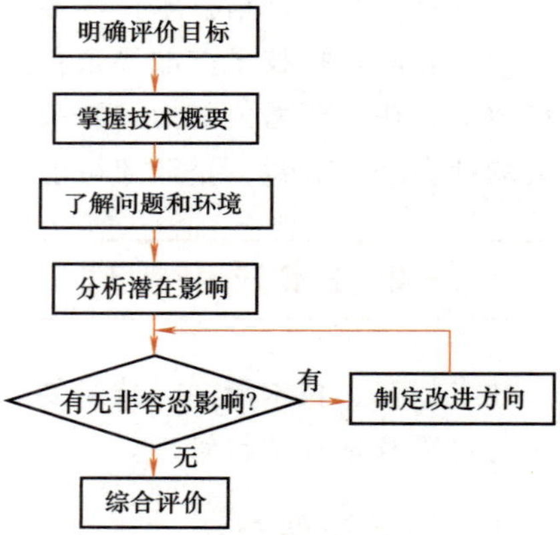

图 3-9　技术评估过程

（1）层次分析法　层次分析法（Analytic Hierarchy Process，AHP）是 20 世纪 70 年代中期由美国运筹学家托马斯·塞蒂（T. L. Saaty）首先提出的，它是一种定性和定量相结合的、系统化、层次化的分析方法。这种方法的特点是在对复杂的决策问题的本质、影响因素及其内在关系等进行深入分析的基础上，利用较少的定量信息使决策的思维过程数学化，从而为多目标、多准则或无结构特性的复杂决策问题提供简便的决策方法，尤其适合于对决策结果难于直接准确计量的场合。

层次分析法的基本步骤如下：

1）建立层次结构模型。在深入分析实际问题的基础上，将有关的各个因素按照不同属性自上而下地分解成若干层次，同一层的诸因素从属于上一层的因素或对上层因素有影响，同时又支配下一层的因素或受到下层因素的作用。最上层为目标层，通常只有一个因素，最下层通常为方案或对象层，中间可以有一个或几个层次，通常为准则或指标层。

2）构造成对比较矩阵。从层次结构模型的第二层开始，对于从属于（或影响）上一层每个因素的同一层诸因素，用成对比较法和 1 ~9 比较尺度构造成对比较矩阵，直到最下层。

3）计算权向量并做一致性检验。对于每一个成对比较矩阵计算最大特征根及对应特征向量，利用一致性指标、随机一致性指标和一致性比率做一致性检验。若检验通过，特征向量（归一化后）即为权向量；若不通过，需重新构造成对比较矩阵。

4）计算组合权向量并做组合一致性检验。计算最下层对目标的组合权向量，并根据公式做组合一致性检验，若检验通过，则可按照组合权向量表示的结果进行决策，否则需要重新考虑模型或重新构造那些一致性比率较大的成对比较矩阵。

（2）综合评价法　综合评价法考虑多个指标的共同作用，将多个指标的值进行综合，根据每个评价对象的综合评价结果进行评价并排序。综合评价法常用的方法有多层次模糊综合评价法、层次分析法、综合评分法、约束法、优序法、线性分配法和逻辑选择法等。

3. 技术选择

大多数情况下，技术选择的结果就是技术评估的结果，不过技术选择往往更具体，更侧重经济效益、社会效益、环境效益的比较。

（1）技术战略层次选择　技术战略层次选择主要包括产业定位、市场定位和技术定位三方面的选择，重点是市场定位选择。结合产业发展阶段分析，在产业发展初期，在技术选择上根据“产品功能差异化”，应考虑以更新、更优越功能的产品技术占领市场。在产业发展的中后期，新进入者应立足于市场细分，技术选择一方面以“产品品种差异化”为主要方向，并寻找性能、价格有竞争力的替代产品技术，以突破产业壁垒，取得细分市场份额；另一方面，应寻求降低成本的新材料、新工艺，创造成本优势，突破价格壁垒，提供有特色、便捷的服务，辅助产品性能和价格优势的实现。

（2）产品技术选择　产品技术选择主要考虑的因素包括：产品技术阶段、技术机会、企业的技术创新战略、产品的市场接受程度、制造工艺适应性等。

产品技术选择要综合考虑企业内外部条件和各部门关系。在制定产品的研发计划时，技术研发部门应在充分听取产品营销部门管理者和技术人员建议的基础上最终确定项目计划，以降低产品研发风险。在项目立项阶段，制造部门和采购人员的适度参与对产品实现是必要的。相对于研发部门而言，生产制造部门对企业生产能力和制造水平更为了解，对可能引起的产品社会协作制造比较清楚，能够及早地对主要件和关键项目的制造提出更为合理的评价，将影响产品制造精度和制造周期的不利因素缩小到最低限度。采购部门则对一些特殊材料和配套件的供货情况（包括价格）更为了解，尤其是进口配套件有一定的采购时间周期，也可能对产品完工时间产生影响，这些信息对整个产品试制周期影响很大。

（3）技术项目选择　技术项目选择最重要的是风险与收益的比较。大型公司项目风险与项目收益统计表明，研发项目主要分布在中等风险、中等回报的区间，约有 20% 的投资集中在高风险、高回报的区间。因此，大多数企业项目选择往往是多项目的选择，通过项目组合降低风险。

技术项目组合分析主要使用波士顿咨询公司开发的矩阵分析方法。如图 3-10 所示，该矩阵模型建立在两个维度的基础上：一是各种技术在竞争中的影响，即该技术的特有潜力；二是每种技术在企业中的地位，即技术能力。将企业所有技术列入该矩阵，就可以分析企业的技术地位和技术竞争能力，如进一步把这一技术组合与企业的业务组合相比较，就可以展示出企业长期发展优劣的战略地位。

3.3.2 研发管理

1. 研究与开发

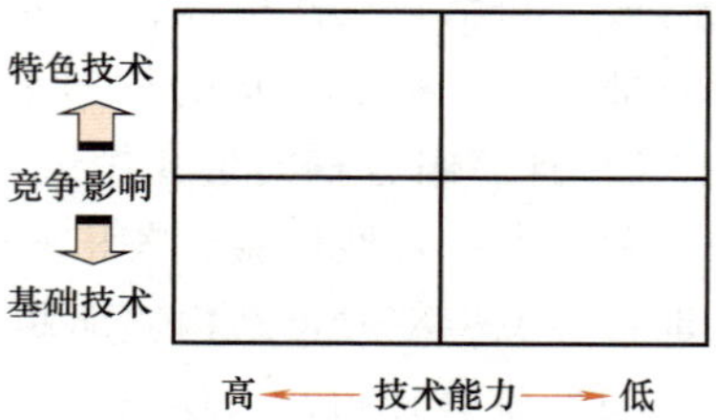

图 3-10 技术组合：技术能力及其竞争影响

（1）研发的概念 研发（Research and Development，R&D）是研究和开发的简称。一般来说，研究是指用科学的方法，探究未知事物的本质和规律；而开发是指充分利用现有科学技术成果，把生产、技术或经营方面的某种可能变为现实的一系列活动。经合组织（OECD）对研发的定义为“研究与实验开发是在一个系统的基础上创造性的工作，其目的在于丰富有关人类、文化和社会的知识库，并利用这些知识进行新的发展”。

广义的研发包括基础研究、应用研究和实验开发。基础研究不以特定方向为目标，主要是为认识和发现规律提供知识。应用研究是基础性研究与市场化产品开发研究之间的一个阶段，是以实现特定用途为目的进行的研究开发活动。实验开发研究就是将基础研究的成果和应用研究的成果运用于生产实践，使科学技术原理转化为新产品和新工艺的实用研究，或是对老产品的性能、结构、材质、加工方法等实施改造革新。

（2）研发的经济性和风险性 企业的研发项目更注重经济性和风险性，一般为产品开发项目和工艺改造项目。产品开发项目是企业根据基础研究的成果以及市场的需要，运用新材料，通过设计开发，创造满足市场需求的新产品。工艺改造项目是企业运用新知识与技术，采用经济的方法来改进现有产品的制造工艺，从而降低生产制造成本和提高产品质量的研究。

研发活动是一项高投入、高风险的活动。从国家层面看，美国和日本研发支出占GDP 的比例近几年稳定在 2.8% 左右，欧盟大约在 2% 左右。数据显示，当研发强度不超过 1% 的时候，技术研发处于使用技术的阶段；研发的强度在 1% ~2% 之间的时候，处于技术改进的阶段；而在研发强度超过 2% 的时候，技术研发就处于技术创新的阶段。我国目前处于技术改进阶段。

（3）研发模式 常见的研发模式可分为自主开发、外包开发与合作开发三种。

自主开发是企业依靠自身的能力进行技术开发，要求企业具有一定的技术储备和人才储备，对项目组织能力要求较高。如果开发成功，一般技术适用性较好，易于形成技术优势，缺点是成本较高、风险较大。

外包开发是当企业短时间需要采用一项新技术，而企业内部又无法在限定时间内完成研发，同时企业外部存在较成熟的技术团队，企业将技术研发向外部委托的一种开发模式。

合作开发是在不同企业、组织间进行合作研究的一种模式，常见的有校企合作、技术联盟和研究开发联合体。

2. 研发管理模式

研发是一项综合性、系统性和创造性的活动，具有高投入、高风险的特征，且与市场有着紧密的联系。目前研发周期日益缩短，研发活动日益全球化，这些都使研发管理变得困难和富于挑战性。从20世纪开始至今，研发管理主要经历了四个阶段，体现为四种开发模式。

（1）第一代研发管理——希望策略模式　希望策略是20世纪50年代的大公司普遍采用的研发管理方法。所谓“希望策略”研发管理，并没有明显的策略目的，研发与当前业务没有直接关联，研发活动主要由科学家与技术专家主导，企业高层仅仅给出“希望”或根本不参与研发相关的决策。处于这一阶段的企业，一般将研发视为可有可无的行为，对于研发支出采取成本控制的方式，也不期待研发成果对企业当前营运带来显著贡献；另一方面，研发部门本身对于研发活动没有一套系统化的管理方式，研发主题选择大都由技术人员自主决定，没有明确的商业化动机，研发成果的评价也都以技术产出指标为主。

（2）第二代研发管理——项目研发模式　20世纪60年代，用户对产品的要求越来越功能化，开发产品要求许多专家和在产品生命周期众多方面有经验的人进行相互合作，如设计、制造、销售、产品支持、市场等。人们逐渐认识到项目研发管理的必要性和可行性，并开始探索项目研发管理模式。

采用项目研发管理模式的企业管理者认识到研究与开发的项目特征，并寻求对单个项目的成本效益进行定量分析，按照项目目标对项目进度进行监控。研发与业务逐渐产生连接关系，不过大都由业务部门提出需求，而研发部门被动地配合。组织仍然采取功能性分工，某些与业务目标相关的研发项目，也开始采取矩阵式的管理方式。研发活动依据项目的类型，采取不同的绩效评估和管理方式。例如，基础研究的目标与方向，仍然由研发专业人员自行掌控，并无正式的项目管理，绩效衡量也以同僚评估和技术指标为主。但在应用与产品开发的部分，目标、预算、进度等都需要与业务部门共同协商决定，采取较为严谨的项目管理，并以比较明确的经济效益指标来评估研发活动的绩效。

在项目研发管理阶段，虽然企业已将研发纳入营运活动的一部分，不过研发活动仍以配合公司经营方针为依归，研发创新成果并不被视为竞争优势的主要组成部分，因此研发在组织内仍属于功能性部门的地位。一般在技术发展较为成熟的产业，或采取技术跟随者策略的企业，大都采用这种项目研发管理观念。

在很长的一段时间内项目研发管理对促进企业研发工作起到了一定的积极作用，但也遇到一些障碍：业务人员与工程技术人员缺乏有效沟通，研发的不可预见性与经营管理的有序框架不相协调，研发部门创新氛围不够等。

（3）第三代研发管理——流程优化模式　20世纪80年代，技术创新成为经营活动中的重要组成部分，企业采取跨部门的矩阵组织来从事创新活动。流程优化研发管理模式开始出现。流程优化研发管理与项目研发管理在“本质”上并无太大区别，但在具体管理方法上却有着显著的进步。

1）在流程上理顺了研发与其他业务部门的关系，使得研发部门的工作更加有效地配合和推动企业的运营。在流程中辅以阶段性决策，保证资源的正确投向和有效运用。

2）研发部门地位有所上升，使得研发部门在为其他职能部门服务的同时拥有了一定的决策和范围内的资源分配权利。

3）企业研发项目的运行组织结构由“部门制”发展成更为灵活的跨职能的产品开发团队（PDT）。它通常为两级结构：项目组织核心小组及其管辖的全员项目小组。

4）优化项目开发方法，全方位运用系统工作方法、并行工程、结构化设计等先进理论方法。

5）充分利用信息技术，在企业内部建立信息平台及公共产品模块，极大地促进了部门间的沟通，增加了相互信任，同时降低了产品开发成本，提高了效率。

流程优化研发管理方法的突出代表是产品及周期优化法（PACE）。据统计，PACE 的有效采用和实施将给企业带来如下好处：产品投入市场时间缩短 40% ~60%；产品开发浪费减少 50% ~80%；产品开发生产力提高 25% ~30%；新产品收益百分比增加 100%。

（4）第四代研发管理——战略研发模式　20 世纪 90 年代中期之后，技术创新成为企业获得战略竞争优势的主要手段。战略管理和企业能力理论逐渐渗透到研发管理领域，产生了战略研发管理。战略研发管理将研发活动纳入整体企业集团的战略制定架构之中，研发不仅要紧密联系企业的战略活动，更要通过研发为企业创造战略竞争优势。企业将研发投资视为一种知识资产，并认为这种知识资产将可创造比其他有形资产更高的投资回报率。战略研发管理将更多地针对未来市场发展所需要的未来技术，具有不连续创新的性质。

企业进入战略研发管理，就要将研发管理由一个部门提升到针对企业整体创新活动的管理。技术研发、市场发展、生产制造的组织运作、流程管理、战略规划等，都以创新作为最高的指导原则。战略研发管理更加重视技术创新工作中的技术研发活动。

研发部门的地位明显上升，不仅仅在研发工作中支持业务部门的构想，为其创造竞争优势，更重要的是为企业集团整体创造并实现战略构想。在工作中，业务部门和研发部门以合作伙伴的关系开展工作。企业采取输入、输出或混合组织来从事创新活动，对于重要的创新项目，也会采取独立项目小组的方式，超越部门本位的限制，由公司高层来直接领导重大的技术创新活动。

企业投入于技术创新的经费大幅增加，不过同时也更加重视研发成果的绩效评估。依据企业的经营战略进行有关研发经费编列与研发项目选择。

3. 研发过程管理

研发项目管理过程是在一般项目过程管理的基础上，结合研发项目的阶段特点而展开的，包括研发立项、小型试验、中型试验、扩大试验（工业现场试验）及项目验收五个阶段，与一般项目管理的过程即项目启动过程、项目计划过程、项目执行过程、项目监控过程和项目收尾过程相对应，如图 3-11 所示。

研发过程管理的方法很多，影响较大的有门径管理方法和产品及周期优化法等。

新产品开发门径管理系统（Stage-Gate System，SGS），是由罗伯特·库珀（Robert G·Cooper）于 20 世纪 80 年代创立的，并已应用于美国、欧洲、日本的多家企业指导新产品开发。其两个要点如下：

1）把项目做正确。听取消费者的意见，做好必要的前期准备工作，采用跨职能的工作团队。

2）做正确的项目。进行严格的项目筛选和组合管理。

新产品开发流程——门径管理流程，其模型如图3-12所示。

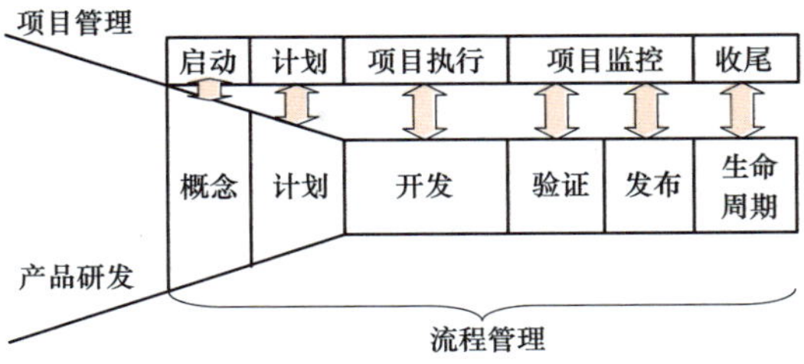

图3-11 研发项目管理过程

4. 产品及周期优化法

产品及周期优化法（Product and Cycle-time Excellence，PACE）是美国管理咨询公司PRTM于1986年提出的。经过多年改进，现已成为产品开发中的标准过程参考模型。

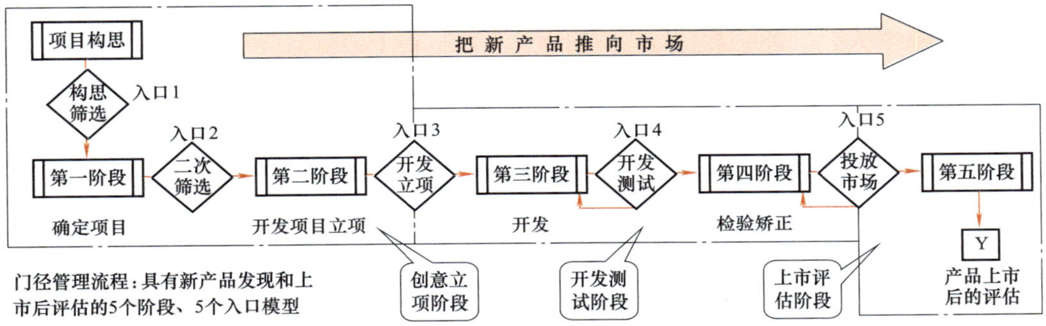

图3-12 门径管理流程

（1）PACE的思想内涵 PACE的思想内涵包括以下几方面。

1）产品开发是一项投资决策。从投资的角度来对待产品开发，就要求产品开发的目标要以产品的商业化成效为目标，而不是以成果为目标。

2）基于市场的创新。PACE强调产品创新一定是基于市场需求和竞争定位的创新，而不是基于技术或者功能上的创新。为达到此目的，PACE把正确定义产品概念、市场需求作为流程的第一步。

3）异步开发模式。异步开发模式也称并行工程。就是通过严密的计划、准确的接口设计，把原来的许多后续活动提前进行，这样可以缩短产品上市时间。

4）采用公用构建模块（Common Building Block，CBB）。采取公用构建模块可提高产品开发的效率和产品质量，降低产品成本。

5）跨部门、跨系统的协同。采用跨职能的产品开发团队（PDT），通过有效的沟通、协调以及决策，达到尽快将产品推向市场的目的。

6）结构化的流程。产品开发项目的相对不确定性，要求开发流程在非结构化（随意性、无标准）与过于结构化（官僚主义、缓慢）之间找到平衡。

（2）PACE的核心内容 PACE的内容概括起来就是“一个流程、五个阶段、七个要素”。

1）产品开发必须看作一个流程，它根据市场的需求和公司产品发展战略的要求，投入各种资源，最终开发出产品，并大规模推向市场。

2）产品开发流程按其逻辑性可以划分为五个阶段，分别是概念、计划、开发、测试和发布，如图3-13所示。

3）产品开发流程管理由七个相互关联的要素构成。其中，阶段评审决策、核心小组组织、结构化开发任务、开发工具和开发技术这四个要素直接与某一产品开发项目有关，称为项目要素；而产品策略、技术管理和管道管理这三个要素是跨项目的，称为跨项目要素。

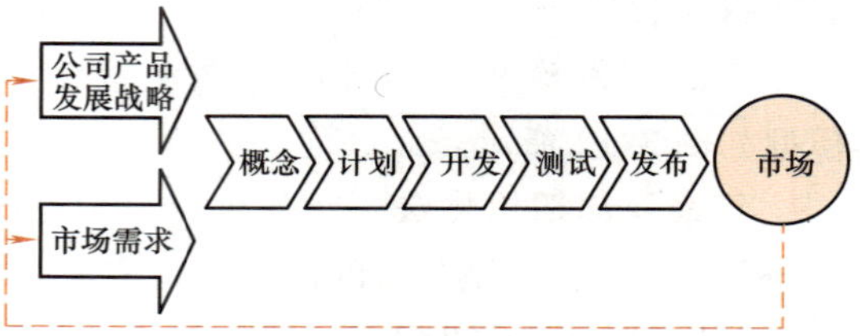

图3-13 产品开发流程五个阶段

第一要素：阶段评审决策。产品开发是由决策过程来推动的，这个过程决定要开发什么产品及如何分配产品开发资源。阶段评审流程可以看作是一个漏斗，在概念形成的阶段会有许多创意涌入，经过一系列筛选决策，就只剩下很少一部分项目会得到适当投资并极可能获得市场成功（见图3-14）。在开发过程的每一阶段结束时，应召开一个阶段评审会议，为项目确定方向。

第二要素：项目组织核心小组法。核心小组通常由5~8个具有不同技术的成员及一个核心小组组长组成，是一个跨职能的团队。组长的职责是保证产品符合面市时间、质量、开发费用及产品成本等要求。核心小组成员把各职能部门的需求传送到开发工作中，并把项目的要求反馈到职能部门，他们还管理其负责的项目活动的资源。

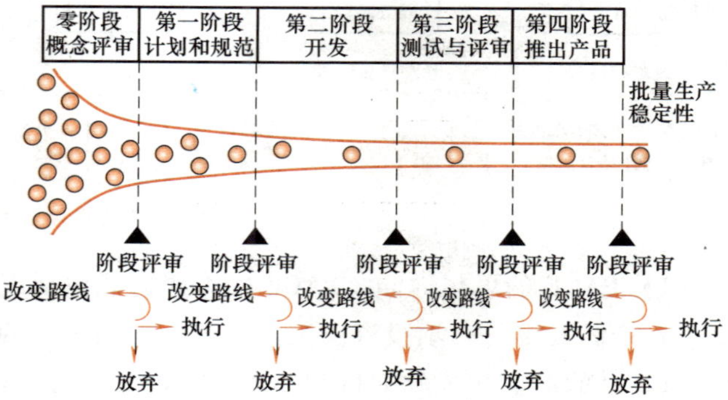

图3-14 阶段评审流程

核心小组的下一结构层是全员项目小组。全员项目小组成员来自各个不同部门，他们参与项目中的一部分工作，划分为很多小组，分别由核心小组内的各专门成员负责。

第三要素：结构化产品开发。产品开发结构层次包括阶段（Phase）、步骤（Step）、任务（Task）和活动（Activity）四个层次。产品开发活动的层次分解一般采用工作分解结构（Work Breakdown Structure，WBS）的方法，如图3-15所示。工作分解结构就是把一个项目，按一定的原则分解，项目分解成任务，任务再分解成一项项工作，直到分解不下去为止。工作分解结构以可交付成果为导向对项目要素进行分组，它归纳和定义了项目的整个工作范围，每下降一层代表对项目工作的更详细定义。

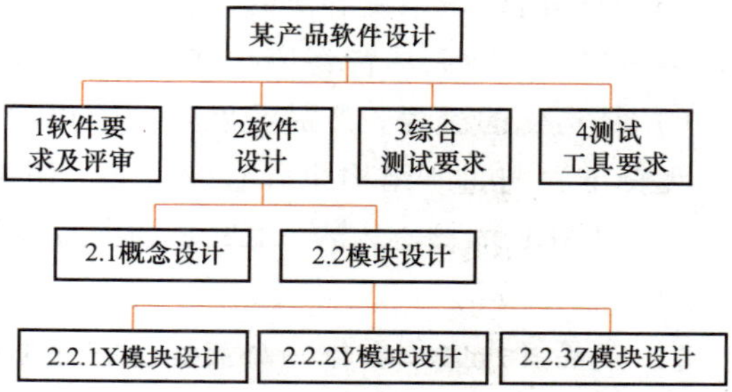

图3-15 某产品软件设计的WBS分解

第四要素：产品开发工具和技术。产品开发工具按其功能可以分为五类：①设计手段，如质量功能展开（QFD）、优化设计（OD）、面向制造的设计（DFM）、面向装配的设计（DFA）等；②自动化工具，如计算机辅助设计（CAD）、计算机辅助工艺过程设计（CAPP）、计算机辅助制造（CAM）、计算机辅助工程（CAE）；③专业开发工具，如集成电路开发工具；④项目管理和执行工具，包括项目计划调度工具（如 Project）、财务分析工具、多媒体会议系统等；⑤产品数据管理系统（PDM）。

第五要素：产品战略流程。产品战略是新产品研发的出发点，它将公司的总体经营战略和产品开发决策联系起来，用来定义想要开发产品的类型，与竞争对手在产品上的差异性，将新技术导入新产品的方法，以及开发新产品的优先顺序等。PACE 产品战略流程将产品战略按照自上向下，或从概括到具体，分成四个层面，如图 3-16 所示。处于结构顶层的是产品战略愿景，用于描述目标是什么，怎样达到这个目标，以及为什么能达到这个目标；它决定了处于其下一层的产品平台战略的性质、时机和竞争定位。产品平台战略是一个通用于一系列产品的、若干个核心技术的集合，它定义了这些系列产品的成本结构、能力及差异。产品线战略是为具体某个产品线决定其开发和发布产品的正确顺序，并可以根据市场、竞争因素和资源状况不断调整。单项新产品的开发是产品线战略的具体实施。

第六要素：技术管理。企业往往容易低估一项新技术向产品开发转化所需的时间和精力。在产品开发的过程中，应成立技术过渡小组，并制定技术转化计划，完成技术开发到产品开发的过渡。

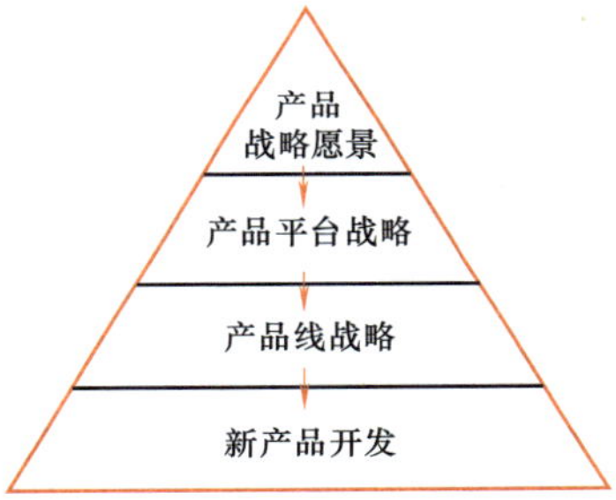

图 3-16 产品战略流程

第七要素：管道管理。当公司有多个产品开发项目时，需要根据产品战略对这些项目进行资源的分配和平衡，设法使开发管道处于最优性能水平，做出更加完善的资源分配决策，以反映项目之间的相互关系，这就需要管道管理。管道管理将产品战略与项目管理和职能管理联系起来，从而更合理地部署企业与开发相关的资源（不仅包括人，还包括重要设备、辅助设施等）。

3.4 研发设计过程与方法

3.4.1 设计过程与方法

1. 设计系统

利用系统论思想描述设计过程，设计是一种信息处理系统。输入的是设计要求和约束条件信息，设计者运用产品设计的知识、规则、方法通过计算机、试验设备等工具进行设计，最后输出的是产品方案、图样、产品数字模型、技术文件等设计结果，如图 3-17 所示。

2. 产品设计过程

产品设计过程一般可分为产品规划（决策）、原理方案设计、技术设计和施工设计四个阶段。

(1) 产品规划阶段 该阶段进行待开发产品的需求分析、市场预测、可行性分析，确定设计参数及制约条件，最后提出详细的设计任务书（或设计要求表），作为设计、评价和决策的依据。

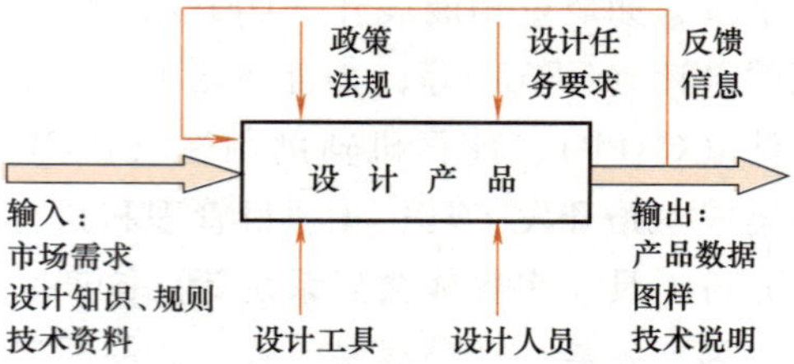

图 3-17 设计系统

(2) 原理方案设计阶段 原理方案设计就是新产品的功能原理设计。在功能分析的基础上通过创新构思，优化筛选，求取较理想的功能原理方案，列表给出原理参数，并绘制出新产品的功能原理方案图。

功能分析设计法是原理方案设计阶段的主要方法，其基本步骤如图 3-18 所示。

1）产品功能。产品的功能就是产品的用途或作用。任何产品都有它的特定功能，如机床能加工工件，洗衣机能清洗衣物等。

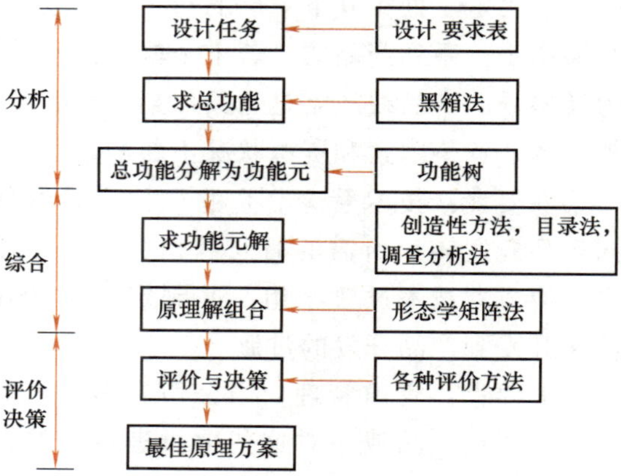

图 3-18 功能分析设计法基本步骤

产品功能按重要程度可分为基本功能和辅助功能两类。基本功能是达到这种产品效用不可缺少的功能，它是产品存在的根本条件，也是用户购买的主要原因。如自行车的基本功能是作为一种代步工具，使人可以轻松、快捷地出行。辅助功能是为了更有效地实现基本功能而添加的功能，如自行车的车闸、车铃、车灯、变速机构等是为了使自行车能更方便、更轻快、更安全行驶而添加的辅助功能。

产品功能按满足用户要求，可分为使用功能和外观功能。使用功能指产品在实际使用中直接影响使用的功能，它通过产品的基本功能和辅助功能来实现，包括可靠性、安全性及可维修性等。外观功能指反映产品美学的功能，一般多靠人的器官感觉和思维去判断，如造型、色彩、包装等。

2）功能分析。确定总功能，将总功能分解为分功能，并用功能结构来表达分功能之间的相互关系，这一过程称为功能分析。

总功能分析是将设计的对象看成是一个不透明的、不知其内部结构的“黑箱”，只集中分析系统三个基本要素（能量、物料和信息）的输入输出关系，以此确定系统的总功能。

功能分解是将总功能分解为分功能，直至功能元，建立功能树和功能系统图。功能树是按功能等级分解的静态树状图，功能系统图则可表示各分功能之间的逻辑关系和时间关系，如图 3-19 所示。

在图 3-19 的功能系统中，功能之间的关系有两大类。一类是并列关系，如图 3-19 中工件转动与刀具移动，它们共同作用形成刀具与工件的相对运动。另一类是主从关系，如图 3-19 中车削工件是目的，称为上位功能；刀具与工件相对运动及传力是达到车削目的手段，称为下位功能。上位功能和下位功能是相对的。从图 3-19 可以看到，刀具与工件相对运动及传力是实现车削工件的手段，属于下位功能；却又是工件转动和刀具移动的目的，此时它又成为上位功能。

形成功能系统图后，即可进行各个功能元的原理方案设计，选用不同的工作原理、机构及其组合实现该功能。比较常用的方法有设计目录、形态学矩阵、创造性方法等。最后剔除不满足设计要求和约束条件的解或不满意的解，形成备选设计方案。

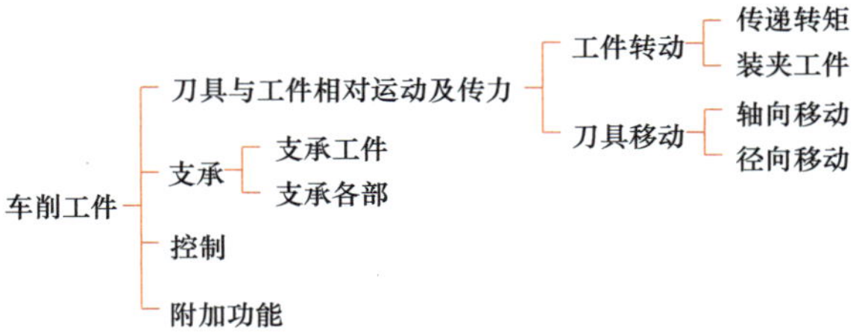

图 3-19 普通车床功能系统图

（3）技术设计阶段 该阶段是将已确定的产品的功能原理方案具体化为装置及零部件的合理结构。这个阶段工作内容较广。首先是总体设计，应按照人—机—环境—社会的合理要求，对产品各部分的位置、运动、控制等进行总体布置。然后分为同时进行的实用化设计和商品化设计两条设计路线，分别进行结构设计（材料、尺寸等）和造型设计（美感、宜人性等），得到若干个结构方案和造型方案。分别经过试验和评价，选出最优结构方案和最优造型方案。最后得出结构设计技术文件、总体装置草图、结构装配草图和造型设计技术文件、总体效果草图、外观构思模型等。必须指出，以上两条设计路线的每一步骤，都必须相互交流相互补充，而不是完成了结构设计再进行造型设计，最后完成的图样和文件所表示的是统一的新产品。

技术设计阶段的结果是新产品的总装图、结构装配图和造型图。

（4）施工设计阶段 施工设计是把技术设计的结果变成施工的技术文件。该阶段需要完成零件工作图、部件装配图、造型效果图、设计说明书、工艺文件、使用说明书等有关技术文件。

3.4.2 价值工程

研发设计过程的四阶段中，后三个阶段技术性较强，管理规范性较好，而产品规划阶段涉及与用户的反复交互、企业技术战略、生产技术等问题，目前尚无很好的体系方法。比较常用的产品规划方法有 QFD（质量功能展开，参见 5.3.1 小节）、用户需求 KANO 模型、价值工程等。下面主要介绍产品改进设计中的价值工程方法。

1. 价值工程原理

价值工程中，价值是功能和实现这个功能所耗费用（成本）的比值，即

$$V=\frac{F}{C} \tag{3-1}$$

式中 V——价值；

F——功能；

C——产品寿命周期成本。

产品的寿命周期成本是指从产品投入生产开始直到报废为止支出的各种费用总和。它由生产成本与使用费两部分组成。使用费是产品在使用过程中发生的费用支出，如能源费、修理费等。

价值工程的目标是提高产品的价值。从式（3-1）可以看出提高价值的基本方法，一是改善功能，二是降低成本。具体途径有以下五种。

1）功能不变，降低成本。

2）成本不变，提高功能。

3）功能提高，成本降低。这是最理想的方案，也是价值工程所追求的主要目标。

4）成本稍有提高，带来功能的更大提高，如多功能手机。

5）功能稍有下降，使成本大幅度降低，如老年人手机。

价值工程以功能分析为核心。它以功能为对象开展研究，分析产品的功能是否满足用户的要求以及满足的程度，明确各功能的性质、地位和重要性，剔除过剩质量，寻求以最少的资源实现产品必备功能的途径。

2. 价值工程的实施

实施价值工程的过程就是分析问题、发现问题和解决问题的过程。实施步骤如图3-20所示。

（1）选择价值工程的对象　开始价值工程活动，首先要确定价值工程的工作对象。在机电企业里进行价值工程活动并非把所有产品都作为工作对象，也不需要对一个产品的全部零件都进行价值分析，而是有选择地抓住主要矛盾。

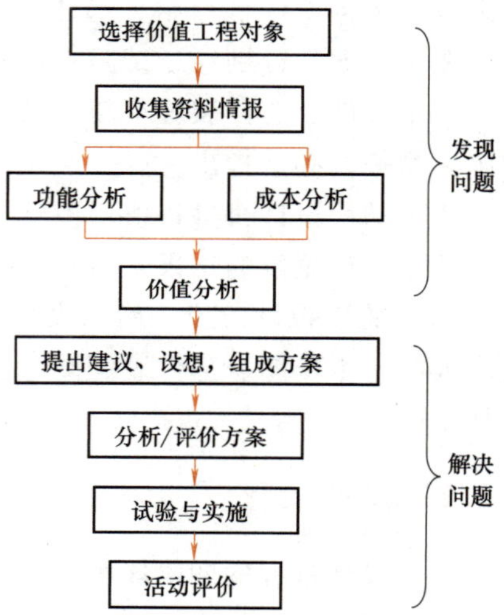

图 3-20　价值工程实施步骤

选择工作对象的总原则是既有需要又有可能通过价值工程取得经济效益。所以选择的对象一般属于以下两种产品：改进功能和降低成本的潜力比较大的产品；生产经营上迫切要求改进的产品。

作为工作对象的产品来说，它由许多零件组成。在价值工程活动中一般选择那些数量多、造价高、结构复杂或体积大、用料多、废品率高的零部件作为重点分析对象。

选择价值工程对象的常用方法有经验分析法、百分比法、ABC 分析法和用户评分法等。

1）经验分析法。此法完全凭借价值工程师的经验选择分析对象。使用这种方法应选择熟悉业务并有丰富经验的人员，集体研究，共同商定。

2）百分比法。此法通过分析各个产品的两个或两个以上的技术经济指标所占有的百分比来发现问题，选择价值研究对象。

3）ABC 分析法。此法将产品的各零件按其成本高低依次排队分类，绘制费用累积分配图表，再从中选择占成本比重大，占零件总数比重小者作为工作对象。具体做法是：把零件按其成本大小进行排队，将零件数占零件总数 10% ~20%，其成本约占整个产品成本 70% ~80% 的零件视为 A 类零件；其零件数占零件总数 70% ~80%，成本占整个产品成本 10% ~20% 的零件视为 C 类零件；其余为 B 类零件。显然 A 类零件是“重要的少数”，应作为价值工程的工作对象。

例 3-1 某产品由 7 种零件组成，每种零件的件数与成本见表 3-2。试选择价值分析对象。

表 3-2 各种产品件数与成本

零件序号	件数	占零件总数(%)	成本/元	占总成本(%)	分类
01	1	2	1200	64.5	A 类
02	1	2	280	15.1	A 类
03	1	2	120	6.5	B 类
04	2	4	180	9.7	B 类
05	5	10	60	3.2	C 类
06	16	32	8	0.4	C 类
07	24	48	12	0.6	C 类
合计	50	100	1860	100	

解 从表 3-2 可见，A 类零件只有 2 件，但其成本却占全部零件成本的 79.6%。改进这两个零件是降低产品成本的主要矛盾，故选择 01 和 02 号零件作为价值分析对象。

4）用户评分法。请用户按产品的各项功能的重要程度进行评分，以找出应当改进的功能。一般先把产品的所有功能项目列出，请若干个用户评分，用户认为重要的功能可多打分，次要的功能少打分，功能得分总和为 100 分，然后把不同用户的评分平均，得出各功能重要性次序，选择用户认为最重要的功能作为价值分析对象。

（2）搜集情况 价值工程活动的对象选定以后，要围绕着选择的对象搜集有关情报，为功能分析、成本分析、评价方案提供准确、可靠的数据与资料。

（3）功能分析 功能分析是价值工程的核心，通过功能分析，系统、科学地确定产品或零件的必要功能，消除不必要的功能；明确功能的性质、地位和重要性，以合理分配产品成本；依据所确定的功能，寻求更好的实现功能的方案。

功能分析要经过以下程序：

1）功能分类。一种产品或零部件往往有几种功能，为了确定功能的性质及其重要程度，需要对功能进行区别与分类。

2）功能定义。功能定义是用简明准确的语言描述产品及其零部件的各种功能。例如，洗衣机的功能定义为洗净衣物，洗衣机外罩的功能定义为支撑内筒、防锈并增加美观。通过功能定义，加深对产品和零部件功能的理解，为以后设想功能代用方案提供依据。

3）功能整理。明确产品有哪些基本功能和辅助功能，明确各功能之间的相互关系。

4）功能评价。功能评价就是评定功能价值的高低，它是通过功能数量化来实现的。具体方法很多，这里只介绍强制确定法（又称 01 评分法），用功能系数使其数字化。下面通过示例，说明其步骤。

例 3-2 某机电产品中选出 5 种成本较高又有改进可能的零件列成表。组织设计、工艺、销售等方面有经验的人员进行打分。打分时，两两对比，功能重要的得 1 分，另一个则得 0 分，见表 3-3。试确定其功能评价系数。

表 3-3 零件功能得分表

零件功能	一对一比较结果					得分	功能评价系数
	A	B	C	D	E		
A	×	1	0	1	1	3	0.3
B	0	×	0	1	1	2	0.2
C	1	1	×	1	1	4	0.4
D	0	0	0	×	0	0	0
E	0	0	0	1	×	1	0.1
合计						10	1.0

解 1）统计各零件得分数以及总分数，列于表 3-3 第 7 列中。

2）算出各零件的功能评价系数。功能评价系数是对功能重要程度的表述，计算公式为

$$FI = \frac{G_p}{G_a} \tag{3-2}$$

式中 FI——功能评价系数；

G_p——零件得分数；

G_a——所有零件总分数。

计算结果列于表 3-3 第 8 列中。

零件两两对比，对判定功能的重要程度有一定的主观因素。为了减少主观因素对功能评价的影响，可以组织几个人分别对零件打分，然后求各零件的平均得分数。某零件平均得分数等于评分者对该零件打分之和除以评分人数。在此基础上再求功能评价系数。

（4）成本分析 价值工程中的成本是指产品寿命周期成本。在很多情况下，由于产品的使用费用资料难以取得，常用生产成本进行分析。

成本是以金额计算的。在价值工程中，为了使功能与成本便于对比，量化时最好统一单价。功能用功能评价系数量化，成本也换算成成本系数。零件的成本系数是指某零件的成本与所有零件总成本的比值，计算公式为

$$CI = \frac{C_p}{C_a} \tag{3-3}$$

式中 CI——成本评价系数；

C_p——某零件成本；

C_a——所有零件总成本。

（5）价值分析 价值分析是价值工程中进一步揭露矛盾的重要环节。计算每个零件（或功能）的价值系数，通过价值系数可以找到改进工作的重点与改进工作的方向。价值系数 VI 等于功能评价系数 FI 和成本系数 CI 的比值，即

$$VI = \frac{FI}{CI} \tag{3-4}$$

价值系数有三种情况：

1）价值系数等于1，这说明分配在该零件上的成本比较合理。

2）价值系数小于1，这说明分配在该零件上的成本比重偏高，应设法降低其成本，特别是偏离1较大的零件应作为改进工作的重点。

3）价值系数大于1，又有两种可能。一是用较低成本完成了足够的功能，这是好现象；二是功能不足，应适当提高成本，促使功能提高。若是后者，也应作为改进工作的重点。

例3-3 例3-2中5种零件功能评价系数已确定（见表3-3），现已知各零件成本见表3-4第3列。试确定各零件的成本系数和价值系数，并确定改进对象。

表3-4 零件成本系数和价值系数

零件	功能评价系数	成本/元	成本系数	价值系数	按功能评价系数分配的目标成本/元	成本应降低幅度/元
	①	②	③=②/④	⑤=①/③	⑥=①×④	⑦=②-⑥
A	0.3	120	0.286	1.05	126	—
B	0.2	150	0.357	0.56	84	66
C	0.4	108	0.257	1.56	168	—
D	0	2	0.005	0	0	2
E	0.1	40	0.095	1.05	42	—
合计	1.0	420④	1.0	—	420	68

解 1）按式（3-3）计算成本系数，列于表3-4第4列。

2）按式（3-4）计算价值系数，列于表3-4第5列。

3）计算按功能评价系数分配的目标成本，列于表3-4第6列。目标成本等于功能评价系数与总成本之积。

4）计算成本应降低幅度，列于表3-4第7列。某零件成本降低幅度等于现有成本减去目标成本（当现有成本小于目标成本时不做计算）。

由表3-4可见，零件B应是重点改进的对象。

（6）提出改进设想、分析与评价方案　在确定改进工作的重点与改进方向以后，进入解决问题的阶段。这是最有创造性的一个环节，也是最重要又最困难的一个环节。解决的方法是发动群众，解放思想，有目标地发动有关人员与专业技术人员提出各种方案。然后对各种方案分析研究、筛选、综合成新的方案，在价值工程结束之后，还要进行总结和评价其经济效益。

3. 价值工程的不足

价值工程所谓的“价值”没有考虑资金的时间价值，具有局限性，可考虑用“价值率”代替“价值”。

价值工程中的“功能”和“成本”的内涵仅限于物理意义而没有涉及人文精神意义，仅限于社会的经济方面，而没有涉及政治和文化方面。应以顾客为中心，一切从顾客角度出发，不仅重视产品的实际（客观）功能，也要考虑顾客的感知（主观）功能；不仅重视产品的生产成本和使用成本，也要考虑产品的时间和方便成本，以在整个社会层面上实现产品价值最大化。

练习题

1. 单项选择（在备选的4个答案中选择1个正确的）

1）技术生命周期一般遵循（　　）。

①“C曲线”规律　②“S曲线”规律　③“U曲线”规律　④“W曲线”规律

2）用图形、表格、文字等形式描述技术变化的步骤或技术相关环节之间的逻辑关系的技术预测方法是（　　）。

①相关树法　②增长曲线法　③技术路线图　④趋势分析法

3）企业技术创新按创新对象可分为产品创新和（　　）创新。

①设备　②工艺　③软件　④方法

4）学习型组织的根本价值在于（　　）。

①保持稳定　②提高效率　③发现问题　④解决问题

5）价值工程以（　　）为核心。

①产品分析　②功能分析　③成本分析　④价值分析

6）价值工程中的成本是指（　　）。

①生产成本　②使用成本　③销售成本　④产品寿命周期成本

2. 多项选择（在备选的4个答案中选择2～4个正确的）

1）技术创新的特征包括创造性、（　　）和风险性。

①积累性　②效益性　③学术性　④扩散性

2）知识产权具有（　　）特征。

①专有性　②地域性　③时间性　④技术性

3）知识创造过程包括（　　）。

①社会化　②外在化　③内在化　④组合化

4）常见的研发模式有（　　）。

①自主开发　②自由开发　③外包开发　④合作开发

5）技术转移的方式有（　　）。

①无偿转移　②有偿转移　③被动转移　④许可证贸易

6）价值工程中提高价值的基本途径有（　　）。

①功能不变，降低成本　②成本不变，提高功能

③功能提高，成本降低　④改变包装，提高售价

3. 填空

1）技术生命周期的发展阶段为：初始阶段、发展阶段、________阶段、________阶段。

2）技术战略通常可分为领先战略、________战略和________战略。

3）技术创新按创新程度分类，可分为________创新和________创新。

4）按照评估的工作对象可将技术评估分为________评估、特定技术评估和________评估三种类型。

5）价值工程中的价值等于________和________的比值。

6）价值工程以提高__________为目的，以__________为核心。

4. 判断题

1）技术战略的长期目标是使企业建立起未来竞争需要的核心技术能力。

2）知识管理鼓励技术创新，因此会提高企业的技术风险。

3）技术预测和技术预见是一个概念的两种表述。

4）层次分析法是一种定性和定量相结合的分析方法。

5）技术转移是为了防止技术扩散而将技术隐蔽的过程。

6）技术扩散是在技术转移基础上，吸收技术和积累技术的一个过程。

5. 名词解释

1）技术进步

2）知识管理

3）技术评估

4）工作分解结构 WBS

5）价值系数

6. 分析计算题

1）某机械产品中选出 5 种关键零件列表。组织有关人员进行打分，两两对比，功能重要的得 1 分，否则得 0 分，见表 3-5。试确定其功能评价系数。

表 3-5 零件功能得分表

零件功能	一对一比较结果				
	A	B	C	D	E
A	×	0	0	1	0
B	1	×	1	1	1
C	1	0	×	1	1
D	0	0	0	×	0
E	1	0	0	1	×
合计					

2）上题中若 A、B、C、D、E 各零件成本分别为 360 元、600 元、480 元、120 元和 320 元。试计算各零件的成本系数、价值系数、目标价值，并进行分析。

3）试辨析技术评估与价值工程的异同。

［参考答案］

第4章

机电企业生产管理

4.1 企业生产管理概述

4.1.1 生产过程及其组成

1. 生产过程

产品的生产过程是指从原材料投入开始一直到成品制造完毕的全部过程。它主要是指劳动者利用劳动工具，作用于劳动对象，使之成为具有使用价值的产品的过程。

生产过程既包括物质流，也包括信息流。

生产过程的物质流用于改变物料的形态与地点，强调的是从原材料转变为产品的物理过程。机电企业属于离散型制造企业，其生产过程又称为制造过程，一般包括毛坯制造、零件加工、产品装配、储存运输、检验调试等环节。图4-1为汽车生产物流过程示意图。

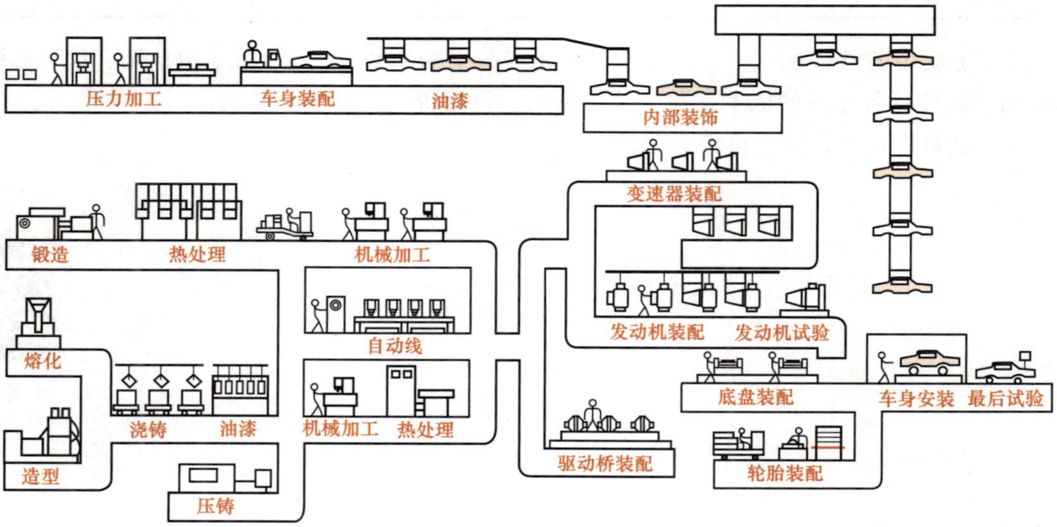

图4-1 汽车生产物流过程示意图

生产过程的信息流包括产品设计、工艺过程设计、工艺装备设计、生产计划、生产过程监视与控制等，用以规划、指挥、协调与控制物料的流动。生产过程的信息流是对生产过程物流的必要支持。

2. 生产过程的组成

机电企业的生产过程包括以下几个部分：

（1）生产技术准备过程　生产技术准备过程是指产品在投入生产前所进行的一系列生产和技术方面的准备工作。如产品设计、工艺过程设计、工艺装备设计与制造、新产品试制、生产计划制定等。

（2）基本生产过程　基本生产过程是指企业生产主要产品的过程。例如，汽车厂生产汽车的过程、仪表厂生产仪器仪表的过程等。

（3）辅助生产过程　辅助生产过程是指为基本生产过程提供动力、辅助产品或劳务的过程。如工模夹具制造、设备维修、动力供应等。

（4）生产服务过程　生产服务过程是指为基本生产和辅助生产所进行的各项服务活动。如原材料、半成品或工具等的保管与收发，企业内外部运输等。

以上四个部分彼此结合在一起构成企业的整个生产过程。其中，以基本生产过程为主导，其他部分都要根据它的要求进行工作。

3. 工艺过程

原材料经过一系列的处理转变为产品的物理过程又称为工艺过程。机电企业产品生产的工艺过程一般可划分为三个工艺阶段。

（1）生产准备（毛坯）阶段　如采用铸造、锻造、注塑成形等方法制作毛坯，棒料、型材、板材下料准备等。

（2）零件加工阶段　如对原材料或毛坯进行冲压、切削、磨削等加工，使其成为合格的零件。

（3）装配阶段　将零件装配成组件、部件及产品。

每一个工艺阶段又进一步划分为许多相互联系的工序。工序是指一个（或一组）工人，在同一个工作地上对同一个劳动对象连续进行的工艺过程。工作地是工人进行生产活动的场所，它是一定工作面积、机器设备和辅助设备的总称。工序是组成生产过程最基本的单位，正确地划分工序是合理组织生产过程的必要条件。

4.1.2 组织生产过程的基本要求

组织生产过程就是对各工艺阶段和各工序的工作进行合理安排，使它们能相互衔接，协调配合，以达到产品在生产过程中行程最短、时间最省、耗费最小、产品质量最好。合理组织生产过程的基本要求如下：

（1）连续性　连续性是指物料在生产过程中始终处于被加工或被处理的运动状态中，没有不必要的停顿和等待。保持和提高生产过程的连续性可以缩短产品生产周期，减少在制品占用，节约生产和库存面积，加速资金周转，提高经济效益。

生产过程的连续性同企业的布局和生产技术水平有关，也与组织管理水平有关。

(2) 比例性　比例性是指生产过程各阶段、各工序之间，在生产能力上要保持一定的比例关系。只有保持生产过程的比例性，各个环节的人力与设备才能充分利用，生产过程的连续性才能实现。

生产过程的比例性在很大程度上取决于工厂设计的正确性。但事物总是在发展和变化的，生产过程的不平衡是绝对的，生产过程中产品品种、数量、原材料构成的变化，以及生产设备的改进，生产人员的变更等，都会打乱原来的比例关系。生产过程组织工作应根据具体情况及时调整，以保持生产过程的比例性。

(3) 均衡性　均衡性是指企业及其各生产环节，在相等的时间间隔内，出产相等数量或递增数量的产品。均衡生产能使各个工作地负荷相对稳定，避免出现时松时紧的现象，这对于保证产品质量、提高劳动生产率、降低成本和安全生产都有很重要的作用。

生产过程的均衡程度反映了生产组织与生产管理的水平。

(4) 适应性　适应性是指生产过程的组织形式要灵活，能及时满足不断变化的市场要求。当产品发生变动时，能用最少的投资，以最快的速度，实现新老产品之间的转产。

通常为了达到高效率、高质量的生产，需要提高“专门化”水平，而适应性则要求有较宽的频谱，生产组织要善于将这一矛盾统一起来。

上述生产过程组织的各项要求是相互联系的，企业生产过程组织必须全面体现这些要求，实现生产过程的整体优化。

4.1.3　机电企业的生产类型

1. 机电企业生产类型及特点

生产类型是企业根据产品结构、生产方法、设备条件、生产规模和专业化程度等方面的情况，按照一定的标志所进行的分类。机电企业按工作地专业化程度（一个工作地上加工的工序数）划分为以下几种生产类型：

(1) 大量生产　大量生产是指经常不断地重复生产同样的产品。它的特点是：产品的品种少而稳定，每种产品的产量很大，生产的重复程度很高，工作地固定进行一、二道工序的工作。

(2) 成批生产　成批生产是指经常成批地、轮换地生产几种产品。它的特点是：产品的品种比较多，每一种产品的数量比较大，产品的生产是轮换重复的，工作地也要周期重复地进行较多的工序加工工作。工作地专业化程度与产品投入的批量有关。按产品投入的批量大小，成批生产又可分为：大批生产、中批生产和小批生产。大批生产的特点接近于大量生产，小批生产则接近于单件生产。

(3) 单件生产　单件生产是指每种产品只做一件或少数几件，做完后很少再重复生产。它的特点是产品品种多，每一种产品的数量很小，产品的生产很少重复或不重复，工作地专业化程度很低。

表4-1给出了按零件生产数量划分生产类型的规范。

表 4-1 各种生产类型规范

零件类型	生产类型,年产量/(件/年)				
	单件生产	小批生产	成批生产	大批生产	大量生产
重型零件	≤5	>5～100	>100～300	>300～1000	>1000
中型零件	≤20	>20～200	>200～500	>500～5000	>5000
小型零件	≤100	>100～500	>500～5000	>5000～50000	>50000

2. 不同生产类型在技术与组织上的要求

上述三种生产类型不同的特点决定了它们在技术上、组织上不同的要求，见表 4-2。技术工作和组织工作应尽量符合这些要求，才能取得较好的经济效益。

表 4-2 三种生产类型在技术上、组织上不同的要求

技术、组织特征		单件小批生产	成批生产	大批大量生产
生产技术	生产设备	主要采用通用设备	部分采用专用设备①	采用专用、高效设备①
	工艺装备	主要采用通用工艺装备	部分采用专用工艺装备	采用专用、高效工艺装备
	互换性与装配方法	一般配对制造 广泛采用调整或修配方法	大部分有互换性 少数钳工修配	全部有互换性 某些精度要求较高的配合件用分组选择装配法
	工艺文件	简单工艺过程卡指导操作	详细工艺过程卡及部分关键工序的工序卡，统一操作	有详细的工艺过程卡和工序卡，统一操作
生产组织	生产过程空间组织	工艺专业化	部分工艺专业化，部分对象专业化	对象专业化
	生产过程组织形式	不确定	变换流水线，生产线	流水线，生产线，自动线
劳动组织	劳动分工	粗	较细	细
	工人技术水平	高，要求一专多能	一般	操作工人技术要求较低，调整工人技术要求较高
生产计划		粗	较细	细

① 随着数控机床、加工中心的迅速发展和普及应用，批量生产和大量生产中也越来越多使用这种高效、柔性设备。

从表 4-2 可以看出，大量生产可以采用高效率的专用设备与专用工艺装备，可以采用流水生产线等先进生产组织形式，所以它的劳动生产率较高，产品质量较好，产品成本较低，经济效益好；成批生产次之；单件生产较差。

需要指出的是，随着市场需求的变化和先进制造技术的发展及其广泛应用，传统的生产方式正在发生巨大的变革，各种生产类型的技术经济特点也在逐渐发生变化，并存在向柔性化方向发展的总趋势。

3. 改善生产类型的主要途径

企业的生产类型在很大程度上受品种、产量等客观条件制约。为了适应社会多变的需求和产品更新换代的加速，机电企业必须从少品种、大批量生产方式转向多品种、小批量生产方式。但这并不意味着企业一定要全部按单件、小批生产类型的要求组织生产。在既

定的条件下，采用适当措施可以改变企业内部生产环节的生产类型，提高经济效益。

改善生产类型的主要途径有：

1）大力开展专业化协作。在公司内部全面规划、统筹安排，以提高工厂的专业化程度。

2）改进产品设计，提高产品的系列化、零部件标准化、通用化程度。不同产品上的标准件与通用件增多，能显著提高工作地的专业化程度。

3）采用成组技术，按零件组组织生产，减少同时期零部件的品种，增大其批量，从而提高工作地专业化程度。

4.2 生产过程组织

4.2.1 生产过程空间组织

生产过程空间组织就是要合理地确定劳动对象在空间的运动形式，以及劳动对象与劳动工具和劳动者的结合方式。其内容包含工厂总体平面布置和工厂内部生产单位（车间、工段、班组）的布置。工厂总体平面布置即对工厂的总体安排，在建厂时已根据厂址的地形对组成工厂的各部分做出安排。这里仅研究工厂内部生产单位的布置，其通常采用的组织形式有：工艺专业化形式、对象专业化形式和混合专业化形式。

1. 工艺专业化

工艺专业化按照产品生产过程的工艺性质来组织生产单位（分厂、车间、工段、班组），如冲压车间、机械加工车间、热处理车间、装配车间等。工艺专业化单位的特点是：它集中了同类型的工艺设备，对各种制品进行相同工艺的加工。工艺专业化单位的设备，一般是按设备组集中布置在一起的，如机械加工车间的车工组、铣工组、磨工组等。各组设备布置的位置最好符合车间内主要制品的工艺顺序，以减少制品在各工序之间的运输时间与费用。图4-2所示为机械加工车间内设备组安排示意图。

工艺专业化单位的优点：

1）产品品种变换的适应性较强。

2）有利于提高生产设备与生产面积的利用率。

3）有利于专业化的技术管理与同工种的经验交流。

工艺专业化单位的缺点：

1）中间仓库和在制品数量增多，占用面积和资金增大。

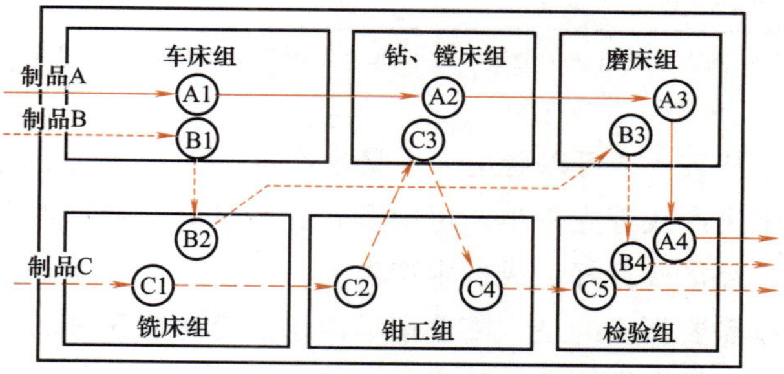

图4-2 机械加工车间内设备组安排示意图

2）在制品搬运次数多，运输路线长，运输费用高。

3）厂内协作、计划管理、质量管理、推行责任制等各项管理工作都比较复杂。

工艺专业化形式比较适宜于单件、小批生产以及品种不稳定的成批生产。机电企业中有些工艺对环境有特殊要求的（如油漆作业、恒温作业、洁净作业等），也适宜组织工艺专业化车间（或小组）。

2. 对象专业化

对象专业化按产品（部件、零件）类别来组织生产单位，如齿轮车间、传动轴车间等。对象专业化单位的特点是：它集中了制造该类产品（部件、零件）所需要的各种设备，并按制品的工艺顺序排列设备，制品的生产工艺过程基本上封闭在一个车间完成。

对象专业化单位的优点：

1）在制品数量少，运输路线短，生产连续性好，生产周期短。

2）容易采用生产线或流水生产线的组织形式。

3）计划管理、质量管理工作相对简单，便于实施责任制。

对象专业化单位的缺点：

1）适应产品的变化能力差，在产品品种变换时，设备的调整比较困难。

2）当产量不大时，设备与生产面积都不能充分利用。

大批大量生产或有稳定专业方向的企业，组织对象专业化车间较为适宜。

3. 混合专业化

工艺专业化单位与对象专业化单位各有优缺点，在实践中可以综合两者的长处，取长补短，即一部分车间（班组）按工艺专业化组织，另一部分车间（班组）可以按对象专业化组织，即采用混合专业化形式。例如，齿轮机械加工按对象专业化组织生产，组建齿轮车间，而齿轮的热处理工序，则按工艺专业化形式与其他零件一起安排在热处理车间完成。

总之，要从企业实际出发，全面分析和比较采用不同专业化形式的经济效益，再决定采用何种生产组织形式。

4.2.2 生产过程时间组织

合理组织生产过程，不仅要对企业内各生产单位在空间上进行科学的组织与安排，而且要对这些生产单位在时间的衔接上进行科学的组织与安排，才能取得好的经济效益。

产品生产过程在时间上的指标是产品生产周期。产品生产周期是指一批产品从原材料投入生产开始，到全部加工为成品出产为止所经历的全部时间。它既包括劳动过程中的工序加工时间，也包括劳动过程中因各种原因造成的中断时间。时间组织的一个重要任务就是提高时间利用率，尽量减少中断时间，缩短生产周期。

生产过程时间组织包括的内容很多。这里只讨论时间组织形式最基本的问题，即一批制品在各道工序上的移动方式。

在机电企业内，制品在各道工序上的移动方式主要有三种。

（1）顺序移动方式　顺序移动方式的特点是一批零件在前一道工序全部加工完毕后，才整批转入下一道工序加工。顺序移动方式的生产周期 T_o 的计算公式为

$$T_o = n\sum_{i=1}^{m} t_i \tag{4-1}$$

式中　n——一批零件的数量；

m——工序数目；

t_i——第 i 道工序上加工一件制品的时间（即第 i 道工序的单件时间）。

图 4-3 所示为顺序移动方式的一个简单实例。一批零件批量为 4，需经 4 个工序加工，单件工序时间分别为 7min、3min、5min 和 10min。应用式（4-1），可计算其生产周期为

$$T_o = 4 \times (7 + 3 + 5 + 10)\,\text{min} = 100\text{min}$$

顺序移动方式由于制品在各道工序都是整批移动的，所以组织工作比较简单。但是，一批零件在各道工序之间没有平行交叉时间，等待加工、运输的时间最多，生产周期最长。

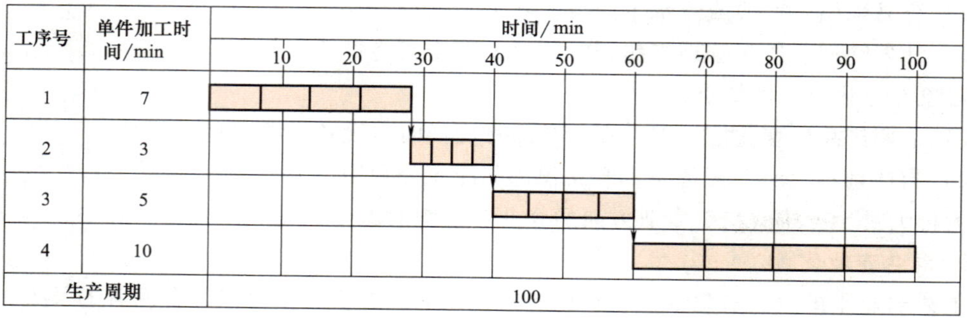

图 4-3 顺序移动方式

（2）平行移动方式 平行移动方式的特点是一批制品中每一个零件在前一道工序加工完毕以后，必须立即转入下一道工序加工。

平行移动方式的生产周期 T_p 的计算公式为

$$T_p = \sum_{i=1}^{m} t_i + (n-1)t_{i\max} \tag{4-2}$$

式中 $t_{i\max}$——单件时间最长的工序上的单件时间。

若图 4-3 所示实例数据不变，采用平行移动方式，其生产安排如图 4-4 所示。应用式（4-2），可计算其生产周期，即

$$T_o = (7 + 3 + 5 + 10)\,\text{min} + 3 \times 10\text{min} = 55\text{min}$$

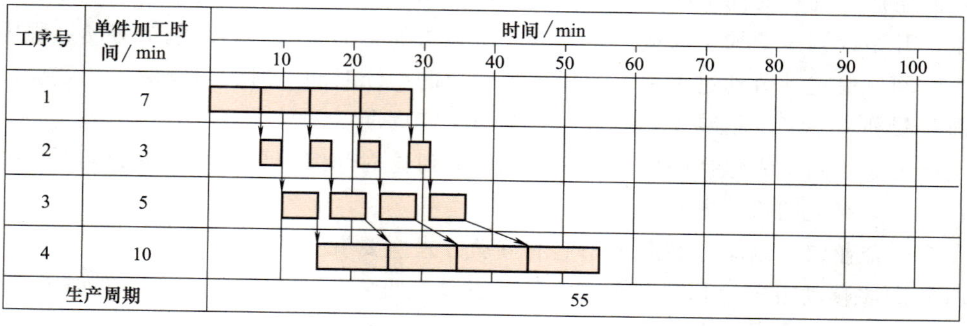

图 4-4 平行移动方式

平行移动方式使各工序之间平行交叉时间达到最大，所以一批制品的生产周期最短。但是，如果前一道工序的单件时间大于后一道工序的单件时间，后一道工序会停工待料，

设备不能充分利用。

(3) 平行顺序移动方式　它是前两种方式的结合。其特点是一批制品在一道工序尚未全部加工完毕，就可把一部分已经加工好的制品转入下一道工序加工，并应使下一道工序能连续地将一批制品加工完。

平行顺序移动方式的生产周期 T_{po} 先按顺序移动方式计算，然后减去其中平行交叉作业重复计算的时间，其计算公式为

$$T_{po} = n\sum_{i=1}^{m} t_i - (n-1)\sum_{j=1}^{m-1} t_{sj} \tag{4-3}$$

式中　t_{sj}——相邻两道工序相比，单件时间较短的工序时间。

若图 4-3 所示实例数据不变，采用平行顺序移动方式，其生产安排如图 4-5 所示。应用式 (4-3)，可计算其生产周期为

$$T_{po} = 4\times(7+3+5+10)\text{min} - (4-1)\times(3+3+5)\text{min} = 67\text{min}$$

从图 4-5 中可以看出，当前道工序单件时间小于后道工序，前道工序加工完第一件制品，就可以转入后道工序。此时，前道工序除加工第一件制品的时间外，加工其余制品的时间都与后道工序交叉，这是一种与平行移动方式相同的理想状态。而当前道工序单件时间大于后道工序单件时间，前道工序必须有足够保证后道工序连续加工的制品数量，才能将已完工的制品转入后道工序。

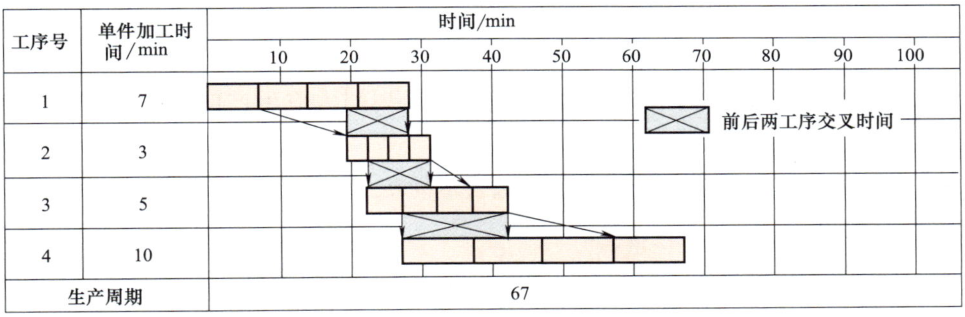

图 4-5　平行顺序移动方式

平行顺序移动方式的生产周期明显小于顺序移动方式。在各道工序单件时间不相等 (或不成整数倍数关系) 时，它能使短工序上的间断时间集中起来，便于利用。其缺点是组织工作比较复杂。

以上三种制品移动方式各有其优缺点。运用时，应根据具体生产条件加以选择。考虑的主要问题有以下几项：

1) 企业内各生产环节空间组织形式。如果生产环节按工艺专业化组织，产品不便于单件 (或小批) 运送，制品在各工序之间的移动，一般只能按顺序移动方式组织。如果生产环节是按对象专业化组织的，可以按平行移动或平行顺序移动方式组织。

2) 生产类型。单件、小批生产以顺序移动方式为宜。大批大量生产，则以平行移动或平行顺序移动方式为宜。

3) 设备调整所需要的劳动量。如果改变加工对象，调整设备所费的时间长、费用

大，应按顺序移动方式组织。反之，则宜按平行移动或平行顺序移动方式组织，以缩短生产周期。

4）工序劳动量大小与零件的重量。如果工序劳动量大，整批移动会严重影响生产周期；制品太重，集中运送有困难，则宜按平行方式组织。反之，可以按顺序移动方式组织。

4.3 生产计划与控制

4.3.1 生产计划的内容与层次

生产计划是企业在计划期内应完成的产品生产任务和进度的计划。它具体规定企业在计划期（年、季、月、周）内应完成的产品的品种、质量、产量、产值和进度等指标。生产计划是根据销售计划编制的，同时又是编制其他各项计划的依据。

1. 生产计划的主要指标

（1）产品品种指标　产品品种指标指企业在计划期内应该生产的产品的品种、规格、型号。

（2）产品质量指标　产品质量指标指企业在计划期内各种产品应达到的质量标准。包括产品品级指标，如合格品率、一等品率、优质品率等；也包括生产过程工作质量的指标，如铸件废品率、机械加工废品率、成品一次交检合格率等。

（3）产品产量指标　产品产量指标指企业在计划期内应生产的可供销售的产品实物数量。

（4）产值指标　产值指标是用货币形式表示的产量指标。

2. 生产计划的层次

生产计划按计划期的长度可分为长期、中期和短期生产计划三个层次。

（1）长期生产计划　长期生产计划是企业在生产、技术、财务、人力资源等方面的战略规划，其计划期一般为3～5年或更长时间。长期生产计划的主要任务是进行产品决策、生产能力决策，以及确定何种竞争优势的决策（详见2.1节“经营决策”）。

（2）中期生产计划　中期生产计划又称年度生产计划，其计划期一般为一年。中期生产计划的主要任务是在正确预测市场需求的基础上，充分利用现有的资源和生产能力，尽可能均衡地组织生产活动和合理地控制库存水平，最大限度地满足市场需求和获取利润。

年度生产计划又可分为综合生产计划和主控进度计划。综合生产计划规定企业年度生产产品的品种与数量，主控进度计划则规定最终产品的进度计划。

（3）短期生产计划　短期生产计划又称生产作业计划，其计划期一般不超过半年。短期生产计划包括物料需求计划、生产能力需求计划、车间作业计划等。短期生产计划的任务是根据主控进度计划，确定零部件的进度计划和原材料（包括外购件）的订货计划，并将这些计划具体分配到相应的部门（车间、班组），进而转换为实际的生产活动。

4.3.2 年度生产计划的编制

1. 年度生产计划的编制步骤

年度生产计划的编制，通常可分为以下四个步骤进行。

（1）调查研究，分析测算　编制计划时，企业必须对其所处的外部环境和内部条件有充分的了解。为此必须进行深入调查研究，广泛收集各种信息，并加以综合分析。通过需求分析，测算企业在计划期内可能的销售量；通过资源分析和能力分析，确定企业能否生产这些产品，以及需要对企业资源和生产能力做出的调整。

（2）拟定和优化计划方案　在同样的内外条件下，存在着多种不同的生产方案，这一阶段的工作就是制定出多种不同的方案，并从中选取一个最优（或较优）的方案。由于各种产品的生产往往受到许多资源和能力条件的限制，为了求得在一定限制条件下能获得最大利润或最低成本的生产方案，可以采用线性规划的方法进行产品品种与产量指标的组合优化。

（3）综合平衡，编制计划草案　在拟定和优化计划草案时，由于种种原因，不可能把所有的因素都考虑进去，而只能考虑最主要的目标和最主要的约束条件。进行综合平衡的目的，在于进一步分析和测算企业现有生产技术条件和各种资源条件，正确协调和处理生产经营活动中各种比例关系，做到合理利用企业的人、财、物，克服薄弱环节，挖掘生产潜力，取得最大的经济效果。

（4）讨论修正，批准实施　根据综合平衡的结果，即可编制年度计划草案。计划草案经有关部门、车间组织讨论后，做必要的修正，经企业最高管理层批准，就可组织实施。

2. 用线性规划方法制定生产计划

线性规划方法是在满足一定的约束条件下，寻求一个函数的最大（或最小）目标值的方法。典型的线性规划模型如下：

企业有 m 种资源用于生产 n 种产品，其中第 j 种产品的年产量为 x_j。若生产一件 j 种产品需要 i 种资源的数量为 a_{ij}，生产一件第 j 种产品所获得的利润为 G_j，第 i 种资源可用的数量为 b_i。则以最大利润为目标的最佳产品品种组合和最佳年产量的优化模型为：

目标函数

$$z = \sum_{j=1}^{n} G_j x_j \rightarrow \max \tag{4-4a}$$

约束条件

$$\begin{cases} \sum_{j=1}^{n} a_{ij} x_j \leqslant b_i \quad (i=1,2,\cdots,m) \\ x_j \geqslant 0 \quad (j=1,2,\cdots,n) \end{cases} \tag{4-4b}$$

上述优化模型中的目标函数与约束条件均为线性表达式，故称为线性规划。

例 4-1　某工厂生产 P_1、P_2 两种产品，需使用 A、B、C、D 四种设备。生产一件产品所需设备工时及各种设备可利用工时见表 4-3。又已知生产一件 P_1、P_2 产品所获利润分别为 1000 元和 800 元，试确定 P_1、P_2 产品最佳产量。

表 4-3 生产一件产品所需设备工时及各种设备可利用工时 （单位：h）

设备		A	B	C	D
生产一件产品所需设备工时	P_1	5	2	2	0
	P_2	2	2.5	0	4
设备可利用工时		1000	1000	600	1200

解 依题意，设 P_1、P_2 产品最佳产量分别为 x_1 和 x_2，建立模型如下。

目标函数 $z = 1000x_1 + 800x_2 \to \max$

约束条件

$$\begin{cases} 5x_1 + 2x_2 \leqslant 1000 \\ 2x_1 + 2.5x_2 \leqslant 1000 \\ 2x_1 \leqslant 600 \\ 4x_2 \leqslant 1200 \\ x_1 \geqslant 0 \\ x_2 \geqslant 0 \end{cases}$$

求解上述方程，可确定 P_1、P_2 产品最佳产量分别为：$x_1 = 80$，$x_2 = 300$。

图 4-6 所示为上述线性规划问题的图形表示。

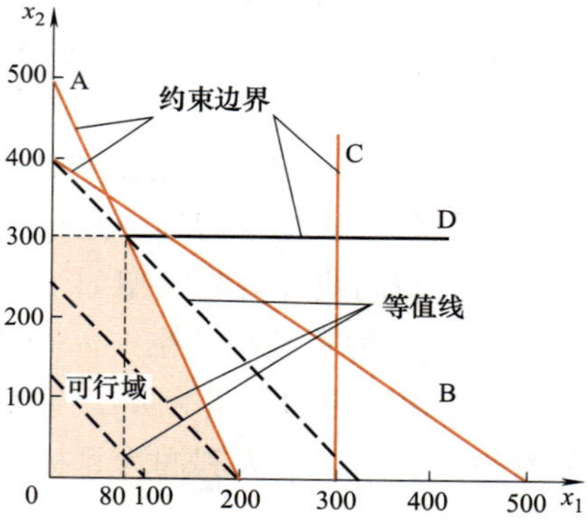

图 4-6 线性规划图解

线性规划方法不仅可以用来制定年度生产计划，也可以用来制定月份（或周）生产计划。此时通常以机床负荷率 S 为优化目标，其线性规划模型如下。

目标函数

$$S = \frac{\sum_{k=1}^{12}\sum_{i=1}^{p}\sum_{j=1}^{n} d_{ij}x_{jk}}{\sum_{k=1}^{12}\sum_{i=1}^{p} t_{ik}} \to \max \qquad (4\text{-}5a)$$

式中 d_{ij}——生产一件第 j 种产品所需第 i 种设备台时数；

x_{jk}——第 j 种产品第 k 月产量；

t_{ik}——第 i 种设备第 k 月可用台时数；

p——设备种数；

n——产品种数。

约束条件

$$\begin{cases} \sum_{j=1}^{n} d_{ij}\, x_{jk} \leqslant t_{i\,k} & (i = 1,2,\cdots,p) \\ 0 \leqslant x_{jk} \leqslant x_j & (j = 1,2,\cdots,n) \end{cases} \qquad (4\text{-}5b)$$

除上述约束条件外，还可根据实际需要增加一些附加约束条件，如

$$\begin{cases} x_{jk}=0 \quad (j=5,6,7;k=1,2,\cdots,6) \\ \sum_{k=1}^{3} x_{jk} = x_j \quad (j=1,2) \\ \vdots \end{cases} \tag{4-5c}$$

式（4-5c）中1式表示第5、6、7种产品上半年不生产，2式表示第1、2种产品仅一季度生产等。

4.3.3 生产作业计划

1. 生产作业计划及期量标准

生产作业计划是生产计划的具体化，即把企业生产计划具体分配到各个车间、班组、工作地和个人，规定各个生产环节在月、旬、日、轮班以至小时的任务。

期量标准又称作业计划标准，它是为了合理地组织生产活动，对各个生产环节在时间与参数方面规定的标准数值。正确制定期量标准是保证生产作业计划质量的关键之一。

不同生产类型的企业具有不同的期量标准。一般来说，大量生产的期量标准主要有：生产线节拍、在制品定额、生产线标准进度计划等。成批生产的期量标准主要有：批量与生产间隔期、生产周期、在制品定额等。单件生产的期量标准主要有生产周期与提前期等。

下面主要讨论成批生产的期量标准。

（1）批量与生产间隔期　批量是一次投入（或出产）相同制品的数量。生产间隔期是指前后两批相同制品投入（或出产）的间隔时间。一般而言，批量增加会延长生产间隔期，批量减少会使生产间隔期缩短。在生产总量已定的条件下，批量越大，投入生产的批次越少，设备调整次数就会越少，设备调整费用也就越低。但批量大，会使在制品数量增大，占用较多的流动资金，并增加在制品保管费用。因此，选择合理的批量是提高企业经济效益的重要方面。

确定批量有两种方法：以量定期和以期定量。

1）以量定期。首先确定一个合理的批量，再计算出相应的生产间隔期。以量定期确定批量通常有三种方法：最小批量法、经济批量法和估计批量法。

① 最小批量法。确定一个批量，使设备调整时间在整批产品加工时间中所占的比例不大于规定的数值。

② 经济批量法。确定一个批量，使各设备调整费和在制品保管费的总和最小。经济批量的计算公式为

$$Q_0=\sqrt{\frac{2AN}{CI}} \tag{4-6}$$

式中　Q_0——经济批量；

A——每次的调整费用；

N——计划期产量；

CI——在制品保管费用（C为单件制造成本，I为保管费用率）。

图4-7所示为式（4-6）的图形表示。

计算所得的经济批量，要考虑生产技术组织的具体情况对其进行修正，成为可行批量。由于总费用曲线（见图 4-7）的底部比较平坦。因而有较大的修正余地，不会对经济效益有明显的影响。

③ 估计批量法。根据企业的历史数据及习惯做法，并综合管理者个人的经验而确定的生产批量。此种方法简单易行，但可靠性较差。

2）以期定量。先确定生产间隔期，再根据批量与生产间隔期的关系确定生产批量。生产间隔期应依据零件的复杂性、工艺特点、价格、重量等因素确定，也可以先由经济批量初步确定后，再根据实际情况进行调整。

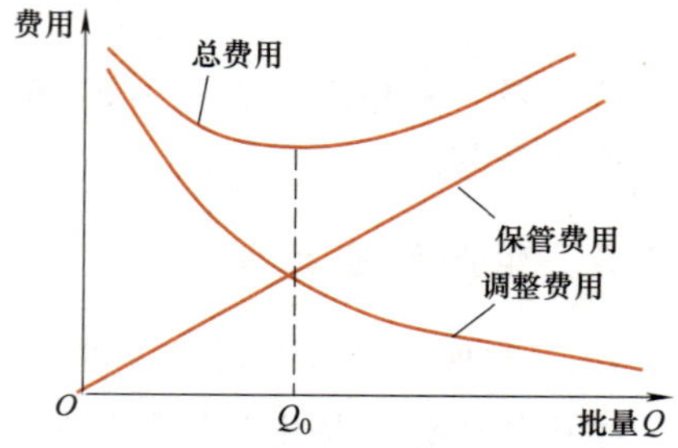

图 4-7 经济批量图示

（2）生产周期 产品的生产周期是指产品从原材料投入到成品产出的全部日历时间。在成批生产中，生产周期可以是工序的生产周期、零件的生产周期、部件的生产周期和产品的生产周期。

（3）生产提前期 生产提前期有产出提前期与投入提前期之分。产出提前期是指制品在各生产环节产出时间比成品产出时间所提前的时间。投入提前期是指制品在各个生产环节投入的时间比成品产出时间所提前的时间。

生产提前期从产品装配产出日期开始，按工艺过程的反顺序推算，如图 4-8 所示。即从成品车间算起，它不存在产出提前期，投入提前期为该车间生产周期。其他车间的提前期计算公式为

$$\text{某车间的投入提前期} = \text{该车间的产出提前期} + \text{该车间的生产周期} \tag{4-7}$$

$$\text{某车间的产出提前期} = \text{后车间的投入提前期} + \text{保险期} \tag{4-8}$$

（4）在制品定额 在制品定额是指在一定的技术组织条件下，生产过程中各个环节为了保证均衡生产所必需的、最低限度的在制品占用量。在制品按存放的地点，分为车间内部的在制品和车间之间的半成品（即库存半成品）。

2. 物料需求计划（Material Requirement Planning，MRP）

物料需求计划将最终产品的进度计划（主生产计划）转化为零、部件的进度计划和原材料（包括外购件）的订货计划，如图 4-9 所示。其基本依据是产品构成、库存情况、零件加工周期、原材料（外购件）的订货周期以及部件和产品的装配周期。下面仅以一个简单的示例说明 MRP 的工作原理。

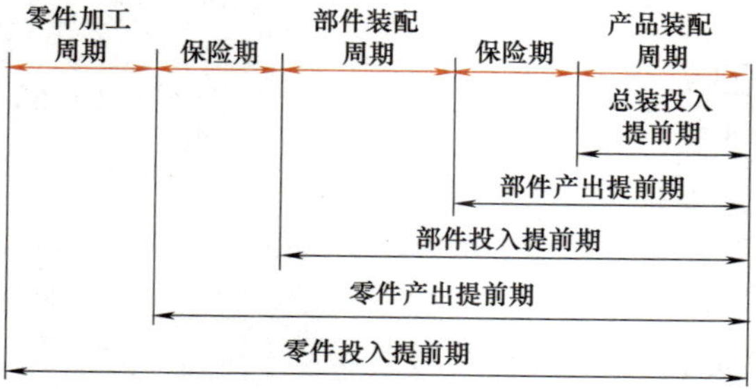

图 4-8 生产提前期示意图

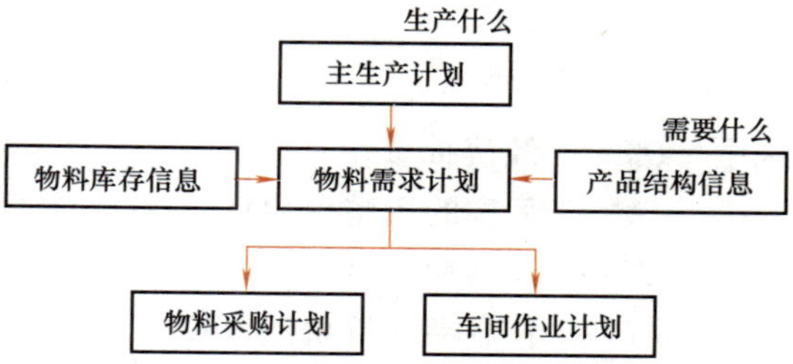

图 4-9 MRP 的逻辑流程图

（1）产品结构树 产品可以用树状结构表示其组成。例如，图4-10a所示产品P1由部件S1、S2组成，部件S1、S2又分别由零件C1、C2、C3和零件C4、C5、C6组成，而零件又对应一定的材料（毛坯）。部件、零件和材料右下角括号内的数字表示构成上一级单位物品所需数量。产品结构树用文件形式表示，称为物料清单（Bill of Materials，BOM）。

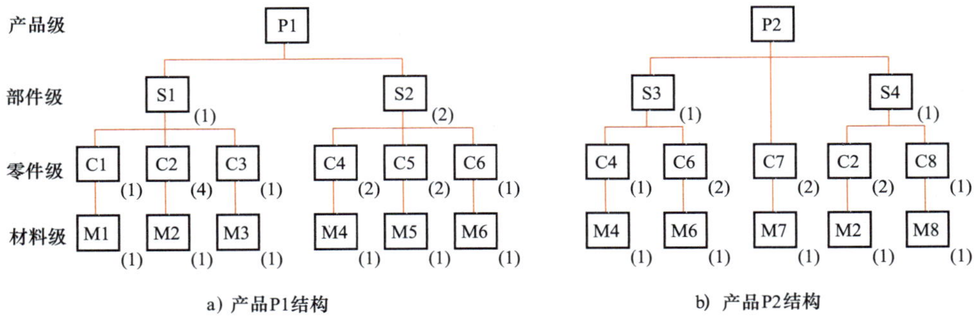

图4-10 产品结构树

（2）库存记录 库存记录不仅要提供当前库存水平，还要提供库存将要发生的变化，这些变化通常与订货、拒付、工程变更等有关。表4-4为材料M4的库存记录。

表4-4 材料M4的库存记录 （单位：件）

周		1	2	3	4	5	6	7
计划需要								
计划收入				40				
当前库存	50	50	50	90				
实际需要								
计划订货								

（3）制造周期 为便于说明问题，仅以零件C4和材料M4为例，与此相关的产品、部件、零件、材料的制造（订货）周期见表4-5。

表4-5 制造周期

名称	制造周期	库存状况	名称	制造周期	库存状况
P1	装配周期=1周	无	S3	装配周期=1周	无
P2	装配周期=1周	无	C4	加工周期=2周	无
S2	装配周期=1周	无	M4	订货周期=3周	见表4-4

若主控进度计划要求产品P1第8周交付50件，第10周交付100件；产品P2第7周交付70件，第8周交付80件，第9周交付25件。则根据上述已知条件，可以计算出零件C4的进度计划和材料M4的订货计划，见表4-6。计算表明，为保证产品P1和P2的数量与进度要求，零件C4应在第3、4、5、6周分别投放70、280、25、400件，而材料M4则应在第1、2、3周分别提出订货260、25和400件。

表 4-6 MRP 计算示例 （单位：件）

周		1	2	3	4	5	6	7	8	9	10
产品 P1	计划需要								50		100
	计划收入										
	当前库存										
	实际需要								50		100
	计划投放							50		100	
产品 P2	计划需要							70	80	25	
	计划收入										
	当前库存										
	实际需要							70	80	25	
	计划投放						70	80	25		
部件 S1	计划需要							100		200	
	计划收入										
	当前库存										
	实际需要							100		200	
	计划投放						100		200		
部件 S2	计划需要						70	80	25		
	计划收入										
	当前库存										
	实际需要						70	80	25		
	计划投放					70	80	25			
零件 C4	计划需要					70	280	25	400		
	计划收入										
	当前库存										
	实际需要					70	280	25	400		
	计划投放			70	280	25	400				
材料 M4	计划需要			70	280	25	400				
	计划收入			40							
	当前库存	50	50	90							
	实际需要			-20	260	25	400				
	计划投放	260	25	400							

由上述示例可以看出，MRP 的计算并不复杂，但计算工作量极大，采用人工方法很难完成。特别是计划在执行过程中会发生各种情况，因而需要不断地对计划进行调整。此外，上述示例只是给出了 MRP 的工作原理，在实际制定计划时还需考虑生产能力、生产平衡、经济批量等诸多因素，这就必须使用计算机来实现。

MRP 的出现和实际应用，从根本上改变了传统的计划模式，实现了生产管理由宏观的以产品为核心的生产计划向微观的以零部件和原材料为核心的生产计划的转变，其效益主要体现在以下几方面：

1）原材料和在制品库存显著减少。

2）对需求变化的响应速度加快，产品转换时间缩短，产品转换费用降低。

3）设备利用率得到提高。

3. 车间作业计划

车间作业计划是生产计划的最后一个环节，其基本功能是在车间（班组、单元、工作地）内进行具体的任务分配和顺序安排。车间作业计划的依据包括物料需求计划，原材料、毛坯和半成品供应情况，以及零件加工工艺规程或部件、产品的装配工艺规程。

车间作业计划本质是排序问题，其一般模型可描述为：一个加工系统有 m 台设备，n 种待加工工件，工件按一定的工艺要求和工艺顺序在设备上进行加工。计划的目的就是安排每台设备上工件的加工顺序，使得在满足约束条件（如设备台时数、交货期等）的情况下，制造系统某些性能指标（如生产周期、延误时间、设备利用率等）得到最大限度的优化。

（1）单工序排序问题　单工序排序可以采用多种排序原则，如最短加工时间优先原则（Shortest Process Time，SPT）、先到先加工原则（First Come First Serve，FCFS）、最早交货期优先原则（Earliest Due Data，EDD）、最小松弛时间（松弛时间 = 交货期 − 加工时间）优先原则（Minium Slack Time，MST）等。其评价标准一般是平均流程时间最短或延误时间最小。

单工序排序有两个定理。

1）采用 SPT 原则排序，可使平均流程时间（流程时间 = 加工时间 + 等待时间）最短。

2）采用 EDD 原则排序，可使最大延误时间最小。

例 4-2　有 A、B、C 三种零件需在同一台设备上加工，其工序时间分别为 5、16、7 天，交货期分别为 10、19、9 天。若当前时间为 0，三种零件到达车间的顺序为 A-B-C。试用不同排序规则进行排序，并计算不同排序方法的平均流程时间和总延误时间。

解　按不同排序规则排序结果比较见表 4-7，其横道图如图 4-11 所示。由表可见，本例采用 SPT 原则排序平均流程时间最短，总延误时间较小；采用 EDD 原则排序总延误时间最小，平均流程时间较短。

表 4-7　排序结果比较

排序规则	排序结果	平均流程时间/天	总延误时间/天
SPT	A-C-B	15	12
FCFS	A-B-C	18	21
EDD	C-A-B	15.7	11
MST	C-B-A	22.3	22

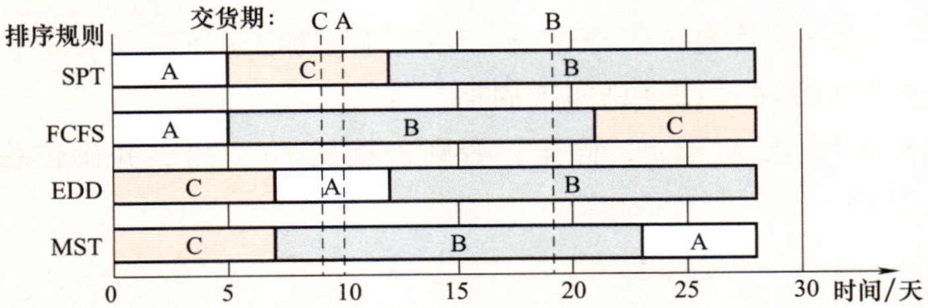

图 4-11　例 4-2 排序横道图

(2) 2 工序同顺序加工排序问题　2 工序同顺序加工若干零件，按下述方法排序，可使总加工周期最短。该方法首先由约翰逊（Richard A. Johnson）提出，故称为约翰逊算法。

1）从加工时间中找出最小值。

2）若该值为第一工序加工时间，则将此值对应的零件排在最前面；若该值为第二工序加工时间，则将此值对应的零件排在最后面。

3）消去这个零件，返回 1)，重复此过程，直至所有零件排完为止。

例 4-3　4 个零件均先车后磨，加工时间见表 4-8，试安排加工顺序，使加工周期为最短。

表 4-8　零件加工时间

加工时间	零件			
	A	B	C	D
车削工序时间/h	3	5	7	6
磨削工序时间/h	8	2	4	3

解　根据约翰逊算法可确定其加工顺序为 A-C-D-B，相应的横道图如图 4-12 所示。

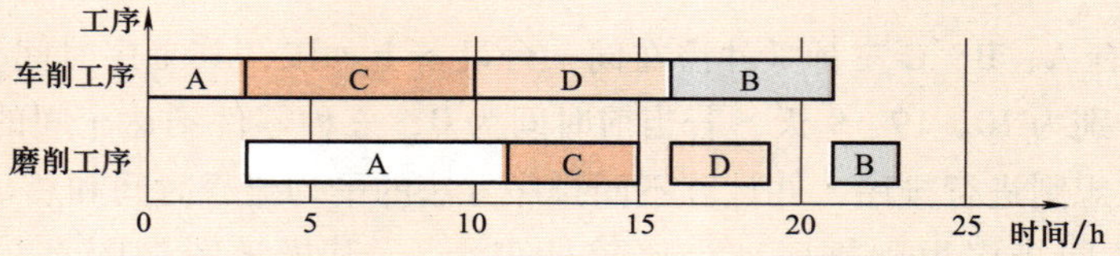

图 4-12　例 4-3 排序横道图

(3) 多工序同顺序加工排序问题　在约翰逊算法基础上，彼得洛夫-哈姆（Petrov-hamm）提出多工序同顺序加工使总加工周期接近最短的算法。

1）将工序按先后顺序分为 2 组，首先令 $k=1$，第 1、2 组作业时间分别为

$$t_{i,1}^{*}=\sum_{1}^{k} t_{i,k}\ ,\ t_{i,2}^{*}=\sum_{1}^{k} t_{i,m-k+1}$$

式中　$t_{i,1}^{*}$、$t_{i,2}^{*}$——第 1、2 组第 i 个零件加工时间；

m——工序数；

$t_{i,k}$、$t_{i,m-k+1}$——第 i 个零件 k 工序及 $m-k+1$ 工序加工时间。

2）按约翰逊算法排序，计算总加工周期。

3）令 $k=k+1$，若 $k=m$，停止；否则，重复 1)、2)，并比较总加工周期，取最小值对应的加工顺序。

例 4-4　4 个零件，5 个工序，同顺序加工，各工序加工时间见表 4-9。试安排加工顺序，使总加工周期尽可能小。

表 4-9 零件加工时间

零　件	加工时间/h				
	工序 1	工序 2	工序 3	工序 4	工序 5
A	3	5	10	8	6
B	9	6	4	12	5
C	2	7	9	3	8
D	15	8	3	7	6

解 按彼得洛夫-哈姆算法，k = 1 时，将工序 1 和工序 5 作为第 1、2 组工序，排序结果为：C-A-D-B，其总加工周期为 62h；k = 2 时，将工序 1 和工序 2 时间之和作为第 1 组工序时间，将工序 5 和工序 4 时间之和作为第 2 组工序时间，排序结果为：A-C-B-D，其总加工周期为 56h；同理，k = 3 时，将工序 1、2、3 时间之和作为第 1 组工序时间，将工序 5、4、3 时间之和作为第 2 组工序时间，排序结果为：A-C-B-D，其总加工周期为 56h；k = 4 时，将工序 1、2、3、4 时间之和作为第 1 组工序时间，将工序 5、4、3、2 时间之和作为第 2 组工序时间，排序结果为：C-A-B-D，其总加工周期为 61h。比较 4 种排序，显见应取排序 A-C-B-D，其横道图如图 4-13 所示。

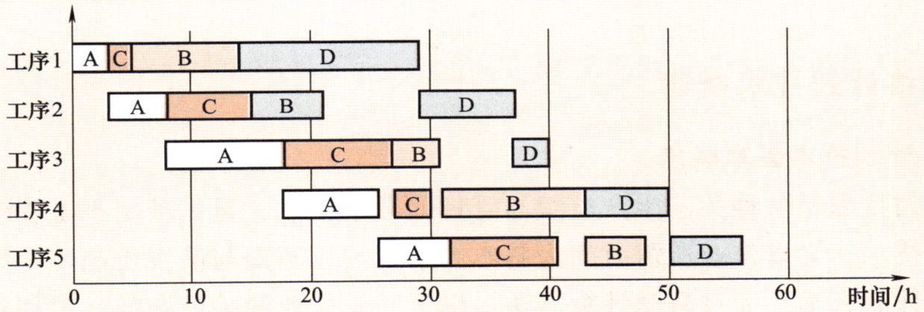

图 4-13 例 4-4 排序横道图

需要说明的是彼得洛夫-哈姆算法只能得到较优结果，不能保证结果最优。但对于实际工程问题，这已经足够。

（4）多工序不同顺序加工排序问题 对于多工序不同顺序加工排序问题，目前仍无有效的处理方法。传统的排序方法是先采用一些简单的规则（如 SPT、EDD、FCFS 等）对待加工对象进行初排序；然后根据实际情况凭经验对初排序进行调整；最后再依据优化目标（如生产周期、延误时间等）对排序结果进行检验，必要时可再次进行修正。

由于计算机的出现及普遍应用，提出了许多新的排序方法，如分支定界法、模糊算法、启发式方法、神经网络法、遗传算法等。但这些方法多数还不成熟，且有局限性，真正普遍适用于车间作业计划的方法还有待进一步的研究。

4.3.4 生产控制

生产控制是指对生产作业计划的控制，它是生产管理的一项重要职能。生产作业计划执行过程中，要对计划执行情况及时进行检查，协调生产过程中各个部门、各个环节的活动，以保证计划完成。

生产控制的标准是生产作业计划，生产控制的目的也是为了保证生产作业计划完成。进行生产控制，必须取得实际执行结果与计划之间产生偏差的信息，才能有的放矢。检查的重点有：作业准备（技术文件准备、物质供应准备、设备工具准备、人员准备等），各生产环节计划完成情况，原材料与半成品等的储备情况等。通过检查发现问题，以便采取有效措施。生产控制程序如图 4-14 所示。

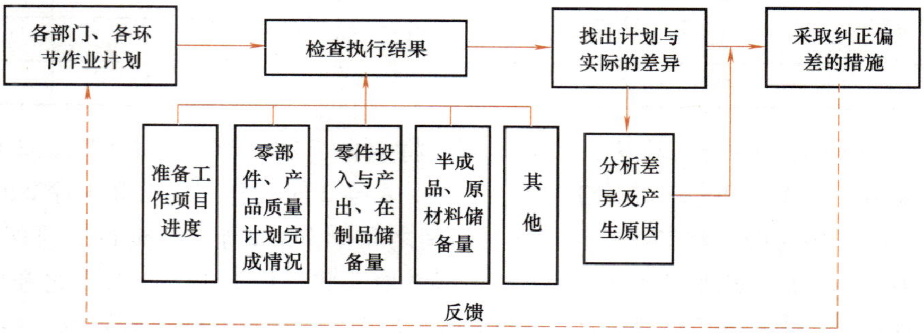

图 4-14　生产控制程序框图

4.4　网络计划技术

4.4.1　网络计划技术概述

1. 网络计划技术基本概念

网络计划技术是一种关于生产组织与管理的数学方法，是一项用于工程项目的计划与控制的管理技术。它以作业所需时间为基本因素，运用圆圈与箭线绘制成网络图，来表示整个工程或计划方案。通过数学计算方法，确定关键作业和关键路径，筹划对资源的分配与利用，力求以最少的时间和资源消耗来达到预期的目标。

网络计划技术应用范围很广，可用于单件小批生产类型和新产品试制的计划，也适用于大批量生产类型中的生产技术准备、维修等工作计划，还可以应用于制定长远规划、编制工程预算、组织物资供应、安排生产系统试运行等工作。同时它特别适用于一次性的大规模工程项目，如建设新厂、实施某个重大工程等。

2. 网络计划技术的两种基本形式

网络计划技术的两种基本形式是关键路径法（Critical Path Method，CPM）和计划评审技术（Project Evaluation and Review Technique，PERT）。

CPM 和 PERT 两种方法基本原理相同，都是用网络图表示计划实施过程，而且均是以消耗时间最长的路线作为“关键路径”，将这条路径作为对项目的计划和控制的基础；并且利用网络时间的计算和优化，达到有效地进行计划管理的目的。

这两种方法的不同之处在于：计划评审技术网络中的作业时间是不确定的，它有三个估计时间：乐观时间、最可能时间和悲观时间；而在关键路径法网络中的作业时间是确定的。关键路径法更突出地把费用的概念引入到计划和控制过程中，重点在于成本控制；而计划评审技术则侧重于时间控制。当时间和费用能预先估计的比较准确时，关键路径法比计划评审技术更优越。然而当不确定因素较多时，控制完成时间的重要性超过控制费用，选择计划评审技术则更适当。

本节只介绍关键路径法。

3. 网络计划技术的工作步骤

1）确定目标，分解任务，确定各个作业时间及费用，列出全部作业先行关系，绘制网络图。

2）网络时间计算，包括各作业的最早开始、最早结束、最迟开始和最迟结束时间，松弛时间，确定工程工期、关键作业和关键路径。

3）在满足既定要求的条件下，按照某个衡量指标（时间、成本、资源等）寻求最优方案：保证在计划规定的期限内，用最少的人力、物力和财力完成任务；或者在人力、物力和财力限制的条件之下，以最短的时间完成计划。

4）在计划执行的过程中，通过信息反馈，不断地收集、传送、加工和分析信息，使管理者能够对过程进行有效控制与监督，及时对计划进行必要的调整。

4.4.2　网络图的建立

网络图是由结点、箭线、虚箭线所构成的有向图。下面通过一个简单示例介绍网络图的建立及有关名词术语。

例 4-5　研制某种新产品，可将研制任务分解为若干个作业，各个作业与所需时间、费用及各作业之间的先行关系见表 4-10，试用网络图来表示该工程项目。

表 4-10　作业时间及先行关系

作　业	作业代号	先行作业	作业时间（正常）/天	作业时间（赶工）/天	作业费用（正常）/元	作业费用（赶工）/元
产品设计与工艺设计	A	—	15	11	10000	15000
外购配套件	B	A	7	5	5000	6000
制作木模、铸件	C	A	5	4	3000	5000
夹具制造	D	A	10	8	5000	6500
下料	E	A	1	1	1000	1000
零件加工 1	F	C，D	5	2	5000	6800
零件加工 2	G	D	3	2	3000	3600
零件加工 3	H	E	8	4	4000	6000
产品装配与调试	I	B，F，G，H	10	10	8000	8000

解　根据表 4-10 所给条件和数据，绘制出的网络图如图 4-15 所示。图中有关符号说明如下。

（1）工程　工程是指任何一项系统性的工作，如研制一种新产品，大修一台设备，安排一批零件加工的作业计划等。所谓系统性的工作，是指那些较复杂的工作，这些工作可以分解为若干项彼此相互联系的具体的工作（作业）。工程可以用网络图表示。

（2）作业　作业是指工程分解后的任何一项相对独立的具体工作。如研制新产品过程中的产品设计、工艺设计、零件加工、产品装配等。在网络图中，作业用箭线"→"表示，箭线所指的方向表示作业前进的方向，箭尾表示作业的开始，箭头表示作业的结束。箭线上方，标明作业的名称或代号，如图 4-15 中的 A、B、C 等。

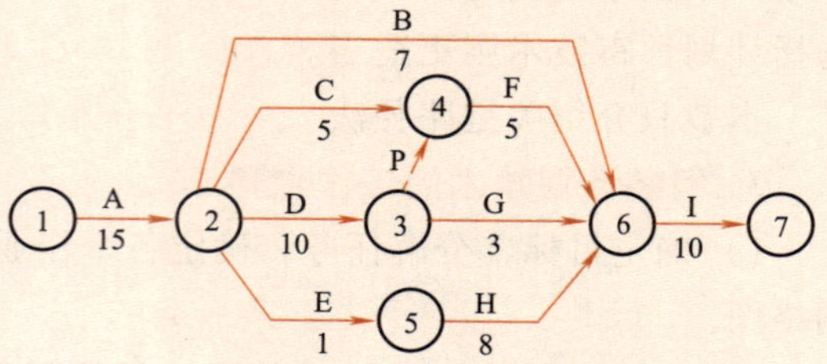

4-15 例 4-5 网络图

(3) 作业时间和作业费用 作业时间和作业费用指每项作业需要花费的时间和完成该项作业所需要的费用。作业时间（费用）有正常时间（费用）和赶工时间（费用）之分。正常时间（费用）是指在正常情况下（利用现有资源，不加班加点）完成作业所需要的时间（费用）；赶工时间（费用）则指赶工（压缩正常作业时间）情况下需要的时间（费用）。在网络图中，作业时间（费用）通常标注在相应作业箭线的下方，如图 4-15 中作业 A 的时间为 15 天，作业 B 时间为 7 天等。

(4) 结点 结点是相邻作业在时间上的分界点，即表示前面作业的结束，后面作业的开始。结点用圆圈和里面的数字表示，数字表示结点的编号，如①，②等。在网络图中，结点要统一进行编号，其顺序一般由小到大，以便于识别、检查和计算。在整个网络图中，第一个结点（如图 4-15 中的结点①）称为工程起点，最后一个结点（如图 4-15 中的结点⑦）称为工程终点。

(5) 先行关系 先行关系指各作业在时间上的联系，如零件加工必须在毛坯制作完成后才能开始，产品装配必须在所有零件加工完成后才能进行等。

(6) 紧前作业与后继作业 以某一作业起点为终点的作业，称为该作业的紧前作业；以某一作业终点为起点的作业，称为该作业的后继作业。在图 4-15 中，作业 A 没有紧前作业，作业 B、C、D、E 的紧前作业为 A，作业 B 的后继作业为 I，作业 C 的后继作业为 F 等。

(7) 虚作业 在网络图中为了正确地表达各作业之间的先行关系，有时需要引入虚作业。在网络图中，虚作业用虚箭线"--->"表示。虚作业只表示先行关系，其作业时间及费用均为零。如图 4-15 中，P 为虚作业。之所以要引入 P，是因为 F 作业要求在 C 和 D 作业均完成后才能开始，但结点③和④又不能合并，因为作业 G 和 C 没有先行关系。

4.4.3 网络图的计算

1. 作业开始与结束时间

作业开始与结束时间参数共有四个，即作业最早开始时间、最早结束时间、最迟开始时间和最迟结束时间。为计算方便，以下计算中用作业的起点与终点编号表示某一作业。起点与终点编号分别为 i、j 的作业，其最早开始时间、最早结束时间、最迟开始时间和最迟结束时间分别表示为 $T_{ES}(i,j)$、$T_{EF}(i,j)$、$T_{LS}(i,j)$ 和 $T_{LF}(i,j)$。

作业开始与结束时间基本公式：

1）某一作业的最早开始时间等于该作业所有紧前作业最早结束时间的最大值，即

$$T_{ES}(j,k) = \max(T_{EF}(i,j)) \tag{4-9}$$

式中 作业(i,j)——作业(j,k)的所有紧前作业。

2）某一作业的最早结束时间等于该作业最早开始时间加上该作业时间，即

$$T_{EF}(i,j) = T_{ES}(i,j) + t(i,j) \tag{4-10}$$

式中 $t(i,j)$——作业(i,j)的作业时间。

3）某一作业的最迟结束时间等于该作业所有后继作业最迟开始时间的最小值，即

$$T_{LF}(i,j) = \min(T_{LS}(j,k)) \tag{4-11}$$

式中 作业(j,k)——作业(i,j)的所有后继作业。

4）某一作业的最迟开始时间等于该作业最迟结束时间减去该作业时间，即

$$T_{LS}(i,j) = T_{LF}(i,j) - t(i,j) \tag{4-12}$$

2. 工程工期

当所有作业的最早结束时间求出后，就可以确定工程工期 T_P，工程工期等于所有作业最早结束时间的最大值，即

$$T_P = \max(T_{EF}(i,j)) \tag{4-13}$$

3. 关键作业与关键路径

在所有作业的最早开始时间、最早结束时间、最迟开始时间和最迟结束时间确定后，就可计算各作业的松弛（自由）时间 $T_{FR}(i,j)$，作业的松弛时间等于作业的最迟结束时间减去最早结束时间，也等于作业的最迟开始时间减去最早开始时间，即

$$T_{FR}(i,j) = T_{LF}(i,j) - T_{EF}(i,j) = T_{LS}(i,j) - T_{ES}(i,j) \tag{4-14}$$

松弛时间为0的作业称为关键作业，由关键作业形成的路径称为关键路径。

网络图中从起点开始，按照各个作业的顺序，连续不断地到达终点的一条通路称为路径，路径上所有作业时间之和称为路径时间。关键路径是网络图中各路径时间最长的路径。关键路径可能有一条，也可能有多条。如果关键作业延误，意味着关键路径时间延误，必然会影响整个工程工期；反之，若能够缩短关键作业所需时间，使关键路径时间缩短，就可以缩短整个工程工期。编制网络计划的基本思路就是在一个庞大的网络图中找出关键路径，对各关键作业，优先安排资源，挖掘潜力，采取相应措施，尽量压缩其时间。而对非关键路径上的各个作业，只要在不影响整个工程工期的条件下，抽出适当的人力、物力和财力等资源，用在关键作业上，可以达到缩短整个工程工期，合理利用资源等目的。

例 4-6 对例 4-5 所给工程项目进行网络计算，确定各作业开工时间与完工时间、工程工期及关键路径。

解 根据式（4-9）~式（4-12），可以按照网络图（图 4-15）结点顺序依次计算出例 4-5 中各个作业的最早开始时间、最早结束时间、最迟开始时间和最迟结束时间，见表 4-11 中 3、4、5、6 列。为计算方便，各作业均用其起点和终点编号表示，且严格按顺序排列：将起点号小的排在上面，起点号大的排在下面；起点号相同的作业，再按终点号排序，终点号小的排在上面，终点号大的排在下面。

表 4-11 例 4-5 网络计算 （单位：天）

作业	作业时间	T_{ES}	T_{EF}	T_{LS}	T_{LF}	T_{FR}	关键作业	关键路径
1-2(A)	15	$0_{\underline{1}}$	$15_{\underline{2}}$	$0_{\underline{21}}$	$15_{\underline{20}}$	0	是	1-2-3-4-6-7
2-3(D)	10	$15_{\underline{3}}$	$25_{\underline{4}}$	$15_{\underline{19}}$	$25_{\underline{18}}$	0	是	
2-4(C)	5	$15_{\underline{3}}$	$20_{\underline{4}}$	$20_{\underline{17}}$	$25_{\underline{16}}$	5	否	
2-5(E)	1	$15_{\underline{3}}$	$16_{\underline{4}}$	$21_{\underline{17}}$	$22_{\underline{16}}$	6	否	
2-6(B)	7	$15_{\underline{3}}$	$22_{\underline{4}}$	$23_{\underline{15}}$	$30_{\underline{14}}$	8	否	
3-4(P)	0	$25_{\underline{5}}$	$25_{\underline{6}}$	$25_{\underline{17}}$	$25_{\underline{16}}$	0	是	
3-6(G)	3	$25_{\underline{5}}$	$28_{\underline{6}}$	$27_{\underline{15}}$	$30_{\underline{14}}$	2	否	
4-6(F)	5	$25_{\underline{7}}$	$30_{\underline{8}}$	$25_{\underline{15}}$	$30_{\underline{14}}$	0	是	
5-6(H)	8	$16_{\underline{9}}$	$24_{\underline{9}}$	$22_{\underline{15}}$	$30_{\underline{14}}$	6	否	
6-7(I)	10	$30_{\underline{10}}$	$40_{\underline{11}}$	$30_{\underline{13}}$	$40_{\underline{12}}$	0	是	

表中各作业开始与结束时间右下角带下划线的数字表示数据计算的先后顺序。首先，按式（4-9）和式（4-10）由上至下计算各作业的最早开始时间和最早结束时间：作业 1-2 没有先行作业，故其最早开始时间 $T_{ES}(1,2)=0$，其最早结束时间按式（4-10）计算，得到 $T_{EF}(1,2)=T_{ES}(1,2)+t(1,2)=0+15=15$。作业 1-2 最早结束时间确定后，由式（4-9）就可以确定作业 2-3、2-4、2-5 和 2-6 的最早开始时间，因结点 2 的紧前作业只有一个，即作业 1-2，故可确定 $T_{ES}(2,3)=T_{ES}(2,4)=T_{ES}(2,5)=T_{ES}(2,6)=T_{EF}(1,2)=15$。再根据各作业时间由式（4-10）可计算出作业 2-3、2-4、2-5 和 2-6 的最早结束时间分别为 25、20、16 和 22。同理，可计算出作业 3-4 和 3-6 的最早开始时间和最早结束时间。在确定作业 4-6 的最早开始时间时需注意它有两个紧前作业 2-4 和 3-4，故其最早开始时间应取作业 2-4 和 3-4 最早结束时间的最大值，即 25。依此类推，可计算出各作业的最早开始时间和最早结束时间。

当所有作业的最早结束时间求出后，按式（4-13）可求出工程工期：$T_P=40$。

工程工期确定后，以工程终点为终点的作业的最迟结束时间就可以确定，即等于工程工期，$T_{LF}(6,7)=T_P=40$。之后，按式（4-11）和式（4-12）可以由下向上计算各作业的最迟结束时间和最迟开始时间。计算结果列于表 4-11 第 5、6 列。

再按式（4-14）计算得到例 4-5 中各作业的松弛时间，列于表 4-11 第 7 列。

显见例 4-5 所给工程项目中的关键作业有作业 1-2、2-3、3-4、4-6 和 6-7，由其组成的关键路径是 1-2-3-4-6-7。

4.4.4 网络图的优化

工程项目经过作业分解，绘制出网络图，计算时间参数和确定关键路径后，可以得到一个初始的计划方案。但在初始计划方案中，还没有考虑到时间、资源和成本的限制条件。当考虑这些限制条件时，需要求得一个时间短、进度快、资源耗费少和成本低的计划方案。所谓优化，就是根据预定目标，在满足既定要求条件下，不断调整网络计划的最初方案，按照某一衡量指标寻求最优方案。

目前，网络计划优化有多种理论和方法，可根据不同的目标，采用不同的对策。常见的优化目标有时间优化、时间-资源优化和时间-成本优化。虽然不同的优化目标对应不同的优化方法，但其核心都是向关键路径要时间，向非关键路径要资源。下面仅以时间-成本优化为例，说明网络优化的迭代方法。

1）按前述方法计算网络时间（第1次迭代取正常时间为作业时间）及关键路径。

2）确定工程工期，计算工程费用。工程总费用等于工程直接费用与间接费用之和，即

$$C_A = C_D + C_I \tag{4-15}$$

式中 C_A——工程总费用；

C_D——工程直接费用；

C_I——工程间接费用。

工程的直接费用等于各作业费用之和，即

$$C_D = \sum_{i=1}^{n} C_i \tag{4-16}$$

式中 C_i——第 i 个作业费用；

n——作业个数。

工程的间接费用通常表示为

$$C_I = C_0 + C_V T_P \tag{4-17}$$

式中 C_0——间接费用中的不变成本（与工期无关的费用）；

C_V——间接费用中的可变单位成本；

T_P——工程工期。

3）将工程工期减少一个时间单位。为压缩工期，应减小关键路径上某一作业时间。为降低成本，应优先选取费用增长率（*CCUT*）值最小的作业进行压缩。若有多个关键路径，应使每个关键路径均减小1个时间单位，且使费用增长为最小。

费用增长率（*CCUT*）是指赶工1个单位时间费用增长量，其计算公式为

$$CCUT = \frac{\text{赶工费用} - \text{正常费用}}{\text{正常时间} - \text{赶工时间}} \tag{4-18}$$

4）重复1）~3）步，直至获得最短工程工期为止。

5）取工程总成本最小的工程工期为最优工期。

例 4-7 试确定例4-5所给工程项目最小工程成本的工期。已知工程间接费用为

$$C_I = 20000 + 800T_P$$

解 （1）计算各作业费用增长率 按式（4-18）计算得到各作业费用增长率列于表4-12。

表 4-12 例 4-5 所给工程项目各作业费用增长率

作业	1-2(A)	2-3(D)	2-4(C)	2-5(E)	2-6(B)	3-4(P)	3-6(G)	4-6(F)	5-6(H)	6-7(I)
CCUT/(元/天)	1250	750	2000	∞	500	∞	600	600	500	∞

（2）进行迭代计算 迭代计算过程见表4-13。

由表4-13可见，按正常时间计算工程工期为40天，直接费用为44000元，间接费

用为 52000 元，总费用为 96000 元。第 1 次迭代只有 1 条关键路径 1-2-3-4-6-7，取其上 *CCUT* 值最小的关键作业 4-6 进行压缩，压缩 1 个时间单位后，工程工期变为 39 天，直接费用增长 600 元，间接费用减小 800 元，总费用变为 95800 元。第 2 次迭代关键路径没有改变，仍取作业 4-6 进行压缩，工程工期变为 38 天，总费用变为 95600 元。

第 3 次迭代时网络图出现 2 条关键路径，分别是路径 1-2-3-4-6-7 和路径 1-2-3-6-7。再减少工期需从 2 条关键路径上分别选取一个关键作业进行压缩。考虑到作业 2-3 是关键路径 1-2-3-4-6-7 和 1-2-3-6-7 的共同关键作业，且其压缩后工程总费用增长最小，故选取作业 2-3 进行压缩。第 3 次迭代后工期减小为 37 天，总费用变为 95550 元。第 4 次迭代与第 3 次迭代相同，迭代后工期减小为 36 天，总费用变为 95500 元。

第 5 次迭代时，作业 2-3 已不能压缩，此时只能在作业 1-2、4-6 和 3-6 之间进行选择，考虑同时压缩作业 4-6 和 3-6 费用增长比压缩作业 1-2 小，故选取同时压缩作业 4-6 和 3-6，压缩后工期变为 35 天，总费用变为 95900 元。

第 6 次迭代关键路径仍为 1-2-3-4-6-7 和 1-2-3-6-7 两条，但只有作业 1-2 可以压缩。压缩此作业，工期减小至 34 天，总费用变为 96350 元。第 7、8、9 次迭代类同。第 9 次迭代后工程工期压缩至 30 天，已不能再压，迭代结束。

比较各次迭代结果，可确定最佳工程工期为 36 天，此时对应的工程总费用最小，为 95500 元。

表 4-13 例 4-5 网络计划优化迭代过程

迭代号	关键路径	赶工作业	*CCUT* /(元/天)	工程工期 /天	直接费用 C_D/元	间接费用 C_I/元	总费用 C_A/元	最佳工期和工程最小费用
0	1-2-3-4-6-7			40	44000	52000	96000	
1	1-2-3-4-6-7	4-6	600	39	44600	51200	95800	
2	1-2-3-4-6-7	4-6	600	38	45200	50400	95600	
3	1-2-3-4-6-7 1-2-3-6-7	2-3	750	37	45950	49600	95550	
4	1-2-3-4-6-7 1-2-3-6-7	2-3	750	36	46700	48800	95500	
5	1-2-3-4-6-7 1-2-3-6-7	4-6 3-6	1200	34	47900	48000	95900	最佳工期 = 36 天 最小费用 = 95500 元
6	1-2-3-4-6-7 1-2-3-6-7	1-2	1250	33	49150	47200	96350	
7	1-2-3-4-6-7 1-2-3-6-7	1-2	1250	32	50400	46400	96800	
8	1-2-3-4-6-7 1-2-3-6-7	1-2	1250	31	51650	45600	97250	
9	1-2-3-4-6-7 1-2-3-6-7	1-2	1250	30	52800	44800	97700	

由以上计算可见，计算虽然烦琐，但有规律可循。因此，可以编制成计算机程序进行自动处理。实际上，对于复杂的网络计划问题，必须使用计算机处理，人工方法几乎无法实现。

4.5 现代生产管理模式

本节介绍几种与生产管理密切相关的先进制造哲理与生产模式。

4.5.1 成组技术

1. 成组技术基本原理

在社会生产中存在着“批量法则”，大批量生产由于可以采用高效、专用设备和先进制造工艺，容易获得高效率、低成本和高质量，而多品种、中小批量生产则刚好相反。为了解决多品种、中小批量生产方式生产率低下和经济效益差的问题，人们一直在寻求各种有效的方法，最终发展了成组技术（Group Technology，GT）。

在机电制造领域中，成组技术可以被定义为：将多种零件按其相似性分类成组，并以这些零件组为基础组织生产，实现多品种、中小批量生产的产品设计、制造工艺和生产管理的合理化。

由上述定义可见，机械制造中成组技术的基本原理是将零件按其相似性分类成组，使同一类零件分散的小批量生产，汇合成较大批量的成组生产（见图4-16），从而使多品种、中小批量生产可以获得接近大批量生产的经济效果。

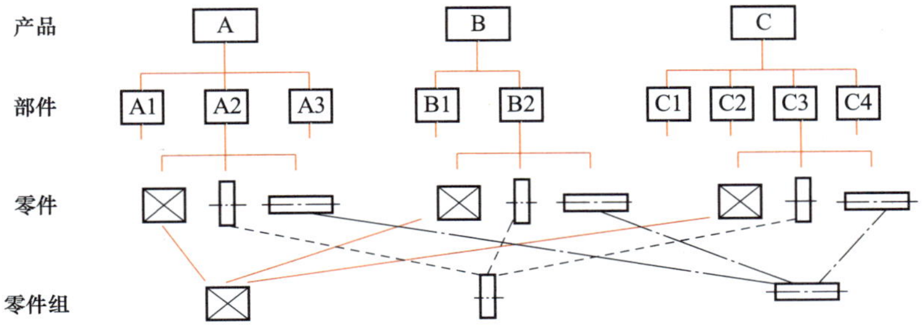

图4-16 成组技术基本原理

在市场多变和按订单生产的情况下，组织成组生产常常会遇到困难，因为零件需求是变化的和难以预测的。但这并不影响实施成组技术的效果，此时成组技术效益主要来自制造资源的重复使用（Reuse）。例如，在产品设计中可以重复使用已有图样，工艺过程设计中可以重复使用已有工艺文件，制定生产计划时可以重复使用已有生产和作业计划，制造过程中则可以重复使用已有设备和工装等。制造资源的重复使用不仅节约了资源，而且由于作业熟练程度的增加会大大提高工作效率。当然，这种重复不完全是简单的重复，而更多的是“相似重复”，即经局部修改后的重复。

2. 实施成组技术的基本问题

（1）建立零件分类编码系统 零件分类编码系统是用字符（数字、字母或符号）对零件有关特征进行描述和识别的一套特定的规则和依据。零件分类编码系统是对零件相似性进行识别和划分零件组的基础。目前，世界上使用的分类编码系统不下百余种，较著名的有德国的Opitz系统，瑞士的Sulzer系统，荷兰的Miclass系统，日本的KK系统，我国的 JLBM-1 系统等。

（2）划分零件组 合理地划分零件组是实施成组技术的重要内容，也是实施成组技术取得经济效果的关键。对于不同的生产活动领域，划分零件组的概念不完全相同。在产品设计领域，应按零件结构相似特征划分零件组；在加工领域，应按零件工艺相似特征划分零件组；在生产管理领域，应根据零件工艺相似特征及零件投产时间特征划分零件组；对于机床调整，则应按零件的调整特征划分零件组。由于零件的工艺特征涉及面较广，且直接影响加工过程，就整个生产过程而言，通常按零件的工艺特征划分零件组。

（3）成组工艺过程设计 成组工艺过程是指零件组的工艺过程，零件组内任何一个零件的工艺过程均与成组工艺过程相吻合，或是其中的一部分。成组工艺过程是组成成组生产的基础。成组工艺过程的设计方法主要有两种：综合零件法和综合路线法。前者多用于回转体零件的成组工艺过程设计，后者多用于非回转体零件的成组工艺过程设计。

实施成组工艺，可以人为地扩大生产批量，使先进、高效的生产设备和生产工艺得以应用，从而使多品种、中小批量生产可以取得接近大批量生产的经济效果。

采用成组加工和成组工艺，有利于设计和使用成组工艺装备。成组工艺装备指经少许调整或补充，就能满足零件组内所有零件加工的各种刀具、夹具、模具、量具和工位器具的总称。长期以来，工艺装备存在着制造周期长、成本高、使用效率低等矛盾，这些矛盾在多品种、中小批量生产中表现得尤为突出。应用成组技术，可使这一矛盾从根本上得到解决。

（4）建立成组生产单元 成组生产单元是实施成组技术的一种重要组织形式。在成组生产单元内，工件可以有序地流动，大大减少了工件的运动路程，如图 4-17 所示。更重要的是成组生产单元作为一种先进的生产组织形式，可使零件加工在单元内封闭起来，有利于调动组内生产人员的积极性，有利于提高生产率和保证产品质量。

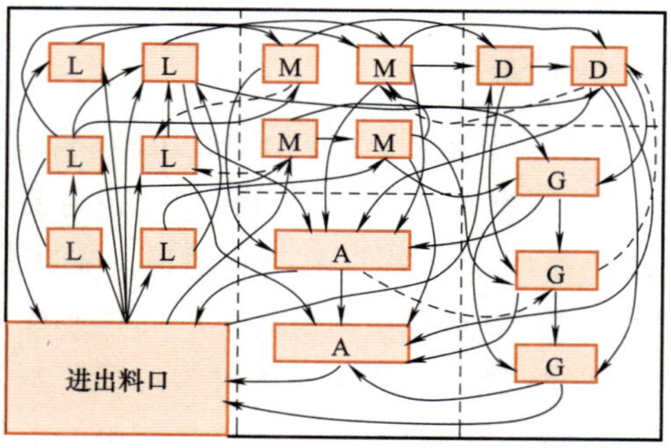

a) 机群式布局

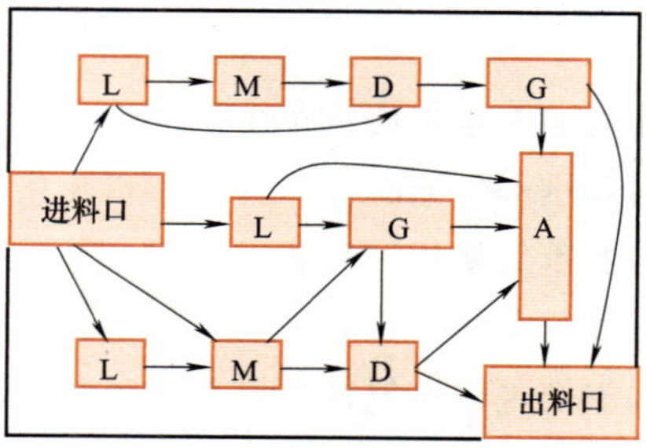

b) 成组单元布局

图 4-17 机群式布局与成组单元布局形式比较

3. 实施成组技术对生产计划的要求

按成组工艺进行加工，可使零件加工流向相同，这不仅有利于减少工件运动距离，而且有利于作业计划的安排。因为对于同顺序加工的零件，如按 4.3.3 节所述彼得洛夫-哈姆算法，先在组内排序，再在组间排序，可得到总加工周期较短的优化排序。

但采用成组技术方法安排零部件生产进度计划时，需打破传统的按产品制定生产计划的模式，而代之以按零件组安排生产进度计划，这在一定程度上会给人工制定生产计划带来不便（相对于传统的计划方法）。这也是某些企业推行成组技术遇到的一大障碍，而克服这种障碍的有效方法除了要转变传统观念以外，采用新的计划模式和计算机辅助生产管理方法十分必要。

4.5.2 计算机集成制造

1. CIM的由来和发展

计算机集成制造（Computer Integrated Manufacturing，CIM）一词首先于1974年由美国哈林顿（Joseph E. Harrington）博士提出。他在《Computer Integrated Manufacturing》一书中阐述了两个基本观点。

1）制造企业生产活动的各个环节，即从市场分析、经营决策、工程设计、制造过程、质量控制、生产指挥到售后服务，互相紧密联系成一个不可分割的整体。

2）整个制造过程本质上可以抽象成一个数据收集、传递、加工和利用的过程，最终产品可以看作是数据的物化表现。

CIM概念提出后，未能立即引起足够的注意，因当时实施CIM的条件尚不成熟。进入20世纪80年代以后，与CIM有关的各项单元技术（如CAD、CNC、CAPP、MIS、FMC、FMS …）发展已较完善，并形成一个个自动化“孤岛”。在这种形势下，为取得更大的经济效果，需要将这些“孤岛”集成起来，于是CIM概念受到重视并被普遍接受。

20世纪80年代中、后期，CIM逐渐开始实施，并迅速显示出明显的效益——提高企业的生产率和市场竞争力。以往竞争力主要取决于生产率，当今更重要的是对市场的响应能力。信息时代的到来，使世界正在“变小”。世界大市场的发展，使竞争更加激烈，企业为求得生存和发展，必须在TQCSE（T—时间，加速新产品研制周期，缩短交货期，Q——质量，C——成本，S——服务，E——环保）五要素上取得成效。为实现这一目标，CIM是一种强有力的形式。

2. CIM与CIMS定义

欧共体CIM-OSA（开放体系结构）课题委员会对CIM所下的定义具有一定的权威性：CIM是信息技术和生产技术的综合应用，旨在提高制造型企业的生产率和响应能力。企业所有功能、信息、组织管理等方面都是集成起来的整体的各个部分。

CIM是一种制造哲理，是一种思想；CIMS（计算机集成制造系统）是CIM制造哲理的具体体现。

根据上面的定义，可对CIM和CIMS做如下理解。

1）CIM的核心是集成，而集成的本质是信息集成。

2）CIM将整个制造过程视为一个系统，从系统工程观点出发，将整体优化作为其最终目标（相对于自动化孤岛而言）。

3）CIM是一种理想状态，是一个无限追求的目标。CIMS经常和人们提到的“三无工厂”（无图样、无库存、无人化），“3J”（Just in time，Just in case，Just in supply）等概念相联系。同时CIMS的实现程度又受企业经营环境的制约，与企业的技术水平、投资能力、经营战略等相联系，决定了CIMS是一个多层次、多模式、动态发展逐渐向理想状态趋近的系统。

3. CIMS的组成

作为一个系统，CIMS由若干个相互联系的部分（分系统）组成，通常CIMS可划分为5个分系统（见图4-18）。

(1) 工程技术信息分系统（EIS或TIS） 其主要功能是进行产品设计、生产准备以及工艺过程和装配过程设计。具体内容包括计算机辅助设计（CAD），计算机辅助工程（CAE），计算机辅助工艺过程设计（CAPP），计算机辅助工装设计（CATD），数控程序编制（NCP）等。

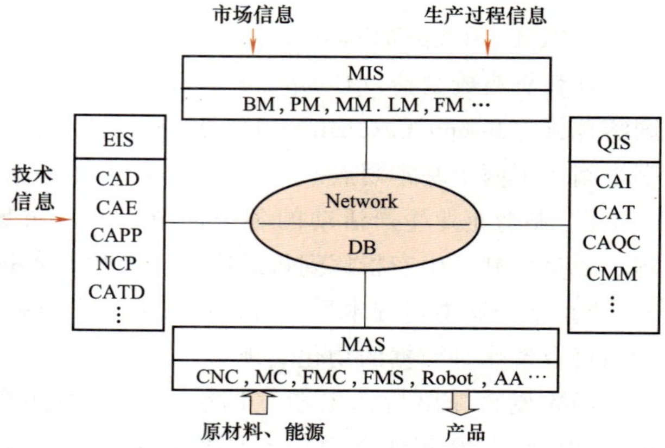

图4-18 CIMS体系结构

(2) 管理信息分系统(MIS) 通常以MRPⅡ（制造资源计划）或ERP（企业资源计划）为核心，根据企业管理高层的经营决策，对生产活动进行计划和控制。具体包括经营管理（BM），生产管理（PM），物料管理（MM），人事管理（LM），财务管理（FM）等。

(3) 制造自动化分系统（MAS） 其主要功能是完成零件加工、检验、运输以及产品装配、检测、包装等项工作。该分系统包括各种自动化设备和系统，如计算机数控（CNC），加工中心（MC），柔性制造单元（FMC），柔性制造系统（FMS），工业机器人（Robot），自动装配（AA）等。

(4) 质量信息分系统（QIS） 其主要功能是采集、存储、处理与评价各种质量数据，对生产过程进行质量控制。该分系统包括计算机辅助检验（CAI），计算机辅助测试（CAT），计算机辅助质量控制（CAQC），三坐标测量机（CMM）等。

(5) 计算机网络与数据库分系统（Network & DB） 计算机网络与数据库分系统是一个支持系统，用于将上述几个分系统联系起来，以实现各分系统信息的集成。其中计算机网络多为局域网，采用标准网络协议，可实现异构机、异构局网的互联，以支持资源共享和数据的传输。数据库用于存储企业生产活动的全部信息，并支持各分系统的运行。数据库在逻辑上是统一的，在物理上是分布的。

由上述分析可见管理信息分系统是CIMS的重要组成部分。在CIM环境下，通过管理可以真正实现制造系统中的硬件和软件、物质流与信息流、制造工艺和生产管理的有机结合。

4.5.3 制造资源计划、企业资源计划与制造执行系统

1. 制造资源计划（MRPⅡ）

MRP（物料需求计划）已在4.3.3节中介绍。在闭环MRP的基础上，以“在正确的

时间，生产和销售正确的产品”为中心，将企业的“人”“财”“物”进行集中管理，便形成了广义MRP。1977年9月，美国著名生产管理专家奥特夫·怀特（Oliver W·Wight）首先倡议给这种广义MRP赋予一个新名称——制造资源计划（Manufacturing Resources Planning），为了与MRP区分，在其末尾加上“Ⅱ”，表示是第二代的MRP。典型的MRPⅡ系统结构如图4-19所示。

MRPⅡ与MRP的主要区别在于MRPⅡ运用了管理会计的概念，用货币形式说明了执行企业物料计划带来的效益，实现了物料信息与资金信息的集成。在一定意义上，可以说MRPⅡ系统实现了物流、信息流与资金流在企业管理方面的集成。MRPⅡ系统为企业提供了一个完整的管理体系，使企业内各部门的活动协调一致，形成一个完整的有机体，从而有效地提高企业运转效率。

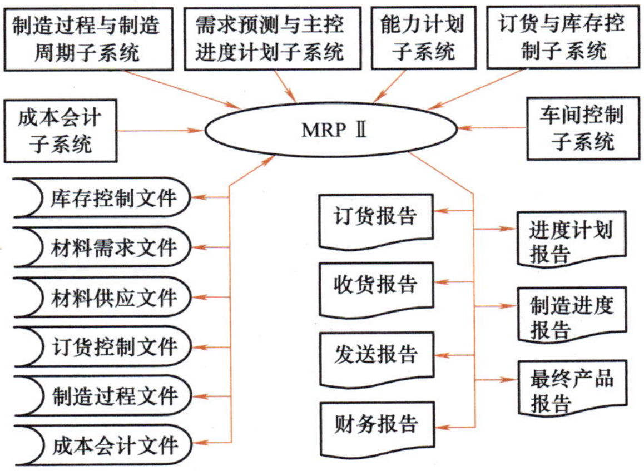

图4-19 典型MRPⅡ系统结构

2. 企业资源计划（ERP）

企业资源计划（Enterprise Resources Planning，ERP）是在MRPⅡ基础上演变和发展起来的。20世纪90年代初，美国高德纳咨询公司（Gartner Group Inc.）首先提出企业资源计划的概念。最初的ERP主要是面向企业内部供应链的管理，将企业内部生产经营的所有业务单元，如订单、采购、计划、生产、库存、质量、运输、市场、销售、服务以及相应的财务活动等均纳入供应链内进行统一管理。随着市场竞争的加剧，生产出的产品必须转化为利润，于是企业更加注意对资金的管理和动态利润分析，即如何在供应链上更好地利用资金以实现最大利润。为此，ERP在对整个供应链的管理过程中加入了企业理财的观念，更加强调对资金流和信息流的控制。

随着全球经济一体化进程的加快，人们意识到任何一个企业都不可能在所有业务领域成为领先者，必须联合本行业其他上下游企业，建立一条范围更广、功能更强、灵活性更大的供应链，借助于企业间的优势互补，共同增强市场竞争力。为适应这种形势，ERP从对企业内部供应链的管理延伸和发展为面向行业的广义产业链管理，管理系统的范围大大超出了MRPⅡ的局限，发展成一个更为广泛的管理系统。

ERP不仅扩充了MRPⅡ的制造与财务功能，同时增加了客户关系管理与供应链管理等内容，并支持流通领域的运输和仓储管理、售后服务管理、制造过程中的品质管理、设备维护管理以及区域和跨国经营管理等。特别是随着互联网的迅猛发展，ERP又增加了电子商务、电子数据交换等内容，并支持企业投资和资本运作管理以及各种法规和标准管理。图4-20所示为MRP、MRPⅡ和ERP三者之间的关系。

3. 制造执行系统（MES）

制造执行系统（Manufacturing Execution System，MES）常被定义为“位于上层的计划

管理系统与底层的工业控制之间的面向车间层的管理信息系统”，它为操作人员/管理人员提供计划的执行、跟踪以及所有资源（人、设备、物料、客户需求等）的当前状态。车间的实时信息的掌握与反馈是MES对上层计划系统正常运行的保证，车间的生产管理是MES的根本任务，而对底层控制的支持则是MES的特色。

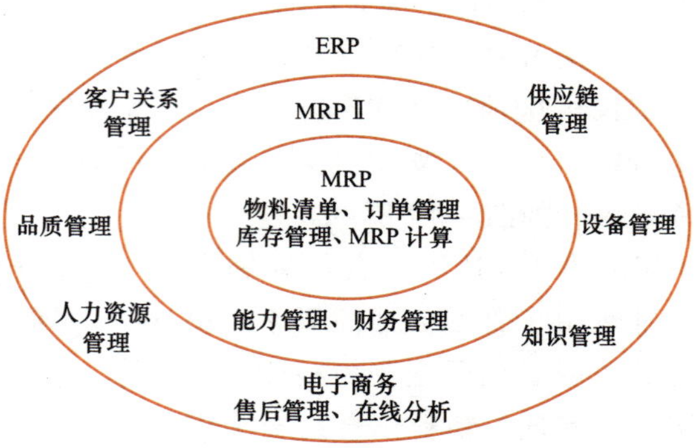

图4-20　MRP、MRPⅡ、ERP之比较

MES以计划调度执行为核心，它与计划管理系统和生产控制系统之间的关系如图4-21所示。由图可见，MES在计划管理层与底层控制之间架起了一座桥梁：一方面，MES可以对来自MRPII/ERP的生产管理信息细化、分解，将操作指令传递给底层控制；另一方面，MES可以实时监控底层设备的运行状态，采集设备、仪表的状态数据，经过分析、计算与处理，触发新的事件，从而方便、可靠地将控制系统与信息系统联系在一起，并将生产状况及时反馈给计划层。

4. 选择MRPⅡ/ERP、MES的原则

目前已有的MRPⅡ/ERP、MES软件系统品种繁多，功能、结构、运行环境等差别也很大，选用时应注意以下两点：

1）对欲选用的软件系统应做全面考虑，即不仅要考虑软件的功能、结构、价格、运行环境等因素，还要考虑软件文档、技术特征与开放性、培训与运行支持、服务与用户咨询点以及供应商的生命力等因素。

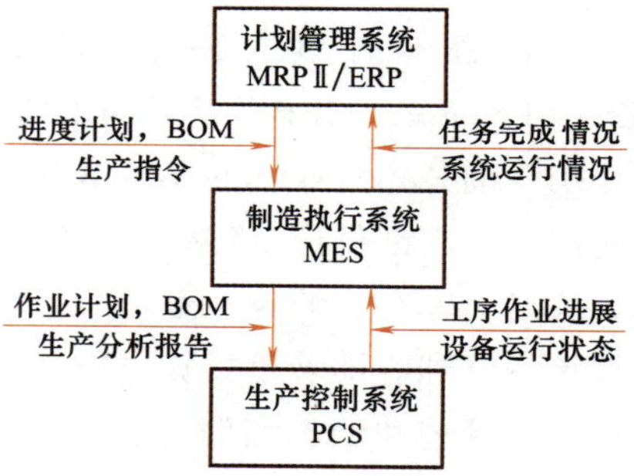

图4-21　MES与计划管理系统和生产控制系统信息交互图

2）应充分了解相关软件的运行机制，深入考查软件所包含的模块、可实现的功能、作业流程设计、完善程度以及适用条件等，从企业实际情况出发，选择适合于企业特点的软件系统，并将软件系统与企业业务流程有机结合在一起，并进一步在实施过程中注意改善企业业务流程中的不良方面，同时修正软件中不适用的部分。

4.5.4　精益生产与准时制生产

1. 精益生产

（1）精益生产（Lean Production，LP）的由来　20世纪70～80年代，日本制造业迅速崛起，其产品大量涌入美国市场，对美国构成了极大的威胁，促使一些美国人认真地去研究日本经济腾飞的奥秘。

1985年，美国麻省理工学院（MIT）启动了一个重要的“国际汽车研究计划”，对日本汽车企业进行了深入调查研究，并得出结论：日本的成功主要在于他们采用了新型的生

产模式。1990年，该项目主要负责人詹姆斯（James Womack）等三名经理编著了《The Machine That Changed the World》一书。在这本书中，提出了“精益生产”的概念，并以此来描述日本丰田汽车公司生产方式。他们认为大量生产（Mass Production，MP）是旧时代工业化的象征——代表了高效率、低成本、高质量。而精益生产是新时代工业化的标志——因为它只需要“一半人的努力，一半的生产空间，一半的投资，一半的设计、工艺编制时间，一半的开发新产品时间和少得多的库存”，就能够实现大量生产的目标。

（2）精益生产的实质　James Womack认为精益生产基于四条原则。

1）消除一切浪费。

2）完美质量和零缺陷。

3）柔性生产系统。

4）不断改进。

上述四条原则中，第一条原则是最根本的，其他几条原则均是为了实现第一条原则而派生出来的。LP的精髓在于“Lean”——其含义是“没有冗余”“精打细算”。精益生产要求生产线上没有一个多余的人，没有一样多余的物品，没有一点多余的时间；岗位设置必须是增值的，不增值岗位一律撤除；工人要求是多面手，可以互相顶替。精益生产将生产过程中一切不增值的东西（人、物、时间、空间、活动等）均视为“垃圾”，认为只有清除垃圾，才能实现完美生产。

（3）精益生产与大量生产比较（见表4-14）

表4-14　精益生产与大量生产的比较

比较项目	大量生产	精益生产
追求目标	高效率、高质量、低成本	完善生产，消除一切浪费
工作方式	专业分工，专门化，相互封闭	责、权、利统一的工作小组，协同工作，团队精神
组织管理	宝塔式，组织机构庞大	权力下放，精简一切多余环节，扁平式组织结构
产品特征	标准化产品	面向用户的多样化产品
设计方式	串行模式	并行模式
生产特征	大批量、高效率生产	变批量、柔性化生产，生产周期短
供货方式	大库存缓冲	JIT方式，接近零库存
质量保证	主要靠机床设备，检验部门事后把关，返修率大	依靠生产人员保证，追求零缺陷，返修率接近0
雇员关系	合同关系，短期行为	终身雇用，风雨同舟
用户关系	用户满意，主要靠产品质量、成本取胜	用户满意，需求驱动，主动销售
供应商	合同关系，短期行为	长期合作伙伴关系，利益共享，风险共担

2. 准时制生产

（1）准时制生产的含义　准时制（Just In Time，JIT）的核心是及时和准确。在制造过程中，要求按正确的时间、正确的地点，提供正确数量的合格物品，以期达到零库存、无缺陷和低成本的目标。

制造系统中的物流方向是从毛坯到零件，从零件到组装再到总装。为了保证最终产品的交货日期，一般采用增加在制品的储备量的办法，以应付生产中的失调和故障导致的需求变化。结果常常造成在制品的过剩和积压，使生产缺乏弹性和适应能力。

准时制生产则从反方向来看物流，即从总装到组装，再到零件，再到毛坯。当后一道工序需要运行时，才到前一道工序去拿取所需要的部件、零件或毛坯，同时下达下一段时间的需求量。对于整个系统的总装线来说，由市场需求来适时、适量地控制，总装线根据自身需要给前一道工序下达生产指标，而前一道工序根据自身的需要给再前一道工序下达生产指标，依此类推。

实施准时制生产的车间和工序，一般都避免成批生产和成批搬运，尽可能做到在必要时，只生产一件、传送一件、储备一件，从而使在制品的数量减少到最低限度。

丰田公司实行 JIT 生产的基本做法是：

1）每月由公司根据市场情况和用户订货，按型号和规格拟定本月生产各种汽车的数量，经审查批准后，下达生产任务。

2）工厂的装配车间将月生产汽车任务除以本月有效工作日，得出日平均产量，据此按日安排生产。

3）装配车间开始生产后，按后序向前序提取零部件的规定，把生产过程的各个部分有机地组织起来。

4）宁肯中断生产，也不积压储备。

丰田公司正是由于坚持这最后一点，使生产过程的种种矛盾和瓶颈问题充分暴露出来，而彻底解决这些矛盾和问题，便使生产过程不断趋于完善。

JIT 从其产生发展至今，其内涵不断扩充，现已逐渐发展成为包括经营理念、生产组织、物流控制、质量管理、成本控制、库存管理、现场管理与改善等在内的较为完整的生产管理技术与方法体系。

（2）看板系统　丰田公司在生产现场利用看板（Kanban）来协调各工序、各环节的生产进程。看板作为指挥生产和控制生产的媒体，由计划部门送到生产部门，再传送到每道工序，一直传送到采购部门。看板系统可以在一条生产线内实现，也可以在一个车间或一个工厂内实现。实施看板后，管理程序大为简化，在制品库存大为减少，浪费现象得到有效控制。

使用最多的看板有两种：传件看板（即拿取看板）和生产看板（订货看板）。传送看板标明后一道工序向前一道工序拿取工件的种类和数量，而生产看板则标明前一道工序应生产的工件的种类和数量。

图 4-22 所示为一个由 N 道工序组成的生产流程。每道工序均设有两个存件箱甲和乙，甲箱存放前工序已制成的、为本工序准备的在制品或零部件，乙箱则存放本工序已加工完成的、可为下道工序随时提用的在制品或零部件。实线表示零部件及传件看板的传送过程，虚线表示生产看板的传送过程。

当从最后一个工序乙箱取走一件成品（标号 1）后，发出生产看板（标号 2），N 工序开始启动，并从甲箱中取出一个在制品或零部件（标号 3）进行加工或装配，同时取出原附在上面的传件看板，到前一道工序（$N-1$ 工序）的乙箱中提取一个相同的在制品或零部件（标号 5），并将该传送看板附于其上。原先附在 $N-1$ 乙箱中被提取的在制品或零部件上面的生产看板，取下后交给 $N-1$ 工序的工人，工人拿到生产看板即开始生产。此

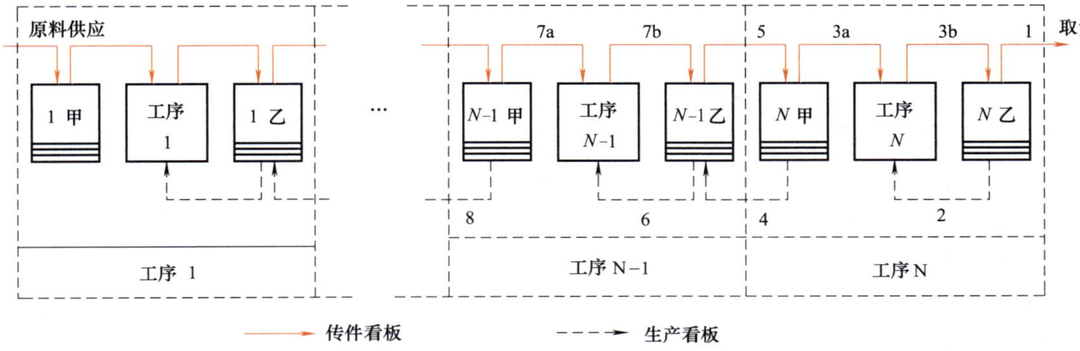

图 4-22　看板管理的工作过程

时他将从 $N-1$ 甲箱中拿取一个在制品或零部件（标号 7）进行加工或装配，完成后将生产看板附在该工序的成品件上并放入 $N-1$ 乙箱中。如此，一个个工序进行下去，直至第一个工序。

显然，这是一种“拉动式”的生产方式，即以销售（面向订货单位）为整个企业工作的起点，从后道工序拉动前道工序，一环一环地“拉动”各个环节，以市场需要的产品品种、数量、时间和质量来组织生产，从而消除生产过程中的一切冗余，最大限度地提高生产过程的有效性。

丰田公司以看板管理为手段，成功地制止了过量生产，极大地减少了在制品的数量，同时也使产生次品的原因和隐藏在生产过程中的种种问题及不合理成分充分暴露出来。然后通过旨在解决这些问题的改善活动，彻底消除因其成本增加而带来的种种浪费，实现生产过程的合理、高效和灵活。

（3）JIT 与 MRPⅡ的区别与联系　JIT 与 MRPⅡ都是先进的生产管理模式，两者之间有许多共同之处，但也有显著差异。表 4-15 列出了 JIT 与 MRPⅡ的区别与联系的几个主要方面。

表 4-15　JIT 与 MRPⅡ的区别与联系

比较项目	JIT	MRPⅡ
库存	通过库存极小化，使问题充分暴露，使各生产环节紧张起来	通过库存预防生产中各种变故（机床故障、废次品、供应商拖期交货等），库存越多越安全
批量	仅生产必要的数量，对自制件与外购件只下达最小的需要补充量	综合考虑库存费用和生产准备费用，按一定模型计算最佳批量
生产准备时间	最大限度地减小生产准备时间，允许频繁地生产不同的产品	为获得最大输出，尽量减少产品的转换
供应商	减少供应商的数目，将供应商视为协同工作的一部分，建立长期合作伙伴关系	有多种供货来源，希望多个供应商互相竞争，以从中获利
质量	废次品为零，宁肯停产也不放过任何一个质量问题	允许一定数量的废次品，在生产计划中已考虑废次品因素
设备	要求设备稳定、有效地运行，设备故障要减少到最低限度	允许一定的设备故障率，通过在制品库存减小设备故障对生产的影响
提前期	通过简化销售、采购和生产管理，尽量压缩提前期	有较长的提前期，以预防生产中的各种变故
工人	权力下放，工人有责任感，能够从事多种工作，积极参与生产管理	按法规进行管理，一线工人从事单一工作，对生产问题没有发言权

4.5.5 敏捷制造

1. 敏捷制造（Agile Manufacturing，AM）的由来

20 世纪 70 ~ 80 年代，美国由于政策导向失误，使制造业众多产品在世界市场所占份额不断下降，美国在制造领域的霸主地位逐渐丧失，制造技术方面的领先优势也不复存在。为了恢复美国制造业在世界上的领导地位，20 世纪 80 年代末美国国会指示国防部拟定一个制造技术发展规划，要求同时体现美国国防工业与民品工业的共同利益，并要求加强政府、工业界和学术界的合作。在此背景下，美国国防部委托 Lehigh 大学与 GM 等大公司一起研究制定一个振兴美国制造业的长期发展战略，最终于 1991 年完成了“21 世纪制造业发展战略”报告。在此报告中提出了“敏捷制造”的概念。

敏捷制造的基本思想是：

1）军品生产企业与民品生产企业应能相互补充、相互转换。

2）一个公司的生产可以利用其他公司的资源，以扩展自身的生产能力（对中小企业更是如此）。

3）建立全国范围的工厂信息网络，以加强各企业之间的合作。

4）最终达到提高美国制造企业全球竞争力的目标。

2. 敏捷制造的内涵

敏捷是指企业在不断变化和不可预测的竞争环境中，快速响应市场和赢得市场竞争的一种能力。敏捷制造是指企业实现敏捷生产经营的一种制造哲理和生产模式。敏捷制造蕴含着许多不同于传统生产方式的哲理和思想，主要表现在：

（1）需求响应的快捷性　需求响应的快捷性主要指快速响应市场需求（包括当前需求和可预知未来需求）的能力。

（2）制造资源的集成性　制造资源的集成性不仅指企业内部的资源共享与信息集成，还指友好企业之间的资源共享与信息集成。

（3）组织形式的动态性　为实现某一个市场机会，将拥有实现该机会所需资源的若干企业组成一个动态组织，它随任务的产生而产生，并随任务的结束而结束。

3. 敏捷制造的基本工作原理

敏捷制造的基本工作原理是借助于计算机网络和信息集成基础结构，构造由多个企业参加的“虚拟制造”环境，以竞争合作为原则，在虚拟制造环境下动态选择合作伙伴，组成面向任务的虚拟公司，进行快速和最佳化生产。

虚拟企业的生成与运行需要一定的环境与条件，称之为虚拟企业的基础结构，主要包括物理基础、法律基础、社会基础和信息基础。

（1）物理基础结构　物理基础结构指虚拟企业运行所必需的硬件及软件环境，包括生产相应产品所必需的厂房、设备、工具、运输设施、资金、材料、能源以及生产技术等物理条件。敏捷制造的一个基本出发点是当市场出现机遇时，一般仅需添置少许设备和进行少量的研究开发，就能赢得市场。其间多数物理条件（包括开发产品的关键技术）可通过选择适当的合作伙伴来得到，从而可以实现对市场的快速响应，和取得最大的经济效益。

(2) 法律基础结构　法律基础结构又称规则基础结构，是指虚拟企业运行所必须遵循的规则，包括国家相关的法律和政策。这些规则具体规定如何组成一个在法律上有效的虚拟企业，如何进行交易，资金如何获取和流动，如何进行人员交流，如何保证产品质量的全程服务，如何分享利益，如何承担风险等，而这些均有别于传统生产。

(3) 社会基础结构　社会基础结构又称文化基础结构，是指虚拟企业生存和发展所需要的社会环境或文化背景。虚拟企业文化有别于传统企业文化。传统企业文化强调竞争，强调企业自身利益；而虚拟企业文化则强调成员企业之间的信任和合作。营造充分信任的环境对虚拟企业是至关重要的，而这并非一件容易的事情。企业之间的信任往往凭经验确定，而这些经验又需要时间的积累和实践的考验。当然企业之间的信任关系也可以通过某种社会组织或通过协议方式加以约束，但难度很大。

(4) 信息基础结构　信息基础结构指虚拟企业的信息支持环境。虚拟企业信息基础结构除需要建设功能强大的信息传输网络之外，还包括建立统一的产品信息模型、企业信息模型、管理信息模型以及信息传输标准等。目前利用 Internet（或 Intranet）网络将各企业局域网连接起来是唯一可行方案（见图 4-23）。

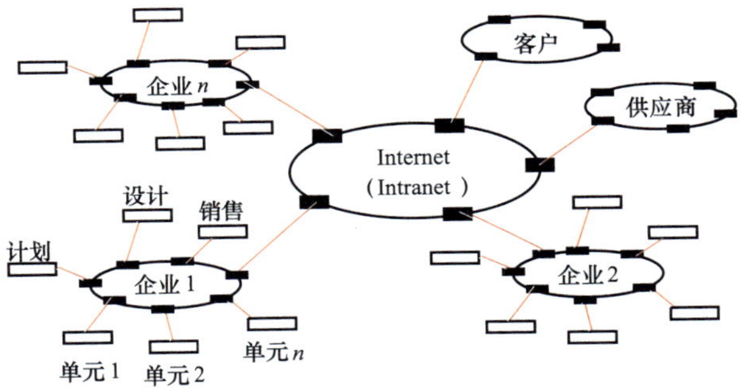

图 4-23　虚拟企业网络结构

练习题

1. 单项选择（在备选的 4 个答案中选择 1 个正确的）

1）单件小批生产主要采用（　　）。

①通用设备　②专用设备　③高效专用设备　④简易专用设备

2）对象专业化的特点之一是（　　）。

①适应性强　②生产周期短　③设备利用率高　④计划管理复杂

3）单件小批生产工序间移动方式一般采用（　　）方式。

①顺序移动　②平行移动　③跳越移动　④平行顺序移动

4）单工序排序采用（　　）排序原则可使平均流程时间最短。

①SPT　②FCFS　③EDD　④MST

5）实施成组技术要求按（　　）安排生产进度计划。

①产品　②产品族　③零部件　④零件组

6）精益生产最根本的原则是（　　）。

① 以人为本　② 质量第一　③ 灵活生产　④ 消除一切浪费

2. 多项选择（在备选的4个答案中选择2~4个正确的）

1）组织生产过程的基本要求是（　　）和适应性。

① 独立性　② 连续性　③ 比例性　④ 均衡性

2）工艺专业化的优点有（　　）等。

① 适应性强　② 设备利用率高　③ 在制品数量少　④计划管理简单

3）以量定期确定批量的方法有（　　）。

① 最小批量法　② 最大批量法　③ 经济批量法　④ 估计批量法

4）物料需求计划（MRP）的基本依据是（　　）。

① 产品构成　② 零件加工周期与部件和产品的装配周期

③ 原材料（包括外购件）的订货周期　④ 库存记录

5）成组工艺设计方法有（　　）。

① 综合零件法　② 综合路线法　③ 分类编码法　④ 流程分析法

6）敏捷制造的特征包括（　　）。

① 需求响应的快捷性　② 制造资源的集成性

③ 组织形式的动态性　④ 合作关系的稳定性

3. 填空

1）工序是指在同一个________上对同一个劳动对象________进行的工艺过程。

2）生产计划主要指标包括产品品种指标、产品质量指标、产品________指标和________指标。

3）投入提前期是指制品在各生产环节________的时间比成品________时间所提前的时间。

4）零件分类编码系统是用________对零件有关________进行描述和识别的一套特定规则和依据。

5）CIMS的组成部分有________分系统、________分系统、质量信息分系统、制造自动化分系统、计算机网络与数据库分系统。

6）准时制的核心是________和________。

4. 判断题

1）多品种、中小批量生产多采用对象专业化的组织形式。

2）提高产品的系列化、标准化、通用化程度，能显著提高工作地的专业化水平。

3）采用平行顺序移动方式的生产周期最短。

4）MRP的基本功能是将主生产计划转变为零部件的进度计划和原材料订货计划。

5）CIM中的集成主要是指制造装备的集成。

6）看板系统采用后序驱动方式组织生产。

5. 名词解释

1）工序

2）经济批量法

3）生产周期

4）关键路径

5）成组技术

6. 分析计算题

1）一批零件，数量为5，需经3个工序，单件工序时间分别为4h、8h、5h。试分别计算用顺序移动方式、平行移动方式和平行顺序移动方式安排加工的生产周期。

2）某车间生产P_1、P_2两种产品，需使用A、B、C三台设备。生产一件产品所需设备工时及各种设备可利用工时见表4-16。又已知生产一件P_1、P_2产品所获利润分别为500元和600元，试确定P_1、P_2产品最佳产量。

表4-16　生产一件产品所需设备工时及设备可利用工时　（单位：h）

设　备		A	B	C
生产一件产品所需设备工时	P_1	4	6	2
	P_2	0	3	1.5
设备可利用工时		300	300	120

3）零件A、B、C、D均需进行先铣后镗加工，其加工时间见表4-17。试安排加工顺序，使总加工周期为最短。画出横道图，标出总加工周期。

表4-17　零件加工时间

零　件	铣削加工时间/h	镗削加工时间/h
A	8	4
B	3	6
C	5	8
D	12	2

4）某项工程可分解为A、B、C、D、E、F、G 7项作业，其先行关系及作业时间见表4-18。试画出网络图，计算工程工期，找出关键路径。

表4-18　作业先行关系、作业时间

作　业	先行关系	作业时间/天
A	0	5
B	0	3
C	A	2
D	A、B	4
E	B	5
F	C、D	6
G	E	3

［参考答案］

第5章

机电企业质量管理

5.1 现代质量管理概述

5.1.1 质量及其相关定义

1. 质量的概念

国际标准化组织（International Organization for Standardization，ISO）在质量管理标准ISO 9000中对质量的定义：一组固有特性满足要求的程度。

（1）特性　特性指可区分的特征。特性可以是固有的，也可以是赋予的；可以是定性的，也可以是定量的。

（2）要求　要求指一个产品或一项服务必须满足的明示的、通常隐含的或必须履行的需求或期望。

2. 产品质量

产品是质量管理关注的对象，产品质量是指产品的一组固有特性满足用户需求的程度。

（1）产品的类别　产品可被定义为“过程的结果”，包括硬件、软件、服务和流程性材料。

1）硬件。通常是有形产品并具有计数的特性。

2）软件。由信息组成的知识产品，通常是无形产品并可以方法、记录或程序的形式存在。

3）服务。为满足顾客需要，在供方和顾客接触面上需要完成的至少一项活动的结果。服务的提供可涉及为顾客提供的有形产品和无形产品，甚至为顾客创造氛围等项活动。

4）流程性材料。通常是有形产品并具有连续特性，如石油制品等。

（2）产品的特性　硬件产品的质量特性可归纳为性能、可信性、安全性、适应性、经济性和时间性等。软件产品的质量特性可归纳为性能、可靠性、安全性、保密性、经济性和专用性等。服务产品的质量特性可归纳为功能性、舒适性、安全性、文明性、经济性和时间性等。

对产品质量的理解有狭义和广义之分。狭义质量指的是从用户的角度去看质量，即要求产品性能优良，可靠性、安全性和适应性高，造型美观，寿命周期经济性好，售前售后服务好等。广义质量则不仅从用户的角度去看，同时还应从社会的角度去理解产品质量。

3. 过程质量

现代企业的经营管理都是按过程来组织的，产品是过程的结果。ISO 9000 对过程的定义是：一组将输入转化为输出的相互关联或相互作用的活动。

根据质量的定义，过程质量可以理解为过程的一组固有特性满足要求的程度。过程质量问题贯穿于质量形成的全过程，包括规划过程、设计过程、制造过程、服务过程、使用过程和报废处理过程。

4. 工作质量

工作质量一般是指企业生产经营中各项工作对过程质量、产品质量和服务质量的保证程度。工作质量主要取决于人的素质，包括质量意识、责任心、业务水平等。其中，最高管理者的工作质量起主导作用，一般管理层和执行层的工作质量起保证和落实作用。

工作质量能反映企业的组织、管理和技术等项工作的水平，其显著特点是无法直接地定量表示，不能像产品和服务那样直观地表现在人们面前，而是体现在生产、技术和经营活动中，并且通过工作效率和成果，最终通过产品质量和经济效益表现出来。

5. 寿命周期质量

一个产品的寿命总是有限的，它从“摇篮”到“坟墓”，再到“转生”，称为产品的寿命周期循环。在产品寿命周期循环的各个阶段，都会有大量的质量活动，被称为产品的寿命周期循环质量。企业为了满足用户提出的质量要求，使产品具有适用性，就要根据产品特点、企业规模和生产方式，将产品质量形成的全过程划分为若干阶段，并且明确每一个阶段的质量目标，确定合理的工作程序，开展必要的质量管理活动，确保产品质量在其寿命周期全过程均处于受控状态。

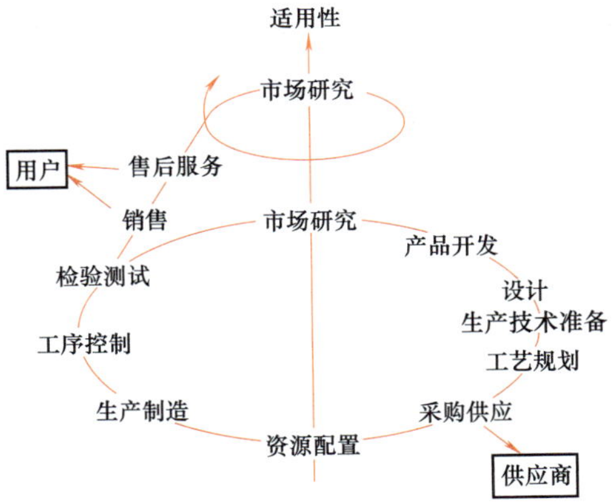

图 5-1 朱兰质量螺旋

朱兰（Joseph M. Juran）博士最早用“质量螺旋曲线”（见图 5-1）来描述产品质量的产生、形成和实现过程。他将产品的寿命周期分为 12 个阶段：市场研究、产品开发、设计、生产技术准备、工艺规划、采购供应、资源配置、生产制造、工序控制、检验测试、销售和服务。他认为，这 12 个环节首尾相连，形成一个完整的循环。每完成一个质量循环就应使产品质量有所提高，产品质量就是按螺旋方式上升的规律逐步完善和提高的。

6. 质量成本

ISO 9000 对质量成本的定义：将产品质量保持在规定的质量水平上所需的有关费用。

（1）质量成本构成　质量成本由两部分构成，即运行质量成本（或工作质量成本，或内部质量成本）和外部质量保证成本。运行质量成本是指企业为保证和提高产品质量而支付的一切费用以及因质量故障所造成的损失费用之和。它又分为四类，即企业内部损失成本、鉴定成本、预防成本和外部损失成本。外部质量保证成本是指为用户提供所要求的客观证据所支付的费用。详见表 5-1。

表 5-1　运行质量成本构成

质量成本类别			成 本 项 目
运行质量成本	因质量问题而引起的成本	内部损失成本	产品出厂前因不满足规定的质量要求而支付的费用。包括：废品损失、返修品损失、复检费、由于质量原因引起的停工损失、产品降级损失、产量损失、质量事故分析处理费用等
		外部损失成本	成品出厂后因不满足规定的质量要求而支付的费用。包括：退货损失、保修费用、索赔及诉讼费用、折价损失、产品责任损失费用等
	因保证和提高质量而引起的成本	鉴定成本	评定产品是否满足规定的质量水平所需要的费用。包括：进料检验费用、工序检验费用、成品检验费用、质量评审费用、检测设备折旧费、检测设备维修费、检测材料消耗及劳务费等
		预防成本	用于预防产生不合格品与故障等所需的各种费用。包括：质量计划工作费用、新产品评审费用、质量培训费用、质量管理活动费用、工序控制费用、质量改进费用等
外部质量保证成本			产品验证试验和评定费用；满足用户要求，进行质量体系认证费用；为提供特殊附加的质量保证措施、程序、数据所支付的费用等

（2）质量成本特性曲线　运行质量成本中四类成本费用的大小与产品合格率之间存在一定的关系，反映这种变化关系的曲线称为质量成本特性曲线，如图 5-2 所示。图中曲线 C_1 表示预防成本与鉴定成本之和，它随着合格品率的增加而增加；曲线 C_2 表示内部损失与外部损失之和，它随着合格品率的增加而减少；曲线 C 为上述四项成本之和的质量总成本曲线。由图可知，在质量成本特性曲线 C 左右两端的质量成本都很高，中间有一个最低点 A，该处的质量成本称为最佳质量成本。

实际上 A 点位置很难准确确定，通常的做法是将曲线划分为Ⅰ、Ⅱ、Ⅲ三个区域。

1）Ⅰ区称为质量改进区，该区对应的质量损失成本较大，内、外部损失成本占质量总成本的大部分，而预防成本相对较小。此时质量管理工作的重点应放在加强质量预防措施和质量检验，以提高质量水平，降低内、外部损失成本。

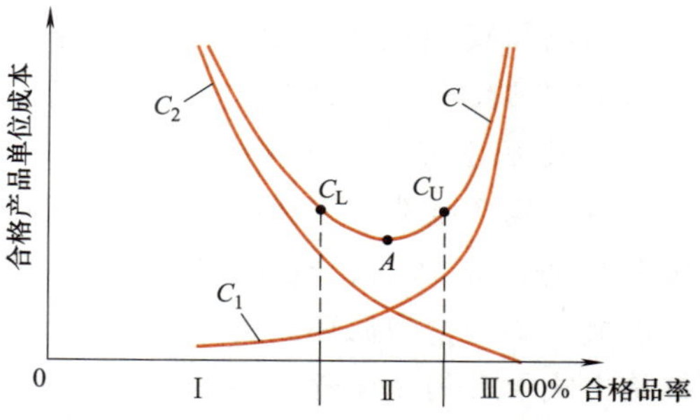

图 5-2　质量成本特性曲线

2）Ⅱ区称为质量控制区，是质量成本处于最佳水平的区域。该区内、外损失成本与预防成本和鉴定成本基本相当。此时的质量管理的重点是维持或控制现有的质量水平，使总成本处于最低点 A 附近。

3）Ⅲ区称为质量至善区或质量过剩区，该区预防成本和鉴定成本所占比例较大，成为影响质量总成本的主要因素。此时质量管理的重点是分析现有标准，降低质量标准中过严的部分，减少不必要的检验程序和提高检验工作效率。

5.1.2　质量管理

1. 质量管理

ISO 9000 中对质量管理的定义：在质量方面指挥和控制组织的协调活动。包括建立质量方针和质量目标，进行质量策划、质量控制、质量保证和质量改进。

（1）质量方针　由组织的最高管理者正式发布的该组织总的质量宗旨和质量方向。

（2）质量目标　在质量方面所追求的可量化的指标。

（3）质量策划　制定质量目标，并规定必要的运行过程和相关资源，以实现质量目标。

（4）质量控制　致力于满足质量要求。

（5）质量保证　致力于提供质量要求会得到满足的信任。

（6）质量改进　致力于增强满足质量要求的能力。

2. 质量管理体系

ISO 9000 中对质量管理体系的定义：在质量方面指挥和控制组织的管理体系。质量管理体系是企业管理体系中的一个子体系，它致力于建立质量方针和质量目标，并为实现质量方针和质量目标确定相关的过程、活动和资源。企业可通过质量管理体系来实施质量管理，质量管理的中心任务是建立、实施和保持有效的质量管理体系，并持续改进其有效性。

质量管理体系具有如下特征：

（1）系统性　质量管理体系是相互关联和作用的组合体，其构成要素包括：

1）组织结构。组织结构指合理的组织机构和明确的职责、权限及其协调的关系。

2）程序。程序指形成文件的程序和作业指导书，是过程运行和进行活动的依据。

3）过程。质量管理体系的有效实施，要通过其所规定过程的有效运行来实现。

4）资源。资源包括人员、资金、设施、设备、料件、能源、技术和方法等。

（2）差异性　质量管理体系的设计和建立，应结合具体企业的质量目标、产品类别、过程特点和实践经验。不同企业的质量管理体系有不同的特点。

（3）有效性　质量管理体系的运行应是全面有效的，既能满足企业内部质量管理的要求，又能满足企业与顾客的合同要求，还能满足第二方认定、第三方认证和注册的要求。

（4）预防性　质量管理体系应能采用适当的预防措施，有一定的防止重要质量问题发生的能力。

（5）动态性　最高管理者定期批准进行内部质量管理体系审核，定期进行管理评审，以改进质量管理体系；同时还要支持质量职能部门（含车间）采用纠正措施和预防措施改进过程，从而不断完善体系。

（6）最佳化　企业应综合考虑利益、成本和风险，通过质量管理体系持续有效运行，使其最佳化。

3. 质量管理基本原则

质量管理的原则是建立质量管理体系的基本理论。2000 版 ISO 9000 系列国际标准在总结各国质量管理和质量保证经验的基础上，提出了反映质量管理基本思想的八项原则。

（1）以顾客为关注焦点　顾客是决定企业生存和发展的最重要因素，服务于顾客并满足他们的需要应该成为企业存在的前提和决策的基础。

（2）领导作用　企业领导者的职责是确定企业质量管理统一的宗旨及方向，并将其与企业内部环境统一起来，创造使员工能够充分参与实现目标的环境，从而带领全体员工共同去实现组织目标。

（3）全员参与　产品和服务的质量是企业中所有部门和人员工作质量的直接或间接的反映。因此，组织的质量管理不仅需要最高管理者的正确领导，更重要的是全员参与。只有他们充分参与，才能保证质量目标的实现。

（4）过程方法　质量管理理论认为任何活动都是通过“过程”实现的。通过分析过程、控制过程和改进过程，就能够将影响质量的所有活动和所有环节控制住，确保产品和服务的高质量。因此，在开展质量管理活动时，必须要着眼于过程，要把活动和相关的资源都作为过程进行管理，才可以更高效地得到期望的结果。图 5-3 所示为运用过程方法建立、实施和改进质量管理体系的模式。

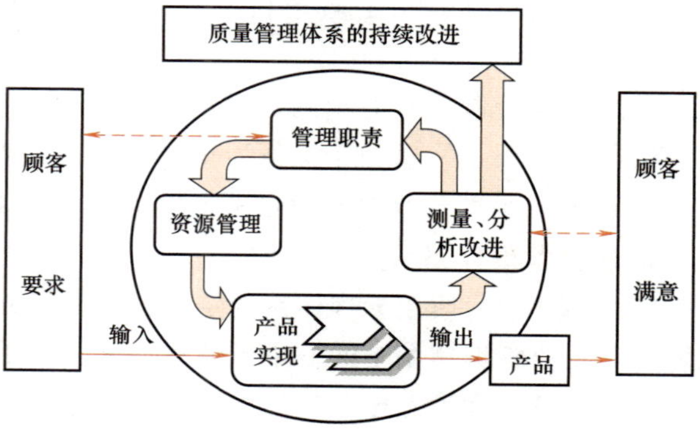

图 5-3　过程方法模式

（5）管理的系统方法　将相互关联的过程作为系统加以识别、理解和管理，有助于组织提高实现目标的有效性和效率。开展质量管理要用系统的思路，这种思路应该体现在质量管理工作的各个方面，在建立和实施质量管理体系时尤其如此。

（6）持续改进　持续改进总体业绩应当是组织的一个永恒目标。质量管理的目标是让顾客满意，而顾客的个性化需求在不断地变化，因此企业必须要持续改进才能持续获得顾客的支持。

（7）基于事实的决策方法　有效决策是建立在数据和信息分析的基础之上的。为了防止决策失误，必须要以事实为基础。为此，必须要广泛收集信息，用科学的方法处理和分析数据和信息。

（8）与供方互利的关系　企业与供方是相互依存的，互利关系可增加双方创造价值的能力。在目前的经营环境中，企业与企业已经形成了“共荣共生”的企业生态系统。企业之间不再是短期的或一次性的合作，而是要致力于发展的长期合作关系。

5.1.3　质量管理发展沿革

1. 质量管理发展阶段

自从 20 世纪 20 年代提出质量管理的概念以来，质量管理伴随着企业管理的实践不断发展和完善，大致经历了以下三个阶段。

(1) 质量检验阶段 20世纪初以泰勒 (F. W. Taylor) 为代表的科学管理理论的建立，促使产品的质量检验从加工制造中分离出来，质量管理的职能由操作者转移给工长，开始了“工长的质量管理”。随着企业生产规模的扩大和产品复杂程度的提高，产品有了技术标准（技术条件），公差制度日趋完善，各种检验工具和检验技术也随之发展，大多数企业开始设置专职检验部门，形成了“检验员的质量管理”。上述几种做法都属于事后检验的质量管理方式。

(2) 统计质量控制阶段 贝尔实验室的工程师休哈特 (W. A. Shewhart) 最早提出控制和预防产品缺陷的概念，并于1924年绘制出控制图，首次成功地将数理统计用于质量控制之中。之后他又与道奇 (H. P. Dodge)、罗米格 (H. C. Roming) 等人共同提出了抽样检验原理，解决了质量检验阶段存在的突出问题。统计质量控制的真正推广应用始于第二次世界大战。由于事后检验无法控制武器弹药的质量，美国国防部决定把数理统计方法用于质量管理，由标准协会制定有关数理统计方法应用于质量管理方面的规划，成立了专门委员会，并于1941～1942年先后公布一批美国战时的质量管理标准，开启了统计质量控制的新阶段。

(3) 全面质量管理阶段 随着科学技术的发展，大型复杂的机械、电子产品的出现，使人们对产品的安全性、可靠性、可维修性等性能提出更高的要求。这些要求仅靠生产过程中的质量控制已无法达到，而必须将质量活动向市场调查、产品设计、售后服务等过程扩展，实现产品形成全过程的质量控制。在这种情况下，费根堡姆 (A. V. Feigenbaum) 于20世纪60年代初提出全面质量管理的概念，强调全员参与，全过程控制，全部文件化，一切为用户。全面质量管理的提出符合生产发展和质量管理发展的要求，很快为人们所接受，得到逐步普及和推行。经过半个多世纪的实践，全面质量管理理论不断拓展与完善，并在实践中取得显著成效。

表5-2对质量管理发展的三个主要阶段的特征进行了概括总结和比较。

表5-2 质量管理三个阶段的特征比较

比较项目	质量检验阶段	统计质量控制阶段	全面质量管理阶段
管理对象	产品和零件质量	过程质量	寿命循环全过程质量
管理范围	产品及零部件	工艺系统	全过程和全体人员
管理重点	制造结果	制造过程	一切过程要素
评价标准	产品技术标准	设计标准	用户满意程度
涉及技术	检验技术	数理统计技术及控制图	各种相关技术与方法，PDCA循环、QC小组
管理方式	事后把关	事中控制	寿命循环全过程控制
管理职能	剔除不合格品	消除产生不合格品的工艺原因	全面控制缺陷的产生
涉及人员	检验人员	质量控制人员	全体员工

2. 我国质量管理的发展概况

20世纪50年代，我国的质量管理主要是向苏联学习，引进了一套以检验为主的质量控制体系，对推动我国的质量管理起到积极的作用。到了20世纪60年代，我国在个别企业推广使用数理统计方法进行质量管理，也取得了一些成绩，但应用不普遍。1980 年，国家经委正式颁布了《工业企业全面质量管理暂行办法》，大大加快了推行全面质量管理的步伐，并收到一定的效果。

1989 年 8 月 1 日我国开始等效采用 ISO 9000：1987 系列标准，并从 1992 年开始实施等同采用的系列国家标准。1993 年 9 月 1 日，《中华人民共和国产品质量法》正式颁布。2003 年，国务院审议并通过《中华人民共和国认证认可条例（草案）》。2004 年，国家质检总局发布《卓越绩效评价准则》国家标准和《卓越绩效评价准则实施指南》国家标准化指导性技术文件。这些法律、条例与标准的发布与实施，标志着我国质量管理发展进入了新的阶段。

改革开放三十多年来，我国主要产业整体素质和质量管理水平有了较大提高，质量事业取得长足发展。但同时也要看到，我国质量管理发展的基础还很薄弱，忽视发展质量和效益的现象依然存在，产品、工程等质量问题造成的经济损失、环境污染和资源浪费较为严重，制售假冒伪劣产品的行为屡禁不止。这些都是我国当前面临的比较严峻的质量问题。

《中国制造 2025》明确提出“质量为先”的方针，要坚持把质量作为建设制造强国的生命线，强化企业质量主体责任，加强质量技术攻关、自主品牌培育，建设法规标准体系、质量监管体系、先进质量文化，营造诚信经营的市场环境，走以质取胜的发展道路。遵循和真正落实此方针，就能实现中国速度向中国质量的转变，中国产品向中国品牌的转变。

5.2 全面质量管理

5.2.1 全面质量管理的基本概念

1. 全面质量管理的定义

费根堡姆于 1961 年在《全面质量管理》中首先提出了全面质量管理的概念：“全面质量管理是为了能够在最经济的水平上，并考虑到充分满足用户要求的条件下进行市场研究、设计、生产和服务，把企业内各部门研制质量、维持质量和提高质量的活动构成一体的一种有效体系。”费根堡姆的全面质量管理的观点在世界范围内得到了广泛的接受，且各个国家在实践中都结合本国的国情进行了创新。特别是 20 世纪 80 年代后期以来，全面质量管理得到了进一步的扩展和深化，其含义远远超出了一般意义上的质量管理领域，而成为一种综合的、全面的经营管理方式和理念。

ISO 9000 系列标准中对全面质量管理的定义为：一个组织以质量为中心，以全员参与为基础的一种管理途径，目的在于通过让顾客满意和本组织所有成员及社会受益而达到长期成功。这一定义反映了全面质量管理理念的最新发展，也得到了质量管理界的广泛共识。它意味着企业要想在激烈的市场竞争中长期占据优势地位，就必须实施质量经营战略，以质量作为一切工作的核心，通过全员参与的质量管理和控制，以高质量的产品和优质的服务使顾客得到最高的满意度，最终使企业获取最大的经济效益。

2. 全面质量管理的特点

全面质量管理的特点主要体现在全员参与、全过程控制、管理对象和方法的全面性以及经济效益的全面性等几个方面。

（1）全员参与的质量管理　产品或服务质量是企业各方面、各部门、各环节工作质量的综合反映。企业中任何一个环节、任何一个人的工作质量都会不同程度地直接或间接地影响产品质量或服务质量。因此，提高产品质量人人有责，质量管理活动必须是所有部门的人员都参加的系统性组织活动。同时，要发挥全面质量管理的最大效用，还要加强企业内各职能和业务部门之间的横向合作，这种合作逐渐延伸到包括企业外的用户和供应商。

（2）全过程控制的质量管理　任何产品或服务的质量都有一个产生、形成和实现的过程。从全过程的角度来看，质量产生、形成和实现的整个过程是由多个相互联系、相互影响的环节所组成的，每一个环节都影响最终的质量状况。为此，全过程的质量管理包括了从市场调研、产品设计、加工制造，到销售、服务等全部有关过程的质量管理。为了保证质量，就必须把全过程中影响质量的所有环节都控制起来，形成一个综合性的质量管理体系。全过程的质量管理意味着全面质量管理“始于识别顾客的需要，终于满足顾客的需要”。

（3）管理对象的全面性　全面质量管理的对象是广义的质量，不仅包括产品质量，还包括工作质量。只有工作质量提高了，才能最终提高产品和服务的质量。影响产品和工作质量的主要因素包括人员、机器设备、材料、工艺方法、检测手段和环境等，管理对象的全面性的含义就是要对这些影响因素进行全面控制，从而提高产品和工作质量。

（4）管理方法的全面性　由于影响产品和工作质量的因素十分复杂，既有物质的因素，又有人的因素；既有生产技术的因素，又有管理的因素。因此，要搞好全面质量管理，应该根据不同的情况，针对不同的因素，灵活运用各种现代化管理方法和手段，实现统筹管理。在全面质量管理过程中，除了数理统计方法，还经常用到各种质量设计技术、工艺过程的反馈控制技术、最优化方法、网络计划技术、预测和决策技术，以及计算机辅助质量管理技术等。

（5）经济效益的全面性　全面质量管理中的经济效益全面性，除了保证制造企业能取得最大经济效益外，还应该从社会和产品寿命循环全过程的角度考虑经济效益，亦即要以社会的经济效益最大为目的，使得供应链上的生产厂家、储运公司、销售公司、用户和产品报废处理单位等均能获得最大效益。

5.2.2　全面质量管理的基本内容

全面质量管理充分体现了现代质量管理的基本原则，它的核心观点主要包括：用户至上、一切凭数据说话、预防为主、以质量求效益和以零缺陷为目标。下面从产品寿命周期的视角介绍全面质量管理的基本内容。

1. 市场营销质量管理

朱兰博士提出的质量螺旋始于市场研究，终于售后服务，市场是产品质量形成螺旋上升过程的交汇点，也是企业各项生产经营活动的出发点和归宿。企业能否生产出适销对路的产品以满足用户的需要，能否及时获得用户的反馈信息以对产品进行改进，能否不断提高市场竞争力，能否为用户提供满意的售后服务，都取决于市场营销的质量。市场营销质量管理主要包括：

（1）市场调研与市场预测 要准确把握市场和用户的需求，为企业经营决策提供依据，为产品开发设计提供足够的信息。

（2）推销 要制定出高质量的销售计划，做好推销人员的培训工作，使销售工作达到预期目标。

（3）售前售后服务 在售前服务中，重点做好产品功能演示和提供优良的技术咨询。售后服务主要是提供充分、有效的技术支持，开展使用效果调查和及时处理用户申述，达到顾客完全满意。

2. 设计过程质量管理

设计过程是指市场调研之后，产品正式投产之前的全部技术准备过程，包括产品开发设计、工艺设计、试制、试验与鉴定等。设计开发是产品质量的源头，据统计用户的索赔和投诉，近70%属于设计问题，因此必须认真把好设计质量关。设计过程的质量管理主要涉及质量规划的制定、设计方案的审查、试制与鉴定等多项工作。

（1）制定严谨的质量规划 要充分考虑企业的经营目标、生产技术条件及企业的人力、物力资源等情况，制定出合理的产品质量目标；并采用先进的质量设计技术，将质量目标或用户的要求转化成产品的设计参数。

（2）严格审查设计方案 设计方案审查的目的是为了能及时发现和纠正设计方案中存在的缺陷与不足，为此应组织由销售、使用、科研、设计、工艺和质管等多部门参加的审查和验证，以确保产品在技术、经济、社会等方面切实可行。

（3）科学地试制和鉴定 要充分运用统计分析法和实验设计法，尽可能用少数试样准确地估计出批量生产中的质量水平及其波动状况，并对试制的产品和实验数据资料进行认真分析和科学地鉴定。

此外，设计过程质量管理还包括设计方案的经济性分析、失效模式及效应分析、产品质量特性重要性分级、产品设计更改控制、产品安全性设计控制等。

3. 制造过程质量管理

制造过程质量管理的任务是使生产系统始终处于受控状态，及生产过程能够稳定、持续地生产出符合设计质量的产品，主要包括工艺管理、现场管理、岗位技能培训、质量检验和分析、工序质量控制等。

（1）工艺管理 工艺管理包括认真执行各项工艺标准，严格执行工艺规程，准确地进行工序能力分析和管理等。

（2）现场管理 抓好现场文明生产是制造过程质量管理的基础性工作，良好的生产秩序、整洁的工作场所是保证产品质量的必要条件。

（3）岗位技能培训 采用多种行之有效的方式对员工进行培训和教育，不断提高员工的素质和业务能力。

（4）质量检验和分析 质量检验包括原材料进厂检验、工序间检验和产品出厂检验，通过质量检验严格把好各工序的质量关，保证按照质量标准进行生产，防止不合格品转入下道工序和出厂。质量分析运用排列图、直方图、因果图等数理统计工具进行现场分析，找出造成不合格品的原因，并采取措施防止和消除不合格品。

（5）工序质量控制　通过工序质量控制及时发现和预报制造过程中的质量问题，可以有效地减少甚至完全消除不合格品的产生。

此外，制造过程质量管理还包括均衡生产、产品标识和可追溯性管理等。

4. 辅助过程质量管理

辅助过程是指为使制造过程正常进行而提供的各种资源保障的过程，包括物资供给、工具供给、动力供给、设备维修、运输服务、仓库保管等环节。进行辅助过程质量管理，主要是强调这些部门的工作质量，为保证和提高产品质量提供优质服务和良好的资源保障。

（1）物资供应　物资供应部门的质量管理应该做到：制定以质量为主的采购政策；进行供应商的质量资格鉴定；制定检验计划和抽样方案；保管好库存物资；入库前和投料前的质量检验等。

（2）工具供应　对于企业新购置的工具，按物资供应质量要求进行管理；对于自制的工具，按照制造过程质量进行管理；对于正在使用的工具，实行定期维修、检验和校准。

（3）设备维修　确定最佳维修周期，坚持定期维修和保养以保持设备良好的技术状态。

5. 用后处理过程质量管理

用后处理的质量管理涉及如何减少对环境的污染，加强对资源充分和有效地利用。

（1）销毁处理　对于危及社会环境，影响人类安全的产品，报废后必须妥善处理。在进行产品设计时，就应该考虑并注明销毁方式，选择易于销毁的材料，设计不易于发生销毁安全事故的结构等。

（2）回收和再利用　在质量设计过程中，要考虑资源的充分利用，尽量采用可拆卸和便于拆卸的结构，为各种材料和零部件的回收利用提供条件。对于回收的零部件，应对零部件进行严格的质量检验，确保修复后达到规定的质量要求。

5.2.3 全面质量管理的基本工作方法

全面质量管理的基本工作方法是 PDCA 循环，它由美国质量管理专家戴明（William Edwards Deming）博士首先提出，所以也称为“戴明环”。

1. PDCA 循环的四个阶段、八个步骤

PDCA 是四个英语单词（Plan、Do、Check、Action）的第一个字母。P 代表计划，D 代表实施，C 代表检查，A 代表处理。PDCA 循环就是按照 P—D—C—A 的顺序循环不止地进行质量管理（见图 5-4）。

PDCA 循环作为全面质量管理体系运转的基本方法，包括以下四个阶段，八个步骤。

第一阶段是 P 阶段。即确定质量目标、质量计划、管理项目和拟定措施。可以分为以下四个步骤：第一步，分析质量现状，找出存在的质量问题。在分析质量现状时，必须通过数据来进行分析，用数据来说明存在的质量问题。第二步，分析产生质量问题的各种

原因或影响因素。一般从5M1E入手，即分析人（Man）、机器（Machine）、原材料（Material）、工艺方法（Method）、测量方法（Measure）、环境（Environment）等因素，找出产生质量问题的各种原因或影响因素。第三步，从各种原因中找出影响质量的主要原因。第四步，针对影响质量的主要原因制定对策，拟定管理、技术和组织措施，提出执行计划和预计效果。

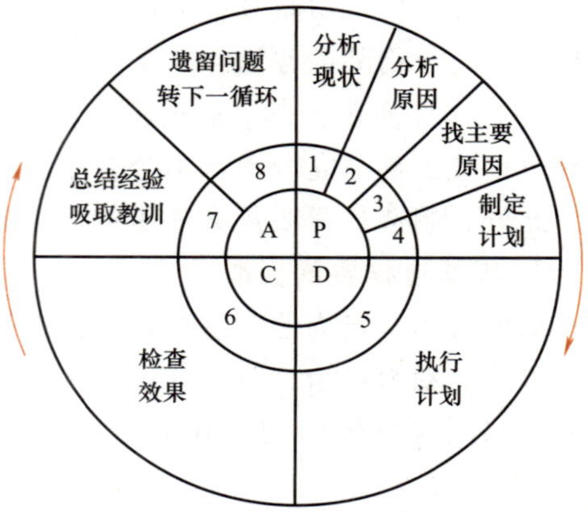

图 5-4 PDCA 循环

第二阶段是D阶段。即按预定计划、目标和措施及其分工去执行，努力实现。这是第五步。

第三阶段是C阶段。即把实施的结果和计划的要求对比，检查计划的执行情况和实施效果如何，是否达到预期的目标和效果，哪些是成功的，其经验是什么，哪些不成功，找出原因和教训，这是第六步。

第四阶段是A阶段。包括以下两个步骤：第七步，总结经验教训，巩固成绩并对出现的问题加以处理。特别是要分析失败原因，找出问题所在，防止类似问题再次发生。第八步，提出这次循环尚未解决的问题，作为遗留问题转入下一次循环去解决，并为下一阶段制定计划提供资料和依据。

PDCA循环不停运转，原有的质量问题解决了，又会产生新的问题，问题不断产生而又不断解决，如此循环不止，这就是质量管理不断前进的过程，也是全面质量管理工作必须坚持的科学方法。

2. PDCA 循环的特点

PDCA循环运转时，具有以下特点：

1）PDCA循环是大环套小环，一环扣一环，小环保大环，推动大循环。PDCA循环作为全面质量管理的科学方法，可用于企业各个环节、各个方面的质量管理工作。通过PDCA循环，使企业各个环节、各个方面的管理有机结合，互相促进，形成一个整体。整个企业的质量管理体系构成一个大的PDCA循环，而各个部门，各级单位又都有各自的PDCA循环，依次又有更小的PDCA循环，从而形成一个大环套小环的综合管理体系。上一级PDCA循环是下一级PDCA循环的依据，下一级PDCA循环又是上一级PDCA循环的具体保证。通过大小PDCA循环的不停转动，把企业各个环节、各项工作有机地组织起统一的质量保证体系，实现总的质量目标。

2）PDCA循环每转动一次就提高一步，如图5-5所示。PDCA循环是螺旋式上升的，如同爬楼梯一样。PDCA四个阶段周而复始地循环，每循环一次，转动一圈，就前进一步，上升到一个新的高度，就有新的内容和目标。这样循环往复，质量问题不断得到解决，工作质量、管理水平和产品质量不断提高。

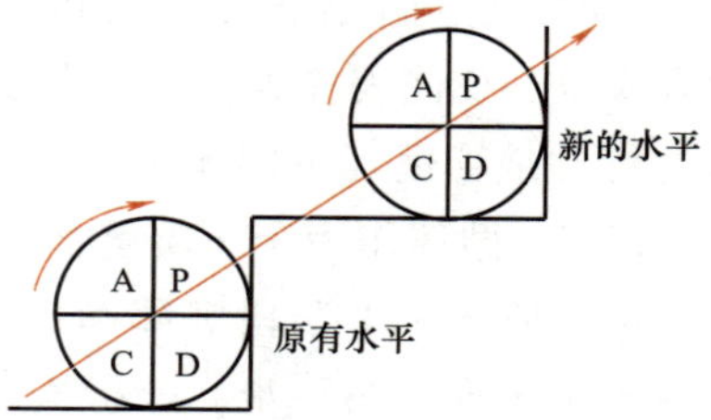

图 5-5 PDCA 循环逐级上升示意图

3）PDCA循环的关键是A阶段。A阶段十分重要，它具有承上启下的作用，既是本次循环的结束，又是下一次循环的开始。

5.2.4　全面质量管理的组织与实施

1. 推广全面质量管理的步骤

企业引进和推广全面质量管理时，应该遵循以下步骤：

1）做好推广全面质量管理的准备工作。

2）制定推广计划。

3）建立质量管理机构。

4）做好全面质量管理的教育培训工作。

5）开展工序管理试点工作。

6）整顿质量管理基础工作。

7）落实质量职能。

8）开展全企业、全过程的质量管理。

9）建立质量管理体系。

10）进行全面质量管理诊断。

2. 实施全面质量管理的技术

在企业推进全面质量管理涉及 QC（Quality Control）小组活动、持续改进活动和标杆瞄准等具体技术。

（1）QC 小组活动　QC 小组是以保证和提高产品质量和工作质量为目的，围绕生产现场所存在的问题，由 5～7 名员工自愿组成，主动开展质量管理活动的小组。通过 QC 小组活动，可以不断改善工作质量，解决生产现场在质量、成本、效率、设备等方面存在的问题。更重要的是，借助 QC 小组活动可以激发员工的潜能，调动员工的积极性，提高他们的工作满足感和工作动力。

图 5-6 所示为 QC 小组一般的活动程序。

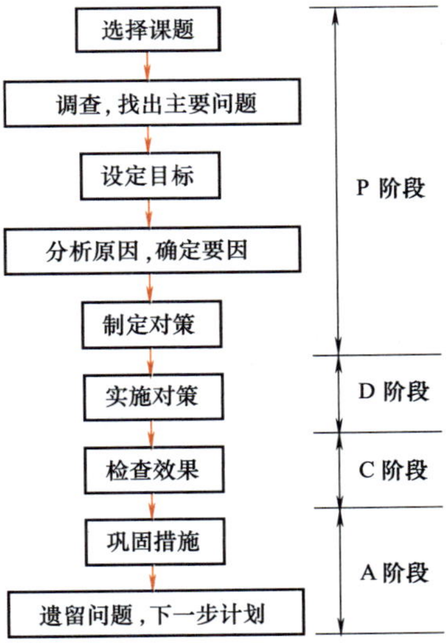

图 5-6　QC 小组活动程序

（2）持续改进活动　持续改进是指不断地向现有的绩效水平发起挑战，并寻找更好的解决方法的过程。这种管理哲理认为，企业产品和业务流程的改进是一个永无休止的，不断取得微小进展的过程。虽然每次的改善很小，但持续改善，不断实现创新，最终必将使企业获得巨大的竞争优势。

在企业中进行持续改进应用的工具很多，既包括较为复杂的数理统计工具，也包括简单的建议等。特别是 PDCA 循环，既是持续改进活动的工具，也表明了持续改进的程序。

（3）标杆瞄准　标杆瞄准的含义是以最强劲的竞争对手或行业中领先企业作为标杆或基准，通过资料收集、分析比较、跟踪学习、模仿等一系列规范化程序，改进企业的产品、服务和业务流程等方面的绩效，在最短的时间内赶上并超过竞争对手，成为强中之强。

进行标杆瞄准的具体程序如下：

1）确定要进行标杆瞄准的领域。

2）选择作为“标杆”的企业。

3）选择衡量指标。

4）组成工作小组。

5）针对获得的数据进行分析。

6）开发实施计划。

3. 建立质量管理体系

一个企业要实现质量管理的方针目标，有效地开展各项质量管理活动，就必须建立质量管理体系。企业建立质量管理体系的主要目的是提升顾客的满意度，具体步骤如下：

1）确定顾客和其他相关方的需求和期望。

2）建立企业的质量方针和质量目标。

3）确定实现质量目标必需的过程和职责。

4）确定和提供实现质量目标必需的资源。

5）规定测量每个过程有效性和效率的方法。

6）应用这些测量方法确定每个过程有效性和效率。

7）确定防止不合格并消除产生原因的措施。

8）建立和应用持续改进质量管理体系的过程。

5.3 质量管理常用的方法与工具

5.3.1 产品设计质量管理方法

1. 质量功能扩展

质量功能扩展（Quality Function Deployment，QFD）的核心是将用户需求转变为技术需求（用户需求优先级最高），并进一步将这些需求有机地布置到企业各个部门的作业目标上。

QFD 的主要方法是建立用户需求与工程特性之间的关系矩阵，或质量屋（House of Quality）。如图 5-7 所示，质量屋由以下几个广义矩阵组成：

1）What 矩阵，表示需要什么。

2）How 矩阵，表示针对需要如何去做。

3）关系矩阵，表示 What 项与 How 项的相关关系。

4）How 关系矩阵，表示 How 阵内各项之间的相关关系。

5）成本评价矩阵，表示 How 项的成本评价。

6）可行性评价矩阵，表示 What 项的可行性评价。

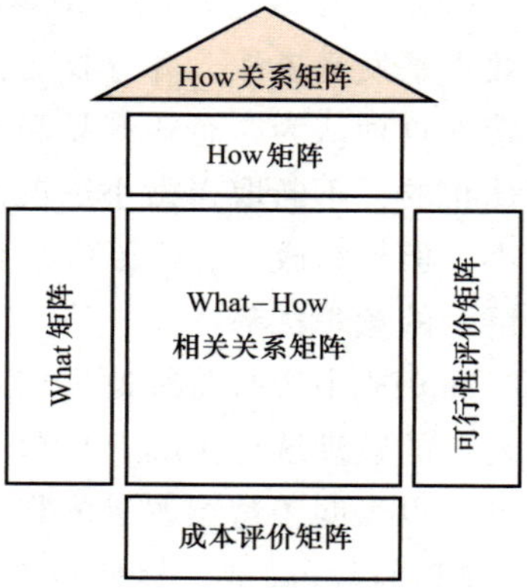

图 5-7 质量屋

利用 QFD 进行产品开发一般分为四个阶段，即产品规划、结构设计、工艺规划和作业控制，如图 5-8 所示。

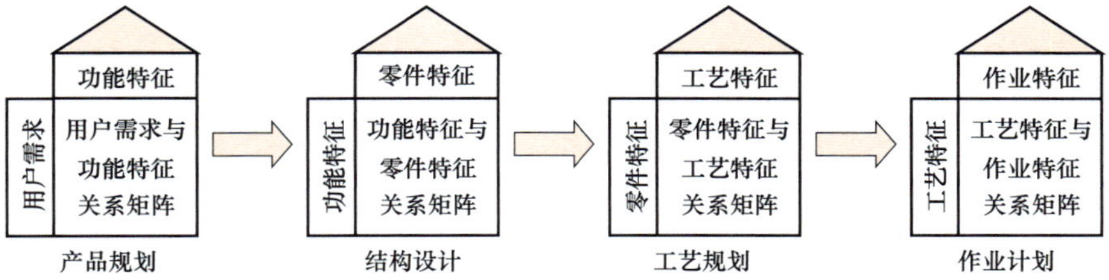

图 5-8　QFD 四个阶段

质量功能扩展的另一个要点是重视关键生产控制点的控制，以确保用户需求得到满足。

2. 三次设计

三次设计由日本质量工程学专家田口玄一（Genichi Taguchi）提出。

（1）田口质量观　田口认为产品质量与其在生命周期内带来的社会损失有关，损失越小，质量越高。按照田口的观点，产品质量的含义应该包括多个方面：既有传统意义上的质量含义（产品是否符合设计要求），也包含了产品的成本、服务、用户满意等因素。田口一方面承认用户对产品性能的高要求，另一方面也承认生产厂生产产品的低成本愿望，即产品给社会带来的损失既包括生产过程中的费用（成本），也包括用户使用费用（使用与维护费用、工作中断造成的损失、修理费用等）。

田口用损失函数来描述产品的质量。设产品的输出特性值为 x，其目标值为 N，质量损失为 $L(x)$。则当 $x=N$ 时，$L(x)$ 达到最小值，且为零。无论输出特性是大是小，只要偏离目标值 N，就会有损失（这里主要考虑发生在用户方面的损失），且这种损失随偏差的增大而急剧增大，两者之间呈现平方关系。田口损失函数可以表示为

$$L(x)=k(x-N)^2 \tag{5-1}$$

式中　k——比例常数，可根据具体情况确定。

损失函数曲线呈 U 形，如图 5-9a 所示，图中阴影部分表示损失。由图可见，损失随偏差的增大而呈平方关系增大。当偏差增大到一定限度时（图中 x_1 和 x_2），产品判为不合格，拒绝接受。此时造成的损失达到最大，即废品损失或修复损失。

在传统质量控制中，按公差进行控制，只要产品输出特性落在公差带范围内，就被接受。传统质量控制的损失函数如图 5-9b 所示，它是不连续的，即只有当产品输出特性超出公差带时，才有损失发生，这显然是不合理的。

由式（5-1）可知，产品输出特性越接近目标值，损失越小，即质量越好，用户越满意。因此，在进行产品设计和过程设计时，要使输出特性尽可能接近目标值，以使损失降低到最小限度。这正是田口质量观的意义所在。

事实上，由于制造的原因，产品的输出特性 x 不是一个确定值，而是对应一定的概率分布。同样，田口损失函数 $L(x)$ 也不是一个确定值，也是对应一定的概率分布。若将产品的输出特性分布范围划分为 n 个区间，则 $L(x)$ 的期望值为

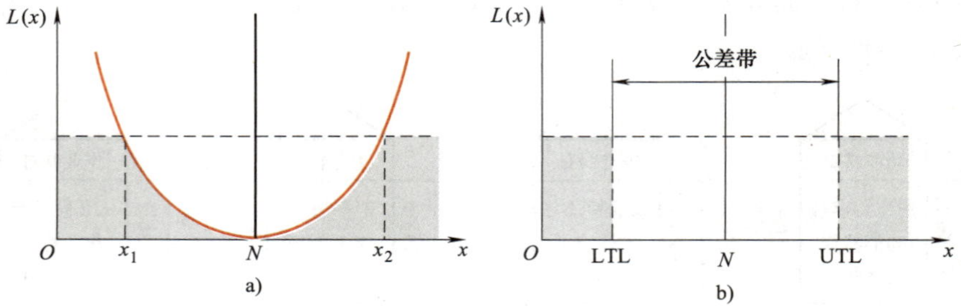

图 5-9 田口损失函数与传统公差带

$$E\{L(x)\}=\sum_{i=1}^{n}P_iL(x_i)=\sum_{i=1}^{n}P_ik(x_i-N)^2 \tag{5-2}$$

式中 x_i——第 i 个区间产品的输出特性值（平均值）；

P_i——第 i 个区间产品出现的概率。

当划分的区间足够小（即 n 足够大）时，式（5-2）中的 $\sum P_i(x_i-N)^2$ 就是输出特性的方差 σ^2。于是，式（5-2）可以写为

$$E\{L(x)\}=k\sigma^2 \tag{5-3}$$

而当输出特性分布中心 μ 与目标值 N 存在偏差时，田口损失函数的期望值为

$$E\{L(x)\}=k[(\mu-N)^2+\sigma^2] \tag{5-4}$$

（2）系统设计、参数设计和公差设计　田口将产品设计和过程设计分为三个设计阶段，即系统设计（称为一次设计）、参数设计（称为二次设计）和公差设计（称为三次设计）。

1）系统设计（System Design）。根据产品或过程规划要求的功能或作用，应用相关专业知识和技术，产生新概念、新思想、新方法，形成产品的整体结构或过程的总体方案。

在产品设计阶段，系统设计指确定最终产品的形态和特性，包括材料、零件、部件等。例如，设计一种新型轿车，系统设计要根据市场特定的需要确定汽车的大小、风格、形式、发动机的功率，以及其他一些特性参数。在过程设计中，系统设计意味着选择最恰当的加工方法和加工路线。例如，毛坯制造是选择铸造方法还是锻造方法，机械加工中是采用普通机床还是采用数控机床等。

显然，产品设计和过程设计是相互关联的，过程设计在很大程度上取决于产品设计。此外，产品质量也主要是在产品设计阶段确定的。

2）参数设计（Parameter Design）。参数设计的任务是确定产品或过程的最佳参数值（或目标值），以使产品获得最优的性能，过程获得最佳的效果。例如，确定零件的尺寸、部件的运动速度等是产品参数设计的内容；而选择合适的切削用量、淬火温度等是过程参数设计的内容。

参数设计的一个重要思想是利用产品（过程）参数与输出特性之间的非线性效应，使输出特性对于影响参数误差的原因不敏感。如图 5-10 所示，对于同样的参数公差 ΔC，输出特性的变化 Δx 是不同的。根据这种效应，就可以通过合理地选择参数，达到以较低的生产成本获得较好的性能，并使输出特性的波动减小，稳定性提高的目标。这也是参数

设计常常被称为健壮设计的原因。

实际上，这种思想在工程设计中早已有之。例如，在精密机械加工中，常常需对机床进行预热，使其达到或接近热平衡状态，再开始加工，以减小机床热变形对加工精度的影响。

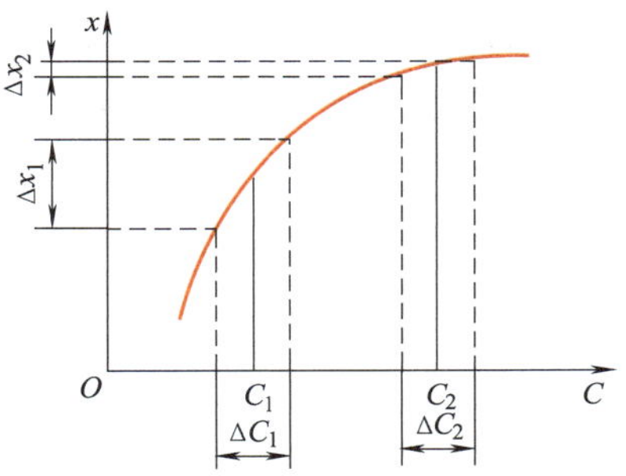

图 5-10 参数误差与输出特性变化之间的关系

3）公差设计（Tolerance Design）。公差设计的任务是确定各参数对其目标值允许的变动范围，即公差。公差小，有利于保证输出特性指标，但制造难度加大，制造成本增加。公差设计就是要在成本与性能之间取得平衡。在一个系统（产品或过程）中，各个参数对系统输出特性的影响大小不同。显然，对于影响大的参数，给以较小的公差，而对于影响小的参数，给以较大的公差，以在保证输出特性要求的前提下，使系统的总成本为最小。

可以借助于田口损失函数来进行公差设计。产品的总成本可以表示为

$$C_{pc} = C_p + C_{TLF} \tag{5-5}$$

式中 C_{pc}——单件总成本；

C_p——单件制造成本；

C_{TLF}——单件田口损失函数。

通常单件制造成本随公差的增大而减小，并呈现双曲线关系。而由式（5-3）可知，田口损失函数与公差的平方成正比。于是可由式（5-5）求出使单件总成本为最小的公差值 T_{OP}，如图 5-11 所示。

（3）正交试验设计 产品或过程参数通常不止一个，参数设计需要寻找最佳参数组合，这并不是一件容易的事情。田口提出采用正交试验法来进行这项工作。正交试验法实质上是一种试验寻优方法，特别适合于输出特性与参数之间无明显数学关系情况下的寻优，它可以较少的试验次数获得较优的结果。

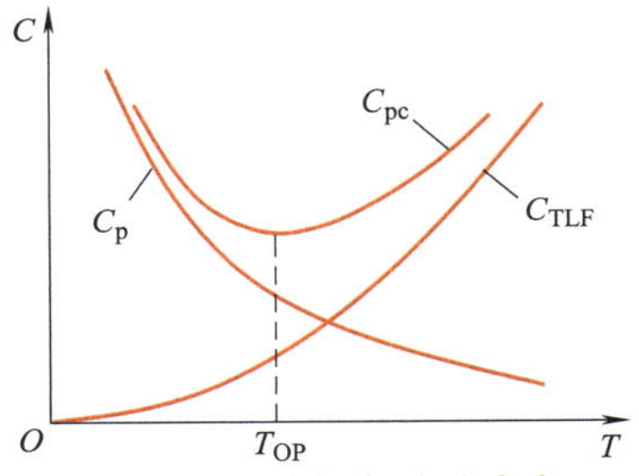

图 5-11 单件产品总成本与最佳公差

表 5-3 为研究某种新型润滑油配方而进行的正交试验。该试验中取 4 个因素（4 种添加剂），每个因素取 3 个水平（添加剂含量），以四球磨损实验机中底球最小磨斑直径（单位：mm）为优化目标，采用 L_9（3^4）正交表安排试验，仅需 9 次试验就可确定各因素对润滑油抗磨性能的影响，以及添加剂含量的最优组合。表中数字表示添加剂的含量（单位:%），括号中的数字 1、2、3 表示水平。

对正交试验的结果进行分析，通常采用两种方法：一种是直观分析法（极差分析法）；另一种是方差分析法。

1）直观分析法。直观分析法又称极差分析法，通过对试验结果数据的简单处理，可以确定影响试验结果因素的主次顺序，以及最优的因素水平组合。表 5-3 中 T_{ij} 表示第 j（$j=1, 2, 3, 4$）列因素，水平号为 i（$i=1, 2, 3$）的各试验结果（底球磨斑直径）之和，称为水平和。例如：

表 5-3 新型润滑油配方正交试验表

试验号 \ 水平 \ 因素		添加剂 A(%)	添加剂 B(%)	添加剂 C(%)	添加剂 D(%)	试验结果 磨斑直径/mm
1		1.0(1)	1.5(1)	0.6(1)	0.4(1)	0.36
2		1.0(1)	2.0(2)	0.8(2)	0.8(2)	0.33
3		1.0(1)	2.5(3)	1.0(3)	1.2(3)	0.31
4		1.4(2)	1.5(1)	0.8(2)	1.2(3)	0.32
5		1.4(2)	2.0(2)	1.0(3)	0.4(1)	0.35
6		1.4(2)	2.5(3)	0.6(1)	0.8(2)	0.33
7		1.8(3)	1.5(1)	1.0(3)	0.8(2)	0.31
8		1.8(3)	2.0(2)	0.6(1)	1.2(3)	0.28
9		1.8(3)	2.5(3)	0.8(2)	0.4(1)	0.30
水平和	T_{1j}	1	0.99	0.97	1.01	
	T_{2j}	1	0.96	0.95	0.97	
	T_{3j}	0.89	0.94	0.97	0.91	
极差	R_j	0.11	0.05	0.02	0.1	
最佳组合		1.8(3)	2.5(3)	0.8(2)	1.2(3)	

$T_{11} = y_1 + y_2 + y_3 = 0.36 + 0.33 + 0.31 = 1$

$T_{12} = y_1 + y_4 + y_7 = 0.36 + 0.32 + 0.31 = 0.99$

…

水平和最大值与最小值之差为第 j 列的极差，即

$$R_j = \max_i\{T_{ij}\} - \min_i\{T_{ij}\} \tag{5-6}$$

从表 5-3 中可以看出：表中各列的极差是不相等的，极差值越大，说明该因素的水平改变对试验结果影响越大。影响润滑油抗磨性能的 4 种添加剂，其极差大小顺序依次为：A—D—B—C，即添加剂 A 对润滑油抗磨性能影响最大，其次是添加剂 D，再次是添加剂 B，而添加剂 C 对润滑油抗磨性能影响较小。

从表 5-3 中还可以得到各因素水平的最佳组合是：添加剂 A（1.8%）—添加剂 B（2.5%）—添加剂 C（0.8%）—添加剂 D（1.2%）。这一组合在 9 次试验中并未出现，这也是正交试验的一大优势。

2）方差分析法。直观分析法虽然简单直观、计算量小，但不能定量地估计各因素对试验结果影响的重要程度。为了弥补直观分析法的上述不足，需要采用方差分析法对润滑油配方正交试验结果做进一步分析。

使用正交表 L_p（n^m）进行正交试验，获得 p 个结果：y_1，y_2，…，y_p。为进行方差分析，需计算各因素的偏差平方和，即

$$S_j^2 = r\sum_{i=1}^{n}\left(\frac{T_{ij}}{r} - \frac{T}{p}\right)^2 = \frac{1}{r}\sum_{i=1}^{n}T_{ij}{}^2 - \frac{T^2}{p} \quad (j = 1,2,\cdots,m) \tag{5-7}$$

式中 $r = \frac{p}{n}$，$T = \sum_{i=1}^{p} y_i$。

方差分析表见表 5-4。因本正交表的所有列都排有因素，即无空列，故取各因素中偏差平方和 S_j^2 中的最小值作为误差项的偏差平方和 S_e^2。本例取 $S_e^2 = S_3^2$。统计量 F 为

$$F = \frac{S_j^2/(n-1)}{S_e^2/f_e} \tag{5-8}$$

式中 f_e——误差项的自由度，本例 $f_e = f_3 = n-1 = 3-1 = 2$；

F——服从自由度为 $(n-1, f_e)$ 的 F 分布，即 $F \sim F(n-1, f_e)$。

若给出显著度水平 α，即可从 F 分布表中，确定临界值 F_α。若 $F \geqslant F_\alpha$，则表明影响因素 j 在 α 水平上，对试验指标的影响显著。表 5-4 中 F 的临界值取显著度水平 0.05。

表 5-4 正交试验方差分析

方差来源	偏差平方和 S_j^2	自由度 f	F 值	F 临界值 F_α	显著性
添加剂 A(%)	0.002689	2	30.25	19.0	*
添加剂 B(%)	0.000422	2	4.75	19.0	
添加剂 C(%)	0.000089	2	1	19.0	
添加剂 D(%)	0.001689	2	19.0	19.0	*
误差 e	0.000089	2			

从表 5-4 中可以看出：添加剂 A 和添加剂 D 两个因素的 F 值大于或等于 F 的临界值 F_α，说明添加剂 A 和添加剂 D 这两个因素对润滑油抗磨性具有显著影响，而添加剂 B 和添加剂 C 对润滑油抗磨性影响不显著。

5.3.2 质量因素分析的统计方法

1. 调查表法

调查表又称检查表、核对表、统计分析表等，它是利用统计调查表来进行数据收集整理和原因分析的一种方法，即把产品可能出现的情况及分类预先制成规范化的表格，检查产品时只需在相应分类栏中做出标记，然后进行统计分析。

常用的调查表有不合格品项目调查表、缺陷位置调查表、质量特性分布调查表以及矩阵调查表等。表 5-5 所示为车门喷漆缺陷位置调查表。

表 5-5 车门喷漆缺陷位置调查表

名称	车门	调查项目	流漆	日期	
代号			色斑	检查者	
工序名称	喷漆		尘粒	制表者	

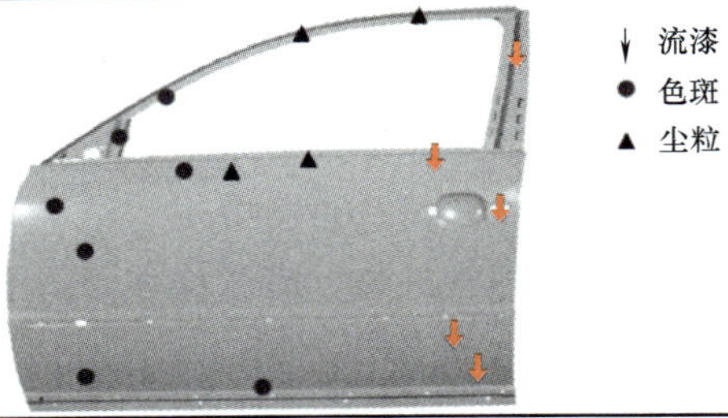

2. 分层法

分层法是加工整理归纳数据的一种重要方法，也是分析影响质量原因的方法。为避免性质不同的原因搅在一起难以分辨，将收集的数据按不同的目的加以整理、归纳和分类，使其能更明显、更突出的反映事实，以便找出规律，寻究原因，并有针对性地解决问题。

（1）常用分层依据

1）按不同的时间分层，如按不同的日期，不同的班次等。

2）按操作人员分层，如按年龄、性别、工龄和技术水平等。

3）按使用设备分层，如按不同型号，不同工装夹具和新旧程度等。

4）按原材料分层，如按不同的进料时间，不同的供应单位，不同的材料成分等。

5）按操作方法分层，如按不同的工艺方法，不同的作业环境条件等。

6）按检测手段分层，如按不同的测量仪器和测量者等。

7）按产生废品的缺陷项目分层，如按铸件的裂纹、气孔、缩孔、砂眼等。

（2）分层注意事项

1）分层法必须根据所研究问题的目的加以运用。

2）分层应使同一层内数据的活动幅度尽可能小；每一层的层内数据尽可能均匀，层与层之间差别要尽可能大。

3）要考虑层与层之间各因素对产品质量的影响是否相关。

例 5-1　调查 50 台柴油机，有 19 台漏油，主要涉及缸盖与缸体装配。从装配者（装配工人 A、B、C，含装配方法）和气缸垫（分别由甲、乙两厂供应）两方面进行分析。

解　根据检测记录，首先按装配者进行分层，见表 5-6。再按气缸垫生产厂分层，见表 5-7。

表 5-6　按操作工人分层统计表

操作者	漏油	不漏油	漏油率(%)
A	6	13	32
B	3	9	25
C	10	9	53
合计	19	31	38

表 5-7　按气缸垫生产厂分层统计表

气缸垫生产厂	漏油	不漏油	漏油率(%)
甲	9	14	39
乙	10	17	37
合计	19	31	38

根据表 5-6 和表 5-7 初步分析，操作工人 B 和气缸垫生产厂乙是最佳选择。做进一步分析，同时按操作工人和气缸垫生产厂进行分层，结果见表 5-8。

由表 5-8 可见，采用甲厂生产的气缸垫，应取操作工人 B 的操作方法；若采用乙厂生产的气缸垫，则应取操作工人 A 的操作方法。

表 5-8 综合分层统计表

操作者	甲厂气缸垫		乙厂气缸垫		合计	
	漏油	不漏油	漏油	不漏油	漏油	不漏油
A	6	2	0	11	6	13
B	0	5	3	4	3	9
C	3	7	7	2	10	9
合计	9	14	10	17	19	31

3. 排列图法（ABC 分析图法）

排列图法又称帕累托图法，是影响产品质量主要因素的一种重要分析工具。该方法将影响质量的因素分为 A、B、C 三类，A 类为主要因素，B 类为次要因素，C 类为一般因素。并且根据所做出的排列图进行分析，找出哪些因素属于 A 类，哪些属于 B 类，哪些属于 C 类，然后对症下药，有的放矢地进行质量改善，以达到取得较好效益的目的。

例 5-2 某铸造车间生产某种铸件，质量不合格项目有气孔、未充满、偏心、形状不佳、裂纹等。现记录一周生产产品不合格情况：未充满 28 件，偏心 10 件，气孔 48 件，形状不佳 4 件，裂纹 3 件，其他 2 件。试用排列图进行分析。

解 1）明确排列项目。排列项目指影响铸件质量的主要因素，此处即质量不合格项目，如气孔、未充满、偏心等。

2）收集数据。即一周生产产品不合格情况的统计数据。

3）做缺陷项目统计表并进行必要的计算，见表 5-9。

表 5-9 铸件缺陷统计表

缺陷项目	频数	频率(%)	累计频率(%)	缺陷项目	频数	频率(%)	累计频率(%)
气孔	48	50.53	50.53	形状不佳	4	4.21	94.74
未充满	28	29.47	80.00	裂纹	3	3.16	97.90
偏心	10	10.53	90.53	其他	2	2.10	100

4）做排列图，并标注必要说明。如图 5-12 所示。图中横坐标表示影响因素（缺陷类型）。柱形条的高度表示某个因素影响的大小。折线表示各影响因素大小的累计百分数，由左向右逐渐上升，称之为帕累托曲线。通常用虚线把累计百分数分为三类：累计百分比在 0% ~80% 的因素为 A 类因素（主要因素）；累计百分比在 80% ~90% 的因素称为 B 类因素（次要因素）；累计百分数在 90% ~100% 的因素称为 C 类因素。

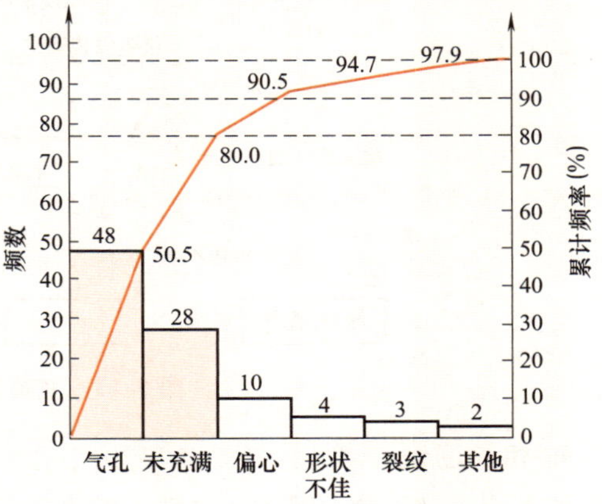

图 5-12 铸件缺陷排列图

5）对排列图进行分析，找出 A 类因素。由图 5-12 显见影响铸件质量的主要因素是气孔和未充满，其次是偏心。这样就可以有的放矢，重点针对气孔和未充满缺陷，查找原因，寻求解决铸件质量的有效办法。

4. 因果图法（鱼骨图法）

因果图表示质量特性波动与其潜在原因的关系，运用因果图可以从错综复杂的原因中，找到问题的症结所在，以便对症下药解决质量问题。该方法是以某质量问题（结果）为出发点，从操作者、设备、原材料、操作方法、环境等方面入手，逐步探寻产生质量问题的原因。寻求各种原因要从粗到细、从大到小，形象地描述出它们的因果关系，直到能具体采取措施解决为止。经过记录和整理，将问题绘制成因果图。

（1）因果图的结构　因果图由结果、原因和枝干三个要素构成，结果是需要和准备改善和控制的对象，即要明确的质量问题，原因是能对结果产生影响的因素，枝干表示原因与结果之间、原因与原因之间的关系。中间的主干用粗箭头表示，主干两侧的大枝、中枝和细枝用细箭头表示。

（2）因果图的作图程序

1）明确问题的结果，结果要提得具体，否则因果关系不明确。

2）做出主干与结果，并选取影响结果的要因作为大枝，然后再对大枝项目细究，进一步画出中枝和细枝，即将调查研究和分析的原因由大到小，由粗到细进行分类。分析它们对质量的影响，并按其从属关系填入因果图中，且将大原因用方框框起来，对特别重要的原因做出标记以引起注意。这一步分析应尽可能深入细致，以防止影响质量的真正原因被遗漏。

3）将制图者、日期及制图时的生产状态等需要说明的事项记载下来。

4）因果图制成后，有必要对原因进行审查，权衡其轻重，即要决定从何处着手进行调查研究，采取相应的改进措施。且在措施落实后，应到现场进行检查，重新收集质量数据，再画出排列图检查其效果，直到使产品达到规定的质量要求为止。

（3）因果图实例　对变速器漏油进行分析，绘制的因果图如图 5-13 所示。

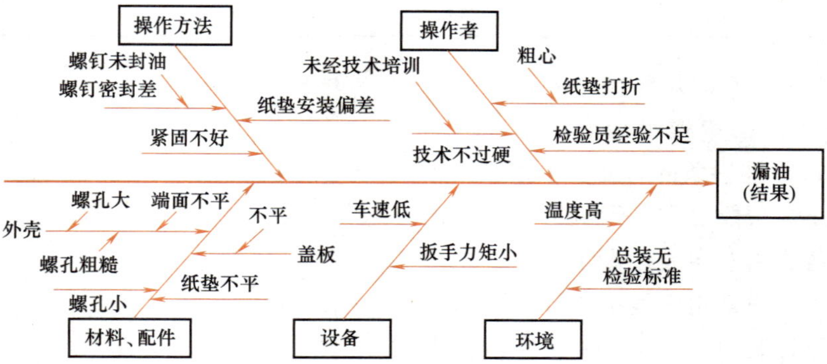

图 5-13　变速器漏油因果分析图

5. 相关图法

相关图法又称散布图法，它是分析两个变量或两种质量特性之间有无相关性及相关关系如何的一种方法。在分析产生质量问题的原因时，有的变量之间虽然存在密切关系，但却不能由一个变量的数值精确地求出另一个变量的数值，这种关系就是相关关系。相关图就是将两个具有相关关系的变量的数据对应列出，并以点的形式画在坐标图上，进行观察与分析。

（1）作相关图的程序

1）选定分析对象。相关图的研究对象，可以是研究质量特性值与因素之间的关系，也可以是两个质量特性之间的关系，或者是研究影响质量特性值的两个因素间的关系。

2）收集数据。作相关图的数据一般应在 30 组以上，数据太少相关不明显，致使判断不准确；而数据太多，计算的工作量太大。

3）建立直角坐标系。建立坐标系时，注意相关图的横、纵坐标轴上尺寸范围应基本相等，以便分析其相关关系。

4）描点。将各组对应的数据逐一按坐标位置描点，如有完全相同的数据组，则在点上加一个圈表示重复。

5）特殊点的处理。当相关图上呈现出个别偏离分布趋势的异常点时，则应查明原因。如由于测量误差，操作条件变化或数据记录错误，则应删除或校正，否则应予以保留，并分析其产生的原因。

（2）相关图的观察分析　相关图的分析判断方法有对照典型图例法、简单象限法、回归分析法等，其中对照典型图例法（见表 5-10）具有简单、直观的特点，应用较多。

表 5-10　对照典型图例分析

图例	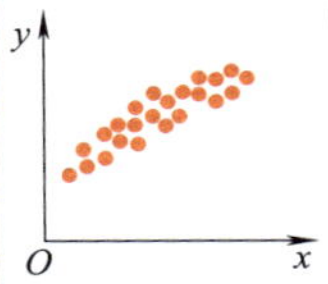	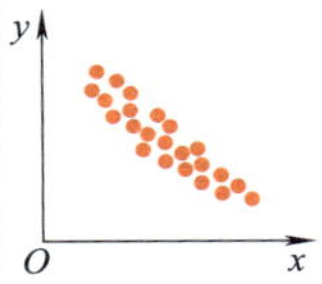	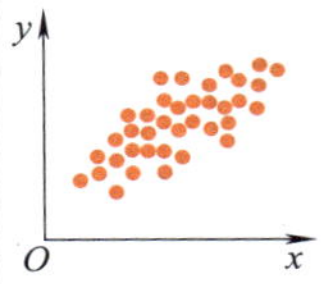	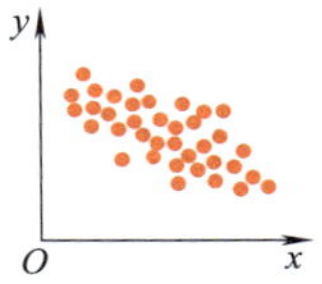	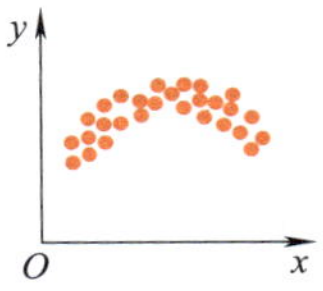	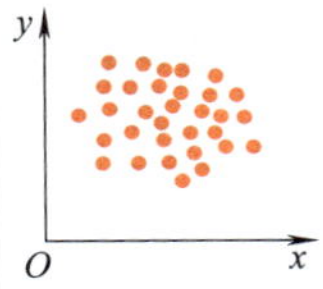
名称	强正相关	强负相关	弱正相关	弱负相关	曲线相关	不相关
特征	x 变量变大，y 变量随之变大	x 变量变大，y 变量随之变小	x 变量变大，y 变量大致变大	x 变量变大，y 变量大致变小	x 与 y 构成曲线形状	x 变量与 y 变量无关
	1）点子分布密集 2）相关关系明显，呈直线趋势 3）控制住 x，y 也得到相应控制		1）点子分布散 2）相关关系大体呈直线趋势 3）除 x 因素影响 y 外，还需考虑其他因素		x 与 y 呈非线性关系	x 与 y 无规律可循

（3）相关性的数值分析　可以通过计算相关系数确定两变量之间是否存在线性相关以及相关性的强弱。相关系数的计算公式为

$$r = \frac{\sum_{i=1}^{n}(x_i - \bar{x})(y_i - \bar{y})}{\sqrt{\sum_{i=1}^{n}(x_i - \bar{x})^2 \sum_{i=1}^{n}(y_i - \bar{y})^2}} \tag{5-9}$$

式中　r——相关系数；

x_i、y_i——数据点 i 的坐标值；

$\bar{x}$、$\bar{y}$——x_i、y_i的平均值；

n——数据点个数。

相关系数值可以为正，也可以为负。正值表示正相关，负值表示负相关。r 的绝对值在 0 ~ 1 之间，绝对值越大，表示相关关系越密切。为方便检验相关关系的显著性，制成相关系数临界值表，见表 5-11。式中 f 为自由度数。

表 5-11 相关系数 r 的临界值表

$f=n-2$	r_α(5%)	r_α(1%)	$f=n-2$	r_α(5%)	r_α(1%)	$f=n-2$	r_α(5%)	r_α(1%)	$f=n-2$	r_α(5%)	r_α(1%)
6	0.707	0.834	20	0.423	0.537	40	0.304	0.393	70	0.232	0.302
8	0.632	0.765	25	0.381	0.487	45	0.288	0.372	80	0.217	0.283
10	0.576	0.708	30	0.349	0.449	50	0.273	0.354	90	0.205	0.267
15	0.482	0.606	35	0.325	0.418	60	0.250	0.325	100	0.195	0.254

例 5-3 图 5-14 所示曲轴端面 A、B 粗加工过程如下：

1）铣端面 A，保证 A、B 面距离尺寸为 L_1；

2）粗车端面 B，保证 A、B 面距离尺寸为 L_2。

分别测量尺寸 L_1 和 L_2 的偏差，列于表 5-12。试确定粗车工序是否存在误差复映。

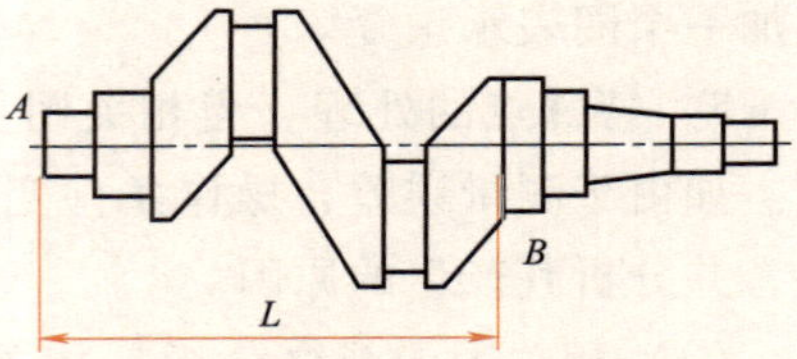

图 5-14 曲轴简图

表 5-12 工序尺寸偏差数据 （单位：mm）

序号	ΔL_1	ΔL_2	序号	ΔL_1	ΔL_2	序号	ΔL_1	ΔL_2	序号	ΔL_1	ΔL_2	序号	ΔL_1	ΔL_2	序号	ΔL_1	ΔL_2
1	0.8	-0.05	7	1.6	0.08	13	1.5	0.15	19	1.4	-0.05	25	1.3	-0.06	31	1.2	-0.02
2	1.0	0.01	8	0.9	0.04	14	1.6	0.13	20	1.5	-0.05	26	1.4	-0.02	32	1.3	-0.05
3	1.1	0.01	9	1.0	-0.01	15	0.9	-0.05	21	1.6	0.15	27	1.5	-0.02	33	1.4	0.07
4	1.2	0.09	10	1.2	-0.04	16	1.0	-0.05	22	1.0	-0.06	28	1.7	0.15	34	1.5	0.11
5	1.4	0.15	11	1.2	0.11	17	1.2	-0.07	23	1.0	0.05	29	1.0	-0.09			
6	1.5	0.08	12	1.4	0.03	18	1.3	0.1	24	1.2	0.02	30	1.1	0			

解 1）作相关图（见图 5-15），直观判断 ΔL_1 和 ΔL_2 存在弱相关关系。

2）计算相关系数，根据式（5-9）可求出：$r=0.56$。

查表 5-11，$f=n-2=34-2=32$，通过插值可求出：$r_\alpha(1\%)=0.424$。$r>r_\alpha(1\%)$，表明 ΔL_1 和 ΔL_2 存在显著的相关关系，即说明粗车前后尺寸存在明显的误差复映。因此为保证尺寸 L_2 的精度，需合理控制尺寸 L_1 的精度。

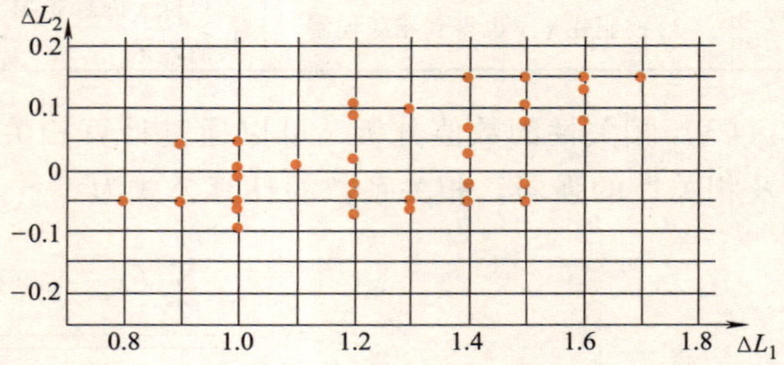

图 5-15 粗车前后尺寸相关图

从上面的分析还可以看出，直观判断虽然简单、方便，但可能存在判断偏差，只有通过数值分析才能对相关性做出准确判断。

5.3.3 工序质量控制的统计方法

1. 质量变异的原因及分布规律

同一批产品即使所采用的原材料、生产工艺和操作方法完全相同，每个产品的质量也不可能丝毫不差，它们之间或多或少总有些差别。产品质量间的这种差异就称为质量变异，影响质量变异的因素可归纳为两类。

（1）偶然性因素　偶然性因素很多，如原材料性质的微小差异、加工环境的微小波动、操作方法的微小变化等。该类因素不易识别且难以消除，其引起的产品质量差异是随机的，一般影响不显著。

（2）系统性因素　系统性因素又称非偶然性因素，如原材料的规格和品种有误，机具设备发生故障，操作不按规程，仪器仪表失灵或准确性差等。该类因素容易识别，对质量差异的影响较大，容易造成废品或次品，应该加以避免。

对于个体，偶然性因素引起的质量变异是随机的，但对批量生产的产品来说却有一定的规律性。数据统计证明，在正常的情况下（没有显著变化的系统性因素影响），产品质量特性的分布一般符合正态分布规律。

正态分布曲线如图 5-16 所示，正态分布的密度函数为

$$f(x) = \frac{1}{\sigma\sqrt{2\pi}}e^{-\frac{(x-\mu)^2}{2\sigma^2}} \tag{5-10}$$

式中　x——质量指标（横坐标值）；

μ——质量指标的平均值；

σ——质量指标的标准差。

根据正态分布曲线的性质可知，在正常生产的情况下，质量特征落在 $(\mu-\sigma)\sim(\mu+\sigma)$ 区间的产品有 68.25%；在 $(\mu-2\sigma)\sim(\mu+2\sigma)$ 区间的产品有 95.45%；在 $(\mu-3\sigma)\sim(\mu+3\sigma)$ 区间的产品有 99.73%；而质量特性在 $\mu\pm3\sigma$ 范围以外的产品不到 3‰。因此可以认为正态分布的随机变量的分散范围是 $\pm3\sigma$，这就是所谓的 $\pm3\sigma$ 原则。

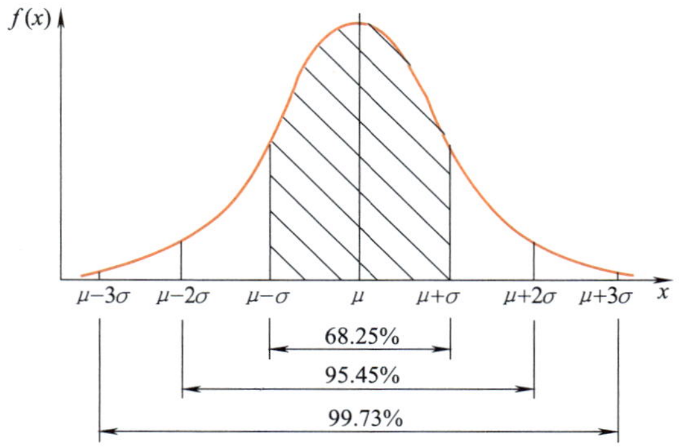

图 5-16　正态分布曲线

2. 直方图法

（1）直方图的概念　所谓直方图，就是将数据按其大小顺序分成若干等距的组，以组距为底边，以与该组距对应的频数为高所构成的直方形图。直方图法是整理分析质量数据，判断和预测生产过程质量的一种常用方法。将直方图与相关标准相比较，能探索质量分布规律，分析和判断整个生产过程是否正常，以便对不同情况采取管理措施。根据直方图提供的数据，还可以计算数据的各种特征值和工序能力指数，从而推算出工序不合格品率。

（2）直方图作图程序　下面举例来说明直方图的绘制步骤。

例 5-4　在无心磨床上磨削一批直径尺寸为 $\varphi 20_{-0.020}^{-0.005}$mm 的销轴，绘制工件直径尺寸的直方图。

解　1）收集数据（N 个）。一般取 $N=50\sim100$，本例取 $N=100$。对随机抽取的 100 个样件，用千分比较仪逐个进行测量（比较仪按 φ20mm 尺寸用量块调整零点），实测数据列于表 5-13 中。

表 5-13　轴径尺寸偏差的实测值　（单位：μm）

-10	-10	-8	-7	-14	-8	-4	-8	-9	-10	-9	-8	-9	-11	-10	-9	-9	-6	-6	-5
-10	-5	-6	-12	-9	-10	-8	-8	-13	-10	-9	-5	-11	-9	-9	-10	-8	-8	-7	-7
-13	-9	-11	-10	-10	-5	-6	-11	-9	-9	-9	-8	-12	-7	-7	-10	-9	-9	-6	-8
-10	-10	-11	-11	-7	-9	-9	-4	-7	-7	-12	-9	-7	-6	-9	-5	-8	-8	-8	-11
-5	-10	-10	-8	-5	-11	-9	-7	-7	-8	-9	-8	-12	-10	-8	-8	-8	-7	-5	-10

2）确定分组数 k、组距 d。一般 $k=10$（数据较多时，可分成 10～20 组），找出数据的最大值和最小值，算出极差 R。本例，$R=x_{\max}-x_{\min}=-4-(-14)=10$。再求出组距 d：

$$d=\frac{R}{k-1}=\frac{10}{10-1}\mu\text{m}=1.1\ \mu\text{m}$$

千分比较仪的最小读数值为 1μm，组距应是最小读数的整数倍，故取组距：$d=1\mu$m。

最终分组数应按下式进行修正：

$$k=\frac{R}{d}+1=\frac{10}{1}+1=11$$

3）确定各组的边界值，计算组中值。以 x_{iL} 表示第 i 组的下边界值，以 x_{iU} 表示第 i 组的上边界值，即

$$x_{iL}=x_{\min}+(i-1)\ d\ \frac{d}{2}\quad(i=1,\ 2,\ \cdots\ k)$$

$$x_{iU}=x_{\min}+(x-1)d+\frac{d}{2}$$

故本例中各组的组界分别为 -14.5，-13.5，…，-3.5。

各组中心值为

$$b_i=\frac{\text{第 } i \text{ 组下界值}+\text{第 } i \text{ 组上界值}}{2}$$

本例中各组的组中值为 -14，-13，…，-4。

4）做频数分布表。将数据分组依次编号，并与上面计算的各组上边界值、下边界值和各组中心值一起填入频数分布表中，再统计出数据落在各组内的数目（即频数）f_i，即完成频数分布表，见表 5-14。本例中各组频数分别为 1，2，4，8，17，21，19，12，6，8，2。

表 5-14 频数分布表

组号	组距	中心值	频数统计	频数
1	-14.5 ~ -13.5	-14	一	1
2	-13.5 ~ -12.5	-13	丅	2
3	-12.5 ~ -11.5	-12	正 下	4
4	-11.5 ~ -10.5	-11	正 下	8
5	-10.5 ~ -9.5	-10	正 正 正 丅	17
6	-9.5 ~ -8.5	-9	正 正 正 正 一	21
7	-8.5 ~ -7.5	-8	正 正 正 正	19
8	-7.5 ~ -6.5	-7	正 正 丅	12
9	-6.5 ~ -5.5	-6	正 一	6
10	-5.5 ~ -4.5	-5	正 下	8
11	-4.5 ~ -3.5	-4	丅	2

5）计算平均值 $\bar{x}$ 和标准差 S。

① 不分组的情况。

$$\bar{x} = \frac{1}{n}\sum_{i=1}^{n} x_i \quad S = \sqrt{\frac{1}{n-1}\left(\sum_{i=1}^{n} x_i^2 - \frac{1}{n}\left(\sum_{i=1}^{n} x_i\right)^2\right)} \tag{5-11}$$

② 分组的情况。将几个数据分为 k 组，且计算出每组中心值 b_i，频数为 f_i时

$$\bar{x} = \frac{1}{n}\sum_{i=1}^{k} f_i b_i \quad S = \sqrt{\frac{1}{n}\sum_{i=1}^{k} f_i (b_i - \bar{x})^2} \tag{5-12}$$

本例，按式（5-11）计算得到平均值：$\bar{x} = -8.55$，标准差：$S = 2.06$。

6）作直方图。以纵坐标为频数，横坐标为数据观测值，以组距 d 为底边，以数据落入各组的频数 f_i 为高，画出一系列的矩形，便得到直方图。为了便于观察与分析，常常在直方图的下方标出公差带（或质量指标上下界限）。本例直方图如图 5-17 所示。

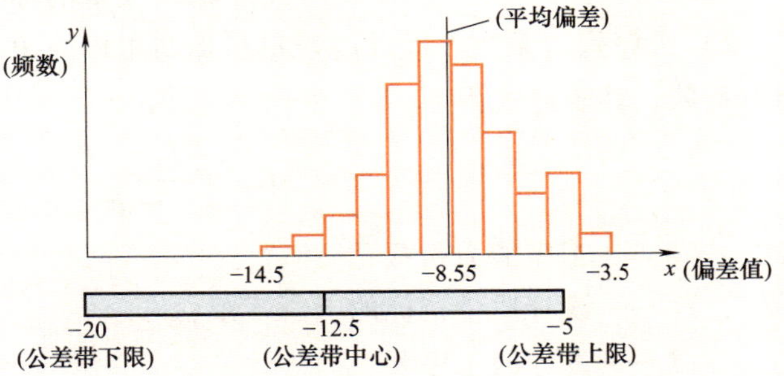

图 5-17 例 5-4 直方图

（3）直方图的观察分析

1）对图形形状的观察分析。对于计量值的质量特性值而言，在正常生产情况下其直方图接近正态分布形状，当有异常因素影响时，直方图的图形也出现异常。常见的分布直方图及说明见表 5-15。

2）对图形位置的观察分析。如果生产过程处于正常受控状态，直方图分布中心应与公差带中心相接近，若分布中心与公差带中心偏离较大，则表明工艺系统存在常值系统误差，其值等于分布中心与公差带中心的偏移量。如在图 5-17 中，此偏移量为：$\Delta_S = [-8.55-(-12.5)]\mu m = 3.95\mu m$。

表 5-15　典型分布的直方图及说明

图　例	说　明	图　例	说　明
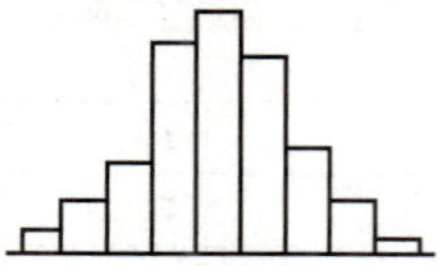 正常形	中间高，两边低，左右基本对称，说明工序处于稳定状态	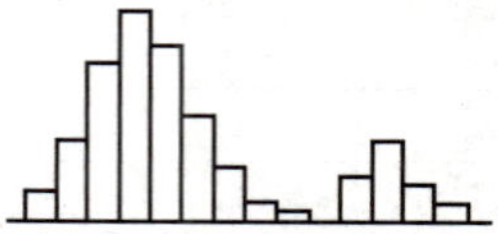 孤岛形	远离主分布的地方出现“孤岛”。表明生产过程短期内有异常因素在起作用，如原料混杂，操作失误等
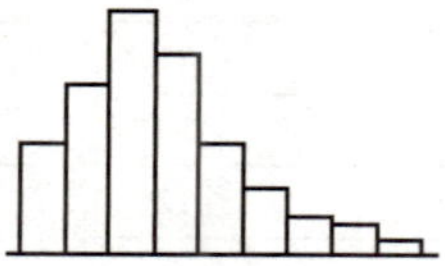 偏向形	直方图顶峰偏向一方，左右不对称。往往由于人为原因造成，如加工孔时宁小勿大，加工轴时宁大勿小等	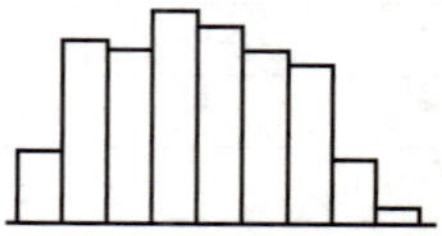 平顶形	生产过程中有缓慢变化的因素在起作用，如刀具磨损，工艺系统热变形等因素引起的加工误差
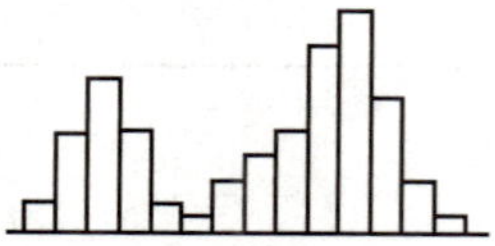 双峰形	表明数据来自两个不同主体，如两台机床加工的零件混在一起	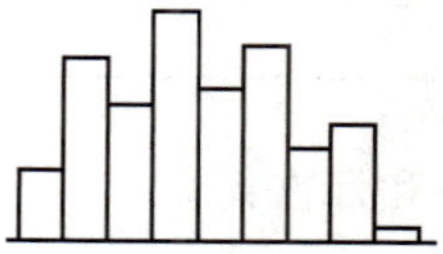 锯齿形	作图时分组不当，或测量仪器精度不够，或读取数据不准确等

（4）工序能力系数

1）工序能力。工序能力又称过程能力，一般指工序处于统计控制状态下，且工序输出质量指标符合正态分布时的分散范围。通常表示为

$$PC = \pm 3\sigma \tag{5-13}$$

式中　PC（Process Capacity）——工序能力；

σ——工序输出变量的标准差。

2）工序能力系数。设计的质量指标与工序输出质量指标的分散范围的比值称为工序能力系数，其表达式为

$$C_P = \frac{T_U - T_L}{6\sigma} = \frac{T}{6\sigma} \tag{5-14}$$

式中　C_P——工序能力系数；

T_U，T_L——设计质量指标的上、下限；

T——设计的工序公差。

对于单侧公差的情况，当只有上限要求时，工序能力系数的表达式为

$$C_P = \frac{T_U - \mu}{3\sigma} \tag{5-15}$$

当只有下限要求时，工序能力系数的表达式为

$$C_P = \frac{\mu - T_L}{3\sigma} \tag{5-16}$$

式中　μ为工序输出变量的平均值。

根据工序能力系数C_P的大小，可将工序能力分为五个等级，见表5-16。一般情况下，工序能力不应低于二级，即要求$C_P > 1$。

表 5-16 工序能力等级

工序能力系数	工序等级	说明
$C_P > 1.67$	特级	工序能力过高，可以允许有异常波动，不经济
$1.67 \geq C_P > 1.33$	一级	工序能力足够，可以允许有一定的异常波动
$1.33 \geq C_P > 1.00$	二级	工序能力勉强，需密切注意
$1.00 \geq C_P > 0.67$	三级	工序能力不足，会出现少量不合格品
$0.67 \geq C_P$	四级	工序能力很差，必须加以改进

3）实际工序能力系数。由上面分析可知，为防止不合格品的产生，要求工序能力 C_P 必须大于1。但 $C_P>1$ 并不能保证所加工的零件均是合格品。若存在较大的常值或变值系统误差，仍可能出现不合格品。只有当公差 $T\geq 6\sigma+2|\Delta_S|$ 时，才不会产生不合格品。为此，又引入实际工序能力系数 C_{PK}，其表达式为

$$C_{PK}=\frac{(T_U-T_L)-2|\Delta_S|}{6\sigma}=\frac{T-2|\Delta_S|}{6\sigma} \tag{5-17}$$

式中 Δ_S为设计质量指标中心与工序输出变量实际分布中心的偏差。

需要说明的是，工序能力系数 C_P表示过程本身的能力，而实际工序能力系数 C_{PK}则表示过程满足技术要求的能力，是“过程能力”与“管理能力”的综合。两者侧重点不同，常常需要同时加以考虑。

例 5-5 计算例 5-4 加工系统的工序能力系数和实际工序能力系数，判断工序能力等级，并分析产生不合格品的可能原因。

解 1）计算工序能力系数 C_P和实际工序能力系数 C_{PK}。

$$C_P=\frac{T}{6\sigma}=\frac{-0.005-(-0.02)}{6\times 0.00206}=1.21$$

$$C_{PK}=\frac{T-2\Delta_S}{6\sigma}=\frac{0.015-2\times 0.00395}{6\times 0.00206}=0.57$$

2）由 C_P值可判断工序能力等级为二级，工序能力勉强。但实际工序能力系数 C_{PK}只有 0.57，显然偏低。其原因是实际尺寸分布中心与公差带中心偏离较大，Δ_S达 0.00395mm。通常情况下，要求$|\Delta_S|\leq 1.5\sigma$，而本例已超过此数值，这可能是由于机床调整不当所致。解决办法是重新调整机床，使$|\Delta_S|$控制在 1.5σ 范围内，不合格品率会显著减少。

3. 控制图法

控制图法是利用控制图来对生产过程质量状态进行分析判断和控制的一种极为重要的动态方法，其主要作用为：

1）分析判断生产过程是否稳定。

2）及时发现生产过程中的失控现象，控制生产过程的质量状态，预防不合格品产生。

3）为质量评定提供依据。

4）确定设备和工艺装备的实际精度。

（1）控制图的基本格式 控制图一般包括两部分：标题部分和控制图部分。

1）标题部分。标题部分包括工厂、车间、班组的名称，机床设备的名称、编号、零件、工序名称、检验部位、测量器具、操作工、检验工、绘图者的姓名，以及控制图的名称编号等。

2）控制图部分。控制图指根据概率统计的原理，在普通坐标纸上画出两条控制界限和一条中心线，然后按时间顺序抽样所得的质量特征值（或样本统计量）以点子的形式依次描在图上，从点子的动态分布情况来探索工序质量及其趋势的图形（见图5-18）。

控制图的横坐标是先后排列的样组序号，纵坐标为质量特征值或样本统计量，两条控制界限一般用虚线表示，上面一条称为上控制界限，记为UCL，下面一条称为下控制界限，记为LCL，中心线用实线表示，记为CL。

（2）3σ原理控制图 如果工序处于稳定状态，则生产的产品质量特征值遵从正态分布，即为$x \sim N(\mu, \sigma^2)$，工序能力$PC=6\sigma$。此时质量特征值x落在$\mu \pm 3\sigma$区间的概率为99.73%，而x落在两条虚线外的概率之和只有0.27%，即1000个样本中，平均约有3个数据超出分布范围，有997个落在$(\mu-3\sigma, \mu+3\sigma)$之中。若从处于统计控制状态的工序中任抽一个样品$x$，根据“小概率不可能发生”原理，可以认为$x$一定落在分布范围$\mu \pm 3\sigma$之中，并认为出现在分布范围之外是不可能的。

通常，将$\mu-3\sigma$定为LCL，$\mu+3\sigma$定为UCL，μ定为CL。这样得到的控制图称为3σ原理控制图，也称为休哈特控制图（参见图5-19）。

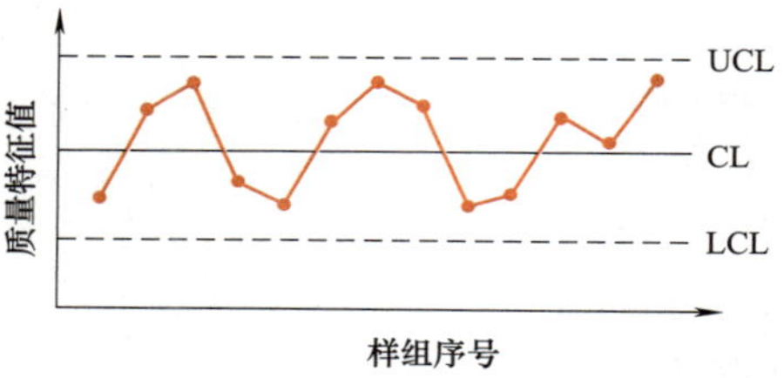

图5-18 工序质量控制图样

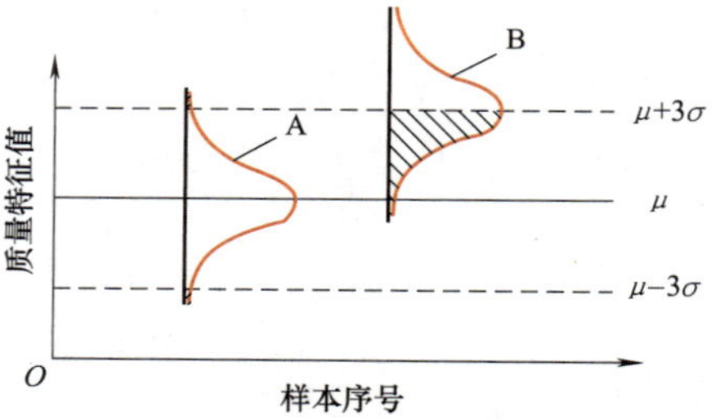

图5-19 3σ原理控制图

（3）两类错误 应用控制图判断工序是否稳定时，可能会出现两类错误。第一类错误是当产品质量特征值处于统计控制状态（正态分布），且中心线无偏移，这时应认为工序是正常的。但是由于控制界限定在$\mu \pm 3\sigma$处，因此就有0.27%的点子落在控制界限之外，于是可能虚发警报而将工序误判为异常。这类错误称为“弃真”，出现这类错误的概率称为第Ⅰ类风险，记为α（图5-19中A的阴影部分）。第二类错误是当工序已经变化为非统计控制状态，但点子没有超出控制界限，就会漏发警报而将工序误判为正常，这类错误称为“取伪”，出现该类错误的概率称为第Ⅱ类风险，记作β（图5-19中B的阴影部分）。

对于第Ⅰ类错误，为了减少α，应使控制界限的距离尽量大。对于第Ⅱ类错误，为了减少β，应使控制界限的距离尽量小。但要同时减少两类错误是不可能的，样本大小为定数时，α越小则β越大，反之亦然。因此，控制图控制界限的合理确定应以两类错误所造成的总损失最小为原则。实践证明，能使两类错误总损失最小的控制界限幅度大约为 $\pm 3\sigma$，因此选取 $\mu \pm 3\sigma$ 作为上下控制界限是经济合理的。

（4）控制图的分类　根据数据性质不同，控制图可分为两类：计量值控制图和计数值控制图。常用控制图的类型及应用见表5-17。表中 $\bar{x}$、$\bar{\bar{x}}$ 为计量值 x 样组和总体的平均值，R、$\bar{R}$ 为计量值 x 样组的极差和样组极差的平均值，$\tilde{x}$、$\bar{\tilde{x}}$ 为计量值 x 样组的中位数和样组中位数的平均值，A_2、D_3、D_4、m_3 为由样组容量确定的常系数；p、$\bar{p}$ 为样组的不合格率和样组不合格率的平均值，np、$n\bar{p}$ 为样组的不合格品数和样组不合格品数的平均值，c、$\bar{c}$ 为缺陷数和缺陷数的平均值，u、$\bar{u}$ 为单位缺陷数和单位缺陷数的平均值。

表 5-17　常用控制图的类型及应用

类别	名称	代号	控制界限		应用场合
			中心线 CL	上、下控制线 UCL 和 LCL	
计量值控制图	均值-极差控制图	$\bar{x}$-R	$\bar{\bar{x}}$ $\bar{R}$	$\bar{\bar{x}} \pm A_2\bar{R}$（见表5-19） $D_4\bar{R}$，$D_3\bar{R}$（见表5-19）	计量值数据控制
	中位数-极差控制图	$\tilde{x}-R$	$\bar{\tilde{x}}$ $\bar{R}$	$\bar{\tilde{x}} \pm m_3A_2\bar{R}$（见表5-19） $D_4\bar{R}$，$D_3\bar{R}$（见表5-19）	计量值数据控制，检出率较强
	单值控制图	x	$\bar{x}$	$\bar{x} \pm 3\sigma$	计量值数据控制，检出时间应短于加工时间
	单值-移动极差控制图	x-R_s	$\bar{x}$ $\bar{R}_s$	$\bar{x} \pm 2.66\bar{R}_s$ $UCL = 3.27\bar{R}_s$，LCL不考虑	计量值数据控制，用于一段时间里只能获取一个数据的场合
计数值控制图	不合格品率控制图	p	$\bar{p}$	$\bar{p} \pm 3\sqrt{\frac{\bar{p}(1-\bar{p})}{n}}$	关键件全检场合
	不合格品数控制图	np	$n\bar{p}$	$n\bar{p} \pm 3\sqrt{n\bar{p}(1-\bar{p})}$	半成品或零部件有一定样本容量 n 的场合
	单位缺陷数控制图	u	$\bar{u}$	$\bar{u} \pm 3\sqrt{\frac{\bar{u}}{n}}$	全数检验单位缺陷数的场合
	缺陷数控制图	c	$\bar{c}$	$\bar{c} \pm 3\sqrt{\bar{c}}$	要求每次检验样本容量为 n 的场合

（5）$\bar{x}-R$ 图应用实例　在计量值控制图中应用最多的是均值－极差控制图（$\bar{x}-R$ 图）。下面通过一实例介绍 $\bar{x}-R$ 图的作图与分析过程。

例 5-6 大批量加工摇杆零件轴孔，孔径要求为 $\phi20^{+0.025}_{0}$ mm，现按加工时间顺序，先后抽检 20 个样组，每组取样 5 样件。用内径千分表测量，千分表按 ϕ20mm 调整零点，测量数据列于表 5-18 中，单位为 μm。试作 $\bar{x}$- R 图，并对其进行分析。

表 5-18 测量数据 (单位：μm)

样组号	样件测量值					$\bar{x}$	R	样组号	样件测量值					$\bar{x}$	R
	x_1	x_2	x_3	x_4	x_5				x_1	x_2	x_3	x_4	x_5		
1	28	20	28	14	14	20.8	14	11	16	21	14	15	16	16.4	7
2	20	15	20	20	15	18	5	12	16	17	14	15	15	15.4	3
3	8	3	15	18	18	12.4	15	13	12	12	10	8	12	10.8	4
4	14	15	15	15	17	15.2	3	14	10	10	7	18	15	12	11
5	13	17	17	17	13	15.4	4	15	14	15	18	24	10	16.2	14
6	20	10	14	15	19	15.6	10	16	19	18	13	14	24	17.6	11
7	10	15	20	10	13	13.6	10	17	28	25	20	23	20	23.2	8
8	18	18	20	25	20	20.2	7	18	18	17	25	28	21	21.8	11
9	12	8	12	15	18	13	10	19	20	21	19	21	30	22.2	11
10	10	5	11	15	9	10	10	20	18	28	22	18	20	21.2	10

解 1）计算各样组的平均值和极差，列于表 5-18 中。

2）计算 $\bar{x}$- R 图控制限，分别为

$\bar{x}$ 图：中心线 $CL = \bar{\bar{x}} = \dfrac{1}{k}\sum_{i=1}^{k}\bar{x}_i = 16.55\mu m$

上控制线 $UCL = \bar{\bar{x}} + A_2\overline{R} = 21.71\mu m$

下控制线 $LCL = \bar{\bar{x}} - A_2\overline{R} = 11.39\mu m$

R 图：中心线 $CL = \bar{R} = \dfrac{1}{k}\sum_{i=1}^{k}R_i = 8.9\mu m$

上控制线 $UCL = D_4\overline{R} = 18.78\mu m$

下控制线 $LCL = D_3\overline{R} = 0$

式中 k——样组个数；

$\bar{\bar{x}}$ 和 $\bar{R}$——样组平均值的平均值和样组极差的平均值；

A_2、D_3、D_4——由样组容量确定的系数，见表 5-19。

表 5-19 系数 A_2、D_3、D_4、m_3 值

样组容量 n/件	A_2	D_3	D_4	m_3
4	0.729	0	2.282	1.092
5	0.577	0	2.114	1.198
6	0.483	0	2.004	1.135

3）根据以上结果作 $\bar{x}$- R 图，如图 5-20 所示。

4）$\bar{x}$- R 图分析。$\bar{x}$- R 图由样组平均值 $\bar{x}$ 图和样组极差 R 图共同组成。$\bar{x}$ 图反映的是工艺过程质量指标分布中心（系统误差）的变化，R 图则反映工艺过程质量指标分散范围（随机误差）的变化。因此，这两个点图必须联合使用。生产过程稳定时，在 $\bar{x}$- R 图中没有点子超出控制限，大部分点子在均值线上下波动，小部分点子在控制线附近，点子没有明显的上升或下降倾向和周期性波动等规律性变化。否则，表明工艺过程不稳定。

由图 5-20 中 $\bar{x}$ 图可见有点子超出控制限，表明工艺过程不稳定。此时要根据点子的分布和超限情况查找原因，及时调整机床和加工状态。本例中，经查找是由于在第 16 样组加工时更换铰刀所致。更换前，铰刀出现过度磨损，更换后的铰刀直径偏大，出现少数零件超差的现象。因此在更换刀具前后需要对加工质量给予特别关注。

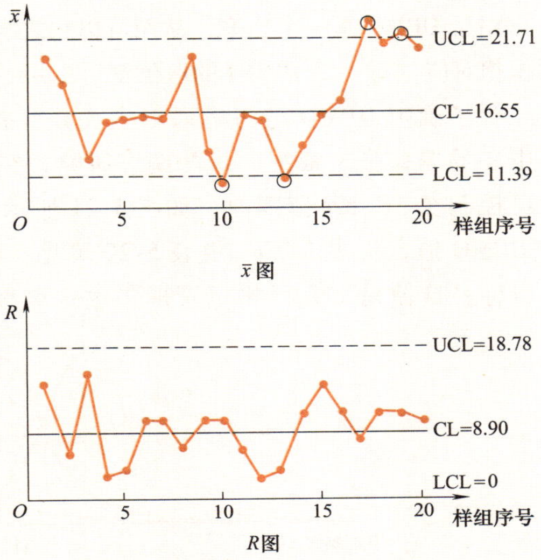

图 5-20 $\bar{x}$- R 图

5.3.4 六西格玛管理

1. 六西格玛管理的起源及其发展

六西格玛（6σ）管理（又称六西格玛工程）作为一种持续改进产品和服务质量的方法，最早起源于美国摩托罗拉公司。20 世纪 70 年代后期，在日本企业的强大攻势下，几乎所有的美国产业都面临着巨大的竞争压力。在这种形式下，摩托罗拉公司从 1980 年开始了其“质量振兴计划”，内容包括加快产品开发、大幅度提高产品质量以及通过调整生产过程来降低成本等，希望以此来提升企业的竞争力，从而能够同竞争对手抗衡。这一计划的核心构成，便是所谓的六西格玛管理活动，这一活动成了摩托罗拉公司在全公司范围内实施的质量改进活动。

六西格玛管理活动的广泛开展，对于当代的企业管理产生了很大的影响。到目前为止，在全世界范围内都掀起了六西格玛的热潮。很多管理者学会了六西格玛的术语，很多公司开始尝试六西格玛管理，其中不少公司已取得显著效果。

2. 六西格玛管理的测量指标

为了能够实现改进，摩托罗拉公司创造性地引入了一个衡量质量的通用指标，称为“百万机会缺陷数”（Defects Per Million Opportunities，DPMO）。该指标的计算公式为

$$百万机会缺陷数(DPMO) = 单位缺陷数(DPU)/百万个出错机会 \qquad (5\text{-}18)$$

这里的缺陷是指有导致顾客不满意的情况。单位缺陷数是指所衡量的每个单位对象（如一个产品、一个过程）出现的缺陷数。通过将缺陷平均到每个出错机会上，就可以实现不同复杂

程度的产品以及过程的比较，从而使得 DPMO 成为一个通用的衡量质量的尺度。

依据这一尺度，摩托罗拉公司确立了其质量改进的目标，就是要将百万机会缺陷数（DPMO）降至 3.4。这个数字的意义可以理解为，如果面对着 100 万次出错的可能的话，实际出错只允许发生 3.4 次。

3. DPMO 与西格玛对应关系

由于 DPMO 是一个比率，从而可以将之与正态曲线上的一定 σ（西格玛）范围内所包括的面积相对应。每一个 DPMO 的取值都可以用一个相应的西格玛值来表示，反之也一样。

为了确定 DPMO 与西格玛对应关系，首先需确定均值的漂移量，即分布中心与公差带中心的偏移量。根据大量的调查研究，在现有科技发展的水平下，过程均值的漂移量一般可控制在 $\pm 1.5\sigma$ 范围内，如图 5-21 所示。由此不难确定不同西格玛的质量水平对应着的 DPMO 值，见表 5-20。由表 5-20 可见，6 个西格玛的质量水平对应着 DPMO 为 3.4 这一目标，这便是“六西格玛管理”这一名称的由来。

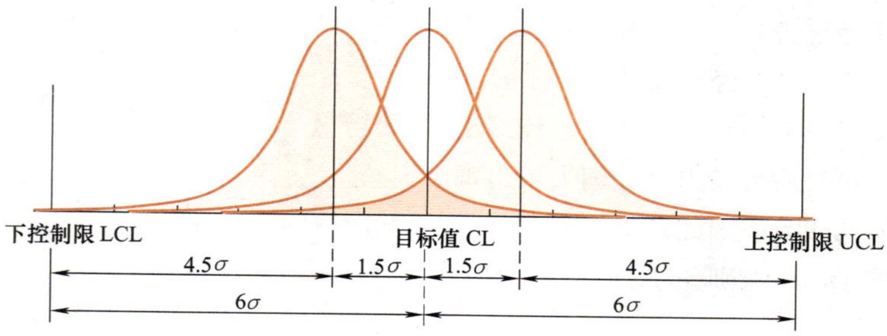

图 5-21　6σ 情况下均值偏移 1.5σ

表 5-20　西格玛控制方式与均值偏移 1.5σ 对应的 DPMO

西格玛控制方式	均值无偏移对应的不合格品率	均值偏移 1.5σ 对应的 DPMO
3σ	2.7×10^{-3}	66807
4σ	63.3×10^{-6}	6210
5σ	0.573×10^{-6}	233
6σ	0.002×10^{-6}	3.4

4. 三西格玛与六西格玛对于工序能力系数的要求

由于不合格品率与工序能力系数存在对应关系，也可以用工序能力系数来反映质量要求。

（1）三西格玛控制质量要求（GB/T 4091—2001）

$$C_P \geqslant 1.33$$
$$C_{PK} \geqslant 0.833 \tag{5-19}$$

准确地说，式（5-19）对应的是四西格玛控制，这可以从下式看出：

$$C_P = 1.33 = \frac{4}{3} = \frac{8\sigma}{6\sigma} = \frac{T}{6\sigma}$$

（2）六西格玛控制质量要求

$$C_{P} \geqslant 2$$
$$C_{PK} \geqslant 1.5 \tag{5-20}$$

5.4　ISO 9000 质量管理系列标准简介

5.4.1　ISO 9000 系列标准的由来

1979 年 9 月国际标准化组织（ISO）决定建立质量保证技术委员会 TC176，后更名为“质量管理和质量保证技术委员会”，负责制定在质量管理和质量保证方面的标准。TC176 在总结各国质量管理经验的基础上，经过各国质量管理专家的努力工作和广泛协商，于 1986 年 6 月 15 日正式发布 ISO 8402《质量—术语》。1987 年 3 月正式发布了 ISO 9000 至 ISO 9004 质量管理和质量保证系列标准。

ISO 9000 族标准的发布，在国际范围内达成了广泛的一致。这一系列标准被许多国家、地区、组织（企业）所采用，提高了 ISO 9000 族标准在经济活动中的影响。

为顺应时代发展需要，使 ISO 9000 质量管理体系始终保持旺盛的生命力，TC176 先后对其进行了四次修订。第一次的修订在 1994 年，它沿用了质量保证的概念，传统制造业烙印仍较明显。第二次修订在 2000 年，这一次修订不论是从理念、结构还是内涵，都有重大的变化。标准引入了“以顾客为关注焦点”“过程方法”等基本理念，从系统的角度实现了从质量保证到质量管理的升华，也淡化了原有的制造业的痕迹，具备了更强的适用性。2008 年进行了第三次修订，这一次修订被定义为一次“编辑性修改”，其要求并未发生显著变化。第四次修订主要针对的是核心标准 ISO 9001《质量管理体系——要求》，旨在继续强化质量管理体系标准对于经济可持续增长的基础作用，并最终于 2015 年 9 月正式发布 ISO 9001：2015 版标准。新版相对于 ISO 9001：2008 版在结构、视野、相容性、适用及易用性方面变化幅度均较大，同时也引入了一些最新的管理理念和要求。

我国是较早采用和贯彻 ISO 9000 族标准的国家之一。1988 年我国发布了等效采用 ISO 9000 系列标准的 GB/T 10300 系列标准，并于 1992 年发布了等同采用国际标准的 GB/T 19000 族标准。对应于 ISO 9000 族国际标准 2000 版和 2008 版的发布，我国于 2000 年和 2008 年都及时跟进，并发布了与之等同的国家标准。

5.4.2　ISO 9000 标准文件结构及核心标准

1. ISO 9000 族文件结构

ISO 9000 族标准由核心标准、其他标准、技术报告、小册子和技术规范五部分组成。表 5-21 列出了 ISO 9000 系列文件的结构。

2. ISO 9000 系列文件核心标准

（1）ISO 9000《质量管理体系　基础和术语》　该标准首先明确了企业改进业绩，获得持续成功的八项质量管理原则；提供了建立、实施质量管理体系应遵守的 12 个方面的质量管理体系基础；阐明了 ISO 9000 系列标准所应用的 80 个术语及术语的使用方法、术语间的关系。

（2）ISO 9001《质量管理体系 要求》 该标准规定了质量管理体系的要求，企业可通过体系的有效应用，包括持续改进体系的过程及保证符合顾客与适用的法规要求，增强顾客满意度。该标准是通用的，适用于各种类型、不同规模和提供不同产品的企业。企业可根据自身情况对照标准条款进行“裁剪”。

该标准应用了以过程为基础的质量管理体系模式的结构，鼓励企业在建立、实施和改进质量管理体系及提高其有效性时，采用过程方法。过程方法的优点是对质量管理体系中诸多单个过程之间的联系及过程的组合和相互作用进行控制，以达到质量管理的持续改进。

（3）ISO 9004《质量管理体系 业绩改进指南》 该标准以八项质量管理原则为基础，采用以过程为基础的质量管理体系模式，提供了超出 ISO 9001 标准要求的指南和建议（不用于认证或合同的目的，也不是 ISO 9001 的实施指南），旨在帮助企业以有效和高效的方式识别并满足顾客及其他相关方的需求和期望，实现、保持和改进企业的总体业绩，使组织获得成功。

该标准还给出了自我评价和持续改进过程的示例，用于帮助企业寻找改进的机会。

（4）ISO 19011《质量和环境管理体系审核指南》 该标准规定了质量管理体系和环境管理体系审核的基本原则，审核方案的管理，审核的实施指南及审核员的资格要求，以指导其内审和外审管理工作，体现了“不同管理体系可以有共同管理和审核要求”的原则。

表 5-21 ISO 9000 系列文件的结构

类 别	代 号	名 称
核心标准	ISO 9000	质量管理体系 基础和术语
	ISO 9001	质量管理体系 要求
	ISO 9004	质量管理体系 业绩改进指南
	ISO 19011	质量和环境管理体系审核指南
其他标准	ISO 10012	测量管理体系测量过程和测量设备的要求
技术报告	ISO/TR 10006	质量管理 项目管理质量指南
	ISO/TR 10007	质量管理 技术状态管理指南
	ISO/TR 10013	质量管理体系文件指南
	ISO/TR 10014	质量经济性管理指南
	ISO/TR 10015	质量管理 培训指南
	ISO/TR 10017	统计技术应用指南
小册子		质量管理原则
		选择和使用指南
		中小型组织实施指南
技术规范	ISO/TS 16949	汽车供方的质量管理体系要求

5.4.3 ISO 9000 族标准的实施

1. 质量管理体系的建立

按照 ISO 9000 系列标准的要求，企业建立和实施质量管理体系主要包括以下五个阶段：

1）组织策划。

2）总体设计。

3）体系建立。

4）编制文件。

5）实施运行。

质量管理体系建立与实施工作过程如图5-22所示。其中质量管理体系文件通常分为三个层次：质量手册、质量管理体系程序（程序文件）和作业文件（包括作业指导书、报告、表格等）。在质量管理体系的运行阶段，质量管理体系的审核和评审是非常重要的两个环节。

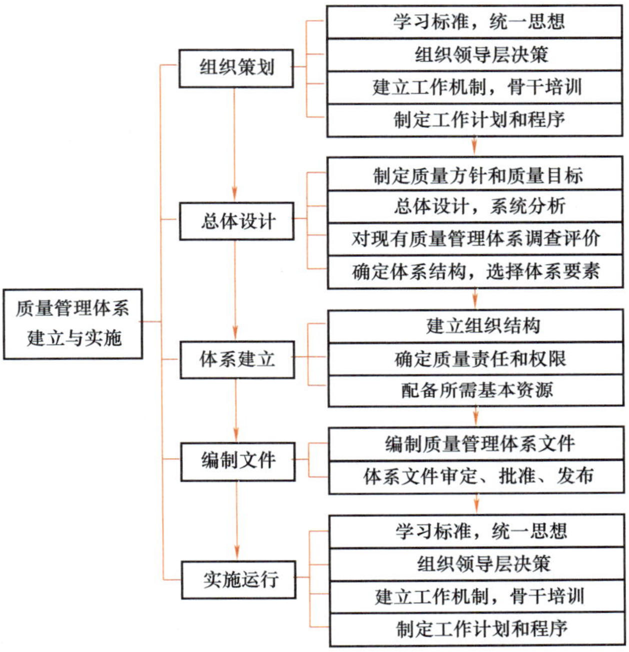

图5-22　质量管理体系建立与实施工作过程

通常在质量管理体系运行一段时间后，企业就要组织内部审核（简称内审），目的在于评价质量管理体系的符合性和有效性，着重发现问题，采取纠正和预防措施，完善改进质量管理体系。之后，企业应按规定的时间间隔定期组织内审，以确保质量管理体系持续有效。内审是在企业最高管理者的授权下由企业培训的内审员组成的内审小组组织实施。内部审核主要是对现场质量活动进行检查。

此外，最高管理者也应就质量方针和目标，对质量管理体系的现状和适应性进行正式的评价，即管理评审。管理评审是由最高管理者主持，以会议的形式实施的，与会的人员包括各部门主管，内审员等。管理评审一般每年进行一次，特殊情况下可增加评审次数。

2. 质量认证

（1）质量认证的概念　质量认证是指一个公认的权威的第三方机构，对企业产品和质量管理体系是否符合规定的要求（如标准、技术规范和有关法规）等所进行的鉴别，以及提供文件证明和标志的活动。

质量认证是随着现代工业的发展作为一种外部质量保证的手段发展起来的。目前，质量认证已不仅是某个国家或地区的局部行为而成为一个覆盖全球的潮流。

质量认证可分为产品质量认证与质量管理体系认证（注册）。

1）产品质量认证是依据产品标准和相应技术要求，经认证机构确认并通过颁布认证证书（合格证书）和认证标志（合格标志）来证明某一产品符合相应标准和技术要求的活动。

产品质量认证有强制性和自愿性之分。安全性的产品（如电子、电器产品，玩具，压力容器等）实行强制性认证，生产企业必须取得认证资格才能生产，并在出厂的产品上带有指定的标志，以保护使用者的安全。非安全性的产品实行自愿性认证，是否申请认证，由企业自行决定。

2）质量管理体系认证是指依据质量管理体系标准，由质量管理体系认证机构对质量管理体系实施合格评定，并通过颁发体系认证（注册）证书和认证标记，以证明某一企业有能力按规定的要求提供产品的活动。质量管理体系认证亦称质量管理体系注册。

质量管理体系认证派生于产品质量认证而又不同于产品质量认证，见表5-22。

表5-22　产品质量认证和质量管理体系认证的比较

项目	产品质量认证	质量管理体系认证
对象	特定的产品	企业的质量管理体系
获准认证条件	1)产品质量符合指定标准要求 2)质量管理体系符合指定的质量管理体系标准(一般是GB/T 19001—2008)及特定产品的补充要求	质量管理体系符合申请的质量管理体系标准(GB/T 19001—2008)和必要的补充要求
证明方式	产品认证证书;认证标志	体系认证证书;认证标志
证明的使用	证书不能直接用于产品,标志可用于获准认证的产品上	证书和标志都不能直接在产品上使用
性质	自愿;强制	一般为自愿,对有些规定领域具有强制性
两者关系	都要求对组织(企业)的质量管理体系进行审核	

企业在进行产品认证时，要对其质量管理体系进行检查评定。一般情况下获得产品认证资格的企业无须再申请体系认证。获得质量管理体系认证资格的企业不等于获得产品认证资格。若其再申请产品认证时，则可免去对质量管理体系通用要求的检查评定。

（2）实行质量认证制度的意义　质量认证制度之所以得到世界各国普遍重视，关键在于它是由一个公正的机构对产品或质量体系做出正确可靠的评价，从而使人们对产品质量建立信心。这对供方、需方、社会和国家的利益都具有重要意义：

1）有利于保护消费者利益。

2）可促进企业完善质量管理体系，提高企业产品的质量信誉，增强国际竞争力。

3）可减少社会重复检验和检查费用。

4）有利于加强国家对安全性产品的管理。

（3）获得认证资格的程序　企业在申请质量认证前，除做大量的内部准备工作外，还要进行选择判断工作。企业在选择质量认证时，应把目标定在获得产品认证上，因为产品认证中包括了对质量管理体系的检查和评定。当然也可以分两步走，先取得质量管理体系认证的资格；再去为获得产品认证资格而努力。另外，选择质量认证一定要根据产品类型来决定，如企业生产大型成套设备，获得质量管理体系认证已足够，不必再去申请产品质量认证。

企业应根据产品特点、目标市场等合理选择认证机构。如目标市场单一则可选择目标市场所在国的认证机构；目标市场分散则可选择国际上最有权威的认证机构。在任何一个认证机构获得认证资格都要花费一定的费用。目前 ISO 组织正式进入了“质量体系评定国际承认制度（简称 QSAR）”方案的实施阶段，确认了各国认可制度的等效性。通常情况下，可向国内认证机构申请，既可节省大量费用与外汇，而且也就近方便。

无论取得哪一种质量认证资格都需经过严格的程序。企业向认证机构提出申请。申请批准后，由认证机构任命一个检查组对企业的质量管理体系进行检查和评定，如是产品认证，检查组在现场随机抽取样品，送检验机构检验。检查组将检验报告送认证机构审查。若合格就发给证书。获得认证资格以后，认证机构将持续履行监督管理程序。企业如果发生不符合认证要求的情况，认证机构提出警告，直到撤销认证。认证的一般流程如图5-23所示。

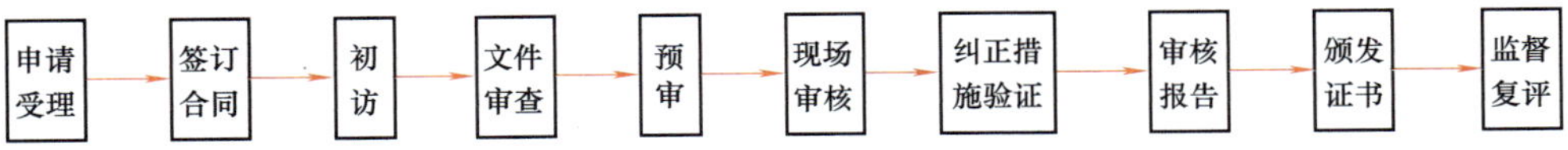

图 5-23　认证的一般流程

（4）我国质量认证情况　我国于 20 世纪 80 年代初开始开展产品质量认证。从 1991 年起陆续颁布了《中华人民共和国质量认证管理条例》等一系列有关质量认证的法规、规章，建立了实施质量认证制度必须具备的认证机构、产品检验机构和检查机构。

2001 年 8 月国家认证认可监督管理委员会正式成立，履行国务院赋予的行政管理职能，统一管理、监督和综合协调全国认证认可工作。2001 年 12 月我国正式成为 WTO 的成员，我国的认证认可工作在与国际规则的接轨上迈出了重大步伐。

在我国从计划经济开始向市场经济转型过渡的改革开放时代大背景下，企业纷纷把 ISO 9000 质量管理体系视为与国际接轨的桥梁与通行证，ISO 9000 系列标准及其认证几乎成了“质量和国际标准”的代名词。据国际标准化组织 2014 年 10 月发布的最新调查结果，截至 2013 年底，在世界上 196 个国家和地区中颁发了 1，129，446 份 ISO9001：2008 认证证书，我国颁发了 337，033 张证书，约占总量的 30%，居世界第一位，已成为名副其实的质量管理体系认证大国。

但同时也应看到，我国不少企业虽然通过了认证，但对于 ISO 9000 标准内容的理解并不深入，甚至不准确。咨询与认证机构也存在良莠不齐的情况，个别认证机构为了经济利益，对被认证的组织采取了过于宽容的态度，致使认证的权威性和实效性大打折扣。要想让 ISO 9000 在我国发挥出其应有的效果，专家建议要为 ISO 9000 认证工作松绑，让其充分按照市场规律优胜劣汰，促使水平高、信誉好的相关认证机构及人才在市场中脱颖而出、家喻户晓，加大对水平低、信用差企业的社会点名曝光力度及限制，加速其淘汰出局，彻底扭转部分认证机构逆向选择的怪现象，全面形成促进 ISO 认证机构正向选择的认证市场运行机制。只有这样，我国才能从质量管理体系认证大国向质量管理高水平国家迈进。

练习题

1. 单项选择（在备选的4个答案中选择1个正确的）

1）统计过程控制的管理对象是（　　）。

①产品质量　②过程质量　③工作质量　④设计质量

2）制造过程质量管理的任务是使生产系统始终处于（　　）状态。

①设定　②稳定　③受控　④最优

3）PDCA循环的关键是（　　）。

①P阶段　②D阶段　③C阶段　④A阶段

4）工序能力系数是指设计的质量指标与工序输出质量指标的（　　）的比值。

①最大值　②最小值　③平均值　④分散范围

5）六西格玛管理的测度指标是（　　）。

①合格品率　②不合格品率　③单位缺陷数　④百万机会缺陷数

6）ISO 9001《质量管理体系　要求》是ISO 9000族标准中的（　　）之一。

①核心标准　②技术报告　③技术规范　④小册子

2. 多项选择（在备选的4个答案中选择2～4个正确的）

1）质量管理基本原则包括（　　　　）等。

①以顾客为关注焦点　②以专家为核心　③全员参与　④持续改进

2）三次设计分别是（　　　　）。

①系统设计　②结构设计　③参数设计　④公差设计

3）因果图法是以某质量问题（结果）为出发点，从（　　　　）环境等方面入手，逐步探寻产生质量问题的原因。

①原材料　②操作者　③操作方法　④设备

4）相关图研究对象可以是（　　　　）之间的关系。

①两个质量特性　②多个质量特性

③质量特征值与因素　④影响质量特征值的两个因素

5）用 $\bar{x}$- R 图判断工艺过程稳定必须满足条件（　　　　）。

①没有点子超出控制限　②大部分点子在中心线附近波动

③点子在中心线两侧数量相等　④点子没有明显变化趋势

6）质量认证包括（　　　　）认证。

①产品质量　②工作质量　③设计质量　④质量管理体系

3. 填空

1）质量是指一组__________满足______的程度。

2）运行质量成本包括企业内部损失成本、鉴定成本、__________成本和__________成本。

3）ISO 9000中对质量管理的定义：在质量方面__________和__________组织的协调活动。

4）质量功能扩展的核心是将__________需求转变为__________需求，并进一步将这些需求有机地布置到企业各个部门的作业目标上。

5）实际工序能力系数 C_{PK} 是__________能力与__________能力的综合。

6) $\bar{x}$- R 图的横坐标是样组__________，纵坐标分别是样组质量指标的平均值和__________。

4. 判断题

1) 统计质量控制的评价标准是用户满意程度。

2) QC 小组又称“质量屋”。

3) 正交试验法可以较少的试验次数获得较优的结果。

4) $\bar{x}$ 图与 R 图可以联合使用，也可以单独使用。

5) 正常情况下，过程均值的漂移量一般可控制在 $\pm 0.15\sigma$ 范围内（σ 为质量指标分布的标准差）。

6) 质量管理体系认证证书和标志不能在产品上使用。

5. 名词解释

1) 质量螺旋曲线

2) 统计质量控制

3) 全面质量管理

4) 工序能力系数

5) 质量认证

6. 分析计算题

1) 简述你对 PDCA 循环的理解。

2) 举例说明如何利用产品（过程）参数与输出特性之间的非线性效应，使输出特性对于影响参数误差的原因不敏感。

3) 某车间生产某型号谐波减速器，在对 128 件不合格品的检测分析中发现造成不合格的原因及相应数量：柔性轴承不合标准，17 件；柔轮制造不合格，52 件；波发生器不合格，10 件；壳体精度超差，8 件；装配不当，35 件；其他 6 件。试画出排列图，找出 A 类因素。

4) 某工序加工连杆小头孔，要求孔径为 $\phi 24^{+0.025}_{0}$ mm。现按加工时间顺序，先后抽检 100 件，用内径千分表测量孔径，千分表按 ϕ24mm 调整零点，测量数据列于表 5-23，单位为 μm。试：①画直方图，并在图中叠加画出正态分布曲线，标出公差带；②计算工序能力系数 C_P 和 C_{PK}；③作 $\bar{x}$-R 图，并对其进行分析。

表 5-23 孔径尺寸偏差的实测值 （单位：μm）

组序号	1	2	3	4	5	6	7	8	9	10	11	12	13	14	15	16	17	18	19	20
测量值	17	5	18	11	5	15	21	12	15	8	17	14	15	16	10	13	20	21	14	12
	6	18	14	10	16	14	9	20	18	18	14	11	16	19	9	13	21	11	16	14
	15	16	14	21	14	13	14	16	9	13	13	20	18	11	10	15	17	12	16	19
	7	9	12	10	13	11	13	6	15	12	13	16	18	16	20	15	13	8	3	22
	11	18	5	9	18	9	24	7	11	11	8	18	19	13	14	10	19	4	14	14

［参考答案］

第6章

机电企业设备和物资管理

6.1 企业设备管理

6.1.1 企业设备管理概述

1. 设备和设备管理

设备一般指生产或生活上所需的机械、装置和设施，是固定资产的主要组成部分，它是工业企业中可供长期使用，并在使用中基本保持原有实物形态的物质资料的总称。在机电企业中，设备通常指机械和动力两大类生产设施。

机器设备是现代企业进行生产活动的物质技术基础，也是企业生产力发展水平与企业现代化程度的主要标志。现代生产设备正朝着大型化、高速化、精密化、电子化、自动化的方向发展。现代设备广泛应用了现代科学技术成果，对提高产品质量、减少原材料消耗、减轻工人劳动强度等提供了强大能力和保证。同时，设备的投资也变得高昂，维护复杂，改善设备性能、优化设备效能、发挥设备投资效益，不仅需要企业内部有关部门的共同努力，也需要社会上有关行业、企业的协作配合。

设备管理是指对设备的一生实行综合管理，即以设备为研究对象，以企业经营目标为依据，通过一系列的技术、经济、组织措施，对设备规划、设计、制造、安装、使用、维护、修理、改造、更新，直至报废的全过程活动的科学管理。设备管理包括设备的物质运动和价值运动两个方面。

设备管理对于企业的生产经营活动具有重要意义。

1）设备管理是企业产品质量的保证。生产设备技术状态不良，严重失修，必然造成产品质量下降。

2）设备管理是提高企业经济效益的重要途径。产品原材料、能源消耗，维修费用的摊销都与设备直接相关，设备管理可有效降低产品成本。

3）设备管理是搞好安全生产和环境保护的前提。设备技术落后和管理不善是发生设备事故和人身伤害的重要原因，也是排放有害气体、液体、粉尘，污染环境的重要原因。

4）设备管理是企业长远发展的重要条件。企业科技进步主要体现在产品开发、生产工艺革新和生产装备技术水平提高上，激烈的市场竞争要求企业加强设备管理，推动生产装备的技术进步。

2. 设备管理的历史沿革

设备管理的发展大致可以划分为以下四个阶段：

（1）事后维修阶段（Breakdown Maintenance，BM，1950年以前）　事后维修是在设备发生故障后才进行的维修，它是最早期的维修方式。最大优点是充分利用了零部件或系统部件的寿命，但由于是非计划性维修，一旦重大设备出现故障，就会对正常生产产生较大影响。在这一阶段，没有形成清晰的设备管理概念，设备维修代替了设备管理。事后维修阶段的特点是：

1）坏了再修，不坏不修。

2）缺乏修理前准备，修理停歇时间较长。

3）修理无计划，常常打乱生产计划，影响交货期。

（2）预防维修阶段（Preventive Maintenance，PM，1950～1960年）　自20世纪50年代始，人们对设备的磨损机理认识有了进一步的提高，为了使每个机件都达到使用可靠和安全，维修工作就必须在故障发生之前进行，从而形成了以预防为主的维修思想。这种维修体制的优点在于可以减少非计划（故障）停机，将潜在故障消灭在萌芽状态。其局限性体现在，维修工作针对性差、工作量大、耗时多、费用高，而且还可能会因拆装埋下一些新的故障隐患，降低了机械设备的可靠性。这一阶段形成了以苏联为代表的计划预修体制（包括我国）和以美国为代表的预防维修体制两大设备管理体系。计划预修制强调维修的计划性，容易导致维修过剩；预防维修制强调预防性，制定检查计划，容易导致维修不足。

（3）生产维修阶段（Productive Maintenance，PM，1960～1970年）　20世纪60年代后，以美国为代表的西方国家开始采用生产维修体制，它是以生产为中心，为生产服务的一种维修体制，它由事后维修（Breakdown Maintenance，BM）、预防维修（Preventive Maintenance，PM）、改善维修（Corrective Maintenance，CM）和维修预防（Maintenance Prevention，MP）四部分组成。它的优点在于突出了维修策略的灵活性，更贴近企业的实际，也更经济。另外，为了提高设备性能，在修理中对设备进行技术改造，随时引进新工艺、新技术，也就是改善维修。生产维修体制的提出区别了设备维修与设备管理，丰富和发展了设备管理的内涵。

（4）各种设备管理模式并行阶段（1970年至今）　20世纪70年代后，随着英国设备工程学思想和日本全员生产维修体制（Total Production Maintenance，TPM）的提出，其他国家也形成了适合本国国情的设备管理模式。其中最具代表性的是美国的后勤学、英国的设备综合工程学和日本的全员生产维修。我国在苏联计划预修制的基础上，结合国情总结出了自己的经验。比如，20世纪60年代的“鞍钢宪法”，其中的大搞群众运动、实行“三结合”管理和开展技术革新的要求，对企业设备管理产生深刻影响。首先在机械行业推行的“三好、四会”、润滑“五定”、分级保养等专群结合的管理与维修措施都坚持实行并收到很好效果。

改革开放后，国务院于1987年颁布了《全民所有制工业交通企业设备管理条例》。该条例总结了全国各行业企业设备管理的经验，吸收了国外工业发达国家有关设备工程的先进学说与方法，提出企业设备管理的方针、原则和任务，形成了具有中国特色的设备管理基本思想。比如，从“设备是物化的技术”角度认识，设备管理与维修工作必须依靠技术进步。注重设备维护与预防性检修，设备日常的现场管理工作，诸如润滑、检查和故障排除等是保证设备可靠性的重要措施。设备管理与维修要合理分工、责任明确，既要有专职人员，又要依靠广大职工，做到专群结合。为此应开展多层次、多形式的专业培训与教育。实行设备综合管理，重视设备一生各环节的内在联系，既重视使用期管理，也加强前期管理，同时注意技术管理与经济管理的结合。

3. 主要设备管理模式简介

（1）苏联的计划预修制　计划预修制全称是“设备的统一计划预修和使用制度”，是苏联从20世纪20年代到50年代不断实践和完善形成的。计划预修就是在设备运行一定台时后，按照既定的计划进行检查、维护和修理。检查、维护和修理的次序与期限是根据设备的功能、特点、规格与工作条件确定的。

计划预修制是按照设备磨损规律而制定的，一般选在设备由渐进磨损转化为加剧磨损之前，它可消除故障隐患，避免大量严重故障和事故发生。计划预修制的基础是修理周期结构和修理复杂系数。修理周期结构是指两次大修之间，按照规定的顺序进行的不同规模的计划维修或保养维修的次序，如定期检查、小修、中修等。修理复杂系数是表示设备复杂程度的一个基本单位，用它计算劳动量和物资消耗量，即确定维修工时、材料定额等。

（2）美国的后勤学　美国的后勤学研究起源于军事部门，是研究武器装备储存、供给、运输、修理、维护的新兴科学。它的主要思想是：第一，强调可靠性和可维修性，最早提出寿命周期费用的概念。第二，运用系统工程理论研究后勤管理。通过反复运用功能分析、综合、优化、定义、设计、试验和评价的方法把后勤要求转变为一套系统性能参数和系统构型描述，将可靠性、维修性、后勤保障、人身安全、可制造性、稳固性、结构完整性、人员因素等结合到整个后勤系统中。第三，一个系统应包括基本设备和相应的后勤支援两部分。后勤支援包括维修规划、测试和辅助设备、配件和修理更换件、人员和培训、器材储运管理、辅助设施和技术资料等。由于该理论的侧重点是后勤支持，而对设备使用单位的管理问题涉及相对较少，因此，后勤学理论对一般企业不具备普遍的指导意义，这也是该理论没有得到推广的重要原因。

（3）英国的设备综合工程学　设备综合工程学是英国人丹尼斯·巴克斯（Dennis Parkes）提出的，1974年英国工商部将其定义为“设备综合工程学是为了使设备寿命周期费用达到最低的程度，而对有形资产的有关工程技术、管理、财务及其他实际业务进行综合研究的科学”。

设备综合工程学的主要内容包括：

1）寻求设备寿命周期费用最经济。设备寿命周期费用（Life Cycle Cost，LCC）指设备整个生命期间花费的总费用，包括设备设置费和设备维持费。

2）设备综合工程管理包括工程技术管理、组织管理和财务经济管理。具体地说，有关成套设备、机械、装置、建筑物的可靠性和可维修性方案、设计、制造、安装调整、运行、维修保养、改造和更新等，都属于其研究范畴。

3）把可靠性和维修性设计放在了重要地位上。在设计、制造阶段争取赋予设备较高的可靠性，在使用阶段少出故障。

4）注重设计、使用、费用的信息反馈。设计制造厂家注意听取使用厂家的意见，甚至回收报废的零件。

（4）全面生产维修　全面生产维修（TPM）始于美国，发展完善于日本，初期TPM的观念仅定位在“预防保养”，即在故障未发生前给予防范、保养。发展至今，TPM以生产系统全体生命周期为对象，以改善企业体质为目标，追求“零灾害、零不良、零故障”，追求生产系统效率的极限，即综合效率化。在进行TPM活动时，除了生产部门外，还必须涵盖研发、生产、管理、营销所有部门，在企业内应形成自上而下的体系，全员参与，并经由多层级的小集团活动来达到预定的目标。

6.1.2　设备综合管理

1. 设备综合管理的基本要求

设备综合管理的基本要求是“一生管理、两个目标、五个结合”。

设备的一生是指设备从规划、设计、制造（或选型、外购）、安装调试到使用、维修、改造，直至报废及报废后处理为止的全过程，又称设备的寿命周期（见图6-1）。

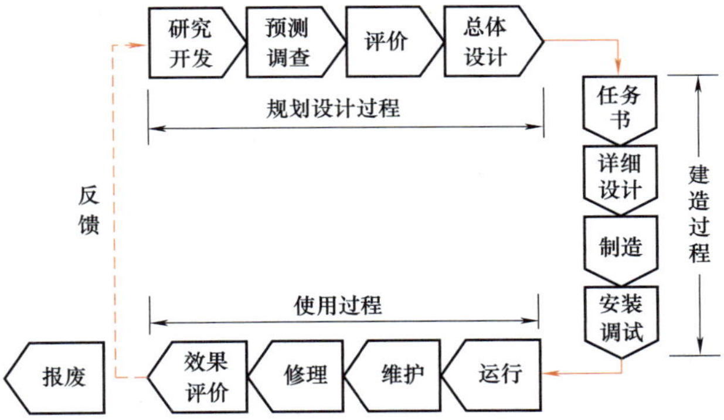

图6-1　设备工程各项活动过程图

设备综合管理以追求设备寿命周期费用最低，设备综合效率最高为目标。

设备一生管理活动的经济效果，可以用设备整个寿命周期的输出与设备寿命周期费用之比来表示，并取名为设备综合效率，即

设备综合效率＝设备整个寿命周期的输出/寿命周期费用　　（6-1）

设备的周期费用是指设备在整个寿命周期内的总费用，由设置费和维持费两大部分组成（见图6-2）。设备整个寿命周期的输出包括P、Q、C、D、S、M六方面。P（Product）产量，要求设备生产率高。Q

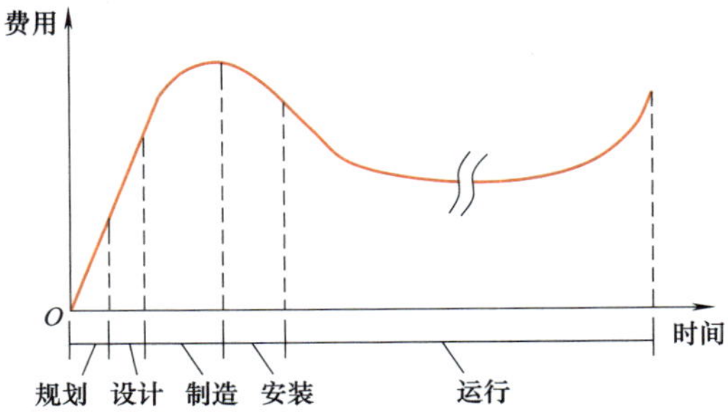

图6-2　设备寿命周期费用图

（Quality）质量，指生产高质量的产品。C（Cost）成本，要求产品成本低。D（Delivery）交货期，不耽误合同规定的交货期。S（Safety）安全，要求生产安全。M（Morale）劳动情绪，使操作者劳动情绪饱满。

设备综合管理的特征之一是坚持“五个结合”，即设计、制造与使用相结合，维护与计划检修相结合，修理、改造与更新相结合，专业管理与群众管理相结合，技术管理与经济管理相结合。

2. 设备综合管理的基本内容

设备综合管理的基本内容包括：①选择和购置所需设备；②组织安装和调试设备；③合理使用设备；④及时检修与精心维护设备；⑤掌握时机，及时改造和更新设备；⑥设备其他的日常管理。所有这些工作构成了企业设备寿命周期管理循环，如图 6-3 所示。

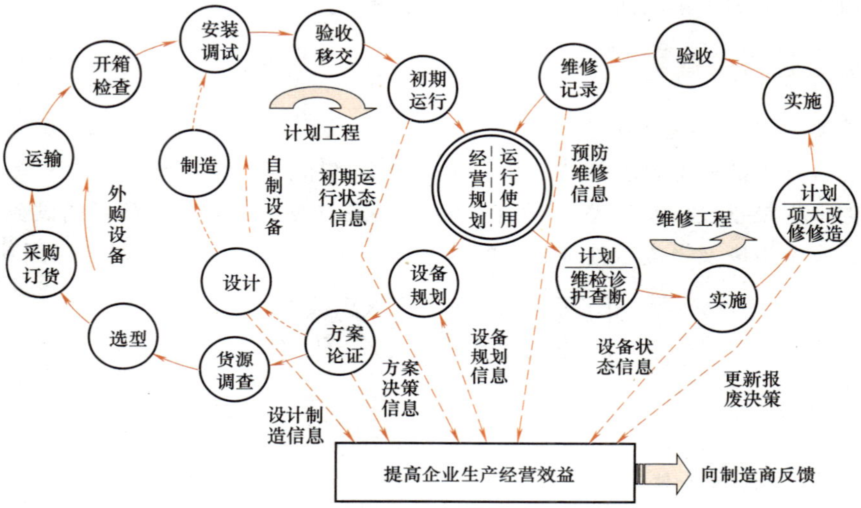

图 6-3　企业设备寿命周期管理循环系统图

（1）设备前期管理　设备的前期管理又称设备的规划工程，是指设备从规划开始到投产这一阶段的管理。其工作内容包括：设备规划方案的调研、制定、论证和决策；设备市场货源调查和信息的收集、整理、分析；设备投资计划的编制、费用预算、实施程序；设备采购、订货、合同管理；自制设备的设计、制造；设备安装、调试运转；设备使用初期管理；设备投资效果分析、评价和信息反馈等。

在设备前期管理中，外购设备的选型是一个极为重要的环节，往往带有决策性的意义。设备选型应考虑的因素：

1）设备的效能。设备的效能指生产率和功能（具备何种基本功能、辅助功能，是否适应多品种生产等）。

2）设备的可靠性。在规定的时间内和规定的条件下，完成规定功能的可能性。

3）设备的维修性。在规定的时间内和规定的条件下，完成维修的可能性。

4）设备的耐用性。设备的耐用性指设备的使用寿命长短。

5）设备的安全性。设备的安全性指设备的生产安全保障性能。

6）设备的经济性。设备的经济性包括购置费用、使用维护费用、能源消耗等。

7）设备的环保性。设备的环保性指设备的噪声和排放的有害物质对环境污染的程度。

8）设备的操作性。设备的操作性指设备操作的人机工程性能。

设备选型的步骤一般采取三次“选择”的方法。

1）第一次预选。广泛搜集设备市场货源情报将之分类汇集、编辑索引，从中选择一些机型和厂家。

2）第二次细选。对预选机型和厂家进行联系和询问，详细了解产品的各种技术参数、效率、精度、性能，制造厂服务质量和信誉，使用单位对产品的评价，货源及供货时间，产品价格及随机附件，做好调查记录，对比、精选备选厂家和机型。

3）第三次选择。与备选厂家进一步接洽，落实关键设备，进行必要的试验，由设备、工艺技术、计划和使用部门共同评价，选出理想机型和厂家及第二备选机型和厂家。最后由主管领导批准，正式签订合同。

(2) 设备使用维护管理　设备在使用过程中，受环境、使用方法、工作规范、工作持续时间等影响，其技术状况会发生变化而逐渐降低工作能力。只有操作者正确使用设备，才能减少和避免突发性故障，保持设备良好的工作性能，延长设备使用寿命。设备的维护保养是管、用、养、修等各项工作的基础，是保持设备完好状态的重要手段，也是操作工人的主要责任之一。

合理使用设备应做好以下工作：充分发挥操作工人的积极性，合理配置设备，配备合格的操作者，为设备提供良好的工作环境，建立健全必要的规章制度。

设备使用应贯彻“三好”“四会”“五项纪律”。“三好”是管好设备、用好设备、修好设备。“四会”是会使用、会保养、会检查、会排除故障。使用设备的“五项纪律”是指：

1）凭操作证使用设备，遵守安全操作规程。

2）经常保持设备清洁，并按规定加油。

3）遵守设备交接班制度。

4）管理好工具、附件，不得遗失。

5）发现异常，立即停车，自己不能处理的问题应及时通知有关人员检查处理。

设备维护是为了防止或延缓设备工作能力的降低所采取的一切技术措施，内容包括清扫、润滑、紧固、防腐、调整等。

1）清扫。清扫不单纯是把外表打扫干净、消除尘埃和污物，而且能使设备和工装夹具的磨损、松动、划伤、偏斜、变形、泄漏、裂纹以及温度、振动、异常声音之类的潜在缺陷暴露出来。因此，国外有一种说法：“清扫等于点检”。

2）润滑。润滑是把一种具有润滑性能的物质，加到设备机体摩擦面上，使摩擦面脱离直接接触，达到降低和减少磨损的手段。“五定”和“三过滤”是搞好设备润滑工作的重要保证。“五定”是指定人（定人加油）、定时（定时换油）、定点（定点给油）、定质（定质进油）、定量（定量用油）。“三级过滤”是指液体润滑剂在进入企业总油库时要经过过滤，放入润滑容器时要过滤，加到设备中时也要过滤。

3）紧固。以螺栓、螺母为代表的紧固件的脱落、折断、松动，会造成设备的故障。

某企业分析故障原因时发现其中60%都是起源于螺栓、螺母的各种缺陷。

4）防腐。防腐是指材料表面与周围介质发生作用而引起的破坏或变质。据国外统计，每年由于腐蚀而报废的金属设备和各种材料，约相当于全世界金属年产量的20%～40%，全世界每年因腐蚀而损耗的金属达1亿吨以上。

5）调整。设备的调整工作包括：①根据机件的磨损程度调整设备的各种机构；②工装调整。

设备的维护保养内容一般包括日常维护、定期维护、定期检查和精度检查。设备润滑和冷却系统维护是设备维护保养的一个重要内容。

三级保养制度是我国20世纪60年代中期开始形成的一种保养修理制。它是在设备日常维护保养的基础上进一步实施一级保养和二级保养，以体现预防为主的维修管理方针。一级保养以操作工人为主、维修工人为辅，按计划对设备局部拆卸和检查，清洗规定的部位，疏通油路、管道，调整设备配合间隙，紧固各部位。一保所用时间为4～8h，范围涵盖全部在用设备，主要目的是减少设备磨损，消除隐患，延长机器寿命。二级保养以维修工人为主，操作工人参加，对设备进行部分解体检查和修理，更换或修复磨损件，清洗、换油、检查电气部分，使设备技术状况达到规定的完好标准要求。二保列入设备检修计划，所用时间为7天左右，主要目的是提高和巩固设备完好率，延长大修周期。

（3）设备状态管理　设备状态管理是通过完善设备检查手段，采用先进的诊断仪器帮助维修人员早期发现设备异常，迅速查明故障原因，从而实现有计划、有针对性的按状态检修，以缩短检修时间，减少生产损失，降低维修费用。设备状态管理的主体内容是设备状态检测（检查）和设备故障诊断。

设备的检查是对设备的运行情况、工作性能、磨损程度进行检查和校验。它是维修中的一个重要环节，也可以说是预防维修制的精髓。设备点检是一种科学的设备管理方法，它是利用人的感官或简单的仪表工具，按照预先指定的技术标准，定人、定点、定期地对设备进行检查的一种管理方法。

设备点检的主要优点有：找出设备异状，发现隐患，及时采取对策，把故障消灭在萌芽状态；通过资料积累，提出合理的零部件维修、更换计划，不断总结经验，完善技术标准，保持设备性能的高度稳定，延长设备使用寿命；设备的故障和事故停机率大大下降；维修费用明显下降。

设备点检一般可分为日常点检、定期点检、精密点检。日常点检是周期在一个月以内的，由操作人员负责执行的检查。定期点检是周期在一个月以上的，主要由专职维修人员负责的检查。精密点检是指用精密检测仪器、仪表，对设备进行综合性测试、调查，或在设备不解体情况下，运用诊断技术、特殊仪器、工具或特殊方法测定设备的振动、温度、裂纹、变形等物理量，并通过对测量数据的分析、比较、评定，定量地确定设备的技术状况和劣化程度。

设备点检的基本内容包括定点、定标、定期、定项、定人、定法、定设备状态、定记录内容、定处理时间或程序、分析、改进、评价。开展点检工作，首先要制定点检标准书和点检卡。点检标准书是用来指导人们开展点检的文件，是设备点检的依据。主要内容包括检查的部位、项目、检查周期、检查方法、检测器具、判断标准、处置等，见表6-1。

设备点检卡是点检的原始记录。点检卡要列出应做检查的项目和结果（见图 6-4）。

表 6-1 设备点检标准书示例

部位	项目	周期	方法	器具	判断标准	处置
各阀门	漏油	日	目测		不漏	立即修理
油压管道	漏油	日	目测		不漏	立即修理
油压泵	异声	日	听觉		无异声	立即反映
液压油	温度	日	油温表	油温表	40～50℃	检查冷却水
油过滤器	清扫	12 月	稀油洗		清洁	清扫
…	…	…	…	…	…	…

设备诊断技术是定量地掌握设备状态，预测设备的可靠性和性能，如果存在异常，则对其原因、部位、危险程度进行识别和评价，决定其修正方法。目前国内外应用于机械设备故障诊断技术方面的检测、分析和诊断的主要方法有振动诊断法、油样分析诊断法、温度/压力/流量/功率变化诊断法、应变/裂纹及声发射诊断法。

振动诊断是基于不同故障引起的振动现象都有其特点，分析各种振动信号，找出故障的类型、性质和发生的部位。声发射技术是利用材料在变形时迅速释放能量所发出声的原理进行检测。温度检测诊断可利用当机械设备润滑不良或是严重磨损时的过度发热现象，发现设备的故障。油样分析技术是通过检测润滑油中微粒元素及其含量来判断磨损的部位及磨损的性质。此外，像超声波探伤、射线探伤、磁粉探伤、渗透探伤等无损探伤技术也常用于设备检测和诊断。

磨床日常点检表示例　　　　检查人：

项目代号	项目	检查内容	检查方法	备注
A B C D E	润滑 异声 尺寸控制装置 漏油 安全机构	润滑油箱是否加了油，压力是否正常 开动时，有无异常声响 动作是否正常 油管、油泵是否漏油 异常停机、异常退刀是否正常	目视确认 听音检查 目视确认 目视检查 操作试验	

日期 项目	1	2	3	4	…	29	30	31
A								
B								
C								
D								
E								

记录符号：正常—√；待修—×；异常—?；修好—◎。

图 6-4　磨床点检卡示例

（4）设备修理　设备修理是设备技术状态劣化到某一临界状态时，为恢复其功能而进行的技术活动。设备的修理必须贯彻预防为主的方针，通过各种检查、监控和诊断手段，切实掌握设备的技术状态，加强修理的计划性，否则因修理和修理不善所引起的各种损失，包括停机损失、质量损失、事故损失、信誉损失、延迟交货损失等将非常严重。

设备维修方式具有维修策略的含义，对各类设备应采用不同的维修方式，以达到寿命周期费用最经济的目的。设备维修方式一般可分为：

1）事后维修。不将生产设备列入预防维修计划，直到发生故障或性能、精度不满足生产要求时再进行修理，主要适用于修理技术简单，对生产影响小，利用率低或有备用的设备。

2）预防维修。预防维修是按事先规定的修理计划和技术要求进行的维修活动。它适用于重点和重要设备，一般又可分为：

① 定期维修。根据零件的失效规律，事先规定修理间隔期、修理类别、修理内容，包括计划预修制和计划保修制。

② 状态监测维修。通过各种检查、监控、诊断信息，进行统计分析，正确判断设备的恶化程度，将要发生故障的部位，从而适时安排预防性修理，又称预知维修。

预防维修的修理类别有大修、项修、小修等。大修是因设备基准零件磨损严重，主要精度、性能大部分丧失所采取的全面修理。小修是根据磨损原理，针对日常点检和定期检查所发现的问题，更换或修复在修理间隔期内失效或即将失效的零件，并进行调整的计划修理。项目修理（简称项修）是对设备精度、性能恶化缺陷进行针对性的局部修理，一般要进行局部的拆卸、检查、零件更换，工作量视实际情况而定。

3）改善维修。改善维修是为消除设备先天性缺陷或频发故障，对设备局部结构和零件设计进行改进，结合修理进行改装的维修。

6.1.3 全面生产维修

1. TPM 的概念和特点

全面生产维修（Total Productive Maintenance，TPM）又称全员生产维修，是日本前设备管理协会在美国生产维修体制的基础上，综合运用各种设备维修理论，经日本 Nippon-denso 电器公司试点后于 1971 年提出的。其要点为：

1）以提高设备综合效率为目标。

2）建立以设备一生为目标的全系统的预防维修。

3）设备的计划、使用、维修等涉及所有部门。

4）从企业的最高管理层到第一线职工全体参加。

5）推行目标管理，即通过自主的小组活动使该体制得以贯彻和提高。

TPM 与其他生产维修机制相比，特点是“三全”：全效率、全系统和全员参加。全效率指设备寿命周期费用评价和全局设备效率。全系统指生产维修的各个侧面均包括在内，如预防维修、维修预防、事后维修和改善维修等。全员参加指这一维修体制的群众性特征，从公司经理到相关科室，以至全体操作工人都要参加，尤其重视操作工人的自主小组活动。“三全”的关系是：全员是基础，全系统是载体，全效率是目标。可以用下面的顺口溜进行概括：TPM 大行动，空间、时间、全系统，设备管理靠全员，提高效率才成功。

2. TPM 的主要内容

（1）TPM 理论基础　TPM 以系统工程、可靠性工程、工程经济、环境科学等为基础，涉及了企业管理的多方面，如生产制造、内部事务管理、质量管理、生产运作管理、现场管理等，如图 6-5 所示。

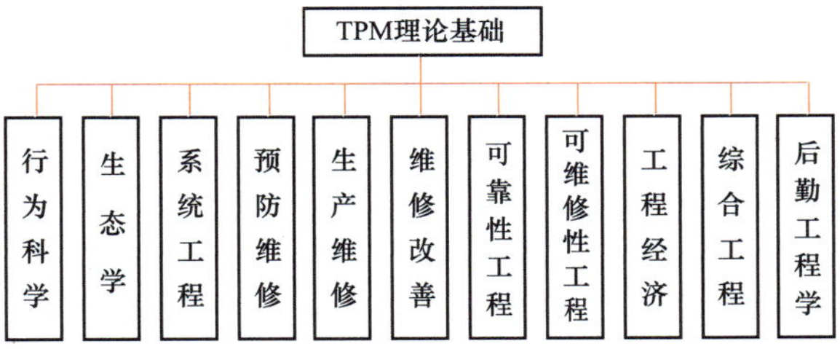

图 6-5　TPM 理论基础

（2）TPM 的八大支柱　全员生产维修（TPM）的支柱活动共有 8 个，分别为焦点改善、自主维修、专业维修、早期管理、个人提高、事务管理、质量保证、安全健康与环境因素。

1）焦点改善。最早是以提高设备效率为目标而开展的活动，近期已发展为以消除生产过程中的各种损失（16 种）为目的，并以此实施各项改进活动。16 种损失为：故障损失，瞬停、空转损失，速度低下损失，不良、修理损失，切换、调整损失，动作损失，转换损失，刃具损失，测试、调整损失，物流损失，管理损失，编制损失，前期效率损失，能源损失，停机损失，模具、工具损失。

2）自主维修。自主维修通过清扫和点检相结合，以及设备日常管理制度化实现。

3）专业维修。与自主维修相配合，形成全面维修体系。

4）早期管理。通过对设计开发以及生产工艺设定过程进行改善，建立高效的初期管理系统。

5）个人提高。可通过三个层级来展开：班组活动、部门活动及公司级的人才培养活动。

6）事务管理。事务部门工作的八大损失见表 6-2。可通过独立部门事务的精简和效率化，跨部门事务的精简和去壁垒化来改善事务管理。

表 6-2　事务管理八大损失

损失类型	损失细分	举　　例
事物浪费	管理损失	无计划、指示，情报不充分，高峰作业等
	工程损失	不必要的作业，流程间有部门壁垒，重复作业等
	停滞损失	速度低下、周期延迟等
	物流损失	交通手段薄弱，搬运不畅，布局紊乱等
作业浪费	作业损失	缺乏标准化，OA 化不理想等
	熟练度损失	技能不娴熟，缺乏一岗多能能力，缺乏指导等
不良浪费	调整损失	繁复的会议、调整、不必要的沟通等
	不良损失	过多差错，修改，粗糙，事后处理

7）质量保证。质量保证是在结果管理的基础上对原因进行控制，即对创造质量的设备、工具、运行条件、工人操作方法、材料、信息等所有与质量有关的因素设定管理条件，并对这些条件进行管理，真正实现无不良品的目标。

8）安全健康与环境因素。通过 ISO 14001 环保体系认证和 OHSAS 18000 职业健康安全管理体系认证，创建安全、环保、整洁的作业环境。

（3）TPM 全效率　TPM 的主要目标是“全效率”，即全局设备效率（Overall Equipment Efficiency，OEE），其计算公式为

全局设备效率（OEE）= 时间开动率 × 性能开动率 × 合格品率　　（6-2）

其中：时间开动率 = 工作时间/负荷时间 =（负荷时间 − 停机时间）/负荷时间

负荷时间 = 总工作时间 − 计划停机时间

性能开动率 = 理论加工周期 × 加工数量/工作时间 × 100%

合格品率 =（加工数量 − 不合格品数量）/加工数量 × 100%

提高全局设备效率的主要途径是限制和降低七大浪费：设备故障、更换与调整、管理不当的停机浪费、暂停与空转浪费、速度低下、工艺不良的修整浪费、正品率低的废品浪费。全局设备效率与七大浪费的关系如图 6-6 所示。

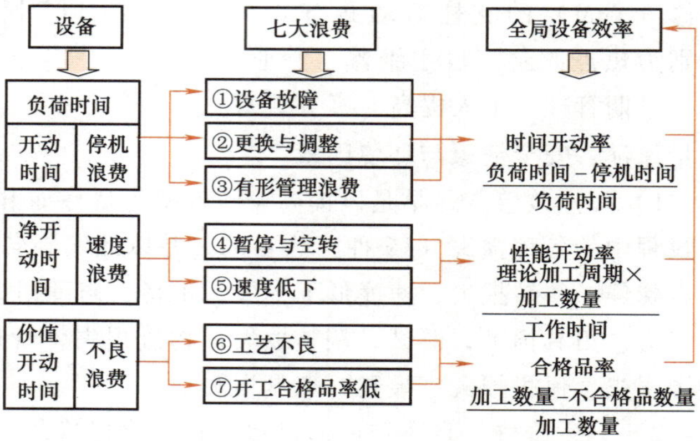

图 6-6　全局设备效率与七大浪费的关系

例 6-1　若某台设备一班内总工作时间为 8h，班前计划停机时间是 20min，而故障停机为 30min，安装工夹具时间为 10min，调整设备时间为 20min。一班内总共加工了 100 个零件，理论加工周期为 2min，合格品率为 98%。试确定设备的时间开动率、性能开动率和全局设备效率。

解　1）负荷时间 =（60 × 8 − 20）min = 460min

停机损失时间 =（30 + 20 + 10）min = 60min

工作（开动）时间 =（460 − 60）min = 400min

时间开动率 = 400/460 × 100% = 87%

2）性能开动率 = 2 × 100/400 × 100% = 50%

3）全局设备效率 = 87% × 50% × 98% = 42.6%

日本全员生产维修体制中，要求企业的设备时间开动率不低于 90%，性能开动率不低于 95%，合格品率不低于 99%，即全局设备效率不低于 85%。

（4）TPM 的基石——5S　现场管理的基本环节是“整理、整顿、清扫、清洁、素养”，因其日文首个罗马拼音均为“S”，故简称为“5S”。

1）整理。首先把要与不要的事、物分开，再将不需要的事、物处理掉。

2）整顿。把有用的物品加以定置、定位，按照其使用频率和目视化准则，科学、合理地布置，摆放整齐，以便快速取用。

3）清扫。5S 活动中的清扫与传统的大扫除不一样，清扫工作至少有三个方面的要求：①

要将看得见和看不见的地方都清扫干净；②对清扫工作要进行规范化管理，制定清扫标准，并按标准实施清扫；③要长期坚持不懈，把清扫工作当作日常工作的一部分，持续实施。

4）清洁。清洁是将整理、整顿、清扫的工作规范化、制度化，是前几项的深入，只有这样才能使整理、整顿、清扫的工作长期有效地进行下去。

5）素养。素养是指对人的要求，要求员工遵守规章制度，掌握正确的作业方法，在日常工作中自觉按5S要求去做，使员工养成保持工作场所干净整洁的良好习惯。

6.2 企业物资管理

6.2.1 概述

1. 物资管理概念

物资是物质资料的简称，一般来说，它包括全部生产资料和生活资料。现代生产企业物资管理中的物资主要指生产过程中消耗的原料、材料、燃料、辅助材料、工具和设备等。企业物资管理是指对企业生产经营活动所需各种物资的采购、运输、验收、供应、保管、发放、合理使用、节约代用和综合利用等一系列计划、组织、控制等管理活动的总称。物资管理是企业管理的重要组成部分，是企业组织生产、获得经济效益的基础。它主要包括物资供应计划的编制、物资订货和采购、物资消耗定额的制定和管理、物资储备量的控制、仓库管理、物资节约和综合利用等工作。

2. 物资管理任务

现代生产型企业物资管理工作的任务是：

1）根据企业的生产经营任务，编制企业物资供应计划。合理供应企业所需的各种物资，按质、按量、按品种规格、成套齐备地以最佳服务水平做好物资的采购、运输、验收入库、保管、发放、回收等工作。

2）控制合理的库存储备量，减少物资的积压，加速资金周转。先进合理的物资储备定额可加快物资周转，降低物资流通费用和经营费用，降低材料成本，提高经济效益。

3）组织好物资的保管和发放工作，监督和指导生产部门节约使用物资，不断降低消耗以降低产品成本。开展物资节约代用和综合利用，消除和减少储运中的损耗，提高企业的材料利用率，降低废品率。

4）搞好市场调查，择优选择物资。

5）健全物资管理制度，加强物资人员业务培训，不断提高物资管理水平。

3. 物资管理组织机构

物资管理组织机构是按照企业的生产规模和生产技术特点，从企业实际出发，以讲求实效、能保证完成任务为原则，力求建立最精简的组织机构。目前，我国制造企业物资管理组织形式主要有以下几种：

1）一级管理制。在厂部一级设置物资供应处（或公司、科），下设若干供应站，直接将物资供应到分厂或车间。

2）统一职能制。物资管理部门对全厂物资实施集中、统一管理，部门内部按照不同业务设立计划组、采购组、仓库组、运输组、下料组、服务组等。

3）专业职能制。物资管理部门对全厂物资实施集中、统一管理，部门内部按照物资大类设置机构，如金属材料组、木材组、非金属材料组、回收组、仓储组等。

4）供销结合制。我国一些中小企业为简化组织机构，将供应业务和销售业务合并起来，成立供销科，由科长全面负责统一指挥。

5）分散职能制。物资管理职能分散在企业各职能部门中。设立物资采购部门负责供应商管理和采购业务；企业内部物资管理则由生产部门统一管理，包括原材料、在制品和半成品；产品销售和成品发运由销售部门负责。

6.2.2 物资消耗定额管理

1. 物资消耗定额的概念与意义

物资消耗定额是按规定的技术条件，工艺要求标准，在一定的生产条件下，为完成单位产品量而制定的合理消耗物资的数量指标。

物资消耗定额一般由构成产品的有效消耗，合理的工艺损耗和非工艺损耗三部分组成。产品有效消耗指构成产品（或零件）净重的原材料消耗。工艺损耗指在生产过程中使物料原有的形状和性能改变而产生的不可避免的物资损耗，如切屑、边角余料等。非工艺损耗指除上述两种损耗之外的消耗，如生产废次品，零件丢失、变质，运输包装破损，质检损失等。

物资消耗定额管理对于企业生产和经营具有十分重要的意义。

1）企业降低生产成本的重要途径。加工工业的材料费用在产品成本中所占的比重一般为60%～70%，因此，经济地采购、合理地选料、降低材料消耗是企业降低成本的重要途径。此外，价格的构成很大程度上取决于物资消耗所占的综合比重，降低消耗不仅能减少成本，节约企业的资金支出，还可以消化部分涨价因素，抵制外部不利因素，产生可观的经济效益。

2）编制企业生产计划的依据。物资部门根据企业下达的生产计划，合理编制物资供应计划，物资供应计划必须以物资消耗定额为依据。因此，制定先进合理切实可行的物资消耗定额，在企业经济活动中具有十分重要的现实意义。

3）控制物资质量的重要环节。物资消耗定额不仅规定了物资的名称、型号规格和数量，同时也规定了物资的技术条件、生产厂家、质量等级等信息。按物资消耗定额规定的质量要求组织物资采购、供应和发放，是保证物资质量的基本条件。

4）企业技术和经营管理水平的综合反映，也是国家平衡企业物资流的基本要求和依据。

制定合理的消耗定额是物资消耗管理的中心。企业管理的实践证明，要想搞好企业的物资管理，就必须做好物资的订货采购、日常供应及储备等各项具体工作。这些工作的正常进行，也都离不开物资消耗定额管理这一项基础工作。

2. 物资消耗定额的分类与构成

物资消耗定额有多种分类方法：按物资消耗定额的构成内容来分，可分为工艺消耗定额、生产计划消耗定额和物资供应定额三种；按表现形式分，可分为产品单耗定额和物资利用率定额；按生产用途分，可分为主要原材料消耗定额、辅助原材料消耗定额和化学材料定额；按自然属性分，可分为金属材料消耗定额、燃料消耗定额、木材消耗定额、油脂消耗定额等。

影响物资消耗定额的主要因素包括：

1）生产的技术装备、工艺水平和产品设计结构。

2）企业的经营管理水平。管理水平与非工艺性消耗、废旧物资利用水平直接相关。

3）自然条件。气温等自然条件对燃料消耗、物资物理特性有较大影响。

4）物资质量条件。物料性能稳定、质量高，相应的加工余量就可减小。

5）工人的技术水平和操作熟练程度。

通常物资消耗定额包括物资工艺消耗定额、生产计划消耗定额和物资供应定额。

（1）物资工艺消耗定额　物资工艺消耗定额是指在一定的生产、技术、组织条件下，根据产品设计要求、标准、工艺方法和生产技术条件等规定，制造单位产品所必须消耗物资的标准数量。就生产产品的主要材料而言，其工艺消耗定额是由零件的净质量和在生产过程中产生的工艺性损耗两部分组成的。工艺性损耗主要包括下料损耗和工艺加工损耗。

单位产品（零件）工艺消耗定额 = 单位产品（零件）净质量 + 各种工艺性损耗质量总和　(6-3)

（2）生产计划消耗定额　生产计划消耗定额是由工艺消耗定额加上在生产过程中产生的不可避免的非工艺性损耗构成的。

生产计划消耗定额 = 工艺消耗定额 ×（1 + 非工艺性损耗系数）　(6-4)

非工艺性损耗是指在物资筹措、生产准备和生产过程中不属于工艺性损耗的物资损耗。它主要包括产品生产过程中正常工艺损耗以外的物资损耗和物资在投入生产前的损耗。前者包括由于出现废品而产生的物资消耗，加工前试车、试装用物资消耗，因所供应物资不能满足工艺定额的规定要求而采取代用所造成的损耗等；后者包括物资采购、装卸、运输、复验、筛选、保管等过程中的损耗。此外，人为因素引起的加工中物资报废，人为因素造成的采购失误，保管不当造成的物资失效等都属于不合理的非工艺性损耗。合理的非工艺性损耗无法避免，但可以通过加强管理使之减少；不合理的非工艺性损耗应当尽量消除。物资供应定额不包括不合理的非工艺性损耗。

（3）物资供应定额　物资供应定额由生产计划消耗定额加上流通过程中产生的非工艺性损耗构成。

物资供应定额 = 生产计划消耗定额 ×（1 + 物资供应系数）　(6-5)

3. 物资消耗定额的制定

物资消耗定额的制定必须在先进合理性、全面完整性、效益性、可行性、科学预见性等原则的基础上进行，包括“定质”和“定量”两个方面，“定质”是确定所需物资的品种、规格和质量要求，“定量”是确定物资消耗的数量标准。

物资消耗定额制定的具体方法有：

（1）技术分析法　技术分析法又称技术计算法，是按构成定额的组成部分和影响定额的各种因素，如产品的设计结构，工艺技术要求，加工设备的性能和原材料质量以及工人技术水平等，经科学分析和计算，制定物资消耗定额的一种方法。在采用这一方法时，必须具备以下技术资料：产品的设计图样、加工设备的性能、各种零件的技术指标、现实的工艺流程、先进的生产工艺、生产管理的先进经验以及所需物资的规格性能等。

对于机电产品，技术分析法的一般步骤为：

1）根据图样，对产品零件的形状、尺寸、材料进行分析计算，确定零件的净重。

2）对各道加工工序进行技术分析，确定其合理的工艺损耗，得到零件毛重。

3）在毛重的基础上，加上下料过程中的合理损耗，确定物资消耗定额。

（2）统计分析法　它是利用一定时期的实耗统计数字，对定额进行加工、整理、分析，根据它所反映的客观消耗规律制定物资消耗定额的一种可行方法。这种方法目前已被广泛采用，比较适用于设备修理、工业产品制造、技术改造及基本建设工作。其一般步骤如下：

1）确定统计期。统计期最好接近定额制定的时期，且生产任务和消耗水平比较正常，大多以前3年为宜。

2）对统计期内完成的产品数量和各类物资消耗数量进行分析、整理，剔除不合理因素，补充应消耗而未反映的物资品种和数量。

3）计算单位产品平均消耗数量。

$$\text{单位产品平均实际消耗数} = \text{统计期内物资实耗数} \div \text{统计期内实际完成任务总数} \tag{6-6}$$

4）在单位产品平均消耗数量的基础上，计算单位产品平均先进消耗数。

$$\text{单位产品平均先进消耗数} = \frac{\text{单位产品平均实际消耗数} - \text{单位产品最少实际消耗数}}{2} \tag{6-7}$$

5）考虑计划期内生产技术组织条件可能发生的各种变化，确定修正系数，得到物资消耗定额。

$$\text{单位产品消耗定额} = \text{单位产品平均先进消耗数} \times \text{定额修正系数} \tag{6-8}$$

（3）现场写实法　现场写实法又称实际测定法，是按现场的客观生产条件，通过对典型工人实际操作的观察，并进行分析、修正后，合理确定物资消耗定额的一种方法。这一方法适用于生产周期短、工艺简单、涉及加工工种人员少、组织工作比较容易的产品制造、改造和周期性设备检修、维修等工作。

4. 降低物资消耗定额的途径

物资消耗定额管理的成效如何，将影响企业的经营效果。物资消耗定额的贯彻执行是定额管理的中心环节。物资消耗定额一经制定批准，各部门都要认真贯彻执行。同时建立一系列物资消耗定额管理制度，要求物资部门按照物资供应定额组织物资供应，按照物资消耗工艺定额限额发料，有关领导部门定期考核物资消耗定额的执行情况。物资消耗定额不是一成不变的，随着科学技术的进步、工艺的改进、生产条件的变化以及管理水平的提高，原来的物资消耗定额必须与时俱进、不断修订，使物资消耗定额在同行业中保持先进合理的水平。

由于机电加工企业生产工艺复杂，从原材料投入到产品完成要经过很多道工序。要保证物资消耗定额的先进合理、切实可行，还必须紧密结合本企业的生产特点。按不同的设备、不同的产品分门别类而定，并随着产品的不断变化，设备技术改造和更新，周期性对生产产品的单位消耗定额进行必要的修订。

企业中降低物资消耗的基本途径一般有以下几方面：

1）改进产品设计。应简化产品结构，减小质量，缩小体积。例如，我国商用车产品平均比国外同类产品重10% ~20%。载质量40t的牵引车，国外先进车型整备质量约为7t，而我国同类车型整备质量约为9t（2012年数据）。

2）采用新工艺、新技术。工艺性损耗量与生产工艺直接相关，以机加工为例，钢材的平均利用率为50% ~60%，如果采用净成形或近净成形技术（如精密冲压、精密锻造、精密铸造等），可大大提高材料利用率。

3）材料代用。以廉价材料代替贵重材料，以长线物资代替短线紧缺物资。例如，以铸石制品代替金属材料。

4）回收废旧物资。目前大力提倡的再制造和绿色制造，就是要加强物资的再循环、再利用，节约资源、保护环境。许多废旧物资回收后经过修旧整新，可以恢复全部或部分使用价值。

5）加强设备维修，不断改造老设备。经常注意设备的维护保养，定期检查修理，可以减少设备损失以及由此引起的跑、冒、滴、漏现象。改造老设备，既可提高劳动生产率，又能节约投资。

6.2.3 物资储备与库存管理

1. 物资储备与库存

企业物资储备是为保证社会再生产连续不断地、有效地进行而采取的一种有目的的储存物资的行动。物资储备可保证生产的连续性和解决各生产环节间的不平衡性、不同步性，从时间上调整缓冲这种不平衡，确保生产均衡有序地进行。

在一般工厂企业里，物资储备形式随生产过程的进展有如下几种：

1）原材料储备。用于缓冲和调节厂外物资供应与生产工序间的供需状态。

2）在制品储备。在制品储备又称中间库存，用于缓解上下道工序间的不协调性。

3）成品储备。企业产成品与市场需求存在不平衡，需要成品储备作为缓冲。

物资储备定额是指在一定的管理条件下，企业为保证生产顺利进行所必需的、经济合理的物资储备数量标准。在现代物流学中，为突出物资占压资金的不良后果，主要使用“库存”来说明物资储备量。库存是指一个企业所储备的所有物品和资源。机电企业库存一般分为原材料、产成品、备件、低值易耗品、在制品等。库存是为满足未来需要而暂时闲置的资源，企业中流速为零的物料就是库存。

物资储备或库存按用途可分为四类。

1）经常储备。经常储备又称周转库存，是为保证两次进货间隔期内正常供应而建立的储备。

2）保险储备。保险储备又称安全库存，是为应付供应过程中的意外中断而建立的储备。

3）季节储备。为适应进料、用料的季节性特点而建立的储备，如冬季生产的空调是为夏季销售所做的准备。

4）竞争储备。根据市场竞争需要所建立的储备，如彩电企业预先储备一定数量的显像管。

2. 库存计算模型

企业库存大小有重要的经济意义。库存过小，不能有效协调供需之间的关系，也不能对企业生产起应有的协调作用。库存过大，则会造成物资大量积压，不仅占用大量资金，花费许多人力去维护，而且长期存放，也会使物资损坏变质，造成浪费。

企业库存通常是动态的，需要经常计算其合理范围。库存计算需综合考虑以下成本：

1）订货成本。由于发出采购订单向供应商购买物资而发生的成本，如差旅费、手续费、通信费、招待费、文书工作的成本等。

2）库存持有成本。由于所持有的库存量而发生的一切成本。通常包括物资保管费用及报废、损坏、存储资金占用等发生的成本。

3）缺货成本。倘若客户订货时没有该物资可供发货，就可能失去销售或损失商誉，这部分成本称为缺货成本。

库存计算模型主要有确定型模型（经济订货量法）和随机型模型。

（1）经济订货量法　经济订货量模型建立在理想化存货体系的基础上，在成本最小化的前提下寻求固定的订单批量。

其主要假设包括：物料需求和成本已知并保持恒定，供应期（采购提前期）一定，采购价格和订货成本不随订货数量大小变化，不会出现缺货情况（见图 6-7）。

每次进货需要花费一定的采购成本，物资保存也需要一定费用。因此采购批量的确定要综合考虑各项成本因素，使得总费用最低。由图 6-8 可知，批量越大，采购成本越低，库存成本越高，反之亦然。当这两种成本恰当地平衡时，总成本最小。这时所得的订货量就是经济批量或经济订货量（EOQ）。

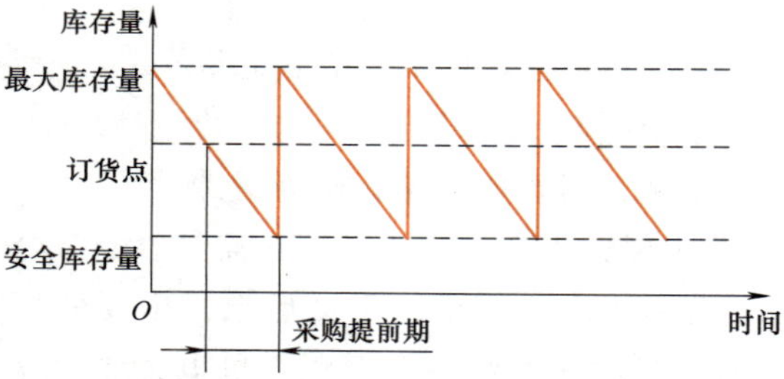

图 6-7　经济订货量法的计算假设

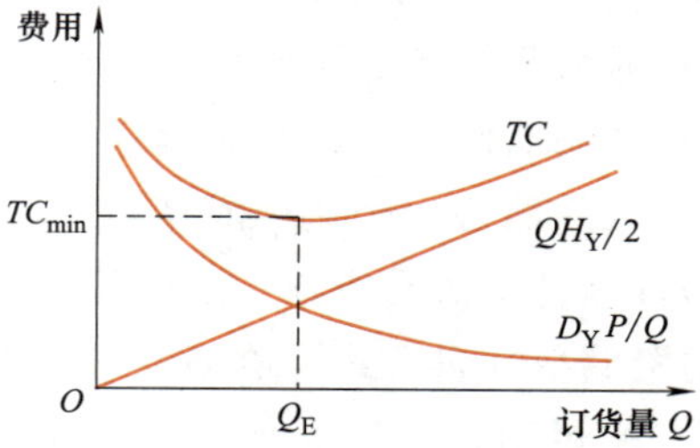

图 6-8　经济订货量

设 TC 为年总费用，D_Y为年需求量，Q 为一次订货量，P 为一次订货费用，H_Y为年度单位库存维持费用，则经济订货量 Q_E 的计算公式为

$$Q_E = \sqrt{\frac{2D_YP}{H_Y}} \tag{6-9}$$

例 6-2　某标准件每月需要 500 件，单位价格 120 元，年储存费率为 10%，一次订购费 40 元，求经济订货量。

解　由式（6-9），有

$$Q_E = \sqrt{\frac{2D_Y P}{H_Y}} = \sqrt{\frac{2 \times 500 \times 12 \times 40}{120 \times 10\%}}件 = 200 件$$

（2）随机型库存模型　当物料需求和供应存在不确定情况（已知其概率分布）时，缺货成为必须考虑的主要因素。为避免出现高额的缺货成本，企业往往维持较高的安全库存以应对送货延误和订货至交货周期内需求的异常放大，保证较高的服务水平。

1）服务水平。服务水平指库存及时满足供货周期内的需求的概率，其计算可采用在一定期间发生的从需求中能够由库存直接供应的百分率（%）。

$$服务水平 = 实际供给数量/需求数量 = 1 - 缺货概率 \tag{6-10}$$

安全系数、服务水平与缺货概率的对应关系见表6-3。

表6-3　安全系数、服务水平与缺货概率对照表

安全系数 Z值	服务水平（%）	缺货概率（%）	安全系数 Z值	服务水平（%）	缺货概率（%）	安全系数 Z值	服务水平（%）	缺货概率（%）
0	50.0	50.0	1.6	94.5	5.5	2.4	99.2	0.8
0.5	69.1	30.9	1.7	95.5	4.5	2.5	99.4	0.6
1.0	84.1	15.9	1.8	96.4	3.6	2.6	99.5	0.5
1.1	86.4	13.6	1.9	97.1	2.9	2.7	99.6	0.4
1.2	88.5	11.5	2.0	97.7	2.3	2.8	99.7	0.3
1.3	90.3	9.7	2.1	98.2	1.8	2.9	99.8	0.2
1.4	91.9	8.1	2.2	98.6	1.4	3.0	99.9	0.1
1.5	93.3	6.7	2.3	98.9	1.1			

2）供应一定，需求不确定。假设需求的变化情况符合正态分布，供应提前期一定，则安全库存量的计算公式为

$$S = Z \times \sigma_D \times \sqrt{LT} \tag{6-11}$$

式中　S——安全库存量；

Z——为维持特定服务水平的标准偏差倍数（安全系数）；

σ_D——供应提前期内需求的偏差；

LT——供应提前期均值。

例6-3　某车间加工某种零件，毛坯日需求量为200件，日需求的标准偏差为80件，毛坯供货周期为4天，要求的服务水平为95%，问其最大库存量为多少？

解　根据服务水平，查表6-3，可得安全系数为1.65，由式（6-11）得

$$安全库存量 = 1.65 \times 80 \times 2 件 = 264 件$$

$$周转库存量 = 200 \times 4 = 800 件$$

$$最大库存量 = (264 + 800) 件 = 1064 件$$

3）需求一定，供应不确定。假设供应的变化情况符合正态分布，需求量一定，则安全库存量的计算公式为

$$S = Z \times \sigma_L \times d \tag{6-12}$$

式中　S——安全库存量；

Z——为维持特定服务水平的标准偏差倍数（安全系数）；

σ_L——供应提前期的偏差；

d——供应提前期内的日需求量。

例 6-4 某厂 A 元件日需求量为 1000 件，A 元件供应按正态分布随机变化，供应提前期均值为 6 天，标准方差为 1.5 天，试确定 95% 的客户满意度下的安全库存量。

解 根据服务水平，查表 6-3，可得安全系数为 1.65，则由式（6-12）得安全库存量为

$$S = 1.65 \times 1.5 \times 1000 \text{件} = 2475 \text{件}$$

4）需求和供应均不确定。若需求和供应均随机变化，假设两者相互独立，则安全库存量的计算公式为

$$S = Z \times \sqrt{\sigma_D^2 \times LT + d^2 \times \sigma_L^2} \tag{6-13}$$

式中 S——安全库存量；

Z——为维持特定服务水平的标准偏差倍数（安全系数）；

σ_L——供应提前期的偏差；

σ_D——供应提前期内需求的偏差；

d——供应提前期内的平均日需求量；

LT——供应提前期均值。

3. 库存管理方法

（1）库存周转率 库存管理的主要任务是使库存经常处于合理的水平，防止发生超储、积压或不足的现象。库存管理水平的高低可通过库存周转变化状态来衡量，常用指标为库存周转次数和库存周转天数。

$$\text{库存周转次数} = \text{期间出库总量}/\text{平均库存量} \tag{6-14}$$

$$\text{库存周转天数} = \text{期间日数}/\text{库存周转次数} \tag{6-15}$$

我国制造企业库存周转次数目前平均为 8.2 次，联想集团为 15 次，发达国家中丰田公司为 21 次，诺基亚公司为 30 次，这种差距直接反映了企业管理能力的高低。

在市场需求一定的情况下，加快库存周转次数主要通过降低物资平均库存量来实现。物资平均库存量由周转库存与安全库存构成，通过减少供应不确定性和需求不确定性来降低安全库存是主要方法。

（2）订货方式 物资库存量还与采购方式有关。物资采购主要有定量订货方式和定期订货方式两种。

1）定量订货法。定量订货法是基于库存数量的订货控制方法，需预先制定一个订货点和订货批量，对库存进行不间断的检查，当库存下降到订货点时就再次订购一个批量的货物（见图 6-9）。定量订货法的关键是确定订货点量，在需求固定、均匀和提前期（从订货开始到货物达到时间）不变的条件下，其计算公式为

$$R = r_D T_L + S \tag{6-16}$$

式中 R——订货点量；

r_D——平均日需求量；

T_L——提前期；

S——安全库存量。

定量订货法的订货批量一般可按经济订货量确定。

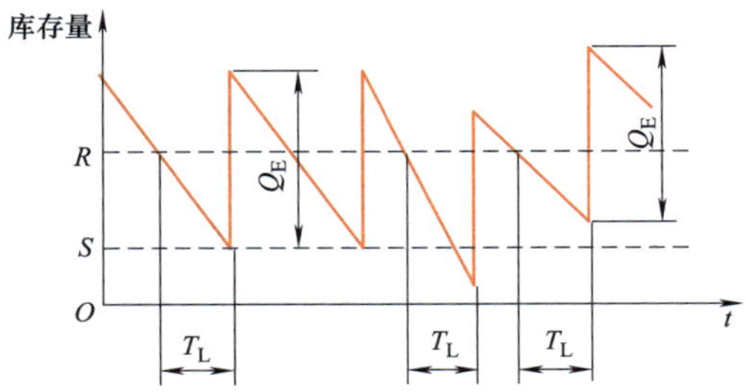

图 6-9 定量订货法示意图

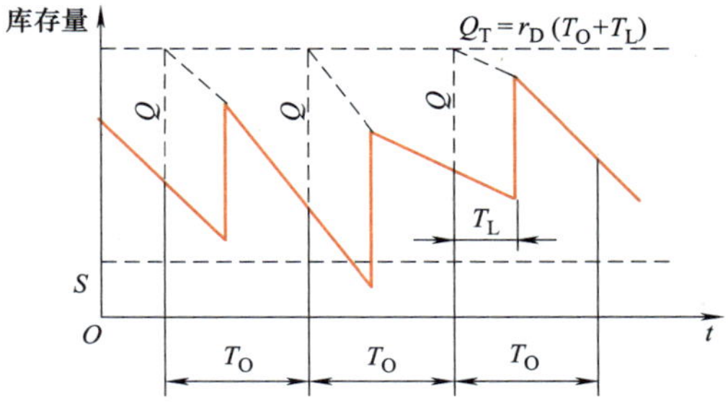

图 6-10 定期订货法示意图

2）定期订货法。定期订货法是基于时间的订货控制方法。预先制定一个订货周期和目标库存量（Q_T），每隔订货周期检查库存的状况，当库存低于目标库存量时就再次订货，从而将库存提高到指定的初始状态（见图 6-10）。定期订货法的关键是确定每次订货量（Q_i），其计算公式为

$$Q_i=r_D(T_O+T_L)+S-Q_C \tag{6-17}$$

式中 Q_i——每次订货量；

r_D——平均日需求量；

T_O——订货周期；

T_L——提前期；

Q_C——当前库存量；

S——安全库存量。

（3）ABC 管理法 ABC 管理法是有效降低库存，加速资金周转的一种管理方法，它将企业的众多物资进行分类，对不同类型的物资采取不同的库存管理方法、订货方式和供应商选择。采用 ABC 管理法，首先要按照各类物资对于企业产品的重要程度、采购的难易程度、材料互换性、用量大小等因素将所有物资进行分类，见表 6-4。

表 6-4 ABC 分类

类 型	数量比例	价值比例
A	15% ~20%	70% ~80%
B	30% ~40%	15% ~20%
C	60% ~70%	5% ~10%

然后，按照 ABC 分类，制定不同材料的库存管理方法。

1）控制程度。对 A 类物品，尽可能地严加控制，包括最完备、准确的记录，最高层监督的经常评审等。对 B 类物品，做正常控制，包括良好的记录与常规的关注。对 C 类物品，一般使用最简便的控制，诸如较长的库存盘点周期，简化的记录，采用较大库存量与订货量以避免缺货，安排车间日程计划时给予低优先级等。

2）订货过程。对 A 类物品，提供仔细、准确的订货量、订货点与 MRP 数据。对计

算机数据需用人工核对，再加上频繁的评审以压缩库存。对 B 类物品，每季度或当发生主要变化时评审一次 EOQ 与订货点，MRP 的输出按例行公事处理。对 C 类物品，不要求做 EOQ 或订货点计算，订货往往不用 MRP 做计划，有时手头存货还较多时就订上一年的供应量，使用目视评审，堆放等。

3）采购策略。对 A 类物品，应采取定期不定量的订货方式，加强管理，按时订货，积极促销，防止积压和缺货。对 B 类物品，应按照经营方针，适时调节库存水平，可以酌情大量订货，减少订货次数，节约定货费用，采取订货点的订货方式并可按照大类商品进行控制。对 C 类物品，应当采取定量订货的方式，一次性集中大量进货，以较高的库存来节约订货费用。

4）供应商选择。A 类商品的供应商一般通过招标形式得出，并有严格的评审过程。对于关键供应商建立战略联盟，长期合作。对 B 类商品的供应商采用一般性询价、比价形式进行选择，通过采购合同来约束双方关系。C 类商品的供应商选择较为宽松，有时为一次性采购，不签订合同，一般为短期供应商。

6.3 物流管理

6.3.1 物流管理概述

1. 物流管理的产生与发展

自 20 世纪 90 年代以来，企业所处的商业环境已经发生了根本性的变化，以“3C”（Customer，Competition，Change）即顾客、竞争和变化为代表的外部力量势头强劲，对企业的影响日益增大。买方市场、不断变化的客户需求、日益缩短的产品生命周期、全球一体化的市场竞争、快速的技术变革都使得企业面临着前所未有的压力。随着市场环境的变化，现代制造企业逐渐开始使用“物流管理”来替代物资管理。

物流学的产生可以追溯到 20 世纪 20 年代，当时在社会流通领域提出了商流和物流的概念。其后于第二次世界大战期间美国发展了其后勤工程学，成了物流学的另一重要分支。20 世纪 70～80 年代，物流理论逐渐成熟，特别是“第三利润源”的提出，促进了物流专业部门的产生。20 世纪 90 年代以后，随着信息技术和网络技术的迅速发展，供应链理论的逐渐完善，物流和物流管理的研究与应用的深度、广度进一步拓展，已成为现代企业的重要管理理论支柱，一般也称为现代物流学。

2. 物流与物流管理的定义

国家标准《物流术语》（GB/T 18354—2006）定义物流（Logistics）为“物品从供应地向接收地的实体流动过程。根据实际需要，将运输、储存、装卸、搬运、包装、流通加工、配送、信息处理等基本功能实施有机结合”。物流管理（Logistics Management）指为以适当的物流成本达到用户满意的服务水平，对正向及反向的物流过程及相关信息进行的计划、组织、协调与控制。美国物流管理协会对物流的定义为“物流是供应链过程的一部分，是以满足客户需求为目的，为提高货物、服务及相关信息从起源地到消费地进行有效率、有效益的流动和存储而对其进行计划、执行和控制”。

从以上物流及物流管理的定义可以看出，与物资管理相比，现代物流学有以下特点：

1）强调物资流动和过程管理。以库存为例，物资管理主要强调储备对生产过程的必要性，是企业生产连续的“缓冲器”，而现代物流理论则视库存为企业的最大“浪费”，并提出了“零库存”的管理思想。在物资管理组织上，现代物流理论提倡独立、综合的物流部门，或者将物流业务外包给第三方物流企业，以发挥物流专业技术优势，获得更低的物流成本。

2）强调信息技术和信息的作用。现代物流的一个重要观点是物流和商流分离，“以信息代替运输”“以信息代替库存”，减少无目的的物资调动。在具体的物流实践中，大量应用信息技术，比如 POS（销售时点信息系统），EDI（电子数据交换），TMS（运输管理系统），WMS（仓储管理系统）等。

3）注重企业间关系管理。基于供应链理论，现代物流加强了企业间的合作，企业间关系由单纯的竞争关系正逐渐向合作为主的有限竞争关系发展。供应链实践可以减少企业间信息的不对称，降低需求的不确定性，从而有效减少库存，增强运输的计划性。

3. 机电企业物流系统

机电企业物流系统主要包括以下环节：

1）运输（Transportation）。用设备和工具，将物品从一个地点向另一个地点运送的物流活动。其中包括集货、分配、搬运、中转、装入、卸下、分散等一系列操作。

2）储存（Storing）。保护、管理、贮藏物品。

3）装卸（Loading and Unloading）与搬运（Handing /Carrying）。装卸是指物品在指定地点以人力或机械装入运输设备或卸下。搬运则指在同一场所内，对物品进行水平移动为主的物流作业。

4）包装（Packaging）。在流通过程中保护产品、方便运输、促进销售，按一定技术方法而采用的容器、材料及辅助物等的总体名称。也指为了达到上述目的而采用容器、材料及辅助物的过程中施加一定技术方法等的操作活动。

5）流通加工（Distribution Processing）。物品在从生产地到使用地的过程中，根据需要施加包装、分割、计量、分拣、刷标志、拴标签、组装等简单作业的总称。

6）物流信息处理（Logistics Information Management）。对反映物流各种活动内容的知识、资料、图像、数据、文件等进行收集、整理、存储、加工、传输和服务的活动。

6.3.2 现代物流模式

现代企业物流分正向物流和逆向物流。根据协调生产、供应、销售和物流活动的机能差异性，生产企业正向物流又可分为三种模式：批量物流、订单物流、准时化物流。

1. 批量物流与订单物流

批量物流是基于客户预测驱动的物流模式，采取批量采购、大规模生产，实行库存销售。这种模式在投资和生产成本上有较大优势，但由于大规模生产，会有较大的库存压力。如果需求预测不准，会导致渠道中库存积压过多。在反应能力上，对最终消费者的需求变化反应能力非常弱，对最终消费者的市场供货反应能力强。

订单物流是基于最终消费者订单驱动的物流模式，通过生产而不是库存满足消费者的需求，市场需求变化反应能力强，但客户往往需要等待 1 ~ 2 周才能得到订购产品，因此市场供货反应能力很弱。在成本方面，几乎没有积压库存，生产往往采用小批量或大规模定制生产，配送批量成本较高，信息设备投资较大。

2. 准时化物流

准时化（Just In Time，JIT）是精益生产方式的重要支柱，其特点是“以销定产”，尽量降低库存。目前 JIT 的管理思想已运用到企业物资管理领域，形成了 JIT 采购、JIT 运输等新形态。

JIT 物流的一个特点是企业要和供应商建立一种长期的、互惠互利的合作关系，参与供应商的产品设计和产品质量控制过程，通过提供信息反馈和教育培训支持，在供应商之间促进质量改善和质量保证。这种战略协作伙伴关系使得供应与需求双方可以共享库存数据，采购的决策过程变得透明，减少了需求信息的失真现象，降低信用风险、产品质量风险等。

JIT 物流的另一个重要特点是以订单驱动方式进行，制造计划、采购计划、供应计划并行，缩短了用户响应时间，采购物资直接进入制造部门，减少采购部门的工作压力和不增加价值的活动过程。

JIT 物流的特点见表 6-5。

表 6-5　JIT 物流的特点

项　　目	特　　点
供应商	数量较少，距离较近 与供应商保持长期合作关系 积极帮助合意的供应商，使之具备价格竞争优势 竞争性出价一般局限于新的采购 向供应商推广 JIT 物流
数量	稳定的产出率 小批量频繁供货 每一批发放数量有变动，单个合同固定 很少或不允许超出或低于规定的接收数量 鼓励供应商按确定数量包装 鼓励供应商减少生产批量
品质	帮助供应商满足品质要求 企业和供应商品种保证人密切合作 鼓励供应商使用工序控制图而非批量抽样检查
运输	使用企业所有的或合同签订的运输工具和仓库来运输和储存

JIT 物流管理的典型代表是供应商管理库存（Vendor Managed Inventory，VMI），VMI 是以实际或预测的消费需求和库存量，作为市场需求预测和库存补货的解决方法，是一种在用户和供应商之间的合作性策略，在一个相互同意的目标框架下由供应商管理库存，把原材料库存从最终用户的手中交还给供应商来管理，从而降低供应链上各方的库存成本和风险，使制造商可以根据市场而不是预测需求进行生产，使得库存周转的反应速度加快，并且砍掉过剩的库存。

供应商管理库存分为两种模式：一是在制造工厂内或者旁边设立仓库，让供应商存放零部件，需要时直接从仓库提取，然后及时补货；另一种情况是在供应商自己的地盘上设立专门供应制造商的仓库，虽然地点可能在千里之外，但是库存信息对制造商完全透明，并且未经许可，货物不能作为他用。

有效实施VMI应遵循如下步骤：

1）前期准备工作。这个阶段主要有两个主要任务，一是进行基于活动的成本分析。二是合作伙伴的选择。基于活动的成本分析要求分析的范围从供应链的起点直到最终的消费者。除了要考虑传统的会计成本外，还要考虑时间成本、资金成本、税收成本、保险成本、系统运行以及固定资产投资等成本。

2）组织跨职能团队，对生产数据、库存数据、缺货率进行统计，分析实施VMI的可行性并确定实施后的各种目标。

3）在可行性分析的基础上，与主要供应商进行商谈，介绍并让其接受VMI思想。在各方同意的前提下进行高层谈判，旨在建立一种高度的信任合作关系。

4）由合作小组签订合作合同，明确契约性条款，包括确定所有权转移时间、信用条件、订货责任、服务水平、库存水平等。

5）建立VMI工作平台，选择VMI软件，建立电子数据交换（Electronic Data Interchange，EDI）系统和基于标准的托付订单处理模式，并对使用者进行培训。

6）整合参与企业的物流资源，做到物流系统的无缝连接。并为VMI设置绩效考核指标，如库存周转率、缺货率等，进行定期考核，实施持续改进。

3. 逆向物流

逆向物流（Returned Logistics）是从客户手中回收用过的、过时的或者损坏的产品和包装开始，直至最终处理环节的过程。随着人们环保意识的增强、政府环境立法的加快和法规约束力度的加大，逆向物流正在被社会各界越来越多的人士所认识和重视。

逆向物流有广义和狭义之分。狭义的逆向物流是指对那些由于环境问题或产品已过时的原因而产品、零部件或物料回收的过程。它是将废弃物中有再利用价值的部分加以分拣、加工、分解，使其成为有用的资源重新进入生产和消费领域。广义的逆向物流除了包含狭义的逆向物流的定义之外，还包括废弃物物流的内容，其最终目标是减少资源使用，并通过减少使用资源达到废弃物减少的目标，同时使正向以及回收的物流更有效率。

逆向物流按回收物品的特点可分为退货逆向物流和回收逆向物流两种。

6.3.3 物资运输管理

1. 物料搬运

物料搬运是对物品进行搬上、卸下、移动的活动。物料搬运系统是将一系列的相关设备或装置，用于一个过程或系统中，协调合理地将物料进行移动、储存和控制。

物料搬运系统设计具有重要意义。据统计，中等批量的生产车间里，零件在机床上的时间仅占生产时间的5%，而95%的时间消耗在原材料、工具、零件的搬运、等待上，搬运费用约占总生产费用的30%~40%。物料搬运的目的是增大储存的有效容积，最小化走道空间，减少货物的处理时间，创造有效的工作条件，减少人工运作，改进物流服务，降低成本。

物料搬运设备一般分为四类：简单搬运设备、简单运输设备、复杂搬运设备、复杂运输设备。根据距离与物流量的大小，可确定设备类别，如图 6-11 所示。

物料搬运设备的另一种分类是按照设备的作业特征划分，一般可分为：

1）起重搬运设备。它包括起重机、起重电梯、高位叉车等。

2）输送机。它包括辊道输送机、传送带输送机、链条输送机、悬挂式输送机等。

3）无轨搬运车辆。它包括叉车、小型搬运车、拖车、货车等。

4）有轨搬运设备。它包括无人搬运车、电动平车、内燃机车、电力机车等。

图 6-11　搬运设备选择矩阵

企业生产系统物料搬运的分析和改进主要使用搬运系统分析（System Handing Analysis，SHA）的方法。SHA 法的主要分析过程如图 6-12 所示，详细讲解请参考相关教材。

2. 运输

运输是人和物的载运及输送。货物运输是以改变“物”的空间位置为目的的运输。运输是社会物质生产的必要条件之一，它可以创造“场所效用”，是企业“第三利润源”的主要构成，据统计，运输费用一般占到企业物流总费用的 40%～60%。

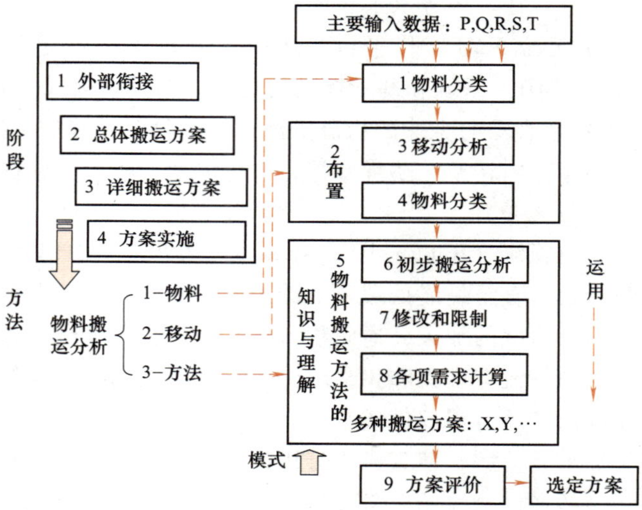

图 6-12　搬运系统分析过程

（1）运输的分类　货物运输方式按运输设备及运输工具可分为五类：

1）铁路运输。铁路运输是长途运输的主要方式，优点为运量大，速度快、可靠性高、运费低；缺点是受路线货站限制，不够灵活，中途编组停滞时间长。

2）公路运输。公路运输是短途运输的主要方式，优点为机动灵活、速度快、换装环节少，能实现“门到门”的运输；缺点是运量小、效率低、成本高、能耗大、污染环境。

3）水路运输。优点是运量大、能耗少、航道投资省、不占用农田、运费低；缺点是受河道港口限制，不够灵活，航速慢，易受季节和气候影响。

4）航空运输。优点是速度最快、不受地形限制、对货物包装要求低；缺点是成本最高、运量小、受气候影响大。

5）管道运输。比较特殊，只适合流体、气体运输。

货物运输方式按运输线路可分为：干线运输、支线运输、城市内运输、厂内运输（车间之间或车间与仓库之间的运输，也可称为“搬运”）。

货物运输方式按运输的协作程度可分为：

1）一般运输。一般运输包括汽车运输、火车运输等，没有协作关系。

2）联合运输。联合运输简称联运，是使用一张运送凭证，将不同运输方式或不同运输企业进行有机衔接，充分发挥不同运输工具效率的一种运输形式。优点是缩短了物资在途时间，加快了车船周转，提高了运输工具利用率，方便了用户，简化了托运手续。

3）多式联运。多式联运是联运的一种现代形式，用在国内大范围物流或国际领域，反复使用多种运输手段进行运输。

（2）集装箱运输与运输合理化　目前运输中大量使用了集装箱。任何一种容器只要满足下述条件，就可称为集装箱：能长期的反复使用，具有足够的强度；途中转运不用移动箱内货物，可以直接换装；可以进行快速装卸，并可从一种运输工具直接方便地换装到另一种运输工具；便于货物的装满和卸空；具有 $1m^3$（$35.32ft^3$）以上的容积。

根据国家标准，集装箱的宽度均为 8ft（2438mm），高度主要为 8ft 和 8.5ft（2591mm）两种，长度以 40ft（12192mm）和 20ft（6058mm）最为常见。为便于统一计算集装箱的营运量，采用集装箱 TEU（Twenty－Feet Equivalent Units）为换算单位，即 20ft 集装箱为 1TEU。

集装箱运输的优点是可提高货运速度，加快运输工具及货物资金的周转，减少货损、货差，提高货运质量，简化货物包装，节约货物包装费用，减少运杂费用，加快车船周转，减少装卸费，改善劳动条件，降低运输成本，且不受气候影响，实现了定点、定期运输及装卸作业。

货物运输的合理化主要是合理规划运输距离、运输环节、运输工具、运输时间和运输费用，减少空驶、对流运输、迂回运输、重复运输、倒流运输、过远运输、无效运输、运力选择不当、托运方式选择不当等不合理运输形式。运输合理化的有效措施包括提高运输工具实载率，采取减少动力投入、增加运输能力，发展社会化的运输体系，尽量发展直达运输、配载运输，发展特殊运输技术和运输工具，增加流通加工等。

练习题

1. 单项选择（在备选的 4 个答案中选择 1 个正确的）

1）（　　）最早提出设备寿命周期费用的概念。

①计划维修制　②后勤学　③设备综合工程学　④鞍钢宪法

2）设备周期费用由设置费和（　　）两部分组成。

①安装费　②能源费　③维持费　④折旧费

3）A 类物品应采用（　　）订货方式。

①定期定量　②定期不定量　③定量　④混合

4）当供应一定、需求不确定时，安全库存量与供应周期内需求的偏差成（　　）。

①正比　②反比　③指数关系　④对数关系

5）经常储备又称（　　）。

①安全库存　②在途库存　③在制库存　④周转库存

6）集装箱的换算单位 TEU 是（　　）英尺。

①10　②20　③50　④100

2. 多项选择（在备选的 4 个答案中选择 2 ~ 4 个正确的）

1）设备管理的发展经历了（　　）以及各种设备管理模式并行等几个阶段。

①事后维修　②预防维修　③生产维修　④智能维修

2）现场管理的基本环节（5S）是（　　）清洁和素养。

①整理　②整顿　③调整　④清扫

3）物资消耗定额由构成产品的（　　）等部分组成。

①有效消耗　②合理工艺损耗　③非工艺损耗　④自然损耗

4）生产计划消耗定额 =（　　）。

①工艺消耗定额　②工艺消耗定额 + 非工艺消耗定额

③工艺消耗定额 × 非工艺损耗系数　④工艺消耗定额 ×（1 + 非工艺损耗系数）

5）物资储备或库存按用途可分为（　　）和竞争储备。

①自然储备　②经常储备　③保险储备　④季节储备

6）库存成本包括（　　）等。

①订货成本　②库存持有成本　③缺货成本　④工艺损耗

3. 填空

1）设备管理包括设备的________运动和________运动两个方面。

2）设备状态管理的主体内容是设备________检测（检查）和设备________诊断。

3）全面生产维修的特点是“三全”：即全效率、________和________。

4）通常机电企业的物资储备包括________储备、________储备和成品储备。

5）现代物流的一个重要观点是________流和________流分离。

6）ABC 管理法体现了关键的________和次要的________之间的关系原理。

4. 判断题

1）预防维修可以减少非计划（故障）停机，是最先进的维修方式。

2）生产计划消耗定额等于零件的净质量加工艺损耗。

3）确定型库存计算中没有安全库存。

4）加工前试车、试装用物资消耗属于合理工艺损耗。

5）定期订货的订货量与当前库存量有关。

6）物流是供应链过程的一部分。

5. 名词解释

1）设备综合管理

2）全员生产维修

3）库存 ABC 管理法

4）供应商管理库存

6. 分析计算题

1）若某台设备一日两班，总工作时间为 16h，班前计划停机时间是 30min。实际工作中因故障停机 15min，安装工夹具时间为 20min，调整设备时间为 15min。若两班内总共加工了 200 个零件，理论加工周期为 2.5min，合格品率为 99%。试确定设备的时间开动率、性能开动率和全局设备效率。

2）某外购件每月需要 4800 件，单位价格 20 元/件，年储存费率为 10%，一次订购费 80 元，求经济订货量。

3）已知某物品毛需求量、预定到货数量及现有库存量见表 6-6。试将表中空缺的库存数量、计划补充订购数量和采购订单的数据填上。（该物品订货提前期为 2 周）

表 6-6　MRP 计算表

时间段(第×周)	0	1	2	3	4	5	6	7	8	9	10
毛需求量				70			150			200	
预定到货数量			10								
库存数量	90										
计划补充订购数量											
采购订单											

[参考答案]

第7章

机电企业财务管理

7.1 企业财务管理概述

7.1.1 企业财务管理的目标

1. 企业财务管理

财务管理（Financial Management）是企业管理的一部分，是有关资金的获得和有效使用的管理工作。财务管理要依据财经法规制度，按照财务管理原则，组织企业财务活动，处理企业财务关系。

2. 企业财务管理目标

财务管理的目标取决于企业的总目标，并且受财务管理自身特点的制约。企业是营利性组织，其出发点和归宿是获利。企业一旦成立，就会面临竞争，并始终处于生存和倒闭、发展和萎缩的矛盾之中。因此，企业财务管理的目标可以概括为生存、发展和获利。

（1）生存　企业只有生存，才可能获利。企业一方面付出货币，从市场上取得所需的资源；另一方面提供市场需要的商品或服务，从市场上换回货币。企业从市场获得的货币至少要等于付出的货币，即以收抵支是企业在市场中生存下去的基本条件。企业生存的另一个基本条件是到期偿债。企业为扩大业务规模或满足经营周转的临时需要，可以向其他个人或法人借债。法律规定债务人必须“偿还到期债务”，必要时“破产偿债”。力求保持以收抵支和偿还到期债务的能力减少破产的风险，使企业能够长期、稳定地生存下去，是对财务管理的第一个要求。

（2）发展　企业的生产经营如“逆水行舟”，不进则退，企业的停滞是其死亡的前奏。企业的发展集中表现为扩大收入。扩大收入的根本途径是提高产品质量，扩大销售数量，这就要求不断更新设备、技术和工艺，并不断提高各种人员的素质，改进管理。因此，筹集企业发展所需要的资金，是对财务管理的第二个要求。

（3）获利　已经创立起来的企业，虽然有增加职工收入、改善劳动条件、扩大市场份额、提高产品质量、减少环境污染等多种目标，但盈利是最具综合能力的指标。通过合理、有效地使用资金使企业获利，是对财务管理的第三个要求。

3. 企业财务目标综合表达

企业生存、发展和获利的基本目标要求财务管理完成筹措资金并有效地投放和使用资金的任务。财务管理不仅与资产的获得及合理使用的决策有关，而且与企业的生产、销售管理发生直接联系。关于企业的财务目标的综合表达，有以下三种主要观点：

（1）利润最大化　这种观点认为：利润代表了企业新创造的财富，利润越多则说明企业的财富增加得越多，越接近企业的目标。这种观点的缺陷是：

1）没有考虑利润的取得时间。例如，今年获利100万元和明年获利100万元往往不能等同。

2）没有考虑所获利润和投入资本额的关系。例如，两个同样获得100万元利润，一个企业投入资本500万元，另一个企业投入600万元，显然效果不一样。

3）没有考虑获取利润和所承担风险的关系。例如，两个企业同样投入500万元，本年获利100万元，一个企业获利已全部转化为现金，另一个企业获利则全部是应收账款，并可能发生坏账损失，两者也不能等同看待。

（2）每股盈余最大化　这种观点认为：应当把企业的利润和股东投入的资本联系起来考察，用每股盈余（或权益资本净利率）来概括企业的财务目标，以避免“利润最大化目标”的缺点。这种观点仍然存在以下缺陷：

1）仍然没有考虑每股盈余取得的时间性。

2）仍然没有考虑每股盈余的风险性。

（3）股东财富最大化　这种观点认为：股东财富最大化或企业价值最大化是财务管理的目标。股东创办企业的目的是增加财富，股东财富可以用股东权益的市场价值来衡量。有时财务目标被表述为股价最大化。在股东投资资本不变的情况下，股价上升可以反映股东财富的增加，股价下跌反映股东财富的减损。股价的升降，代表了投资大众对公司股权价值的客观评价。

有时财务目标还被表述为企业价值最大化。企业价值的增加，是由于权益价值增加和债务价值增加引起的。

关于财务目标的分歧之一是如何看待其他利益相关者的要求，包括债权人、顾客、职工、政府等。有一种意见认为，企业应当有多个目标，分别满足不同利益相关者的要求。唯一的目标可以为企业理财提供一个统一的决策依据，并且保持各项决策的内在一致性。如果使用多个目标，就很难指导决策的选择，并很难保证各项决策不发生冲突。主张股东财富最大化，并非不考虑其他利益相关者的利益。各国公司法都规定，股东权益是剩余权益，只有满足了其他方面的利益之后才会有股东的利益。企业必须交税、给职工发工资、给顾客提供他们满意的产品和服务，然后才能获得税后收益。股东可能为自己的利益伤害其他利益相关者，其他利益相关者也可能伤害股东利益。因此，要通过立法调节他们之间的关系，保障双方的利益。

7.1.2　企业财务管理的内容与职能

1. 企业财务活动

企业财务活动是以现金收支为主的企业资金收支活动的总称。企业财务活动包括筹资活动、投资活动、经营活动、利润及其分配活动，以此四种活动为基础，形成了财务管理的基本活动：企业融资管理、企业投资管理、营运资金管理、利润及其分配管理。

（1）筹资活动　资金的筹集包括债务资金筹集和权益资金筹集，主要途径包括接收投资（资本金和资本公积金）、通过生产经营形成积累资金（盈余公积金和未分配利润）、借入资金（负债）。筹资活动对于股东财富的影响十分复杂，并且人们对此的看法有分歧。使用债务要支付利息，是减少价值的因素。但是，由于债务利息可以税前扣除，债务成本比权益成本低，利用债务筹资可以增加股东财富。与此同时，债务增加会提高企业的破产风险，不利于股东财富的增加。因此，企业必须对它们进行权衡，确定适宜的负债/权益比，降低平均的资本成本，以利于增加股东财富。广义的筹资活动还包括股利分配。

（2）投资活动　投资活动包括资本资产投资和营运资产投资。资本资产投资是兴建房屋、购置设备等固定资产投入，目的大多是为了增加产量、提高产品性能、降低成本，或者减少流动资产占用。营运资本投资用来购进材料、零配件等，是周转使用的，应尽可能以少的营运资本支持同样的经营现金流，节约资本成本支出。投资提供了经营活动赚取利润的条件，投资与利润有投入和产出的关系。利润与投资的比率称为投资资本回报率，反映企业的盈利能力，是决定股价高低的关键因素。

（3）经营活动　经营活动产生的现金对于价值创造有决定意义，从长远来看经营活动产生的现金是企业盈利的基础。经营活动产生的现金取决于销售收入和成本费用两个因素，两者的差额是利润。销售和利润的增长率取决于企业的外部环境、内部条件和竞争战略。

（4）利润及其分配　企业通过投资取得收入，包括营业收入、投资收益等，取得的收入首先要用于补偿生产经营耗费，以保证企业生产经营活动的持续进行；其次要交纳流转税，如增值税、营业税、消费税等；税后利润在弥补亏损、提取一般盈余公积金和公益金后，才能向投资者分配。

2. 财务管理的主要内容

财务管理的主要内容是投资决策、筹资决策和股利分配决策三个方面。

（1）投资决策　投资是指以收回现金并取得收益为目的而发生的现金流出。例如，购买政府公债、购买企业股票和债券、购置设备、建造厂房、增加新产品等，企业都要发生现金流出，并期望取得更多的现金流入。

企业的投资决策可以分为项目投资和证券投资。项目投资是指把资金直接投放于生产经营性资产，以便获取营业利润的投资。例如，购置设备、建造厂房、开办商店等。证券投资是指把资金投放于金融性资产，以便获取股利或者利息收入的投资。例如，购买政府公债、购买企业债券和公司股票等。

（2）筹资决策　筹资是指筹集资金。例如，企业发行股票、发行债券、取得借款、赊购、租赁等都属于筹资。筹资决策的关键是决定各种资金来源在总资金中所占的比重，即确定资本结构，以使筹资风险和筹资成本相配合。

按资金渠道不同，筹集资金分为权益资金和借入资金。权益资金是指企业股东提供的资金。它不需要归还，筹资的风险小，但其期望的报酬率高。借入资金是指债权人提供的资金。它要按期归还，有一定的风险，但其要求的报酬率比权益资金低。所谓资本结构，主要是指权益资金和借入资金的比例关系。一般说来完全通过权益资金筹资是不明智的，不能得到负债经营的好处；但负债的比例大则风险也大，企业随时可能陷入财务危机。

(3) 股利分配决策　股利分配是指在公司赚得的利润中，有多少作为股利发放给股东，有多少留在公司作为再投资。过高的股利支付率，影响企业再投资的能力，会使未来收益减少，造成股价下跌；过低的股利支付率，可能引起股东不满，股价也会下跌。

3. 财务管理的职能

财务管理的职能分为财务决策、财务计划和财务控制。

(1) 财务决策　财务决策是指有关资金筹集和使用的决策。财务决策的过程，一般可分为情报活动、设计活动、抉择活动、审查活动四个阶段。

(2) 财务计划　广义的财务计划工作包括很多方面，通常有确定财务目标、制定财务战略和财务政策、规定财务工作程序和针对某一具体问题的财务规则，以及编制财务预算等。狭义的财务计划工作，是指针对特定期间的财务规划和财务预算。财务规划的主要工具是财务预测和本量利分析。预算是以货币表示的预期结果，它是计划工作的终点，也是控制工作的起点，它把计划和控制联系起来。

(3) 财务控制　财务控制和财务计划有密切联系，计划是控制的重要依据，控制是执行计划的手段，它们组成了企业财务管理循环，如图 7-1 所示。

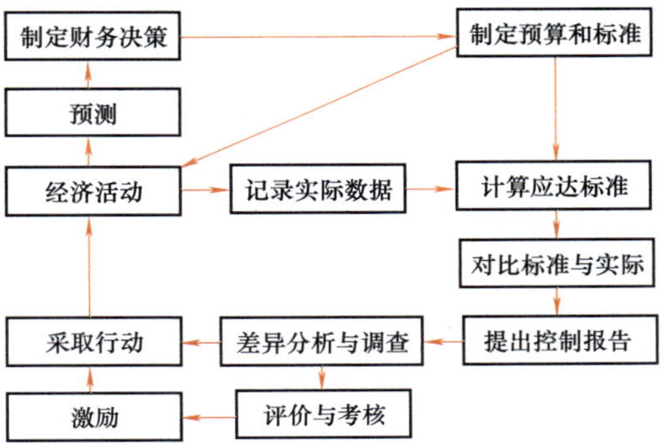

图 7-1　财务管理循环的程序

7.1.3　企业财务管理的环境

企业的财务管理环境又称理财环境，是指对企业财务活动产生影响作用的企业外部条件。财务管理环境是企业财务决策难以改变的外部约束条件，企业财务决策更多的是适应它们的要求和变化。财务管理的环境涉及的范围很广，其中最重要的是法律环境、金融市场环境和经济环境。

1. 法律环境

财务管理的法律环境是指企业和外部发生经济关系时所应遵守的各种法律、法规和规章。主要有：

(1) 企业组织法律规范　企业组织必须依法成立。组建不同的企业，要依照不同的法律规范。它们包括《中华人民共和国公司法》（以下简称《公司法》）、《中华人民共和国外资企业法》《中华人民共和国合伙企业法》等。这些法律规范既是企业的组织法，又是企业的行为法。

(2) 税收法律规范　任何企业都有法定的纳税义务。有关税收的立法分为三类：所得税的法规、流转税的法规、其他地方税的法规。

除上述法律规范外，与企业财务管理有关的其他经济法律规范还有许多，包括各种证券法律规范、结算法律规范、合同法律规范等。

2. 金融市场环境

广义的金融市场，是指一切资本流动的场所，包括实物资本和货币资本的流动。广义金融市场的交易对象包括货币借贷、票据承兑和贴现、有价证券的买卖、黄金和外汇买卖、办理国内外保险、生产资料的产权交换等。狭义的金融市场一般是指有价证券市场，即股票和债券的发行和买卖市场。

我国主要的金融机构包括中国人民银行、政策性银行、商业银行、非银行金融机构（保险公司、信托投资公司、证券机构、财务公司、金融租赁公司等）。

3. 经济环境

经济环境包括经济发展、通货膨胀、利息率波动、政府的经济政策、竞争环境等。

7.2 企业财务报表与分析

7.2.1 企业财务报表

财务报表是依据会计准则或原则制作的，一个国家的标准可能与另一个国家不同。企业财务报表主要有资产负债表、利润表（损益表）、现金流量表三种。本节将使用 ABC 股份有限公司（以下简称“ABC 公司”）的财务报表数据为例进行说明。该公司的资产负债表、利润表、现金流量表见表 7-1、7-2、7-3。

资产负债表是反映公司某一特定日期财务状况的会计报表，依据“资产 = 负债 + 所有者权益”的原理，按照一定的分类标准和次序将资产、负债和所有者权益进行适当排列编制而成。在资产负债表中，资产按流动性从强到弱依次排列；负债和所有者权益反映了公司资金的来源，流动负债在前，然后是非流动负债，最后是所有者权益。

理解资产负债表需注意：

1）资产按历史成本计价，可能与市价相差较大。

2）同样是流动资产，流动性要相差很多。

3）可能存在许多未计入表中的资产与负债。

利润表又称损益表，是反映企业一定时期内生产经营成果的会计报表，是企业盈利或亏损形成过程的回放。其编制原理为“利润 = 收入 − 费用”，表中项目按利润形成情况列示。利润表将净利润的计算过程分成营业收入与支出、期间费用、投资收益、营业外收支、所得税费用等几个层次，不同层次的收入与费用配比，逐步计算出营业利润、利润总额和净利润。利润表可以分析公司的经济效益和盈利能力，并为预测公司未来的收益状况提供重要资料。

在理解利润表时需注意：

1）利润不等于现金流量。

2）会计政策选择不同会引起利润不同。

3）会计利润与经济利润不同。

现金流量表是以现金及现金等价物为基础编制的财务状况变动表，是对企业某一时期的现金来龙去脉的追踪，说明企业支付能力的强弱。其编制原理为“现金流入 − 现金流出＝现金持有量变化”，按现金收付实现制表，体现企业现金流动情况。一般将现金流动情况分为：经营活动现金流、投资活动现金流和筹资活动现金流。

表 7-1 资产负债表

编制单位：ABC 公司　　××××年××月××日　　（单位：万元）

资产	年末余额	年初余额	负债及股东权益	年末余额	年初余额
流动资产：			**流动负债：**		
货币资金	50	25	短期借款	60	45
交易性金融资产	6	12	交易性金融负债	0	0
应收票据	8	11	应付票据	5	4
应收账款	398	199	应付账欺	100	109
预付账款	22	4	预收账款	10	4
应收股利	0	0	应付职工薪酬	2	0
应收利息	0	0	应交税费	5	4
其他应收款	12	22	应付利息	12	16
存货	119	326	应付股利	28	10
待摊费用	32	7	其他应付款	14	13
一年内到期的非流动资产	45	4	预提费用	9	5
其他流动资产	8	0	预计负债	2	5
流动资产合计	700	610	一年内到期的非流动负债	50	0
			其他流动负债	3	5
			流动负债合计	300	220
			非流动负债：		
非流动资产：			长期借款	450	245
可供出售金融资产	0	45	应付债券	240	260
持有至到期投资	0	0	长期应付款	50	60
长期股权投资	30	0	专项应付款	0	0
长期应收款	0	0	递延所得税负债	0	0
固定资产	1238	955	其他非流动负债	0	15
在建工程	18	35	非流动负债合计	740	580
固定资产清理	0	12	负债合计	1040	800
无形资产	6	8	**股东权益：**		
开发支出	0	0	股本	100	100
商誉	0	0	资本公积	10	10
长期待摊费用	5	15	盈余公积	100	40
递延所得税资产	0	0	未分配利润	750	730
其他非流动资产	3	0	减：库存股	0	0
非流动资产合计	1300	1070	股东权益合计	960	880
资产总计	2000	1680	负债及股东权益总计	2000	1680

表 7-2 利润表

编制单位：ABC 公司　　　××××年度　　　（单位：万元）

项　　目	本年金额	上年金额
一、营业收入	3000	2850
减：营业成本	2644	2503
营业税金及附加	28	28
销售费用	22	20
管理费用	46	40
财务费用	110	96
资产减值损失	0	0
加：公允价值变动收益	0	0
投资收益	6	0
二、营业利润	156	163
加：营业外收入	45	72
减：营业外支出	1	0
三、利润总额	200	235
减：所得税费用	64	75
四、净利润	136	160

表 7-3 现金流量表

编制单位：ABC 公司　　　××××年度　　　（单位：万元）

项　　目	金　　额
一、经营活动产生的现金流量：	
销售商品、提供劳务收到的现金	2810
收到的税费返还	
收到其他与经营活动有关的现金	10
经营活动现金流入小计	2820
购买商品、接受劳务支付的现金	2363
支付给职工以及为职工支付的现金	29
支付的各项税费	91
支付其他与经营活动有关的现金支出	14
经营活动现金流出小计	2497
经营活动产生的现金流量净额	323
二、投资活动产生的现金流量：	
收回投资收到的现金	4
取得投资收益收到的现金	6
处置固定资产、无形资产和其他长期资产收回的现金净额	12
投资活动现金流入小计	22

（续）

项　　目	金　　额
购置固定资产、无形资产和其他长期资产支付的现金	369
投资支付的现金	30
支付其他与投资活动有关的现金	
投资活动现金流出小计	399
投资活动产生的现金流量净额	-377
三、筹资活动产生的现金流量：	
（略）	
筹资活动现金流入小计	270
（略）	
筹资活动现金流出小计	197
筹资活动产生的现金流量净额	73
四、汇率变动对现金及现金等价物的影响	
五、现金及现金等价物净增加额	19
加：期初现金及现金等价物余额	37
六、期末现金及现金等价物余额	56

7.2.2　企业财务报表分析概述

1. 财务报表分析的意义

财务报表分析的目的是将财务报表数据转换成有用的信息，帮助报表使用人改善决策。

最早的财务报表分析，主要是为银行服务的信用分析，银行需要对贷款人进行信用调查和分析，逐步形成了偿债能力分析等有关内容。资本市场出现以后，财务报表分析由为贷款银行服务扩展到为各种投资人服务。投资人要求的信息更为广泛，逐步形成了盈利能力分析、筹资结构分析和利润分配分析等新的内容，发展出比较完善的外部分析体系。公司组织发展起来以后，经理人员为获得股东的好评和债权人的信任，需要改善公司的盈利能力和偿债能力，逐步形成了内部分析的有关内容，并使财务报表分析由外部分析扩大到内部分析。

财务报表分析现在逐步扩展成为包括经营战略分析、会计分析、财务分析和前景分析等四个部分组成的更完善的体系。经营战略分析的目的是确定主要的利润动因和经营风险以及定性评估公司的盈利能力，包括行业分析和公司竞争战略分析等内容；会计分析的目的是评价公司会计反映基本经济现实的程度，包括评估公司会计的灵活性和恰当性，以及会计数据的修正等内容；财务分析的目的是运用财务数据评价公司当前和过去的业绩并评估其可持续性，包括比率分析和现金流量分析等内容；前景分析的目标侧重于预测公司的未来，包括财务报表预测和公司估价等内容。

2. 财务报表分析的方法

财务报表分析的方法，有比较分析法和因素分析法两种。

(1) 比较分析法　比较分析按比较对象分为:

1) 与本公司历史比，即不同时期 (2~10年) 指标相比，也称“趋势分析”。

2) 与同类公司比，即与行业平均数或竞争对手比较，也称“横向比较”。

3) 与计划预算比，即实际执行结果与计划指标比较，也称“预算差异分析”。

按比较内容分为:

1) 比较会计要素的总量。总量是指报表项目的总金额，如总资产、净资产、净利润等。总量比较主要用于时间序列分析，有时也用于同业对比，看公司的相对规模和竞争地位。

2) 比较结构百分比。把损益表、资产负债表、现金流量表转换成结构百分比报表。例如，以收入为100%，看损益表各项目的比重。结构百分比报表用于发现有显著问题的项目。

3) 比较财务比率。财务比率是各会计要素之间的数量关系，反映它们的内在联系。

(2) 因素分析法　因素分析法是依据财务指标与其驱动因素之间的关系，从数量上确定各因素对指标影响程度的一种方法。

3. 财务报表分析的局限性

(1) 财务报表本身的局限性　受到会计环境和公司会计战略的影响，财务报表会扭曲公司的实际情况。例如，会计规范要求以历史成本报告资产，使财务数据不代表其现行成本或变现价值；会计规范要求假设币值不变，使财务数据不按通货膨胀率或物价水平调整等。因此，财务报表存在以下三方面的局限性:

1) 财务报告没有披露公司的全部信息，管理层拥有更多的信息，得到披露的只是其中的一部分。

2) 已经披露的财务信息存在会计估计误差，不一定是真实情况的准确计量。

3) 管理层的各项会计政策选择，使财务报表会扭曲公司的实际情况。

(2) 财务报表的可靠性问题　通常情况下，当财务报告的形式不规范、数据出现反常现象 (如与销售相比应收账款异常增加)、有大额的关联方交易、无正当理由更换注册会计师等，说明可能存在虚假陈述。

(3) 比较基础问题　在比较分析时必然要选择比较的参照标准，包括本公司历史数据、同业数据和计划预算数据。同业标准最好选一组有代表性的公司求其平均数，实际与计划的差异分析，以计划预算做比较基础。经营环境的变化，会计规范的改变都会使财务数据失去直接可比性。

7.2.3　企业财务比率分析

财务比率大体上可以分为四类：短期偿债能力比率、长期偿债能力比率、资产管理比率和盈利能力比率。

1. 短期偿债能力比率

偿债能力分析分为短期偿债能力和长期偿债能力分析两部分。偿债能力的衡量方法有两种：一种是比较债务与可供偿债资产的存量，资产存量超过债务存量较多，则认为偿债能力强；另一种是比较偿债所需现金和经营活动产生的现金流量，如果产生的现金超过需要的现金较多，则认为偿债能力强。

流动负债需要在一年内用现金偿还，流动资产将在一年内变成现金，因此两者的比较可以反映短期偿债能力。流动资产与流动负债的存量比较有两种方法：一种是差额比较，两者相减的差额为营运资本；另一种是比率比较，两者相除的比率为短期债务存量比率。短期债务的存量比率包括流动比率、速动比率和现金比率。

（1）流动比率　流动比率是全部流动资产与流动负债的比值。流动比率假设全部流动资产都可以用于偿还短期债务，表明每1元流动负债有多少流动资产作为偿债的保障。其计算公式为

$$流动比率 = 流动资产/流动负债 \tag{7-1}$$

流动比率的计算简单，得到广泛应用。对于生产企业，一般认为流动比率为2比较合理。但不存在统一的、标准的流动比率数值，不同行业的流动比率存在明显差别，营业周期越短的行业，合理的流动比率越低。流动比率有某些局限性，有些流动资产的账面金额与变现金额有较大差异，如产成品等；经营性应付项目可以滚动存续，无须动用现金全部结清。因此，流动比率是对短期偿债能力的粗略估计。

（2）速动比率　构成流动资产的各个项目的流动性有很大差别，其中的货币资金、交易性金融资产和各种应收、预付款项等，可以在较短时间内变现，称为速动资产。另外的流动资产，包括存货、待摊费用、一年内到期的非流动资产及其他流动资产等，变现时间和数量具有较大的不确定性，称为非速动资产。

速动资产与流动负债的比值，称为速动比率，速动比率假设速动资产是可以用于偿债的资产，表明每1元流动负债有多少速动资产作为偿还保障。其计算公式为

$$速动比率 = 速动资产/流动负债 \tag{7-2}$$

如同流动比率一样，不同行业的速动比率有很大差别。例如，采用大量现金销售的商店，几乎没有应收账款，速动比率大大低于1是很正常的。相反，一些应收账款较多的企业，速动比率可能要大于1。影响速动比率可信性的重要因素是应收账款的变现能力。

（3）现金比率　现金比率是企业现金类资产与流动负债的比率。现金类资产包括企业所拥有的货币资金和持有的有价证券。它是速动资产扣除应收账款后的余额，由于应收账款存在发生坏账损失的可能，某些到期的账款也不一定能按时收回。现金比率的计算公式为

$$现金比率 = 现金类资产/流动负债 \tag{7-3}$$

现金比率最能反映企业直接偿付流动负债的能力，这个比率越高，说明企业偿债能力越强。但是，如果现金比率过高，意味着企业流动负债未能合理地运用，并会导致企业机会成本的增加。通常现金比率保持在30%左右为宜。

2. 长期偿债能力比率

衡量长期偿债能力的财务比率，可以使用资产负债率、利息保障倍数等。

（1）资产负债率　资产负债率是负债总额占资产总额的百分比，其计算公式为

$$资产负债率 = (负债/资产) \times 100\% \tag{7-4}$$

资产负债率反映总资产中有多大比例是通过负债取得的。它可以衡量企业在清算时保护债权人利益的程度。资产负债率越低，企业偿债越有保证，贷款越安全。资产负债率还

代表企业的举债能力。一个企业的资产负债率越低，举债越容易。

（2）利息保障倍数 利息保障倍数是指息税前利润与利息费用之比。其计算公式为

$$利息保障倍数=息税前利润/利息费用=(净利润+利息费用+所得税费用)/利息费用 \tag{7-5}$$

式中 利息费用——本期发生的全部应付利息。

为了考察企业偿付利息能力的稳定性，一般应计算5年或5年以上的利息保障倍数。保守起见，应选择5年中最低的利息保障倍数值作为基本的利息偿付能力指标。如果利息保障倍数小于1，表明自身产生的经营收益不能支持现有的债务规模。利息保障倍数等于1也是很危险的，因为息税前利润受经营风险的影响，是不稳定的，而利息的支付却是固定数额。利息保障倍数越大，公司拥有的偿还利息的缓冲资金越多。

3. 资产管理比率

资产管理比率是衡量公司资产管理效率的财务比率。常用的有：应收账款周转率、存货周转率、流动资产周转率、总资产周转率和营运资本周转率等。

（1）应收账款周转率 应收账款周转率是应收账款与销售收入的比率。它的表示形式有：应收账款周转率和应收账款周转天数。其计算公式为

$$应收账款周转率=销售收入/应收账款 \tag{7-6a}$$

$$应收账款周转天数=365/(销售收入/应收账款) \tag{7-6b}$$

（2）存货周转率 存货周转率是销售收入与存货的比值，其计算公式为

$$存货周转率=销售收入/存货 \tag{7-7a}$$

$$存货周转天数=365/(销售收入/存货) \tag{7-7b}$$

计算存货周转率时，使用“销售收入”还是“销售成本”作为周转额，要看分析的目的。在短期偿债能力分析中，为了评估资产的变现能力需要计量存货转换为现金的数量和时间，应采用“销售收入”。在分解总资产周转率时，为系统分析各项资产的周转情况并识别主要的影响因素，应统一使用“销售收入”计算周转率。如果是为了评估存货管理的业绩，应当使用“销售成本”计算存货周转率，使其分子和分母保持口径一致。实际上，两种周转率的差额是毛利引起的，用哪一个计算都能达到分析目的。

（3）流动资产周转率 流动资产周转率是销售收入与流动资产的比值，其计算公式为

$$流动资产周转率=销售收入/流动资产 \tag{7-8a}$$

$$流动资产周转天数=365/(销售收入/流动资产) \tag{7-8b}$$

（4）总资产周转率 总资产周转率表示总资产在一年中周转的次数，其计算公式为

$$总资产周转率=销售收入/总资产 \tag{7-9}$$

（5）营运资金周转率 营运资金周转率是指年销售收入与营运资金之比，反映营运资金在一年内的周转次数。其计算公式为

$$营运资金周转率=销售收入净额/(平均流动资产-平均流动负债) \tag{7-10}$$

4. 盈利能力比率

（1）销售利润率 销售利润率是指净利润与销售收入的比率，通常用百分数表示，其计算公式为

$$销售利润率=(净利润/销售收入)\times 100\% \quad (7\text{-}11)$$

(2) 资产利润率　资产利润率是指净利润与总资产的比率，它反映公司从1元受托资产（不管资金来源）中得到的净利润。其计算公式为

$$\begin{aligned}资产利润率&=净利润/总资产=(净利润/销售收入)\times(销售收入/总资产)\\&=销售利润率\times 总资产周转率\end{aligned} \quad (7\text{-}12)$$

资产利润率是企业盈利能力的关键。影响资产利润率的驱动因素是销售利润率和资产周转率。

(3) 权益净利率　权益净利率是净利润与股东权益的比率，它反映1元股东资本赚取的净收益，可以衡量企业的总体盈利能力。其计算公式为

$$权益净利率=(净利润/股东权益)\times 100\% \quad (7\text{-}13)$$

权益净利率的分母是股东的投入，分子是股东的所得。对于股权投资人来说，具有非常好的综合性，概括了企业的全部经营业绩和财务业绩。

参考7.2.1小节的ABC公司的报表，可计算得其本年流动比率为2.33，上年流动比率为2.77，本年速动比率为1.65，上年速动比率为1.24，本年资产负债率为52%，上年资产负债率为48%，本年利息保障倍数为2.82，上年利息保障倍数为3.45，本年应收账款周转天数为48.4天，上年应收账款周转天数为25.5天，本年存货周转天数为14.5天，上年存货周转天数为41.8天，本年流动资产周转天数为85.2天，上年流动资产周转天数为78.1天，本年总资产周转次数为1.5次，本年销售利润率为4.53%，上年销售利润率为5.61%，本年资产利润率为6.8%，上年资产利润率为9.52%，本年权益净利率为14.17%，上年权益净利率为18.18%。从总体看，ABC公司的长、短期偿债能力，盈利能力都在下降，资产管理能力中除存货稍好，其他也在下降。分析生产经营各环节，应收账款和固定资产周转天数增加较大，销售成本增长较大是使得公司财务表现不佳的主要原因。

7.2.4 企业财务分析体系

财务综合分析通过各种分析方法对企业进行全方位的考察和评判，可把握不同财务指标之间的相互关联，找到企业问题要害，从而正确判断企业财务状况和经营成果。财务综合分析的方法很多，主要有杜邦财务分析体系、沃尔比重评分法等。下面仅对杜邦财务分析体系进行简要介绍。

财务分析体系由美国杜邦公司在20世纪20年代首创，经过多次改进，现已把各种财务比率结合成一个体系。权益净利率是整个分析体系的核心比率，它有很好的可比性，可以用于不同企业之间的比较。其计算公式为

$$\begin{aligned}权益净利率&=(净利润/销售收入)\times(销售收入/总资产)\times(总资产/股东权益)\\&=销售利润率\times 总资产周转率\times 权益乘数\end{aligned} \quad (7\text{-}14)$$

权益净利率还有很强的综合性，为了提高股东权益净利率，管理者有三个可以使用的杠杆，无论提高其中的哪一个比率，权益净利率都会提升。其中，“销售净利率”是利润

表的概括，“销售收入”和“净利润”可以概括全部经营成果；“权益乘数”是资产负债表的概括，表明资产、负债和股东权益的比例关系，可以反映最基本的财务状况；“总资产周转率”把利润表的成果和资产负债的投入联系起来，使权益净利率可以综合整个企业的经营活动和财务活动的业绩。

财务分析体系是一个多层次的财务比率分解体系。各项财务比率，在每个层次上与本企业历史或同业的财务比率比较，比较之后向下一级分解。逐级向下分解，逐步覆盖企业经营活动的每一个环节，可以实现系统、全面评价企业经营成果和财务状况的目的。具体如图 7-2（数据来源见表 7-1、表 7-2 和表 7-3）所示。

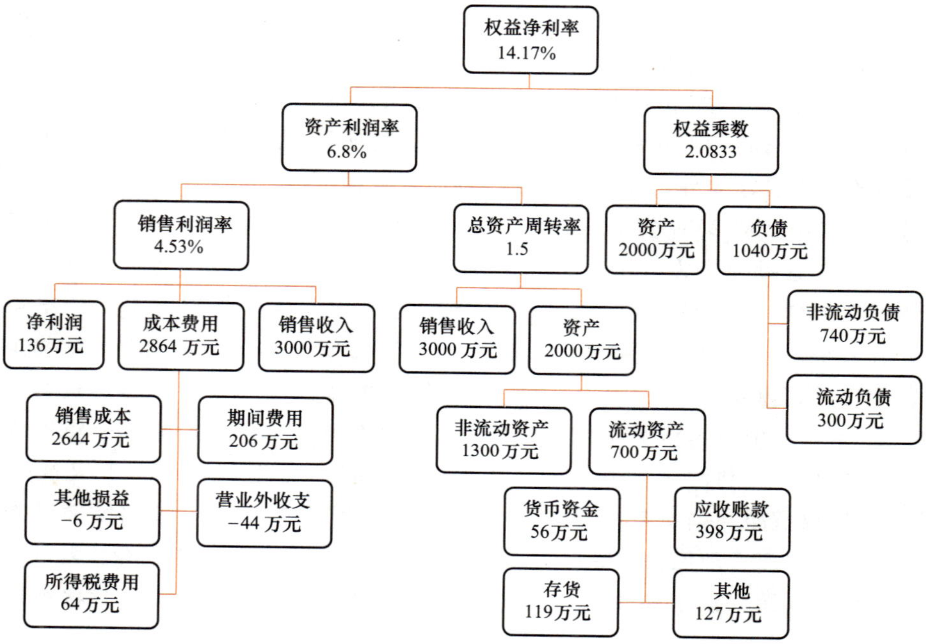

图 7-2　杜邦财务分析体系框架

第一层次的分解，是把权益净利率分解为销售利润率、总资产周转率和权益乘数。分解出来的销售利润率和总资产周转率，可以反映企业的经营战略。一些企业销售净利率较高，而资产周转率较低；另一些企业与之相反，资产周转率较高而销售净利率较低；两者经常呈反方向变化，这种现象不是偶然的。为了提高销售利润率，就要增加产品的附加值，往往需要增加投资，引起周转率的下降。与此相反，为了加快周转，就要降低价格，引起销售净利率下降。通常，销售净利率较高的制造业，其周转率都较低；周转率很高的零售商业，销售利润率很低。采取“高盈利、低周转”还是“低盈利、高周转”的方针，是企业根据外部环境和自身资源做出的战略选择。正因为如此，仅从销售净利率的高低并不能看出业绩好坏，把它与资产周转率联系起来可以考察企业经营战略。真正重要的是两者共同作用而得到的资产利润率。资产利润率可以反映管理者运用受托资产赚取盈利的业绩，是最重要的盈利能力。

财务分析体系虽然被广泛使用，但是也存在某些局限性。主要有：

1）计算总资产利润率的“总资产”与“净利润”不匹配。

2）没有区分经营活动损益和金融活动损益。传统财务分析体系没有区分经营活动和金融活动。对于多数企业来说，金融活动是净筹资，它们从金融市场上主要是筹资，而不是投资。筹资活动没有产生净利润，而是支出净费用。

3）没有区分有息负债与无息负债。

例 7-1　某企业基本财务数据见表 7-4，试运用杜邦财务分析法分析该企业的主要问题。

表 7-4　某企业基本财务数据　（单位：万元）

年度	净利润	销售收入	资产总额	负债总额	营业成本	三大费用
2014	206430	948800	2209200	580100	391000	163000
2015	224700	989700	2531500	688300	420500	159000

解　根据杜邦分析法各比率计算公式得到有关数据见表 7-5。

表 7-5　根据表 7-4 数据计算结果

年　　度	2014 年	2015 年
所有者权益/万元	1629100	1843200
权益净利率(%)	12.7	12.2
权益乘数	1.356	1.199
资产负债率(%)	26.3	27.2
资产净利率(%)	9.3	8.9
销售利润率(%)	21.8	22.7
总资产周转率	0.429	0.391

由计算结果可见，该企业权益净利率下降，主要原因是权益乘数和资产净利率均下降并较低。因此企业可考虑适当增加负债，利用财务杠杆来改善权益乘数，以提高权益净利率。通过强化企业管理，优化资源管理，缩短生产经营周期，以提高总资产周转率。另一方面，企业销售利润率提升、三大费用降低，说明市场表现不错。

7.3　企业筹资管理

资金筹集（简称筹资）是指企业作为主体，依据其生产经营、对外投资和调整资本结构等需要，通过资金市场和不同的筹资渠道，采取适当的筹资方式，经济有效地筹措和集中资金的一种行为。自身的生存和发展是企业筹资的基本目的。在持续的生存与发展过程中，企业具体的资金筹集活动常常受特定的筹资动机所驱使。比如，为购买设备、引进技术、开发产品而筹资，为并购其他企业进行对外投资而筹资等。筹资应遵循合理、合法的基本原则，资金量和资本结构要适当，在保证经营正常的情况下，避免资金筹集过多的浪费和负债过多。

7.3.1　筹资渠道与方式

1. 筹资渠道

筹资渠道指企业筹集资金来源的方向与通道，取决于社会资金的提供者动机和数量分布。我国机电企业目前的筹资渠道主要有：

1）国家财政资金。国家以财政拨款、财政贷款方式向企业投入的资金，是国有企业最主要的来源资金。

2）银行信贷资金。从银行信贷部门借入的资金，是企业资金主要来源渠道之一。

3）非银行金融机构资金。非银行金融机构包括保险公司、信托投资公司、证券机构、财务公司、金融租赁公司等。

4）其他企业资金。

5）民间资金。职工和城乡居民持有的大量货币资金。

6）企业自留资金。企业自留资金也称企业内部资金，包括计提折旧、提取公积金和未分配利润等。

7）外商及港澳台资金。

2. 资金筹集方式

资金筹集方式指企业筹措资金所采取的具体形式或者工具，一般有以下七种：

1）吸收直接投资。非股份制企业取得权益资本的基本方式。

2）发行股票。股份制企业取得权益资本的基本方式。

3）利用存留收益。来源于企业净利润。

4）银行借款。企业取得长期和短期债务资本的主要方式。

5）发行债券。

6）商业信用。商业信用筹资是企业通过赊购商品或劳务、预收贷款等交易行为来筹集短期资金的一种方式，适用于中小型企业。

7）租赁筹资。租入资产以筹集资本的特殊筹资方式。

7.3.2 长期资金筹资管理

长期资金是企业筹集的使用期限在一年以上的资金。企业的资本金、长期债券、长期借款都是长期资金。企业需要长期资金的主要原因有：扩大固定资产、取得无形资产、开展长期投资、垫付长期流动资产等。企业长期资金通常采用吸收直接投资、发行股票、发行债券、长期借款、租赁等方式来筹措。

1. 发行股票

普通股是股份有限公司发行的无特别权利的股份，也是最基本的、标准的股份。通常情况下，股份有限公司只发行普通股。公司发行股票筹资，应当选择适宜的股票发行方式和销售方式，并恰当地制定发行价格，以便及时募足资本。

（1）股票发行方式　股票发行方式，指的是公司通过何种途径发行股票。股票的发行方式可分为如下两类：

1）公开间接发行。公开间接发行指通过中介机构，公开向社会公众发行股票。

2）不公开直接发行。不公开直接发行指不公开对外发行股票，只向少数特定的对象直接发行。

（2）股票的销售方式　股票的销售方式，指的是股份有限公司向社会公开发行股票时所采取的股票销售方法。股票销售方式有两类：自销和委托承销。

(3) 股票发行价格　股票的发行价格是股票发行时所使用的价格，也就是投资者认购股票时所支付的价格。股票发行价格通常由发行公司根据股票面额、股市行情和其他有关因素决定。

(4) 股票上市　股票上市，指的是股份有限公司公开发行的股票经批准在证券交易所进行挂牌交易。经批准在交易所上市交易的股票则称为上市股票。我国《证券法》规定，股份有限公司申请其股票上市，必须符合下列条件：

1) 股票经国务院证券监督管理机构核准已公开发行。

2) 公司股本总额不少于人民币 3000 万元。

3) 公司发行的股份达到公司股份总数的 25% 以上；公司股本总额超过人民币 4 亿元的公开发行的比例为 10% 以上。

4) 公司最近 3 年无重大违法行为，财务会计报告无虚假记载。

此外，公司股票上市还应符合证券交易所规定的其他条件。

(5) 发行股票筹资特点　与其他筹资方式相比，普通股筹措资本具有如下特点：

1) 优点：发行股票筹措资本具有永久性，无到期日，不需归还；没有固定的股利负担，股利的支付与否和支付多少，视公司有无盈利和经营需要而定，经营波动给公司带来的财务负担相对较小；可作为其他方式筹资的基础，增强公司的举债能力；容易吸收资金。

2) 缺点：资本成本较高；会增加新股东，分散公司的控制权，削弱原有股东对公司的控制。

2. 发行债券

债券是经济主体为筹集资金而发行的，用以记载和反映债权债务关系的有价证券。由企业发行的债券称为企业债券或公司债券。这里所说的债券，指的是期限超过 1 年的公司债券，其发行目的通常是为建设大型项目筹集大笔长期资金。

公司债券有很多形式，大致有如下分类：

1) 按债券上是否记有持券人的姓名或名称，分为记名债券和无记名债券。

2) 按能否转换为公司股票，分为可转换债券和不可转换债券。

3) 按有无特定的财产担保，分为抵押债券和信用债券。

4) 按利率的不同，分为固定利率债券和浮动利率债券。债券上明确利率，发放利息时利率水平按银行存款利率的变化而同方向调整的债券为浮动利率债券。

5) 按能否上市，分为上市债券和非上市债券。可在证券交易所挂牌交易的债券为上市债券。上市债券信用度高，价值高，且变现速度快，故容易吸引投资者。

6) 按照偿还方式，分为到期一次债券和分期债券。

股票和债券虽然都是有价证券，都可以作为筹资的手段和投资工具，但两者却有明显的区别。

1) 从投资性质和法律关系来讲，认购股票是向股份公司的投资，投资者成为公司的股东，股东有权从公司经营中获取收益，有权参与公司的经营决策。购买债券所投入的资金是发行人所需追加的资金，投资者与发行人之间产生的是借贷性质的债权债务关系。债券持有人可向发行人行使债权，要求收取利息，但无权参与企业的经营决策。

2）从发行主体来讲，作为筹资手段，无论是国家、地方公共团体还是企业，都可以发行债券，而股票则只能是股份制企业才可以发行。

3）从收益与风险程度来讲，股票的收益是股息和红利，其数额事先难以确定，完全依赖于股份有限公司的经营状况。债券的收益是利息，其数额事先固定，并在企业的经营成本中支付，收益较股票低但风险小。

4）从偿还期来讲，债券发行时就规定了偿还期，而股票随公司的存亡永久性保留。

与其他长期负债筹资方式相比，发行债券的突出优点在于筹资对象广、市场大。但是，这种筹资方式成本高、风险大、限制条件多，是其不利的一面。

3. 长期借款

长期借款的种类很多，各企业可根据自身的情况和各种借款条件选用。我国目前各金融机构的长期借款主要有：

1）按照用途，分为固定资产投资借款、更新改造借款、科技开发和新产品试制借款等。

2）按照提供贷款的机构，分为政策性银行贷款、商业银行贷款等。此外，企业还可从信托投资公司取得实物或货币形式的信托投资贷款，从财务公司取得各种中长期贷款等。

3）按照有无担保，分为信用贷款和抵押贷款。信用贷款指不需企业提供抵押品，仅凭其信用或担保人信誉而发放的贷款。抵押贷款指要求企业以抵押品作为担保的贷款。长期贷款的抵押品常常是房屋、建筑物、机器设备、股票、债券等。

金融机构对企业发放贷款的原则是：按计划发放、择优扶植、有物资保证、按期归还。企业欲取得贷款，先要向银行提出申请，陈述借款原因与金额、用款时间与计划、还款期限与计划。银行根据企业的借款申请，针对企业的财务状况、信用情况、盈利的稳定性、发展前景、借款投资项目的可行性等进行审查。银行审查同意贷款后，再与借款企业进一步协商贷款的具体条件，明确贷款的种类、用途、金额、利率、期限、还款的资金来源及方式、保护性条件、违约责任等，并以借款合同的形式将其法律化。借款合同生效后，企业便可取得借款。

长期借款的利息率通常高于短期借款。长期借款的偿还方式不一，包括：定期支付利息、到期一次性偿还本金的方式，定期等额偿还方式，平时逐期偿还小额本金和利息、期末偿还余下的大额部分的方式等。

与其他长期负债筹资相比，长期借款筹资的特点为：筹资速度快，借款弹性较大，借款成本较低（长期借款利率一般低于债券利率），限制性条款比较多。

4. 租赁

租赁是指资产的所有者（出租人）授予另一方（承租人）使用资产的专用权并获取租金报酬的一种合约。在租赁业中，租赁可以分为经营租赁和融资租赁两大类。

（1）经营租赁 典型的经营租赁是指短期的、不完全补偿的、可撤销的毛租赁。对于出租人来说，经营租赁是让渡资产使用权获取收入，属于经营活动，因此称为“经营租赁”。经营租赁是如何利用资产的决策，如自己拥有的房屋或汽车可以自己使用，也可以出租给别人。对于承租人来说，其目的不是为了融资，而是通过租入设备以取得短期内的使用权和享受出租人提供的专门技术和服务。

（2）融资租赁 典型的融资租赁是指长期的、完全补偿的、不可撤销的净租赁，双方不得任意终止租赁合同或契约，租赁期满后需按事先约好的方式处置资产，或退还或续租或留购。融资租赁一般租赁期较长，租金较高。

经营租赁与融资租赁最主要的区别是租赁合约的时间长短不同，并因此造成租赁资产的风险分配不同。经营租赁是短期租赁，租赁期明显短于租赁资产的经济寿命期，出租人在其寿命周期内需要寻找多个承租人，前一个承租人归还租赁资产后可能无法及时找到下一个承租人，造成租赁资产的闲置；租赁资产可能会变得技术落后或者不够时尚，并因此要降低租金；承租人可能提前撤销租赁使未来收益不确定；出租人要承担残值变现的风险。总之，出租者承担与租赁资产有关的主要风险，而承租人很少承担持有资产的风险。融资租赁是长期租赁，租赁期接近资产的经济寿命，出租人只是承担分期收回租金的风险，与收回贷款本息类似，而与租赁资产有关的风险已经转移给承租人。对于承租人来说，需要分期支付租金，与融入资金后归还贷款本息的义务类似，他们虽然不是租赁资产的法定所有人，但要承担与租赁资产有关的主要风险。

租赁存在的主要原因有：通过租赁可以减税，通过租赁降低交易成本，通过租赁合同减少不确定性。

7.3.3 短期资金筹资管理

短期负债筹资所筹资金的可使用时间较短，一般不超过1年，具有筹资速度快、成本较低、风险高等特点。短期负债筹资最主要的形式是商业信用和短期借款。

1. 商业信用

商业信用是指在商品交易中由于延期付款或预收货款所形成的企业间的借贷关系。商业信用产生于商品交换之中，是所谓的“自发性筹资”。商业信用的具体形式有应付账款、应付票据、预收账款等。

（1）应付账款 应付账款是企业购买货物暂未付款而欠对方的账项，即卖方允许买方在购货后一定时期内支付货款的一种形式。卖方利用这种方式促销，而对买方来说延期付款则等于向卖方借用资金购进商品，可以满足短期的资金需要。与应收账款相对应，应付账款也有付款期、折扣等信用条件。

（2）应付票据 应付票据是企业进行延期付款商品交易时开具的反映债权债务关系的票据。根据承兑人的不同，应付票据分为商业承兑汇票和银行承兑汇票两种，支付期最长不超过6个月。应付票据可以带息，也可以不带息。应付票据的利率一般比银行的借款利率低，且不用保持相应的补偿余额和支付协议费，所以应付票据的筹资成本低于银行借款成本。但是应付票据到期必须归还，如若延期便要交付罚金，因而风险较大。

（3）预收账款 预收账款是卖方企业在交付货物之前向买方预先收取部分获全部货款的信用形式。对于卖方来讲，预收账款相当于向买方借用资金后用货物抵偿。预收账款一般用于生产周期长、资金需要量大的货物销售。

商业信用筹资最大的优越性在于容易取得，对于多数企业来说，商业信用是一种持续性的信用形式，且无须正式办理筹资手续。如果没有现金折扣或使用不带息票据，商业信用筹资不负担成本。其缺陷在于期限较短，在放弃现金折扣时所付出的成本较高。

2. 短期借款

短期借款指企业向银行和其他非银行金融机构借入的期限在1年以内的借款。

我国目前的短期借款按照目的和用途分为若干种，主要有生产周转借款、临时借款、结算借款等。按照国际通行做法，短期借款还可依偿还方式的不同，分为一次性偿还借款和分期偿还借款；依利息支付方法的不同，分为收款法借款、贴现法借款和加息法借款；依有无担保，分为抵押借款和信用借款等。短期借款可以随企业的需要安排，便于灵活使用，且取得亦较简便。缺点是短期内要归还，特别是在带有诸多附加条件的情况下风险较大。

7.4　企业投资管理

7.4.1　生产性资产投资分类

投资是指为了将来获得更多现金流入而现在付出现金的行为。投资按其对象可以划分为生产性资产投资和金融性资产投资。机电企业财务管理所讨论的投资主要是指企业进行的生产性资产投资，简称资产投资。生产性资产投资项目可以分为5类：

1）新产品开发或现有产品的规模扩张。这种决策通常需要添置新的固定资产，并增加企业的营业现金流入。

2）设备或厂房的更新。这种决策通常需要更换固定资产，但不改变企业的营业现金收入。

3）研究与开发。这种决策通常不直接产生现实的收入，而得到一项是否投产新产品的选择权。

4）勘探。这种决策通常使企业得到一些有价值的信息。

5）其他。包括劳动保护设施建设、购置污染控制装置等。这些决策不直接产生营业现金流入，而使企业在履行社会责任方面的形象得到改善。它们有可能减少未来的现金流出。

7.4.2　资产投资管理的主要内容

资产投资管理的主要内容，是通过投资预算的分析与编制对投资项目进行评价。资产投资项目评价的基本原理是：投资项目的收益率超过资本成本时，企业的价值将增加；投资项目的收益率小于资本成本时，企业的价值将减少。

1. 投资项目评价

对投资项目评价时使用的指标分为两类：一类是折现指标，即考虑了时间价值因素的指标，主要包括净现值、现值指数、内部报酬率等；另一类是非折现指标，即没有考虑时间价值因素的指标，主要包括回收期、会计收益率等。

（1）净现值法　净现值是指特定方案未来现金流入的现值与未来现金流出的现值之间的差额。按照这种方法，所有未来现金流入和流出都要按预定折现率折算为它们的现值，然后再计算它们的差额。如净现值为正数，即折现后现金流入大于折现后现金流出，

该投资项目的报酬率大于预定的折现率。净现值的计算公式为

$$V_{net} = \sum_{k=0}^{n} \frac{I_k}{(1+i)^k} - \sum_{k=0}^{n} \frac{O_k}{(1+i)^k} \tag{7-15}$$

式中 V_{net}——净现值；

n——投资涉及的年限；

I_k——第 k 年的现金流入量；

O_k——第 k 年的现金流出量；

i——预定的折现率。

例 7-2 设折现率为 10%，某投资方案 3 年现金净流量分别为 -200000 元，118000 元，132400 元。试确定净现值，并对投资方案做出评价。

解 由式（7-15）可求出净现值：

$$V_{net} = \sum_{k=0}^{n} \frac{I_k}{(1+i)^k} - \sum_{k=0}^{n} \frac{O_k}{(1+i)^k}$$

$$= \left[\frac{118000}{1+0.1} + \frac{132400}{(1+0.1)^2} - \frac{200000}{(1+0.1)^0}\right]\text{元} = 16694\text{ 元}$$

该方案投资的净现值为正数，说明方案的报酬率超过 10%。如果企业的资金成本率或要求的投资报酬率是 10%，则该方案是有利的，可以接受。

（2）回收期法 回收期是指投资引起的现金流入累积到与投资额相等所需要的时间。它代表收回投资所需要的年限。回收年限越短，方案越有利。在原始投资一次支出，每年现金净流入量相等时，回收期可按下式计算，即

$$T_r = \frac{O_1}{I_{net}} \tag{7-16}$$

式中 T_r——投资回收期；

O_1——一次性投资额；

I_{net}——每年现金净流入量。

例 7-3 设折现率为 10%，某方案 3 年现金净流量分别为 -120000 元，46000 元，46000 元，46000 元。试确定投资回收期。

解 由式（7-16）可求出投资回收期，即

$$T_r = \frac{O_1}{I_{net}} = \frac{120000}{46000}\text{年} = 2.61\text{ 年}$$

如果现金流入量每年不等，或原始投资是分几年投入的，则使下式成立的 n 即为回收期：

$$\sum_{k=0}^{n} I_k = \sum_{k=0}^{n} O_k \tag{7-17}$$

2. 投资决策

投资决策是指企业为了达到某一目的，在可供选择的若干投资方案中选择采用一个最

优方案的过程。投资风险和投资收益是企业在进行投资决策时需要考虑的因素。

1）投资风险。投资风险是指由于未来的不确定性而产生的投入本金和预期收益损失或减小的可能性。

2）投资收益。投资收益是指企业进行投资所获得的经济利益。风险越大，要求的报酬率越高。

投资项目总是有风险的，项目未来现金流量总会具有某种程度的不确定性。对项目的风险有两种处置方法：一种是调整现金流量法；另一种是风险调整折现率法。

调整现金流量法是把不确定的现金流量调整为确定的现金流量，然后用无风险的报酬率作为折现率计算净现值。这样缩小净现值模型的分子，使净现值减少。风险调整折现率法的基本思路是对高风险的项目，应当采用较高的折现率计算净现值，通过扩大净现值模型的分母，使净现值减少。

7.5　企业流动资金管理

流动资金是指投放在流动资产上的资金。流动资金的主要项目是现金、应收账款和存货，它们占用了绝大部分的流动资金。流动资金是一个不断投入和收回的循环过程，这一过程没有终止的日期。流动资金管理的目标是以最低的成本满足生产经营周转的需要。

7.5.1　现金管理

现金是可以立即投入流动的交换媒介，是企业中流动性最强的资产。现金的项目包括企业的库存现金、各种形式的银行存款和银行本票、银行汇票。有价证券是企业现金的一种转换形式。有价证券变现能力强，可以随时兑换成现金，一般可将有价证券视为现金的替代品。

1. 现金管理的目标

企业置存现金的原因，主要是满足交易性需要、预防性需要和投机性需要。

交易性需要是指满足日常业务的现金支付需要。企业的收入和支出不可能同步同量，收入多于支出，形成现金置存；收入少于支出，需要借入现金。预防性需要是指置存现金以防发生意外的支付。若企业现金流量的可预测性强，预防性现金数额就可小些。预防性现金数额还与企业的借款能力有关，如果企业能够很容易地随时借到短期资金，可以减少预防性现金的数额。投机性需要是指置存现金用于不寻常的购买机会，比如遇有廉价原材料或其他资产供应的机会，便可用手头现金大量购入。

企业缺乏必要的现金，将不能应付业务开支，使企业蒙受损失。企业由此而造成的损失，称之为短缺现金成本。企业现金管理的目标，就是要在资产的流动性和盈利能力之间做出抉择，以获取最大的长期利益。

按照现行规定，企业使用现金有一些限制。在现金的使用范围上，人民币现钞只能在一定范围内进行交易，包括：支付职工工资、津贴，支付个人劳务报酬，颁发给个人的各种奖金，支付各种劳保、福利费用，出差人员必须随身携带的差旅费等。此外企业库存现金，由其开户银行根据企业的实际需要核定限额，一般以3～5天的零星开支额为限。

2. 现金收支管理

现金收支管理的目的在于提高现金使用效率，为达到这一目的，应当注意做好以下几方面工作：

1）力争现金流量同步。如果企业能尽量使它的现金流入与现金流出发生的时间趋于一致，就可以使其所持有的交易性现金余额降到最低水平。

2）使用现金浮游量。从企业开出支票，收票人收到支票并存入银行，至银行将款项划出企业账户，中间需要一段时间。现金在这段时间的占用称为现金浮游量。在这段时间里，尽管企业已开出了支票，却仍可动用在活期存款账户上的这笔资金。不过，在使用现金浮游量时，一定要控制好使用的时间，否则会发生银行存款的透支。

3）加速收款。加速收款主要指缩短应收账款的时间。

4）推迟应付款的支付。推迟应付款的支付是指企业在不影响自己信誉的前提下，尽可能地推迟应付款的支付期，充分运用供货方所提供的信用优惠。

3. 最佳现金持有量

企业持有的现金，将会有三种成本：

1）机会成本。现金资产的流动性极佳，但盈利性极差。持有现金但不能将其投入生产经营活动，失去因此而获得的收益，这种代价就是它的机会成本。现金拥有量过多，机会成本会大幅度上升。

2）管理成本。企业拥有现金，会发生管理费用，如管理人员工资、安全措施费等。这些费用是现金的管理成本。管理成本是一种固定成本，与现金持有量之间无明显的比例关系。

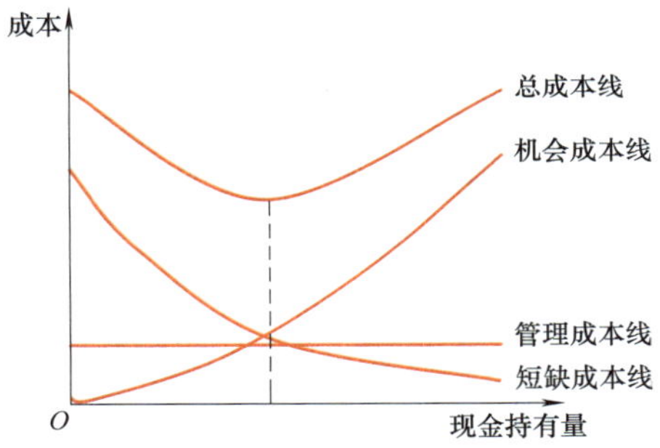

图 7-3 持有现金的总成本

3）短缺成本。现金的短缺成本，是因缺乏必要的现金，不能应付业务开支所需，而使企业蒙受损失或为此付出的代价。现金的短缺成本随现金持有量的增加而下降，随现金持有量的减少而上升。

上述三项成本之和最小的现金持有量，就是最佳现金持有量（见图 7-3）。

7.5.2 应收账款管理

应收账款是指因对外销售产品、材料、供应劳务及其他原因，应向购货单位或接受劳务的单位及其他单位收取的款项，包括应收销售款、其他应收款、应收票据等。

发生应收账款的原因主要有两种：第一，商业竞争。赊销是扩大销售的手段之一，同样的产品实行赊销的销售额将大于现金销售的产品或商品的销售额。由竞争引起的应收账款，是一种商业信用。第二，销售和收款的时间差距。商品成交的时间和收到货款的时间经常不一致，这也导致了应收账款。结算手段越是落后，结算所需时间就越长。由于销售和收款的时间差而造成的应收账款，不属于商业信用，也不是应收账款的主要内容。

应收账款政策也称信用政策，是公司对应收账款进行规划和控制的一些原则性规定，主要包括信用期间、信用标准和现金折扣政策。

信用期间是企业允许顾客从购货到付款之间的时间，或者说是企业给予顾客的付款期间。例如，若某企业允许顾客在购货后的 50 天内付款，则信用期为 50 天。信用期过短，不足以吸引顾客，在竞争中会使销售额下降；信用期过长，对销售额增加固然有利，但只顾及销售增长而盲目放宽信用期，所得的收益有时会被增长的费用抵消，甚至造成利润减少。

信用标准是指顾客获得企业的交易信用所应具备的条件。如果顾客达不到信用标准，便不能享受企业的信用或只能享受较低的信用优惠。

企业在设定某一顾客的信用标准时，往往先要评估他赖账的可能性，这可以通过“5C”系统来进行。所谓“5C”系统，是评估顾客信用品质的五个方面，即：品质（Character）、能力（Capacity）、资本（Capital）、抵押（Collateral）和条件（Conditions）。品质指顾客的信誉，能力指顾客的偿债能力，资本指顾客的财务实力和财务状况，抵押指顾客拒付款项或无力支付款项时能被用作抵押的资产，条件指可能影响顾客付款能力的经济环境。

现金折扣是企业对顾客在商品价格上所做的扣减。向顾客提供这种价格上的优惠，主要目的在于吸引顾客为享受优惠而提前付款，缩短企业的平均收款期。另外，现金折扣也能招揽一些视折扣为减价出售的顾客前来购货，借此扩大销售量。

应收账款发生后，企业应采取各种措施，尽量争取按期收回款项，否则会因拖欠时间过长而发生坏账，使企业蒙受损失。这些措施包括对应收账款回收情况的监督、对坏账损失的事先准备和制定适当的收账政策。

7.5.3 存货管理

存货是指企业在生产经营过程中为销售或者耗用而储备的物资，包括材料、燃料、低值易耗品、在产品、半成品、产成品、协作件、商品等。存货对于机电企业来说一般是必需的，主要是为了保证生产或销售的经营需要和出自价格的考虑。材料的市场断档、途中运输时间较长都可能导致生产或销售所需物资短缺，从而造成损失。零购物资的价格往往较高，而整批购买在价格上常有优惠，故而批量采购会形成存货。但是，过多的存货要占用较多的资金，并且会增加包括仓储费、保险费、维护费、管理人员工资在内的各项开支。进行存货管理，就要尽力在各种存货成本与存货效益之间做出权衡，达到两者的最佳结合。

与储备存货有关的成本包括：

1）取得成本。取得成本指为取得某种存货而支出的成本，又分为订货成本和购置成本。订货成本指取得订单的成本，如办公费、差旅费、邮资、电报电话费等支出。购置成本指存货本身的价值，经常用数量与单价的乘积来确定。

2）储存成本。储存成本指为保持存货而发生的成本，包括存货占用资金所应计的利息、仓库费用、保险费用、存货破损和变质损失等。

3）缺货成本。缺货成本指由于存货供应中断而造成的损失，包括材料供应中断造成的停工损失、产成品库存缺货造成的拖欠发货损失和丧失销售机会的损失（还应包括需要主观估计的商誉损失）。

存货的决策涉及四项内容：决定进货项目、选择供应单位、决定进货时间和决定进货批量，详见第 6 章。

7.6　企业成本管理

7.6.1　成本概述

成本是指为了达到特定目的所失去或放弃的资源。在财务会计中，成本是指取得资产或劳务的支出。例如，固定资产的成本是指取得该资产的买价、运输和保险等相关支出；存货成本是指取得存货的支出，包括采购成本、加工成本和其他支出。

1. 成本的特征

成本具有以下特征：

1）成本是经济资源的耗费。当任何原材料或设备在耗用之后，它们的原始购置成本就随之归属于产出物，成为产出物的成本。

2）成本是以货币计量的耗费。会计人员追溯成本的流转过程，通过成本记录反映企业的经济活动，最初购置资产的货币支出逐步归属到产品。

3）成本是特定对象的耗费。成本是转移到一定产出物的耗费，是针对一定的产出物计算归集的。成本和费用的区别之一就是成本有特定的对象而费用没有特定对象。费用指为取得营业收入而发生的资产耗费，它强调与特定会计期收入配比的耗费，而不是特定产出物的耗费。

4）成本是正常生产经营活动的耗费。企业的全部经济活动分为生产经营活动、投资活动和筹资活动，只有生产经营活动的正常耗费才能计入生产经营成本并从营业收入中扣减，以便使“营业利润”能反映生产经营活动的正常获利能力。非正常的、意外的耗费不计入存货成本，而将其直接列为期间费用或损失。

2. 成本的分类

（1）生产经营成本按经济性质分类

1）外购材料。外购材料指耗用的一切从外部购入的原料及主要材料、半成品、辅助材料、包装物、修理用备件、低值易耗品和外购商品等。

2）外购燃料。外购燃料指耗用的一切从外部购入的各种燃料。

3）外购动力。外购动力指耗用的从外部购入的各种动力。

4）工资。工资指企业应计入生产经营成本的职工工资。

5）提取的职工福利费。提取的职工福利费指企业按照工资总额的一定比例提取的职工福利费。

6）折旧费。折旧费指企业提取的固定资产折旧。

7）税金。税金指应计入生产经营成本的各项税金，如土地使用税、印花税、车船税等。

8）其他支出。其他支出指不属于以上各要素的耗费，如邮电通信费、差旅费、租赁费等。

（2）生产经营成本按其经济用途分类

1）生产成本。生产成本包括4个成本项目：

① 直接材料费用。直接材料费用指直接用于产品生产、构成产品实体的原料及主要材料、外购半成品、有助于产品形成的辅助材料以及其他直接材料。

② 直接人工费用。直接人工费用指参加产品生产的工人工资以及按生产工人工资总额和规定的比例计算提取的职工福利费。

③ 燃料和动力费用。燃料和动力费用指直接用于产品生产的外购和自制的燃料及动力费。

④ 制造费用。制造费用指为生产产品和提供劳务所发生的各项间接费用。

2）销售费用。销售费用包括营销成本、配送成本和客户服务成本。

3）管理费用。管理费用包括研究与开发成本、设计成本和行政管理成本。

（3）产品成本按其计入成本对象的方式分类

1）直接成本是直接计入各品种、类别、批次产品等成本对象的成本。例如，大部分构成产品实体的原材料的成本、某产品专用生产线的工人工资等。直接成本的特点是与成本对象直接相关和可追溯。

2）间接成本指与成本对象相关联的成本中不能用一种经济合理的方式追溯到成本对象的那一部分产品成本。例如，车间辅助工人的工资、厂房的折旧等大多属于间接成本。

3. 成本的归集和分配

成本计算的过程，实际上也是各项成本的归集和分配过程。

成本的归集是指通过一定的会计制度以有序的方式进行成本数据的收集或汇总。收集某类成本的聚集环节称为成本归集点或成本集合。例如，制造费用是按车间归集的，所有间接制造费，包括折旧、间接材料、间接人工等都聚集在一起，以后分配时不再区分这些项目，而是统一地按一个分配基础分配给产品。

成本的分配是指将归集的间接成本分配给成本对象的过程，也称为间接成本的分摊或分派。成本分配要使用某种参数作为成本分配基础。成本分配基础是指能联系成本对象和成本的参数，可供选择的分配基础有许多：人工工时、机器台时、占用面积、直接人工工资、订货次数、采购价值、直接材料成本、直接材料数量等。

7.6.2　成本控制

成本控制是指运用以成本会计为主的各种方法，预定成本限额，按限额开支成本和费用，以实际成本和成本限额比较，衡量经营活动的成绩和效果，并以例外管理原则纠正不利差异，以提高工作效率，实现乃至超过预期的成本限额。

成本控制的原则可以概括为以下四条：

1）经济原则。经济原则是指因推行成本控制而发生的成本不应超过因缺少控制而丧失的收益。

2）因地制宜原则。因地制宜原则是指成本控制系统必须个别设计，适合特定企业、部门、岗位和成本项目的实际情况，不可照搬别人的做法。

3）全员参加原则。每个职工都应负有成本责任。成本控制是全体职工的共同任务，只有通过全体职工协调一致的努力才能完成。

4）领导推动原则。由于成本控制涉及全体员工，因此必须由最高领导来推动。

成本控制方法包括标准成本控制、目标成本控制、作业成本法等。

1. 标准成本控制

标准成本是通过精确的调查、分析与技术测定而制定的，用来评价实际成本、衡量工作效率的一种预计成本。在标准成本中，排除了不应该发生的“浪费”，因此被认为是一种“应该成本”。标准成本要体现企业的目标和要求，主要用于衡量产品制造过程的工作效率和控制成本，也可用于存货和销货成本计价。

（1）标准成本的计算与分类　“标准成本”一词在实际工作中有两种含义：一种是指单位产品的标准成本，它是根据单位产品的标准消耗量和标准单价计算出来的。

$$成本标准=单位产品标准成本=单位产品标准消耗量\times标准单价 \tag{7-18}$$

另一种指实际产量的标准成本，是根据实际产品产量和单位产品成本标准计算出来的。

$$标准成本=实际产量\times单位产品标准成本 \tag{7-19}$$

标准成本按其制定所根据的生产技术和经营管理水平，分为理想标准成本和正常标准成本。

理想标准成本是指在最优的生产条件下，利用现有的规模和设备能够达到的最低成本。制定理想标准成本的依据，是理论上的业绩标准、生产要素的理想价格和可能实现的最高生产经营能力利用水平。理想标准成本的主要用途是提供一个完美无缺的目标，揭示实际成本下降的潜力。

正常标准成本是指在效率良好的条件下，根据下期一般应该发生的生产要素消耗量、预计价格和预计生产经营能力利用程度制定出来的标准成本。在制定这种标准成本时，应把生产经营活动中一般难以避免的损耗和低效率等情况也计算在内，使之切合下期的实际情况，成为切实可行的控制标准。从具体数量上看，它应大于理想标准成本，但又小于历史平均水平，是要经过努力才能达到的一种标准。在标准成本系统中，广泛使用正常的标准成本。

（2）标准成本控制过程　实施标准成本控制一般有以下几个步骤：

1）制定单位产品标准成本。

2）根据实际产量和成本标准计算产品的标准成本。

3）汇总计算实际成本。

4）计算标准成本与实际成本的差异。

5）分析成本差异的发生原因；如果标准成本纳入账簿体系的，还要进行标准成本及其成本差异的账务处理。

6）向成本负责人提供成本控制报告。

制定标准成本，通常首先确定直接材料和直接人工的标准成本；其次确定制造费用的标准成本；最后确定单位产品的标准成本。

在制定时，无论是哪一个成本项目，都需要分别确定其用量标准和价格标准，两者相乘后得出成本标准。用量标准包括单位产品材料消耗量、单位产品直接人工工时等，主要由生产技术部门主持制定，吸收执行标准的部门和职工参加。价格标准包括原材料单价、小时工资率、小时制造费用分配率等，由会计部门和有关其他部门共同研究确定。采购部门是材料价格的责任部门，劳资部门和生产部门对小时工资率负有责任，各生产车间对小时制造费用率承担责任，在制定有关价格标准时要与他们协商。

成本差异是反映实际成本脱离预定目标程度的信息。为了消除这种偏差，要对产生的成本差异进行分析，找出原因和对策，以便采取措施加以纠正。成本差异可以归结为价格脱离标准造成的价格差异与用量脱离标准造成的数量差异两类。

成本差异 = 实际成本 − 标准成本

= 实际数量 × 实际价格 − 标准数量 × 标准价格

= 实际数量 × 实际价格 − 实际数量 × 标准价格 + 实际数量 × 标准价格 − 标准数量 × 标准价格

= 实际数量 ×（实际价格 − 标准价格）+（实际数量 − 标准数量）× 标准价格

= 价格差异 + 数量差异　　(7-20)

2. 目标成本控制

目标成本是指根据预计可实现的销售收入扣除目标利润的成本。目标成本控制是成本管理与目标管理相结合的产物，强调对成本实行目标管理。

（1）目标成本控制要点

1）设置最高层目标，即总目标。以此作为企业工作的中心，起到分配资源、激励员工和评价经营绩效的作用。

2）依照组织结构关系将总目标层层分解，明确每个目标的子目标都应有一个责任中心和主要负责人，并明确其对应的任务和职责。

3）拟定目标的过程是一个自上而下、反复循环的过程，应在此循环过程中及时发现问题、总结经验、解决问题。

（2）目标成本的制定　依据目标成本的定义，其计算公式为

目标成本 = 预计销售收入 − 目标利润　　(7-21)

目标利润可采用目标利润法或上年利润基数法计算。

1）目标利润法。可使用下面两个公式之一计算：

目标利润 = 预计销售收入 × 同类企业平均销售利润率　　(7-22a)

目标利润 = 本企业净资产 × 同类企业平均净资产利润率　　(7-22b)

2）上年利润基数法。计算公式为

目标利润 = 上年利润 × 年利润增长率　　(7-23)

按上面两种方法计算出来的目标成本是一个初步指标，应根据实际情况对其进行分析与判断。需要考虑的因素有本企业实际成本的变化趋势、同类企业成本水平、市场与周边环境的变动情况等。如果预计目标可行，则将其分解，下达有关部门和单位。如经反复测算与挖潜，仍无法达到目标成本，就应考虑放弃该产品，并设法安排剩余生产能力。

3. 作业成本法

（1）基本思路　作业成本法（Activity Based Costing，ABC）是以作业为基础的成本

计算方法。作业成本法的基本理论认为，企业的全部经营活动是由一系列相互关联的作业组成的，企业每进行一项作业都要耗用一定的资源，而企业生产的产品需要通过一系列的作业来完成。因而，产品的成本实际上就是企业全部作业所消耗资源的总和。在计算成本时，首先按经营活动中发生的各项作业来归集成本，计算作业成本；然后再按各项作业成本与成本对象（产品或服务）之间的因果关系，将作业成本追溯到成本对象，最终完成成本计算过程。

（2）成本动因　成本动因也称成本驱动因素，是指引起相关成本对象的总成本发生变动的因素。在作业成本计算中，成本动因可分为资源动因和作业动因。

1）资源动因。资源动因是引起作业成本变动的因素。资源动因被用来计量各项作业对资源的耗用，运用资源动因可以将资源成本分配给各有关作业。例如，产品质量检验工作（作业）需要有检验人员、专用的设备，并耗用一定的能源（电力）等。检验作业作为成本对象，耗用的各项资源，构成了检验作业的成本。其中，检验人员的工资、专用设备的折旧费等成本，一般可以直接计入检验作业；而能源成本往往不能直接计入，需要根据设备额定功率（或根据历史资料统计的每小时平均耗电数量）和设备开动时间来分配。这里，“设备的额定功率乘以开动时间”就是能源成本的动因。

2）作业动因。作业动因是引起产品成本变动的因素。作业动因计量各种产品对作业耗用的情况，并被用来作为作业成本的分配基础。例如，某车间生产若干种产品，每种产品又分若干批次完成，每批产品完工后都需进行质量检验。假定对任何产品的每一批次进行质量检验所发生的成本相同，则检验的“次数”就是检验成本的作业动因，它是引起产品检验成本变动的因素。

（3）作业成本法过程　作业成本法的基本指导思想是，“产品消耗作业、作业消耗资源”。根据这一指导思想，作业成本法把成本计算过程划分为两个阶段。第一阶段，将作业执行中耗费的资源追溯到作业，计算作业的成本并根据作业动因计算作业成本分配率；第二阶段，根据第一阶段计算的作业成本分配率和产品所耗费作业的数量，将作业成本追溯到各有关产品（图7-4）。

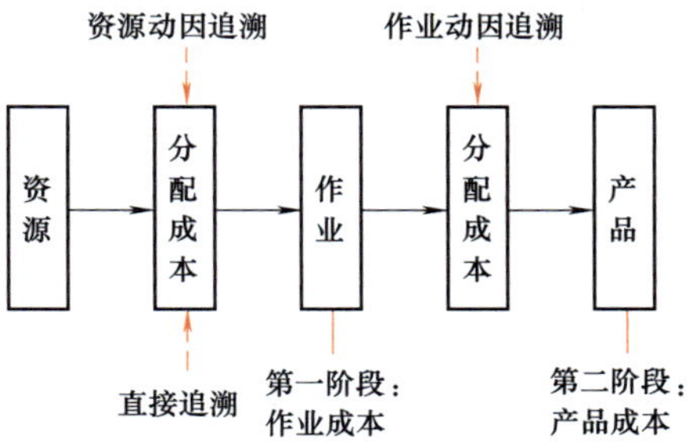

图7-4　作业成本法分两阶段分配成本

作业成本法的另一个突出特点，就是强调以直接追溯或动因追溯的方式计入产品成本，而尽量避免分摊方式。在一些技术密集型企业中，产品成本中直接材料和直接人工成本所占比重较低，而制造费用所占比重较高。在这样的企业中，采用单一的产量基础分摊制造费用，往往会造成产品成本的扭曲，成本信息严重失真。

直接追溯是指将成本直接确认分配到某一成本对象的过程。这一过程是可以实地观察的。例如，确认一台电视机所用的显像管、集成电路板、扬声器及其他零部件的数量是可以通过观察实现的。动因追溯是指根据成本动因将成本分配到每个成本对象的过程。其关键是找到引起成本变动的真正原因，即成本与成本动因之间的因果关系。如前面所说到的检验作业应承担的能源成本，以设备单位时间耗电数量和设备开动时间（即耗电量）作为资源动因进行分配，是因为设备单位时间耗电量和开动时间与检验作业应承担的能源成本之间存在着因果关系。

练习题

1. 单项选择（在备选的4个答案中选择1个正确的）

1）下列各项企业财务管理目标中，能够同时考虑资金的时间价值和投资风险因素的是（　　）。

①产值最大化　②利润最大化　③每股收益最大化　④企业价值最大化

2）利润表又称（　　）。

①净盈利表　②权益表　③损益表　④投入产出表

3）一般认为机电企业合理的流动比率是（　　）。

① 0.5　② 1　③ 2　④ 5

4）在计算速动比率时，要从流动资产中扣除存货，其原因在于（　　）。

①存货的价值变动较大　②存货的质量难以保证

③存货的变现能力较低　④存货的数量不易确定

5）机电企业取得长期和短期债务资本的主要方式是（　　）。

①银行借款　②发行债券　③商业信用　④租赁筹资

6）存货周转率是（　　）与存货的比值。

①销售收入　②流动资本　③流动负债　④应收账款

2. 多项选择（在备选的4个答案中选择2～4个正确的）

1）机电企业财务管理的基本内容活动包括（　　　　）。

①融资管理　②投资管理　③营运资金管理　④利润及其分配管理

2）短期偿债能力指标包括（　　　　）。

①流动比率　②速动比率　③现金比率　④资本负债率

3）权益净利率的计算包括（　　　　）。

①销售净利率　②毛利率　③总资产周转率　④权益乘数

4）商业信用的具体形式有（　　　　）。

①应付账款　②应付票据　③预收账款　④融资租赁

5）下列各项中，可能直接影响企业净资产收益率指标的措施有（　　　　）。

①提高营业净利率　②提高资产负债率

③提高总资产周转率　④提高流动比率

6）机电企业常用成本控制方法有（　　　　）等。

①标准成本控制　②目标成本控制

③极限成本法　④作业成本法

3. 填空

1）财务报表分析的方法有________分析法和________分析法两种。

2）流动比率是全部流动________与流动________的比值。

3）租赁可以分为________租赁和________租赁两大类。

4）企业持有的现金将发生三种成本：________成本、管理成本和________成本。

5）影响资产利润率的驱动因素是销售________率和资产________率。

6）财务管理的主要内容是________决策、________决策和股利分配决策三个方面。

4. 判断题

1）货币的时间价值是指货币在经过一定时间的投资和再投资所增加的价值。

2）一个企业的资产负债率越低，举债越容易。

3）长期借款的利息率通常低于短期借款的利息率。

4）净现值等于现金流入与现金流出的差额。

5）银行贷款是非股份制企业取得权益资本的主要方式。

6）目标利润等于预计销售收入与同类企业最高销售利润率的乘积。

5. 名词解释

1）权益净利率

2）资产负债率

3）短期借款

4）机会成本

5）作业成本法

6. 分析计算题

1）已知：某企业上年主营业务收入净额为6900万元，全部资产平均余额为2760万元，流动资产平均余额为1104万元；本年主营业务收入净额为7938万元，全部资产平均余额为2940万元，流动资产平均余额为1323万元。试计算上年与本年的全部资产周转率（次）、流动资产周转率（次）和资产结构（流动资产占全部资产的百分比）。

2）企业准备投资某项目，计划项目经营五年，预计每年分别可获得投资收益为200000元、250000元、300000元、280000元、260000元、在保证项目的投资收益率为12%的条件下，企业目前投资额应在多少元之内？

3）如何确定企业最佳的现金持有量？

［参考答案］

参 考 文 献

[1] 王凤彬，李东．管理学［M］．4版．北京：中国人民大学出版社，2012.
[2] 周三多，陈传明，鲁明泓．管理学——原理与方法［M］．5版．上海：复旦大学出版社，2013.
[3] 陈传明，周小虎．管理学原理［M］．北京：机械工业出版社，2007.
[4] 魏文斌．现代西方管理学理论［M］．上海：上海人民出版社，2004.
[5] Katsundo Hitomi. Manufacturing Systems Engineering［M］. London：Taybr & Francis Ltd，1996.
[6] Mikell P Groover. Fundamentals of Modern Manufacturing［M］. 4th ed. John Wiley & Sons，Inc，2010.
[7] 何业才．新编现代工业企业管理［M］．北京：经济管理出版社，2006.
[8] 苗成栋，姚伟民，张建中．现代企业管理概论［M］．2版．北京：北京大学出版社，2012.
[9] 周荣辅，王玖河．现代企业管理［M］．2版．北京：机械工业出版社，2012.
[10] 由建勋，李柯．现代企业管理［M］．3版．北京：高等教育出版社，2014.
[11] 迈克尔·波特．国家竞争优势［M］．李明轩，邱如美，译．北京：华夏出版社，2002.
[12] 胡山．企业再造：管理的一次革命［J］．中外管理，2008（10）：56-57.
[13] 仝新顺．电子商务概论［M］．郑州：中原出版传媒集团，2008．
[14] 纪锋，等．电子商务［M］．哈尔滨：哈尔滨工业大学出版社，2014.
[15] 鲁桐．WTO与中国企业国际化［M］．北京：经济管理出版社，2007.
[16] 龙永图．中国企业国际化问题研究［J］．中国市场，2013（7）：35-39.
[17] 樊增强．中国企业对外直接投资—现状—问题与战略选择［J］．中国流通经济，2015（8）：106-113.
[18] 曾光安．先进制造企业国际化挑战及应对——柳工国际化之路［J］．工程机械，2015（2）：67-68.
[19] 陈劲．技术管理［M］．北京：科学出版社，2008．
[20] 鲁若愚．企业技术管理［M］．北京：高等教育出版社，2006.
[21] 高桑宗右卫门．东亚地区的生产与技术管理［M］．北京：科学出版社，2012.
[22] 中国机械工程学会．中国机械工程技术路线图［M］．北京：中国科学技术出版社，2011.
[23] 傅家骥．技术创新学［M］．北京：清华大学出版社，1998.
[24] 李平．技术扩散中的溢出效应分析［J］．南开大学学报：哲社版，1999（2）：28-33.
[25] 郭燕青．对技术转移的基本理论分析［J］．大连大学学报，2003（3）：71-74.
[26] 奉继承．知识管理：理论、技术与运营［M］．北京：中国经济出版社，2005.
[27] 饶远立，祁力．技术管理过程与评估［J］．软科学，2002（6）：49-52.
[28] 许庆瑞．技术创新管理［M］．北京：科学出版社，2007.
[29] 杨耀武．技术预见：科技管理新的战略工具［J］．科技进步与对策，2003（6）：19-21.
[30] 赵晓庆，许庆瑞．技术能力评价：理论与方法［J］．科学与科学技术管理，2001（4）：64-67.
[31] 银路．技术创新管理［M］．北京：机械工业出版社，2004.
[32] 杨建昊，金立顺．广义价值工程［M］．北京：国防工业出版社，2009.
[33] 朱雪松．知识产权管理［M］．北京：高等教育出版社，2010.
[34] 冯晓青．企业知识产权战略［M］．北京：知识产权出版社，2008.
[35] 张世昌．先进制造技术［M］．天津：天津大学出版社，2004.
[36] 美国质量学会．注册质量经理手册［M］．中国质量学会，译．北京：机械工业出版社，2003.

[37] 张根宝，何桢，刘英．质量管理与可靠性［M］．北京：中国科学技术出版社，2006.
[38] 王毓芳，郝凤．过程控制与统计技术［M］．北京：中国计量出版社，2001.
[39] 中质协质量保证中心．ISO 9001：2000 质量管理体系建立与实施［M］．北京：中国标准出版社，2002.
[40] James R Evans，William M Lindsay. 质量管理与质量控制［M］．7 版．焦叔斌，译．北京：中国人民大学出版社，2010.
[41] 张公绪，孙静．质量工程师手册［M］．北京：企业管理出版社，2002.
[42] 张维德．机械工业质量管理教程［M］．5 版．北京：机械工业出版社，2008.
[43] 刘宪银．我国距离质量管理高水平国家的路程——访中国标准化研究院质量管理分院李镜［J］．中国标准化，2015（12）：38-41.
[44] 贾福兴．面向实践，开拓创新，不断提升我国质量管理的研究和应用水平［J］．中国质量，2012（9）：14-15.
[45] 张世昌．机械制造技术基础［M］．北京：高等教育出版社，2014.
[46] 王先逵．机械制造工艺学［M］．北京：机械工业出版社，2013.
[47] 陈福生．现代工业企业物资管理［M］．北京：经济管理出版社，1997.
[48] 钱增泉．工业物资管理［M］．南京：江苏科学技术出版社，1990.
[49] 曹俊超，戴克商．物资管理理论与实务［M］．北京：清华大学出版社，2006.
[50] 唐纳德·沃尔特斯．库存控制与管理［M］．李习文，李文斌，译．北京：机械工业出版社，2006.
[51] 唐纳德 J 鲍尔索克斯，等．供应链物流管理［M］．马士华，等译．北京：机械工业出版社，2007.
[52] 马士华．基于供应链的企业物流管理战略与方法［M］．北京：科学出版社，2005.
[53] 宋华．物流成本与供应链绩效管理［M］．北京：人民邮电出版社，2007.
[54] 约翰·科伊尔，爱德华·巴蒂，小约翰·兰利．企业物流管理供应链视角［M］．7 版．文武，等译．北京：电子工业出版社，2003.
[55] 马士华，林勇．企业生产与物流管理［M］．北京：清华大学出版社，2009．
[56] 金昌林．企业物资管理初探［J］．铁道经济研究，2008（3）：21-22.
[57] 孙力．论基于供应链理论的企业物资管理［J］．商场现代化，2009（3）：65-66.
[58] 徐琳．现代生产型企业物资管理工作探讨［J］．会计之友，2007（4）：50-51.
[59] 张功富．财务管理学［M］．北京：首都经济贸易大学出版社，2009.
[60] 徐光华，等．现代企业财务管理［M］．北京：清华大学出版社，2006.
[61] 张新民．企业财务报表分析［M］．北京：对外经济贸易大学出版社，2004.
[62] 陆正飞．财务管理［M］．大连：东北财经大学出版社，2006.
[63] 刘淑莲．高级财务管理理论与实务［M］．大连：东北财经大学出版社，2005.
[64] 尤金 F，布里格姆·斯科特·贝斯利，等．财务管理精要（英文版）［M］．12 版．北京：机械工业出版社，2004.
[65] 荆新，等．财务管理学［M］．北京：中国人民大学出版社，2006.